THE SOCIOLOGY BOOK

“人类的思想”百科丛书

精品书目

更多精品图书陆续出版，

敬请期待！

DK

"人类的思想"百科丛书

THE SOCIOLOGY BOOK

社会学百科

英国DK出版社　著
郭　娜　译
徐吉鹏　审校

電子工業出版社
Publishing House of Electronics Industry
北京・BEIJING

版权贸易合同登记号 图字：01-2015-1604

图书在版编目（CIP）数据

社会学百科 / 英国 DK 出版社著；郭娜译 . —北京：电子工业出版社，2017.1
（“人类的思想”百科丛书）
书名原文：The Sociology Book
ISBN 978-7-121-30025-7

Ⅰ. ①社… Ⅱ. ①英… ②郭… Ⅲ. ①社会学—通俗读物 Ⅳ. ① C91-49

中国版本图书馆 CIP 数据核字（2016）第 239622 号

策划编辑：郭景瑶（guojingyao@phei.com.cn）
责任编辑：雷洪勤
印　　刷：鸿博昊天科技有限公司
装　　订：鸿博昊天科技有限公司
出版发行：电子工业出版社
　　　　　北京市海淀区万寿路 173 信箱　邮编：100036
开　　本：850×1168　1/16　印张：22　字数：666 千字
版　　次：2017 年 1 月第 1 版
印　　次：2023 年 3 月第 8 次印刷
定　　价：148.00 元

凡所购买电子工业出版社图书有缺损问题，请向购买书店调换。若书店售缺，请与本社发行部联系，联系及邮购电话：（010）88254888，88258888。
质量投诉请发邮件至 zlts@phei.com.cn，盗版侵权举报请发邮件至 dbqq@phei.com.cn。
本书咨询联系方式：（010）88254210，influence@phei.com.cn，微信号：yingxianglibook。

FOR THE CURIOUS
www.dk.com

混合产品
纸张 | 支持负责任林业
FSC® C018179

扫码免费收听 DK“人类的思想”
百科丛书导读

“人类的思想”百科丛书

本丛书由著名的英国DK出版社授权电子工业出版社出版，是介绍全人类思想的百科丛书。本丛书以人类从古至今各领域的重要人物和事件为线索，全面解读各学科领域的经典思想，是了解人类文明发展历程的不二之选。

无论你还未涉足某类学科，或有志于踏足某领域并向深度和广度发展，还是已经成为专业人士，这套书都会给你以智慧上的引领和思想上的启发。读这套书就像与人类历史上的伟大灵魂对话，让你不由得惊叹与感慨。

本丛书包罗万象的内容、科学严谨的结构、精准细致的解读，以及全彩的印刷、易读的文风、精美的插图、优质的装帧，无不带给你一种全新的阅读体验，是一套独具收藏价值的人文社科类经典读物。

“人类的思想”百科丛书适合10岁以上人群阅读。

《社会学百科》的主要贡献者有Christopher Thorpe, Chris Yuill, Mitchell Hobbs, Megan Todd, Sarah Tomley, Marcus Weeks等人。

目 录

社会学的基础

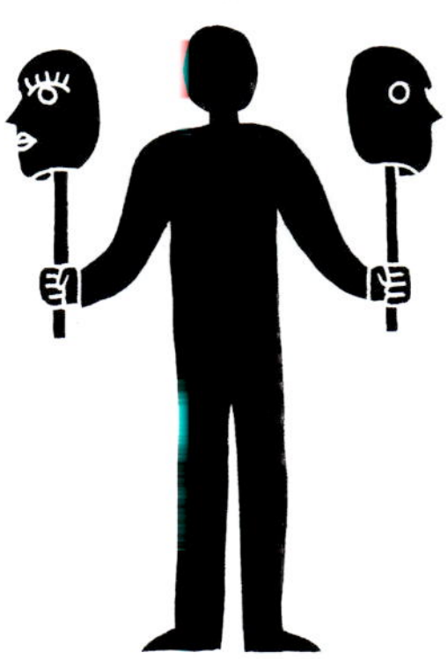

社会不平等

现代生活

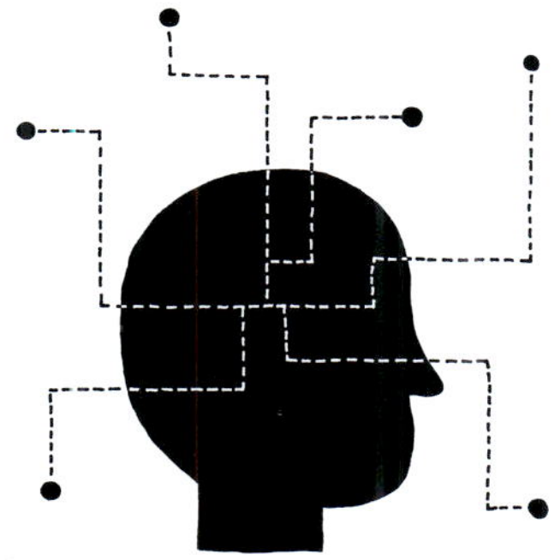

生活在全球化世界中

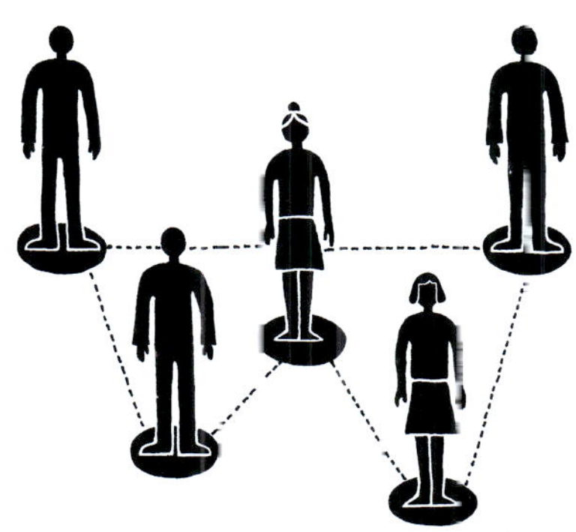

文化与认同

劳动与消费主义

制度的角色

家庭与亲密关系

INTRODUCTION

前言

人类是社会性生物。在我们的进化过程中，从开始觅食和狩猎，我们就已经倾向于在日渐庞杂的社会群体中生活和工作。这些群体范围包括简单的家庭单位，氏族和部落，村庄和城镇，以及城市和民族国家。人类集体生活和工作的自然天性促进了文明社会的形成。后者受到人类知识增长和技术进步的形塑。反过来，我们居于其中的社会的性质影响着我们的社会行为，实质上影响着我们生活的各个方面。

社会学是关于个体如何在群体中行动以及群体是如何形塑这些个体行为的研究。其中包括：群体是如何形成的；其内在的动力机制；这些动力是如何维持和改变群体，或者带来社会变迁的。如今，社会学的范围涵盖从关于社会过程、结构和体系的理论研究，到应用这些理论转化为社会政策。同时，由于社会是由个体的集合体组成的，作为一个整体的社会结构，与其个体成员行为之间不可避免地存在着联系。因此，社会学家们可能聚焦于社会制度和组织、各种社会群体以及其内部分层，或是个体的互动和经历。

> **社会学源于改善社会的现代激情。**
>
> ——阿尔比恩·斯莫尔 美国学者（1854–1926）

或许令人惊讶的是，社会学是一门相对现代的学科。尽管古代中国和古希腊的哲学家们承认公民社会的存在以及社会秩序的重要性，他们的关注点更多的是政治学的而非社会学的——即社会应当被如何组织和治理，而不是对社会本身的研究。但是，正如政治哲学产生于这些文明，社会学也作为启蒙运动时期西方社会巨大变迁的结果而出现。

关于这些变迁有几个方面。最明显是，技术进步推动了以机器生产为特征的工业革命，彻底地改变了生产方式，带来了工业城市的繁荣。启蒙运动使那些基于宗教信仰的传统信念受到质疑。所谓的理性时代不仅摧毁了教会的权威，君主政体和贵族政体的旧秩序也受到威胁，对代议制政府的呼唤导致了美国和法国的革命。

社会和现代性

启蒙时代创造了一个新的现代社会。作为对这一转型的回应，社会学在18世纪末期应运而生，哲学家和思想家们试图去理解现代性的本质及其对社会的影响。不可避免地，一些人哀叹于传统社会凝聚形式的瓦解，诸如小型农村社会中的家庭纽带和社区精神，以及宗教所提供的共享价值和信仰。但是，也

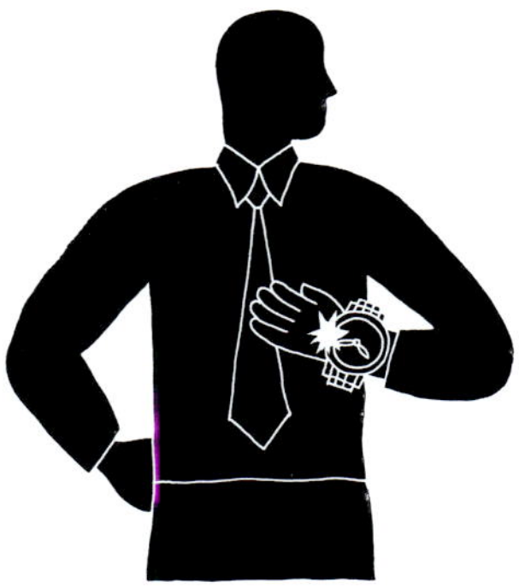

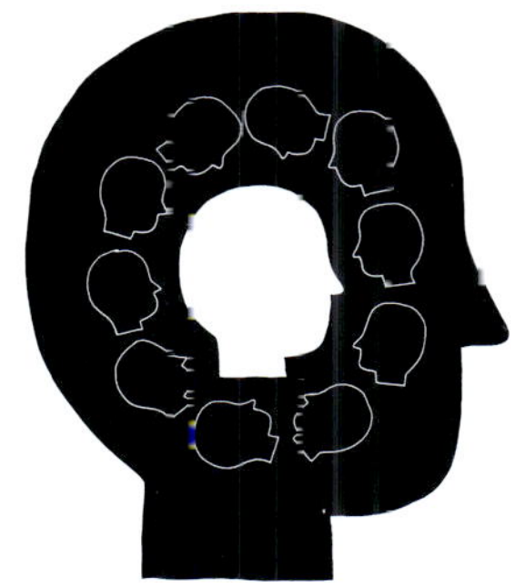

有一些人认识到，新的社会力量正在运作，导致了既可能带来社会秩序、也可能带来失序的变迁。

与启蒙运动的精神一致，这些早期社会思想家们试图使他们的社会研究客观化，创造一门不同于哲学、历史学和政治学的科学学科。自然科学（物理学、化学、天文学和生物学）已经建立，研究人类及其行为的时机已经成熟。

由于工业革命的本性及其所培育的资本主义，首先产生的新“社会科学”是经济学，以亚当·斯密1776年的《国民财富的性质和原因的研究》为先驱，即为人熟知的《国富论》。然而，与此同时，社会学的基础也由哲学家和理论家们诸如亚当·弗格森和亨利·圣西门等人所奠定，在随后一个世纪的早期，奥古斯特·孔德采用科学方法研究社会，为社会学作为一门独立学科奠定了坚实基础。

继孔德之后，出现了三位开拓性的社会学家，他们对社会行为的不同分析和诠释方法为20世纪及之后的社会学主题定下了基调：卡尔·马克思、埃米尔·迪尔凯姆以及马克斯·韦伯，他们各自侧重于现代性的不同方面，并将其作为创造社会秩序、失序以及变迁的主要因素。马克思，作为一位唯物主义哲学家和经济学家，聚焦于资本主义的增长及随之而来的阶级斗争；迪尔凯姆专注于由工业化所带来的社会分工；韦伯则聚焦于现代社会的世俗化和理性化。他们三个都各自拥有一大批追随者，至今仍影响着社会学的主要思想流派。

> **人性……具有极强的可塑性……它能准确而又各异地响应不同的文化传统。**
>
> ——玛格丽特·米德

社会科学

当科学和理性思维占据主导地位时，社会学作为理性时代的产物而诞生。因此，为了使这一学科受到重视，早期社会学家们主张其研究方法应该具有严格的科学性——考虑到其研究对象即人类社会行为的本性，要做到这一点绝非易事。通过如自然科学般获得经验证据，孔德为这一新社会学“科学”奠定了基本原则。同样，马克思坚持应当科学地探究社会主题，而迪尔凯姆或许是因社会学作为一门社会科学而被学术界所认可的第一个人。（注：迪尔凯姆是有史第一位社会学教授。）

为了具有科学性，任何研究必须是定量的。也就是说，具有可测量的结果。马克思和迪尔凯姆可能运用了事实、图表和数据来支撑他们的理论，而另一些人则坚持认为，社会研究应该更加定性。韦伯

尤其倡导一种诠释方法，考察现代社会的生活图景以及社会聚合所必需的社会互动和关系。

尽管这一观点最初被许多人视为非科学的而不予理会，在20世纪后半期中，社会学已经越来越具有诠释性特色，在方法论上强调定量和定性研究技术的结合。

社会改革

对于许多社会学家来说，社会学不仅仅是对社会的客观研究，以及对社会结构和系统的分析和描述；如同自然科学理论，社会学理论拥有实践意义，能够被用来改进我们所生活的社会。在19世纪，孔德和马克思将社会学看作是一种理解社会运作的方式，以推动社会变迁。马克思有句名言，“哲学家们只是以各种不同的方式解释世界，然而，问题在于改变它。”他的许多追随者们（社会学家和政治活动家）都将这一点铭记在心。

迪尔凯姆在政治上远不及马克思激进，他对推动社会学作为一门学术学科被认为做出了巨大贡献。为了获得政府的支持，他不仅要论证这一学科的科学性，同时还要论证其客观性，特别是考虑到法国大革命以来欧洲业已存在了一个多世纪的政治动乱。这一与现实世界脱节的“象牙塔式”的路径，在20世纪前半叶主宰了社会学，但是随着社会学家们逐渐采纳一种更具诠释性的立场，他们同样倡导社会学作为一种社会改革的工具。

这一点在马克思主义社会学家以及其他左翼政治立场的社会学家中尤为突出。第二次世界大战之后，社会学家们，包括查尔斯·怀特·米尔斯和米歇尔·福柯，考察了社会中权力的性质及其对个体的影响；社会形塑我们生活的方式，而不是我们塑造社会的方式，以及我们如何能够抵制这些力量。即使是在更主流的社会学中，氛围在不断改变，研究主题的范围也在不断扩展，从对社会本身的学术研究，到提供公共政策和推动社会变迁的实践应用。1972年，美国极负盛名的社会学理论家霍华德·贝克尔写道：“好的社会学……创造关于组织和事件的有意义描述，对它们的产生和存续给出有效解释，并对它们的改进或消除提出现实性的方案。”

> **社会学的功能，与其他科学一样，都是揭示那些隐藏的东西。**
>
> ——皮埃尔·布迪厄

制度和个体

随着社会学的广泛渗入，社会学在20世纪后半叶获得更多认可甚至公众关注；越来越多的思想家开

始关注社会问题，因此社会学扩展了其研究范围。在对现代社会的结构和系统、社会凝聚力以及社会失序原因的传统研究的基础上，社会学开始考察这些领域之间的联系以及个体与群体之间的互动。

大约一个世纪以前，社会学家们被划分为宏观层面分析（将社会看作是一个由各种制度组成的整体）和微观层面分析（聚焦于社会中个体的生活经验）。这种区分至今仍然存在，现在社会学家们认识到两者之间的紧密关联，更多的研究者将其研究集中在两种路径之间的群体——社会阶层、种族、宗教或文化群体、家庭，以及以性别或性取向划分的群体。

社会学也对加速的社会变迁做出回应。自第二次世界大战以来，许多社会传统受到挑战，新的社会规范已经取而代之。西方社会在民权和妇女运动、种族和性别不平等方面已经做出了很多努力；社会学理论也在帮助改变对性取向和家庭生活的态度。齐格蒙特·鲍曼指出，“社会学的任务是帮助个人，我们必须服务于自由。”

全球化时代

技术革新带来的社会变迁可以比拟甚至超越工业革命的影响。自动化和计算机化的增长，服务业的兴起以及消费社会的壮大，这些一起形塑了我们今天所生活的社会。一些社会学家将这种现象看作是现代性过程的延续，也有人相信我们正在进入一个后现代、后工业时代。

交通与通信方面的进步同样使得这个世界变得越来越小。近期，社会学家们开始关注文化和民族身份的重要性以及全球化的影响，特别是对本土社会。伴随着新的沟通方式——特别是互联网和快速跨国旅行——而来的是全新的社会网络。它不依赖面对面沟通，而是以一种甚至是50年前的人们都无法想象的方式将个体和群体连接起来。现代技术同样为社会学提供了研究和分析这些新社会结构演变的精致的工具。■

> **一个社会中，如我们的社会，真正的政治任务在于批判那些看似中性而独立的制度的运作……批判并攻击它们……因而我们能够与之相抗。**
>
> ——米歇尔·福柯

FOUNDATIONS OF SOCIOLOGY

社会学的基础

约1377年 在《历史绪论》中，伊本·赫勒敦用阿拉伯语“阿萨比亚”描绘了“**团结**”或**社会凝聚力**的概念。

1767年 亚当·弗格森在《文明社会史论》中论述了**公民精神**在社会中对抗资本主义所带来的毁灭性影响中的重要性。

1813年 昂利·圣西门在《人类科学概论》中提出了关于**社会的科学**。

1830—1842年 奥古斯特·孔德在《实证哲学教程》中细述了**社会学作为一门科学**的演进。

1837年 在《美国社会》中，哈里特·马蒂诺通过奴隶、妇女以及工人阶级所遭受的压迫描述了**社会不平等**。

1848年 在《共产党宣言》中，卡尔·马克思和弗里德里希·恩格斯预言无产阶级革命将会带来**社会变革**。

1867年 卡尔·马克思完成了其对**资本主义的全面分析**《资本论》的第一卷。

1874—1885年 赫伯特·斯宾塞在多卷本《合成哲学系统》中指出，社会就如同生物体一般演进，**强者生存**。

1887年 费迪南·滕尼斯在《共同体与社会》中区分了**传统共同体和现代社会**。

虽然直到20世纪，社会学作为一门学科才获得广泛认可，但是它的许多思想传统、研究方法以及研究领域却植根于几个世纪以来历史学家和哲学家们的著作中。

尽管第一个被认可的社会学研究源自14世纪的伊本·赫勒敦，我们今天所熟知的那些社会学先驱却在18世纪末才出现，当时的西欧社会正经历着一场巨变：启蒙思想正逐渐取代传统信念，工业革命正逐渐改变着人们生活和工作的方式。那些观察家将这场社会变迁的动力归因于所谓的“现代性”，包括工业化的影响、资本主义的增长以及世俗化和理性化的潜移默化（却并非不重要）的后果。

一门社会科学

现代社会是理性时代的产物：理性思维和科学发现的应用。沿着这样一种路径，社会学先驱诸如法国哲学家昂利·圣西门以及他的门徒奥古斯特·孔德，试图提供可证实的证据来支持理论。孔德相信，不仅社会秩序的力量可以用与物理和化学相同的法则来解释，而且应用社会学也能带来社会变革，就如同应用科学带来了技术进步一样。

与孔德一样，卡尔·马克思相信研究社会的目的并不单单是描述和解释它，还应该改造它。他同样热衷于科学范式，不过他选择从经济学学科的角度入手，将资本主义看作导致社会变迁的现代性的一股主要力量。

先于马克思近一个世纪，苏格兰哲学家亚当·弗格森就已经指出资本主义的利己主义对传统社会团结的威胁，哈里特·马蒂诺和马克思的伙伴弗里德里希·恩格斯都描述了19世纪中期工业资本主义社会中存在的社会不平等。另一位社会学先驱，费迪南·滕尼斯，回应了弗格森的思想，他描述了传统社会和现代社会中两种截然不同的社会团结方式——这一概念被后世的许多社会学家以不同方式进行解读。

到了19世纪末期，社会学作为一门独立的研究领域，与历史、哲学、政治学以及经济学区分开

1895年

埃米尔·迪尔凯姆在波尔多大学（University of Bordeaux）建立了欧洲第一个社会学系，并出版了《社会学方法的准则》。

1946年

查尔斯·怀特·米尔斯和汉斯·格斯在《马克斯·韦伯以来：社会学论文集》一书中，将韦伯的思想引入英语世界。

1967年

在《常人方法学研究》一书中，哈罗德·加芬克尔提出一种新的社会学方法论，关注促进社会秩序的那些日常行为。

1990年

在《性别麻烦：女性主义与身份的颠覆》一书中，朱迪斯·巴特勒挑战了关于性别和性的传统观念。

1893年

在《社会分工论》中，埃米尔·迪尔凯姆描述了独立个体之间的有机团结。

1904—1905年

马克斯·韦伯在《新教伦理与资本主义精神》一书中为分析现代社会的演进提供了一种崭新的视角。

1959年

在《社会学的想象力》一书中，查尔斯·怀特·米尔斯认为社会学家应该提供改进社会的方法。

1975年

米歇尔·福柯在《规训与惩罚》中研究社会中权力的性质。

来，这在很大程度上归功于埃米尔·迪尔凯姆。他采纳了孔德将科学研究方法应用于社会的思想，以生物学为模型。与他的前辈赫伯特·斯宾塞一样，迪尔凯姆将社会看作是一个拥有不同“器官”的“有机体”，每个器官都有自己独特的功能。

诠释的方法

尽管迪尔凯姆的客观精神使他在学术界获得认可，并不是所有社会学家都认可“用自然科学的方法来研究社会是可行的”或者社会是有“规律”可循的。马克斯·韦伯倡导一种更主观的——“诠释的”方法。作为现代性的主要动力，马克思称之为资本主义，迪尔凯姆称之为工业化，而韦伯则聚焦于理性化和世俗化对个人的影响。

一门严格的科学学科逐渐被定性研究的社会学所取代：诸如文化、身份、权力这类不可测量的观念。到20世纪中期，社会学家已经从对社会的宏观研究转向基于个体经验的微观视角。查尔斯·怀特·米尔斯主张社会学家应当在社会制度（特别是他所称的“权力精英”）以及它们是如何影响普通人的生活之间建立联系。第二次世界大战之后，其他社会学家也提出类似主张：哈罗德·加芬克尔倡导一种社会学研究方法的彻底变革，通过对常人日常生活的观察研究社会秩序；米歇尔·福柯则分析了权力关系是如何迫使个人遵循社会规范——特别是性规范——这一思想在朱迪斯·巴特勒关于社会性别和性的研究中获得了进一步发展。

到20世纪末期，在对社会总体的客观研究和对个体经验的诠释性理解之间已经达成一种平衡。一些具有创新精神的社会学家已经设定下议程，其不同的方法正被用于对这个日益全球化的后现代世界的研究中。■

身体的挫败绝不意味着/标志着民族的灭亡

伊本·赫勒敦（1332—1406年）

背景介绍

聚焦

团结

主要事件

约622年 第一个伊斯兰国家在麦地那建立。

约1377年 伊本·赫勒敦完成了《历史绪论》（或《绪论篇》），其世界历史的引论。

1835年 阿历克西·托克维尔在《论美国的民主》第一卷中，描述了追求相互目标的个人结社是如何有利于政治和公民社会的。

1887年 费迪南德·腾尼斯创作了《共同体与社会》。

1995年 罗伯特·普特南在“独自打保龄球”一文中，解释了“社会资本”的概念，并于2000年在此文的基础上出版成书。

1996年 米歇尔·马费索利在《游牧生活》中继续他的新部落主义研究。

阿拉伯哲学家、历史学家伊本·赫勒敦着迷于“某些社会达到繁荣并征服其他社会”的群体动力机制研究。他最为有名的是其多卷本世界史著作：《阿拉伯人、波斯人、柏柏尔人历史的殷鉴和原委》（简称《殷鉴书》），特别是其中叫作《历史绪论》的第一部分。鉴于其对柏柏尔人和阿拉伯人社会的分析，《殷鉴书》被看作是社会学的先驱。

赫勒敦关于社会兴衰的解释中，核心概念是来自阿拉伯语的“阿萨比亚”或社会团结。起初，“阿萨比亚”指的是在宗族或游牧部落中存在的家庭联系；后来，它逐渐变成一种归属感，就是“团结”。在赫勒敦看来，“阿萨比亚”既存在于小如宗族的社会中，也存在于大的帝国中。随着社会的扩大与成长，人们之间的共享目标和命运也逐渐减弱，文明也就衰落了。最终，这种文明将会被另一种更小、更年轻、具有更强团结性的文明所取代——一个民族可能会经历身体的挫败，但绝不会被其所打倒；但当“一个国家被从心理上击败了……它就会走向灭亡”。

团结和社会凝聚在社会中的重要性暗含了许多现代社会学中关于共同体和公民精神的研究，包括罗伯特·普特南关于“当代社会正经历着社区参与的土崩瓦解”的理论。■

伊本·赫勒敦在其群体动力学理论中，引用沙漠贝多因人部落个案，指出社会的和心理的因素有助于理解文明的兴衰。

参见：费迪南德·腾尼斯 32～33页，罗伯特·普特南 124～125页，阿尔君·阿帕杜莱 166～169页，戴维·赫尔德 170～171页，米歇尔·马费索利 291页。

在军队和公司中，人类总是徘徊或安定，同意或争吵

亚当·弗格森（1723—1816年）

背景介绍

聚焦

公民精神

主要事件

1748年 孟德斯鸠出版《论法的精神》，指出政治制度应该发源于集体的社会风俗习惯。

1767年 亚当·弗格森在其《文明社会史论》一书中勾勒了他的基本理论思想。

1776年 亚当·斯密以《国富论》开启了现代经济学。

1876年 卡尔·马克思在《资本论》第一卷中分析了资本主义。

1893年 在《社会分工论》中，埃米尔·迪尔凯姆研究了信仰和价值在联结社会中的重要性。

1993年 阿米泰·埃齐奥尼（Amitai Etzioni）建立“社群主义网络”，以加强社会的道德和社会基础。

进步既是不可避免的也是值得的，但是我们必须要时刻谨记进步可能带来的社会成本。哲学家和历史学家亚当·弗格森就曾经如此警告我们；他是苏格兰启蒙运动中爱丁堡知识界“上流社会”中的一员，这一群体还包括诸如哲学家大卫·休谟和经济学家亚当·斯密。

与斯密一样，弗格森相信，利己主义是商业增长的动力；但与斯密不同的是，他分析了这一发展的后果，发现它是以牺牲合作、同胞之谊这些传统价值为代价的。过去，社会建立在家庭或共同体之上，荣誉和忠诚带来社区精神。然而，资本主义所需要的利己主义削弱了这些精神，并最终导致社会崩溃。为了防止商业资本主义埋下毁灭的种子，弗格森倡议提升公民精神感，鼓励人们为社会公利而非私利行动。

> 人在文明社会中诞生，并在那里存活。
>
> ——孟德斯鸠 法国哲学家（1689-1755）

弗格森对资本主义和商业主义的批评意味着他的理论被诸如休谟、斯密这样的主流思想家拒绝，但它们后来影响了黑格尔和马克思的政治思想。因为他从社会而非政治或经济的视角看待问题，他的研究也有助于为现代社会学奠定基础。■

参见：费迪南德·腾尼斯 32~33页，卡尔·马克思 28~31页，埃米尔·迪尔凯姆 34~37页，阿米泰·埃齐奥尼 112~119页，诺贝特·埃利亚斯 180~181页，马克斯·韦伯220~223页。

科学可以被用来建设一个更好的世界

奥古斯特·孔德（1798—1857年）

背景介绍

聚焦

实证主义和社会研究

主要事件

1813年 法国思想家昂利·圣西门提出一种关于社会的科学的思想。

19世纪40年代 卡尔·马克思指出，经济问题是历史变迁的根源。

1853年 哈里特·马蒂诺的删节版翻译《奥古斯特·孔德的实证哲学》将孔德的思想介绍给大众。

1865年 英国哲学家约翰·穆勒将孔德的早期社会学思想和晚期政治思想分别称为“好孔德”和“坏孔德”。

1895年 在《社会学方法的准则》一书中，埃米尔·迪尔凯姆试图建立一个社会学体系。

至18世纪末期，日益增长的工业化已经给欧洲传统社会带来了巨变。与此同时，在法国大革命之后，法国正努力建立一种新的社会秩序。一些思想家，诸如亚当·斯密，试图用经济术语解释社会的飞速变迁；另一些人，如让·雅克·卢梭，则从政治哲学入手。亚当·弗格森曾经描述现代化的社会后果，但是还没人能从政治和经济理论的角度解释社会进步。然而，相比法国的社会不稳定，社会主义者昂利·圣西门试图分析

参见: 哈里特•马蒂诺 26～27页, 卡尔•马克思 28～31页, 254～259页, 费迪南德•腾尼斯 32～33页, 埃米尔•迪尔凯姆 34～37页, 马克斯•韦伯 38～45页, 220～223页。

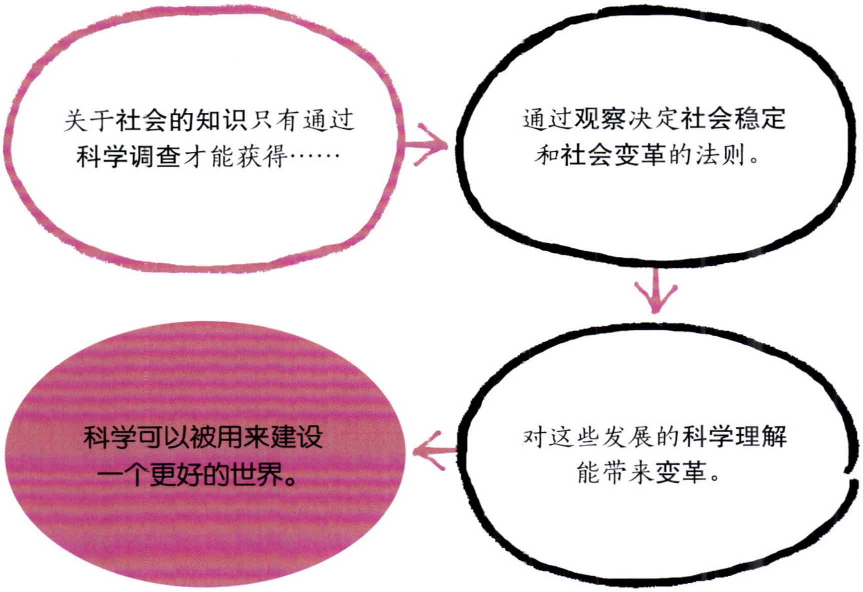

社会变革的原因，以及如何建立社会秩序。他认为，社会进步有一个模式，社会要经历一系列不同的阶段。他的门生孔德将这一思想发展成一套完整的体系，根据科学原则来研究社会；孔德最初称之为“社会物理学”，后来改为“社会学”。

理解与改变

孔德作为启蒙之子，其思想扎根于启蒙时代的理念中，强调理性、客观。启蒙运动中出现的科学方法影响了孔德的哲学路径。他详细分析了自然科学及其方法论，提议所有的知识分支都应该采用科学原则，将理论建立在观察基础之上。孔德“实证主义”哲学的核心观点是：任何有效知识只能来源于实证的、科学的探究。他已经见证了科学的改变力量：科学发现带来技术进步，进而带来工业革命，创造了他所生活的现代世界。

他认为，社会科学的时代已经来临，它不仅要能解释社会秩序和社会变革的机制，还应该为我们提供改变社会的方式，就如同自然科学帮助我们改变我们的自然环境一样。他将关于人类社会的研究或社会学看作是最具挑战性和复杂性的学科，因此它应该是“科学之后”。

孔德关于“对社会的科学研究是人类探究知识过程的顶峰”的论

奥古斯特•孔德

奥古斯特•孔德出生在法国的蒙彼利埃。他的父母是天主教徒和君主制度的拥护者，但奥古斯特拒绝了宗教而选择共和主义。1817年他成为昂利•圣西门的秘书，后者对他运用科学方法研究社会的思想产生了重要影响。由于出现分歧，孔德于1824年离开了圣西门，在约翰•穆勒的支持下，开始创作《实证哲学教程》等著作。

这一时期孔德饱受精神崩溃的困扰，他与卡罗列娜•马森的婚姻最终以离婚收场。接着他疯狂地爱上了克洛蒂尔德•德沃克斯（她和丈夫分居），但他们并没确立关系；德沃克斯1846年去世。此后，孔德献身于写作和建立实证主义的“人道教”。1857年孔德死于巴黎。

主要作品

1830—1842年 《实证哲学教程》（六卷）
1848年 《实证主义总论》
1851—1854年 《实证政治体系》（四卷）

断受到昂利·圣西门的思想影响，被称为“三阶段法则”。他认为我们对现象的理解经过三个阶段：神学阶段，上帝或众神是事物的原因；形而上学阶段，用抽象本质解释现象；实证阶段，用科学方法来验证知识。

孔德关于社会进化的宏大理论也是对社会进步的分析——不同于对捕猎-采集、游牧、农业以及工业-商业不同社会阶段的简单描述。孔德认为，启蒙运动之前的法国社会根植于神学阶段，社会秩序建立在宗教原则之上。1789年法国大革命之后，法国社会进入了形而上学阶段，社会由世俗原则和理念（特别是自由和平等权）所引导。孔德相信，在认识到后革命社会的不足之后，现在有可能进入到实证阶段，科学地决定社会秩序。

孔德定义了人类理解世界的“三阶段”进程。随着18世纪末期启蒙运动的到来，神学阶段结束。在理性思考的形而上学阶段，焦点从神转变为人；进而发展到最后一个阶段，科学提供解释。

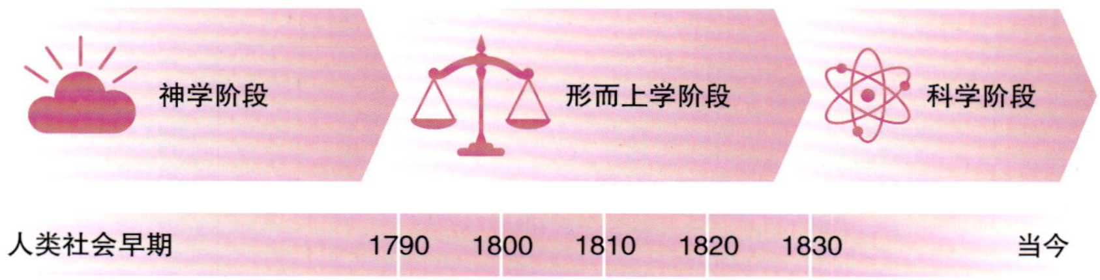

关于社会的科学

在现有的“硬”科学的基础上，孔德提出了一个社会学新科学的框架。他设定了一个科学等级，在有逻辑地安排下，每一门科学都是它下一门科学的基石。从数学开始，这个等级体系依次是天文学、物理学、化学，到生物学。这个“实证主义”升序的顶点就是社会学。因此，孔德觉得在试图运用这些知识来研究社会之前，有必要先彻底掌握其他科学和它们的方法。

> 那么，社会学就不是任何其他学科的辅助；它本身就是一门独特的、自主的学科。
>
> ——埃米利·迪尔凯姆

最重要的是基于观察的可证实原则：用事实证据来支持理论。但是，孔德也指出，用假设来指导科学论证的方向、决定观察的范围的必要性。他把社会学划分为两个研究领域：“社会静力学”，即决定社会秩序、促进社会团结的力量；“社会动力学”，即决定社会变革的力量。对这些力量的科学理解有助于将社会带入社会进化的终极实证阶段。

尽管孔德不是第一个试图分析人类社会的思想家，他却是确立用科学方法研究社会的先驱。另外，他的实证主义哲学既提供了对世俗工业社会的解释，也提供了实现社会改革的途径。他相信，就如同科学已经解决现实世界的问题，社会学——作为终极科学和其他科学的统一者——可以被用来解决社会问题，从而创造一个更好的社会。

从理论到实践

孔德在法国大革命之后的混乱中形成了他的思想，并在其六卷本的《实证哲学教程》中展现出来；其中，第一卷的面世与1830年七月法国第二次革命同年。

> 科学带来预言；预言产生行动。
>
> ——奥古斯特·孔德

在君主制被推翻和复辟之后，法国的社会意见主要分为两大阵营：主张社会秩序和主张社会进步。孔德相信，他的实证主义提供了第三条道路：一个基于对社会的客观研究的理性而非意识形态的行动路线。

他的理论为他在法国的同时代人中赢得了同样多的批评者和崇拜者。他的一些伟大支持者来自英国，包括自由主义思想家约翰·穆勒，他为孔德提供经济支持，使他能够继续自己的研究；还有哈里特·马蒂诺，她将孔德删节版的著作翻译成英文。

遗憾的是，孔德所建立的声誉被他晚期的作品玷污了；在那些作品中，他描述了实证主义是如何被应用到政治体系中的。不幸的私生活（离婚、抑郁、悲惨的外遇）通常被看作是他的思想转变的原因：从对社会实然的客观、科学研究转向了对其应然状态的一种主观的准宗教式的解释。

孔德的作品从理论到如何将理论应用到实践的转变使他失去了许多追随者。穆勒以及其他英国思想家认为他对实证主义的应用方式近乎独裁，将他倡导的政府体系看作是对自由的侵犯。

此时，一种对社会的科学研究的替代范式已经出现。同样是以针对社会混乱为背景，卡尔·马克思在经济学和基于政治行动而非理性主义的变革模式的基础上，提出了一种对社会进步的分析。这不难看出，为什么在被革命充斥的欧洲，在社会主义和资本主义两种主张的夹击中，孔德的实证主义社会学开始没落。然而，是孔德（在某种程度上还有其导师圣西门）基于科学原则而不仅仅是理论化，最早将社会学作为一门学科创立起来。特别是他建立了一套观察的方法论，以及直接借鉴物理学的社会科学理论。虽然以后的社会学家，特别是埃米尔·迪尔凯姆，不认同孔德的实证主义内容及其应用，但孔德为以后的研究奠定了坚实的基础。尽管现在看来，孔德关于“科学之后”的社会学之梦看似是天真的，但他所倡导的客观性仍是一个指导性原则。■

> **哲学家只是以不同的方式解释世界，问题在于改变它。**
>
> ——卡尔·马克思

1830年法国革命发生，近乎同一时间孔德出版其实证主义著作，开创了一个他一直所期待的社会进步时代。

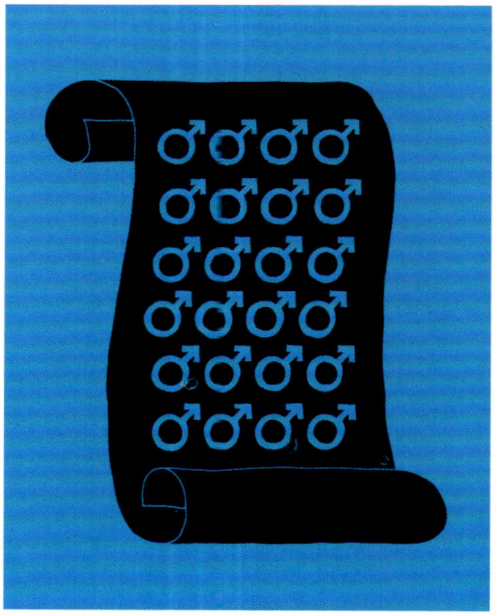

《独立宣言》与一半的人类无关

哈里特·马蒂诺（1802—1876年）

背景介绍

聚焦

女权主义和社会不公正

主要事件

1791年 法国剧作家、政治活动家奥兰普·德古热出版了《女权和女性公民权宣言》（简称《女权宣言》），以回应1789年的《人权和公民权宣言》（简称《人权宣言》）。

1807–1834年 在大英帝国，奴隶制度被废除了。

1869年 哈里特·泰勒和约翰·斯图尔特·穆勒合著《妇女的屈从地位》一书。

1949年 西蒙娜·德·波伏娃的《第二性》，为20世纪60～80年代的“第二波”女权主义奠定了基础。

1981年 联合国中188个国家认可《消除对妇女一切形式歧视公约》（CEDAW）。

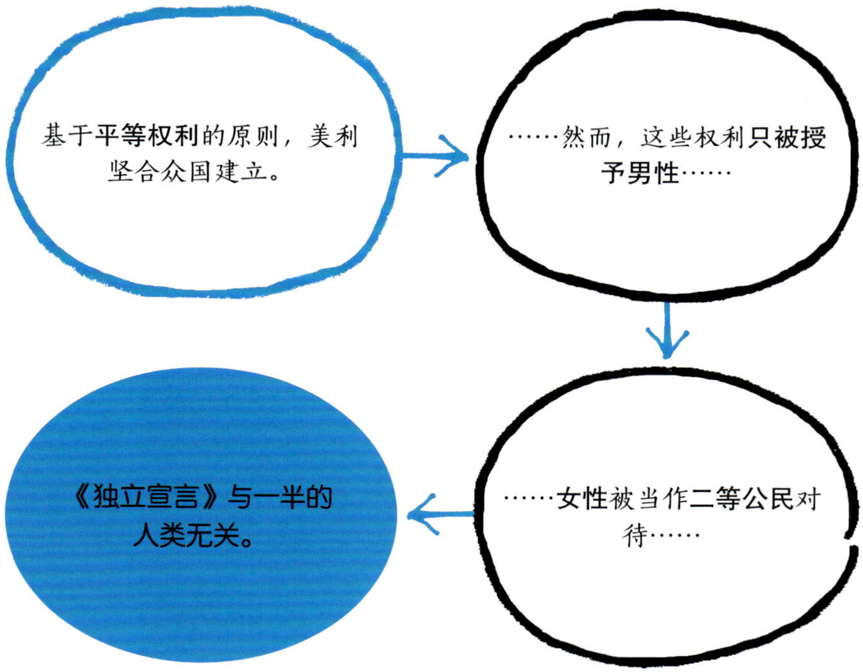

1776年，美国《独立宣言》声明：“我们认为下述真理是不言而喻的：人人生而平等，造物主赋予他们若干不可让与的权利，其中包括生存权、自由权和追求幸福的权利。”50多年以后，1834—1836年间，哈里特·马蒂诺环游美国，记录了一个完全不同的美国社会图景。她所看到的是平等、民主的理想与美国现实生活的显著差异。

在她旅行之前，马蒂诺是一名撰写关于政治经济和社会问题的记者，因此，在她的旅行中，她以书

参见：朱迪斯·巴特勒 56～61页，R.W.康奈尔 88～89页，希尔维亚·沃尔比 96～99页，泰瑞·凯拉韦 248～249页，克里斯汀·德尔菲 312～317页，安·奥克利 318～319页。

本的形式记下了其关于美国社会的印象。然而，《美国社会》一书不仅仅是描述，马蒂诺在其中还分析了她所见到的社会不平等的形式。

社会解放者

在马蒂诺看来，一个社会的文明程度是由其人口的生活条件决定的。如果不能适用于每一个人，理论观念就无法衡量一个社会的文明程度。大家所看到的美国社会的理想观念，特别是对自由的鼓吹，因为奴隶制的继续存在而变成一个“笑柄”，马蒂诺认为，奴隶制是社会中的一部分人统治另一部分人的典型。

马蒂诺的一生都在为美国奴隶制的废除而抗争；然而，她同样运用其关于文明社会的准则来界定和反对其他形式的剥削和社会压迫，比如在工业化英国社会中工人阶级的不公正待遇，或者西方世界中女性的从属地位。

马蒂诺强调了那种一边以自由沾沾自喜、一边继续压迫女性的社会的伪善。她指出，这种态度是一种侮辱，因为女性构成了人类的另一半“如果要测试文明的话，当人类中的一半对另一半拥有权力的时候，结论就很难确定了。”然而，与许多同时代人不同，马蒂诺不仅仅为争取女性教育权或投票权而斗争，她还描述了社会是如何在私人和公共生活中限制女性自由的。

马蒂诺在她的一生中都很出名，但是直到最近，她对社会学发展的贡献才被承认。今天，她不仅被看作是第一个对社会进行系统研究的女性，也被看作是采用女权主义社会学视角的第一人。■

1776年7月4日，大陆议会通过了关于政府的极具道德性的构想。但是马蒂诺质疑，在一个不公正的社会中，社会美德是否可能。

哈里特·马蒂诺

哈里特·马蒂诺出生在英国的诺里奇（Norwich），父母的开明确保她受到了良好的教育。她很早就展露出对政治和经济的兴趣，1825年她的父亲去世之后，她以记者这一职业为生。作为作家的成功使她能够搬到伦敦，并在1834—1836年间周游美国。她回来英国之后，出版了一部关于美国的三卷本社会学评论。她在那里的经历坚定了她以废除奴隶制和解放妇女为己任的信念。

尽管自青少年时期她就完全失聪，马蒂诺坚持工作和抗争直到19世纪60年代。那时，她已经搬到湖泊地区，因为健康问题足不出户；并于1876年逝世。

主要作品

1832–1834年 《图解政治经济学》
1837年 《美国社会》
1837–1838年 《道德与习俗之观察》

“资产阶级的灭亡和无产阶级的胜利都是不可避免的”

卡尔·马克思（1818—1883年）

背景介绍

聚焦

阶级冲突

主要事件

1755年 日内瓦裔法国哲学家让·雅克·卢梭认为人类的不平等起源于财产的私有。

1819年 法国社会理论家昂利·圣西门创办周刊《组织者》来宣传自己的社会主义理想。

1807年 乔治·黑格尔在《精神现象学》中阐述自己的历史发展观。

1845年 弗里德里希·恩格斯在《英国工人阶级状况》一书中将资本主义社会划分为两大社会阶级。

1923年 德国法兰克福大学社会研究所创建，并吸引了一大批马克思主义学者，日后形成法兰克福学派。

19世纪中叶，欧洲大陆弥漫着由法国大革命带来的政治动荡。起义和革命随处可见，要求推翻君主政治和贵族统治的旧制度、建立民主共和制的呼声越来越强烈。与此同时，欧洲大部分地区正承受着工业化带来的社会变迁。一些哲学家已经开始用政治术语来解释现代工业世界的问题并提出政治性解决方式，另一些人诸如亚当·斯密将经济状况看作既是带来问题的原因，也是解决问题的出路，但是他们都极少研究社会结构。

参见：奥古斯特·孔德 22～25页，马克斯·韦伯 38～45页，米歇尔·福柯 52～55页，弗里德里希·恩格斯 66～67页，理查德·桑内特 84～87页，赫伯特·马尔库塞 182～187页，罗伯特·布劳纳 232～233页，克里斯汀·德尔菲 312～317页。

1830—1842年间，法国哲学家奥古斯特·孔德倡议，对社会的科学研究是可能甚至是必要的。卡尔·马克思也认为，对社会的客观的、系统的分析是迟到的，也是当务之急。然而，马克思没有打算对此进行专门的社会学的研究，而是通过观察和分析社会不平等的根源，用历史的和经济的视角来解释现代社会。孔德将科学看作是通往社会变迁之路，而马克思则指出了社会变迁中政治行动的无可避免。

历史发展

在当时，对社会发展的传统解释是一个逐步演进的过程，从狩猎，经过游牧、放牧和农业社会，再到现代工商业社会。作为一个哲学家，马克思特别关注社会进步以及工业社会的经济根源，并建立了他自己关于这一过程的解释。

马克思主要受到德国哲学家格奥尔格·黑格尔的影响，后者提出了一种历史发展的辩证观点：对立双方的综合将带来变迁，其中相互对立的观念得以和解。马克思接受了黑格尔的辩证主义框架，然而，他将历史视为物质条件而非精神的演进，从而摒弃了黑格尔的哲学。马克思同样受到法国社会主义思想家的影响，例如让·雅克·卢梭将“文明社会”不平等的根源归咎于财产私有观念的出现。

马克思提供了一种分析历史发展的新的方法。他认为，人类生存的物质条件决定了社会组织的形态，生产资料（指用来创造财富的工具和机器）的变革带来了社会-经济的变革。“历史唯物主义”，作为一种解释历史发展的视角，被用作解释由新的经济生产方式带来的由封建社会向现代资本主义社会的转型。在封建社会中，贵族作为由农民或农奴耕种的土地之地主，控制了农业生产资料。在机器时代，一个新的阶级——资产阶级产生，他们是新的生产资料的拥有者。随着技术的推广，资产阶级不断冲击贵族的地位，并且带来社会经济结构的变迁。封建社会中的对立元素中已经孕育了将取而代之的资本主义社会的种子。

按照生产力的条件和水平，马克思将人类历史的发展划分为五个阶段。在马克思看来，历史发展的动力在于占支配地位的生产方式，它形塑了社会中的阶级。历史的发展从人类社会早期共有生产资料，发展到马克思所处的、拥有两大阶级的资本主义社会。未来也必将朝着无阶级的共产主义社会前进。

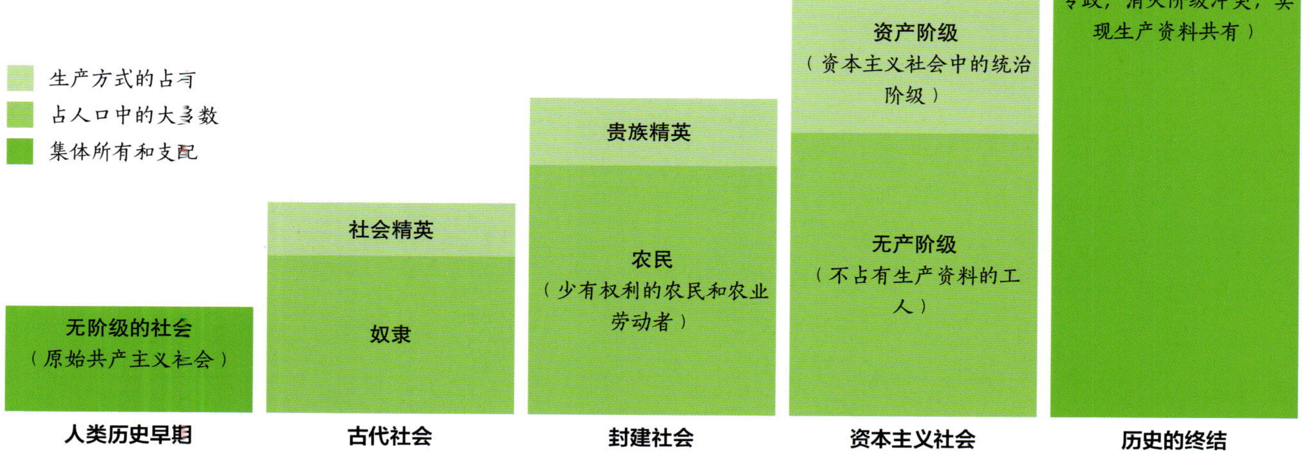

正如他和弗里德里希·恩格斯在《共产党宣言》中所描述的，马克思断言，“到目前为止的一切社会的历史都是阶级斗争的历史”。封建社会由两个阶级组成：地主或贵族和农民或农奴；同样，现代工业社会也造就了两个阶级：占有生产资料的资产阶级和处于劳动地位的无产阶级。

1917年，卡尔·马克思关于共产主义革命的预言变为现实；然而，革命并未如他所预言的那样发生在某个先进的工业国家，而是爆发在沙皇俄国。

阶级冲突

在马克思看来，任何社会中的阶级紧张和冲突都是不可避免的。因此，正如封建社会的灭亡，资产阶级和资本主义社会也终将被取代。他坚信，无产阶级将会推翻现存的社会体制，并实现当家做主。

马克思认为，物质需求的生产方式决定了资本主义社会结构：资本和劳动的对立。资产阶级拥有物质生产资料，他们从工人劳动生产的商品的剩余价值中获利；另一方面，无产阶级一无所有，仅仅靠向资本家出卖劳动力获得生存。

这种阶级关系是剥削性质的，它使得资本家越来越富有，而劳动者则越来越贫困。另外，工人在工厂和磨坊中劳动的非技术性本性导致了“非人化”的感觉和生产过程中的“异化”，而生产过剩带来的失业风险使这一情况更加恶化。

然而，阶级压迫也提升了无产阶级的阶级意识——工人阶级的联合可以为争取共同利益而行动。资本主义与生俱来的自私自利使得资产阶级很难联合起来，同时不断的生产竞争带来越来越频繁的经济危机。工人阶级的团结以及资产阶级的衰退终将导致无产阶级掌握生产资料，建立一个无阶级的社会。

重要贡献

马克思对工业社会中资本主义是如何创造出社会-经济阶级的分析并不局限在理论观念上，它也是用“科学”方法对社会进行分析的最早尝试之一，以期对现代社会提供一种完整的经济、政治和社会的解释。在这个过程中间，马克思提供了一些对后来的社会学研究具有重要意义的概念，特别是在社会阶级领域，诸如阶级冲突和阶级意识，剥削和异化的概念。

马克思的思想启发了无数的革命家，以至于在20世纪很长一段时间内，世界上大约有三分之一的人口生活在支持马克思主义思想的国家里。但是，并不是所有的人都同意马克思根据经济状况划分社会阶级的做法，以及社会变迁是阶级斗争的必然结果这一观点。在马克思的下一代中，同被视为“现代社会学之父”的埃米尔·迪尔凯姆和马克斯·韦伯提出了针对马克思的不同观点。

迪尔凯姆承认工业改变了现代社会，但是他认为是工业化本身，而非资本主义，是社会问题产生的根源。

另一方面，韦伯接受马克思的如下观点，即赞同阶级冲突背后存在经济原因，但是他又指出，马克思仅仅依据经济基础而将社会划分为资产阶级和无产阶级过于简单。他坚信，除了经济因素，资本主义的发展同样有赖于文化的和宗教的因素，决定阶层划分的因素除了经济地位，还有声望和权力。

尽管在20世纪上半叶，马克思对西方社会学的影响逐渐减弱，“法兰克福学派”中的社会学家和哲学家（包括于尔根·哈贝马斯，埃里希·弗洛姆，赫伯特·马尔库塞）仍然是马克思的坚定的追随者。第二次世界大战之后，伴随着冷战的到来，各种思想更加分化。特别是在美国，各种类型的马克思主义思想都受到广泛的质疑，而在欧洲，特别是法国，一批哲学家和社会学家则进一步发展了马克思的社会思想。

今天，新技术又一次改变了我们的世界，同时，人们越来越意识到正在扩大的经济不平等，一些马克思的基本观点开始被社会、经济和政治的思想家们再次讨论。■

马克思是当之无愧的现代社会学之父，如果有人能配得上这个头衔的话。

——以赛亚·柏林

俄裔英国哲学家（1909–1997）

卡尔·马克思

作为“社会科学之父”之一，马克思同时也是一位影响广泛的经济学家、政治哲学家和历史学家。马克思出生在德国特里尔城的一个律师家庭，在律师父亲的坚持下，他在波恩大学（后来转学到柏林大学）学习法律，而不是他更感兴趣的哲学和文学。在那里，他对黑格尔产生浓厚的兴趣，并于1841年在耶拿大学获得哲学博士学位。

在科隆成为一名记者之后，马克思来到了巴黎；在那里，他遇到了弗里德里希·恩格斯，并与之合作，形成了他的经济的、社会的和政治的思想。1845年，他们共同创作了《共产党宣言》。随着1848年欧洲一系列革命的失败，马克思迁居伦敦。1881年，他的妻子去世之后，马克思的健康每况愈下，两年之后与世长辞，终年64岁。

重要著作

1848年 《共产党宣言》

1859年 《〈政治经济学批判〉序言》

1867年 《资本论（第一卷）》

共同体与社会

费迪南·滕尼斯（1855—1936年）

背景介绍

聚焦

共同体与社会

主要事件

1651年　在《利维坦》中，英国哲学家托马斯·霍布斯描述了人性与社会结构之间的关系。

1848年　在《共产党宣言》中，卡尔·马克思和弗里德里希·恩格斯阐述了资本主义对社会的影响。

1893年　在《社会分工论》中，社会学家埃米尔·迪尔凯姆将维系社会的方式分为“机械团结”和“有机团结”。

1904—1905年　马克斯·韦伯出版《新教伦理与资本主义精神》。

2000年　齐格蒙特·鲍曼将“流动现代性”的概念引入日益全球化的社会中。

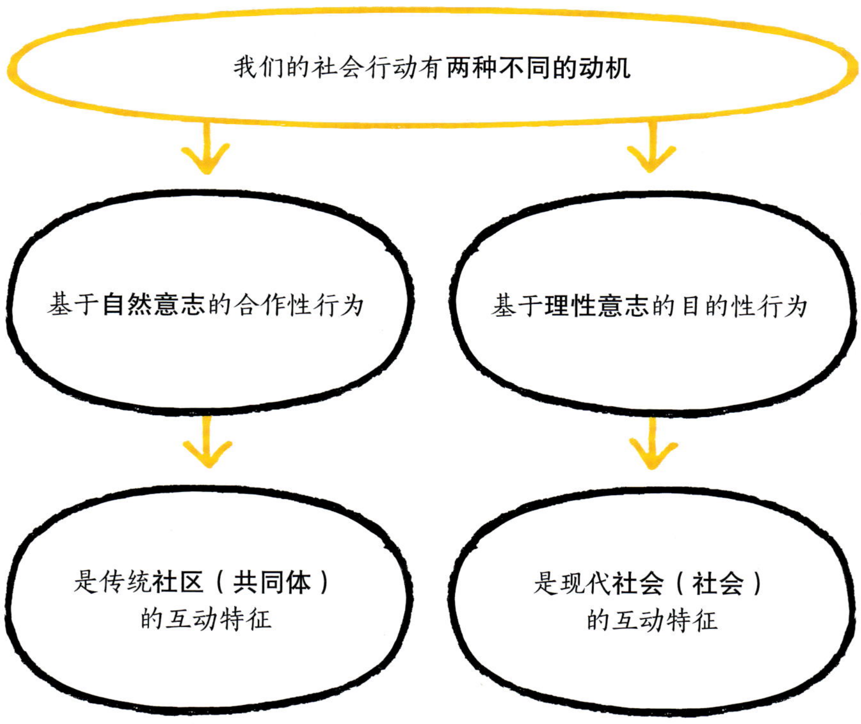

19世纪末期，一大批社会思想家开始关注现代性的社会意义，特别是资本主义工业社会的发展。其中，埃米利·迪尔凯姆、马克斯·韦伯以及费迪南·滕尼斯被普遍看作是社会学的三大奠基人。

滕尼斯对社会学最重要的贡献是他在1887年出版的《共同体与社会》一书，区分了两种不同的社会群体类型。在这本代表作中，他指出传统农村社区与现代工业社会的区别。在他看来，前者以共同体为特

参见：亚当·弗格森 21页，埃米尔·迪尔凯姆 34～37页，马克斯·韦伯 38～45页，阿米塔依·爱茨尼 112～119页，齐格蒙特·鲍曼 136～143页，卡尔·马克思 254～259页，布莱恩·威尔逊 278～279页，米歇尔·马费索利 291页。

征，是基于家庭或其他社会群体如宗教联结起来的社区；小规模社区容易产生共同的目标和信仰，他们之间的互动是基于信任和合作。

"意志"的胜利

在现代城市这种大规模的社会中，劳动分工和劳动力流动破坏了传统联结。社会或结社取代了共同体；这种社会中的关系更加没有人情味且肤浅，它奠基于个人的自我利益而非互助。

每个社会群体中都或多或少地存在着这两种极端形式的共同体和社会，但是滕尼斯指出，资本主义气质和竞争导致他所生活的工业社会中结社处于绝对的主导地位。

滕尼斯理论的基础概念是"意志"——人们行动的动机。他区分了两种意志：自然意志（Wesenwille）和理性意志（Kürwille）。自然意志表现为基于本能意愿、为做某事而做某事，或基于习惯、风俗及道义责任而做某事。这是共同体中社会秩序的潜在动机，为社区并作为社区一员而做的意愿。另一方面，理性意志促使我们纯粹基于理性、实现某一特定目标而行动；这是大型组织（特别是商业组织）决策背后的意志类型。

> **从本质上来说，共同体在起源上要早于其成员或主体。**
>
> ——费迪南·滕尼斯

理性意志是资本主义城市社会中的重要特征。

尽管他在政治上的"左倾"倾向，滕尼斯本质上仍被看作是一个保守主义者，他总是在感伤现代性中共同体的丧失，而非倡导社会变迁。尽管他赢得了社会学同事们的尊敬，但他的思想直到很多年后才获得重视。滕尼斯的理论和方法论为20世纪社会学的发展铺平了道路。韦伯进一步发展了滕尼斯关于社会行动的意愿和动机的概念，而迪尔凯姆关于"机械团结"和"有机团结"的思想则是对滕尼斯"共同体与社会"区分的回应。■

费迪南·滕尼斯

费迪南·滕尼斯出生于北弗里斯兰的石勒苏益格州（现在的德国石勒苏益格-荷尔斯泰因州的北弗里斯兰州）。先后在斯特拉斯堡、耶拿、波恩、莱比锡等大学学习，并最终于1877年在图宾根大学获得博士学位。

在柏林和伦敦的博士后学习期间，滕尼斯的研究兴趣从哲学转向政治和社会问题。1881年他在基尔大学取得授课资格，而遗产的继承使他得以继续专注于自己的研究。他也是德国社会学会的创始人之一。由于他直言不讳的政治观点，直到1913年他才在基尔大学获得教授职位。他对社会民主主义的同情以及对纳粹的公开谴责，使他在1931年被大学解职。滕尼斯1934年逝世，享年80岁。

主要作品

1887年 《共同体与社会》
1926年 《进步和社会发展》
1931年 《社会学导论》

社会，就如同人的身体，拥有相互关联的部分、需要和功能

埃米尔·迪尔凯姆（1858—1917年）

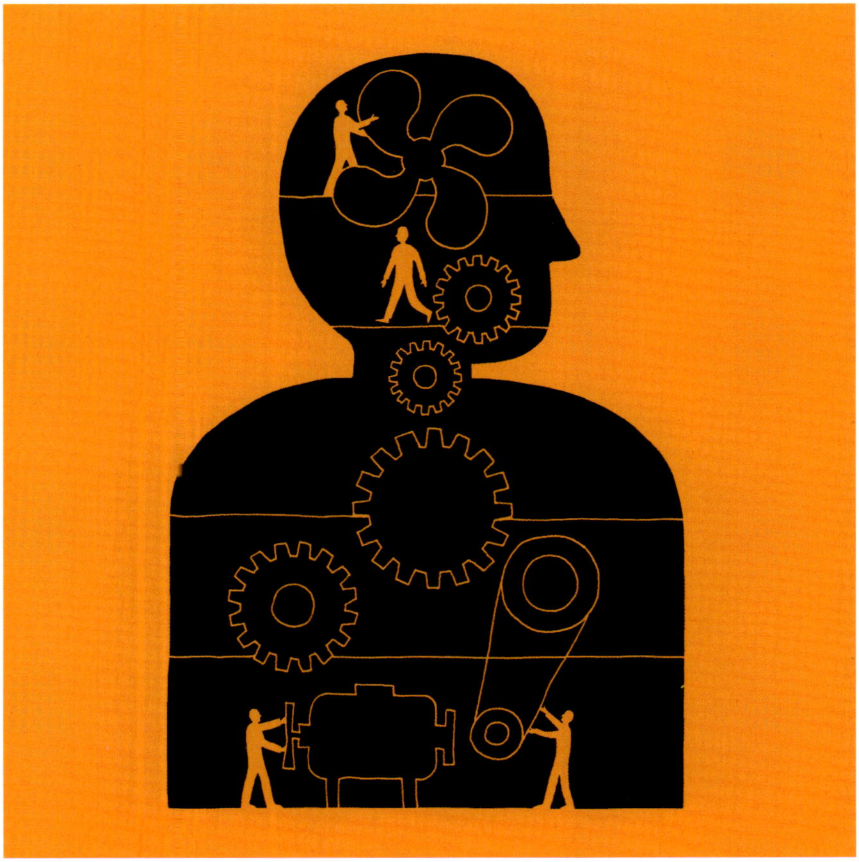

背景介绍

聚焦

功能主义

主要事件

1830–1842年 在《实证哲学教程》一书中，奥古斯特·孔德提出用科学方法研究社会。

1874–1877年 在《社会学原理》第1卷中，赫伯特·斯宾塞指出，社会是一个不断进化的“社会有机体”。

1937年 在《社会行动的结构》一书中，塔尔科特·帕森斯在其行动理论中重新强调功能主义范式。

1949年 在《社会理论与社会结构》一书中，罗伯特·默顿发展了迪尔凯姆的“失范”概念，用以研究社会的功能失调。

1976年 在《社会学方法的新规则》一书中，安东尼·吉登斯为结构功能主义提供了另一个替代范式。

直到19世纪后半叶，社会学才逐渐从哲学中分离出来，被看作是一门独立的社会科学学科。当时的学术氛围意味着，社会学要想成为一门学科，就必须出具其科学依据。

在那些受到哲学训练、但同时对新知识着迷的学者中，埃米尔·迪尔凯姆坚信，社会学应当远离宏大理论，关注方法，并通过方法从不同角度去理解现代社会的发展。与卡尔·马克思和马克斯·韦伯一道，他被看作是社会学主要奠基人

参见：奥古斯特·孔德 22～25页，卡尔·马克思 28～31页，马克斯·韦伯 38～45页，杰弗里·亚历山大 204～209页，罗伯特·默顿 262～263页，赫伯特·斯宾塞 334页。

人类从**同质性**的小型共同体中的聚合进化为**复杂的大型社会**。

↓

在传统社会中，宗教和文化创造了**集体意识**，带来团结。

↓

在现代社会，劳动分工带来日益增长的**专门化**，更多地开始关注**个体**而非**集体**。

↓

现今，**团结**的产生有赖于具有**特定功能**的、**相互依存**的个体。

↓

社会，就如同人的身体，拥有相互关联的部分、需要和功能。

之一，迪尔凯姆并不是第一个为这一学科进行科学奠基的学者；他的思想不可避免地受到其他早期思想家的影响。

打造一种科学模式

奥古斯特·孔德已经用他的理论为这一学科奠定基础，认为对人类社会的研究是自然科学等级体系中的顶峰。并且，由于社会是人类的集合体，在所有的自然科学中生物学是与社会科学的最相近的模式。并不是所有人都同意这一观点：例如，马克思的社会学思想基于经济学而非生物学。然而，查尔斯·达尔文关于物种起源的理论激发了学者们对传统思想的彻底再思考。英国尤其如此，在那里，达尔文的工作提供了一种可被运用到其他学科中的有机体进化模式。

在这些学者中，赫伯特·斯宾塞受到达尔文的启发，作为一个哲学家和生物学家，他将现代社会的发展与不断进化的有机体联系起来：不同组成部分拥有不同功能。他的著作奠定了社会科学中的“有

埃米尔·迪尔凯姆

埃米尔·迪尔凯姆出生在法国东部的埃皮纳尔（Épinal），他背离家族传统，离开希伯来学校寻求一种世俗的职业。他就读于巴黎高等师范学院，1882年毕业于哲学专业，当时他在奥古斯特·孔德和赫伯特·斯宾塞的影响下已经对社会科学产生兴趣。

接着，迪尔凯姆前往德国学习社会学。1887年，他返回法国，在波尔多大学教书，并在那里教授法国第一个社会学课程；后来，他又创立了第一个法国社会科学期刊。1902年他受聘执教于巴黎大学，1906年获得教授职位，并在那里度过了余生。一战期间右翼民族主义政治的崛起使他感到越来越边缘化；1915年他的儿子安德烈死于战场之后，他的健康状况恶化，并与1917年死于中风。

主要作品

1893年 《社会分工论》
1895年 《社会学方法的准则》
1897年 《自杀论》

迪尔凯姆认为，宗教（特别是那些历史悠久的信仰，如犹太教）是最基本的社会制度，有助于人们产生一种强烈的集体意识。

机体”模式。迪尔凯姆支持斯宾塞关于“不同部分具有不同目的”的功能论以及“社会大于其个体成员总和”的观点。孔德的“实证主义”（他坚信，只有科学调查才能产生真知识）塑造了迪尔凯姆认为能够揭示现代社会运作方式的科学方法论。

迪尔凯姆关注作为整体的社会及其制度设置，而非社会中的个体的动机和行动。尤其是，他关注社会聚合的动力以及社会秩序是如何维持的。他宣称，社会学研究的基础应当是他所称的“社会事实”，或“外在于个体的现实”，它可以通过经验获得证实。

与其他先驱社会学家一样，迪尔凯姆试图理解和解释那些塑造现代社会的因素，即那些被称为“现代性”的各种力量。马克思将现代性的动力与资本主义联系起来，韦伯将其归因于合理性，而迪尔凯姆则将现代社会的发展与工业化联系在一起，特别是由此产生的劳动分工。

> **我们的职责到底在于成为一个……完整的自我满足的人……还是仅只成为整体的一部分、有机体的一个器官？**
>
> ——埃米尔·迪尔凯姆

功能有机体

迪尔凯姆认为，现代社会与传统社会的区别在于社会聚合形式的根本变迁；工业化的到来产生了一种新的团结形式。在他的博士论文《社会分工论》中，迪尔凯姆论述了他的关于不同的社会团结形式的理论。

在原始社会中，如捕猎者-采集者群体，个体从事差不多相同的工作；尽管每个人都能自给自足，社会因为个体间共同的目标和经验以及共同的信仰和价值观而得以聚合在一起。这种社会中个体的相似性带来了迪尔凯姆所称的“集体意识”，这是其社会团结的基础。

随着社会规模和复杂性的增长，人们开始发展出更专门化的技能，用相互依赖替代了自力更生。例如，农民依靠铁匠定马掌，而铁匠则依靠农民提供粮食。传统社会的“机械团结”逐渐被“有机团结”所取代，后者是基于个体间的互补性差异，而非他们之间的相似性。

工业化使劳动分工达到顶峰，社会已经进化为一个复杂的“有机体”；其中，个体承担各自专门的功能，每一功能对于整体的良好运作来说都是必需的。将社会看成如生物有机体一样，由具有专门功能的不同部分组成，这种观点逐渐成为社会学研究中的重要范式，即功能主义。

作为从机械团结进化为有机团结的动力，迪尔凯姆的“社会事实”——那些不受任何个人意志影响而存在的事实——指的是“动态密度”的增加、人口的增长和集中。虽然对资源的竞争更加激烈，然而，伴随人口密度增加而来的是人口内部更为频繁的社会互动，这引发了劳动分工，从而更有效地应对社会需求。

在现代社会，个体之间的有机相互依赖是社会凝聚的基础。但同时，迪尔凯姆也意识到，快速工业化伴随而来的劳动分工也会带来社会问题。特别是由于这种分工是基于人们之间的互补性差异，有机团结将重心从共同体转移到个体，从而取代了原有的集体意识——那些产生凝聚力的共同信仰和价值观。

蜂箱是由勤劳的蜜蜂分工劳动建成的。为了整体的良好运作，蜜蜂和植物环境保持着共生关系。

没有那些行动规范，个人变得晕头转向，社会变得不稳定。只有在保留机械团结的要素以及社会成员拥有共同目标感的条件下，有机团结才能起作用。

在迪尔凯姆看来，工业化的速度使现代社会中劳动分工速度过快，以至于社会互动还未充分发展以替代日益递减的集体意识。个体越来越觉得与社会脱节，特别是机械团结中曾经给予的那种道德指引。迪尔凯姆用“失范”一词来描述这一集体标准和价值的丧失，以及随之而来的个体道德沦丧。通过研究不同领域的自杀类型，他揭示了失范在导致个体结束生命的绝望中的重要性。在那些集体信仰较强的社区中（如天主教徒群体），自杀率比其他地方要低；在迪尔凯姆看来，这也证明了团结对于社会健康的价值。

创立社会学学科

迪尔凯姆的思想完全建立在经验研究基础之上，如个案研究和统计数据。他的主要遗产在于，沿着孔德的实证主义传统，把社会学作为一门学科创立起来；社会科学的研究方法与自然科学并无二致。

然而，迪尔凯姆的实证主义方法也遭到了质疑。自马克思以来的社会学思想家一直反对将对复杂而又难以预测的人类社会的研究与科学研究等同起来。迪尔凯姆也与当

> **社会并不只是个体的简单加总。相反，由各部分连接而成的系统代表了一个特殊的整体，具有自己独特的属性。**
>
> ——埃米尔·迪尔凯姆

时的知识氛围背道而驰，他将社会看作一个整体，而非基于个体经验，后者是韦伯所采用的研究范式的基础。他关于“社会事实”的概念也遭到抵制，即社会是与个体无关的、客观的独立实体。学者也批评他的客观范式只解释社会秩序的基础，而对改变秩序并未给出什么建议。

然而，将社会看作是由互不相同而又相互关联的部分组成，每一部分都有各自独特的功能，迪尔凯姆的这一分析有助于将功能主义构建为社会学的一种重要研究范式，并影响了后来的帕森斯和默顿。

迪尔凯姆关于“团结”的解释是对马克思和韦伯理论的一种替代，不过功能主义的全盛时期仅只延续到20世纪60年代。尽管迪尔凯姆的实证主义不再受欢迎，他创立的概念，诸如失范、集体意识（假借“文化”之名），仍在当代社会学中占有一席之地。■

理性的铁笼

马克斯·韦伯（1864—1920年）

背景介绍

聚焦

理性现代性

主要事件

1845年 卡尔·马克思写成11条“关于费尔巴哈的提纲”，提出了历史唯物主义的观点，即经济而非意识是社会发展的动力。

1903年 德国社会学家乔治·齐美尔在《大都市与精神生活》这本书中，考察现代城市生活对个人的影响。

1937年 在《社会行动的结构》中，塔尔科特·帕森斯提出了社会行动理论，试图整合两种来自韦伯和迪尔凯姆的对立（主观-客观）途径。

1956年 在《权力精英》中，查尔斯·赖特·米尔斯将一个军事-商业统治阶级的出现看作是理性化的结果。

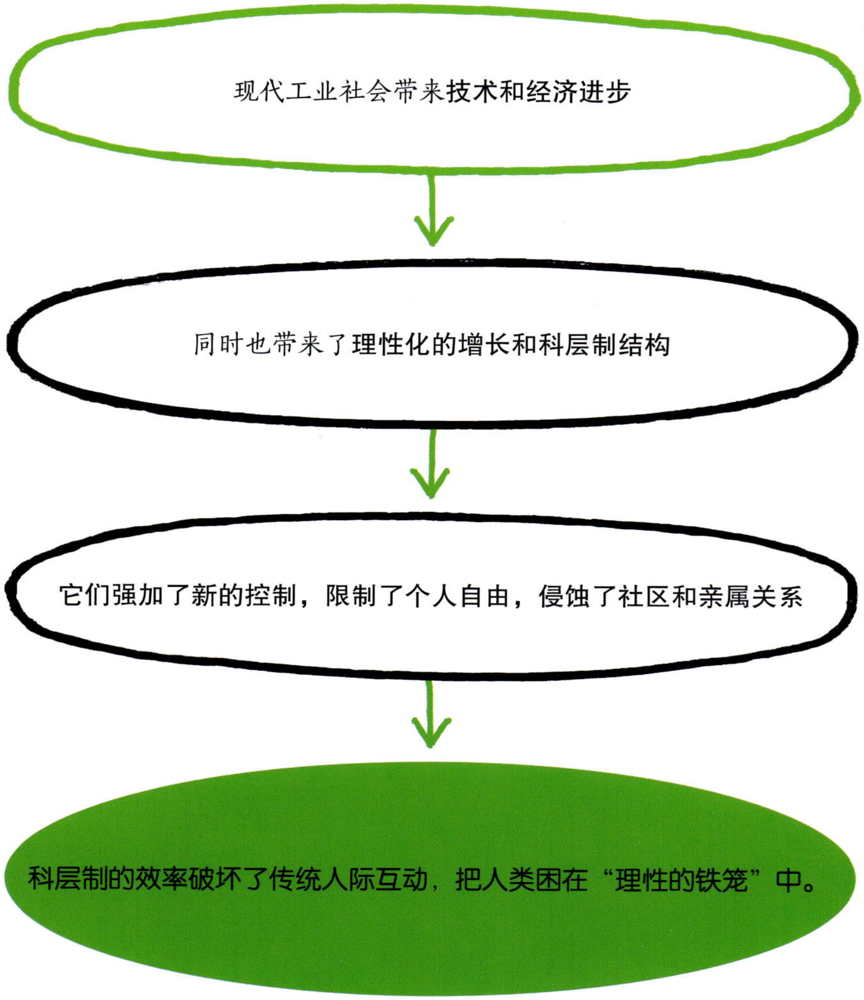

直到19世纪后半叶，德国的经济增长都是建立在贸易而非生产之上。然而，当它们开始向曾促使英国与法国的城市化的大规模制造业工业转变后，随之而来的是迅速而巨大的变化。这在普鲁士地区尤为明显；在那里，自然资源和军事组织传统有助于它在非常短暂的时间里建成为高效的工业社会。

现代性及其影响在德国还属于新鲜事，这意味着它还未能发展出一种社会学思想传统。卡尔·马克思出生在德国，然而他的社会学和经济学思想主要得益于他在其他工业社会的经历。然而，自19世纪末，一系列德国思想家开始将注意力转移到对德国现代社会的研究中。马克斯·韦伯就是其中一位，他可能也是最有影响的“社会学之父”。韦伯构建社会学的方式与法国的奥古斯特·孔德和埃米尔·迪尔凯姆截然不同，后者主张为社会寻求普遍的“科学法则”（也称“实证主义”，相信科学有助于建构更好的社会）。

韦伯承认，任何关于社会的研究都应该是严谨的；同时，他又指出，不可能做到真正的客观。他认为，这不是研究社会行为，而是关于社会行动的研究，即社会中的个人是如何互动的。这种行动必须是主观的，必须通过考察行动者赋予

参见：奥古斯特•孔德 22～25页，埃米尔•迪尔凯姆 34～37页，查尔斯•怀特•米尔斯 46～49页，乔治•齐美尔 104～105页，乔治•瑞泽尔 120～123页，马克斯•韦伯 220～223页，卡尔•马克思 254～259页，尤尔根•哈贝马斯 286～287页，塔尔科特•帕森斯 300～301页。

其行动的主观意义来理解。

这种诠释方法，也被称为“理解”（Verstehen），与对社会的客观研究是对立的。迪尔凯姆的方法将社会结构看作一个整体，着重研究其中相互依赖的社会成员的“有机”联系，而韦伯试图研究个体的经验。

韦伯深受马克思理论的影响，坚信现代资本主义社会的“非人化”和“异化”。然而，他反对马克思的唯物主义方法以及对经济而非文化和观念的强调，也不同意马克思关于无产阶级革命终将来临的论断。相反，韦伯综合了马克思和迪尔凯姆的观点，发展出一套他自己的社会学分析，研究现代性中最普遍的一面：理性化。

“铁笼子”

在其颇具争议又广具盛名的《新教伦理与资本主义精神》一书中，韦伯描述了西方从基于部落风俗或宗教义务的社会向基于经济成就的日益世俗化的社会演进的过程。

科学和技术的进步带来了工业化，伴随而来的资本主义要求基于效率和成本-收益分析（评估成本和收益）的纯粹理性决策。资本主义发展带来许多物质利益的同时，也带来了一系列社会弊病；传统文化和精神价值被理性化所取代，后者带来了一种韦伯称之为“祛魅”

> **我们这个时代的命运，首先是世界的祛魅。**
>
> ——马克斯•韦伯

的后果，即人类日常生活中那些无形的、神秘的方面被冰冷的计算所取代。

韦伯认同知识增长带来的积极变化，也认同由逻辑决策而非过时的宗教权威的专断带来的繁荣。但

1936年电影《摩登时代》将查理•卓别林塑造成了一个受现代性和合理性的“去人性化”影响的流水线工人。

> **这个世界终将有一天除了小齿轮以及做着微不足道的职业却奋力向上攀爬的微不足道的人以外，将一无所有。**
>
> ——马克斯•韦伯

是，理性化也正在改变社会中的行政体系，不断强化各类组织中的官僚制结构。普鲁士的军队效率是新兴工业国家的典范，对于在那里长大的韦伯来说，这种发展非常值得关注。

韦伯认为，在现代工业社会中，官僚制既无可避免也是必需的。正是那种像机器一样的效率带来了经济繁荣，这也同时表明，科层制无论是在范围还是在强度上的增长都很明显是不可阻挡的。然而，尽管宗教的没落意味着人们从非理性的社会规范中解放出来，官僚结构强加了一种新的控制形式，威胁到并可能会扼杀那种促使人们拒绝教条式的宗教权威的个人主义。现代社会中的个人越来越感觉受制于官僚制的僵硬规则，就好像被困在理性化的“铁笼”中。此外，官僚制还会带来去人格化的科层组织，用标准化的程序对个人施加影响。

“非人化”

韦伯关注科层制对“工业机器齿轮”上的个人的影响。资本主义向个体许诺了一种技术乌托邦，却只创造了一种充斥着工作和金钱、受强硬的科层制监管的社会。一个僵硬的、基于规则的社会，不仅会限制个人，也会带来非人化的后果，使人们感到好像任由一个只有逻辑但毫无信仰的系统摆布。理性科层制的权力和权威同样也会影响个体之间的关系和互动，即其社会行动。这些行动不再是基于家庭或社区的纽带，也不是传统价值观和信仰，而是为了达到效率或某种特殊目的。

理性化的首要目标就是提高做事的效率，因此，个人的需求就从属于组织目标，进而导致个体自主性的丧失。尽管随着职位越来越细化，人们之间的互相依赖也随之加深，个人会感到他们在社会中的价值是由其他人而不是他们自己的技能或手艺决定的。追求更好职位、更多金钱或更高社会地位的野心取代了自我完善的需求，重生产力而轻创造力。

在韦伯看来，祛魅是现代社会为由科层制理性带来的物质繁荣所

> **成熟的官僚体系与其他组织相比，就如同机器与非机械化生产方式的差别。**
>
> ——马克斯·韦伯

位于柏林的**德国总理府**是德国政府总部所在地。在那里工作的公务员构成一个以实施政府政策为目的的官僚体系。

付出的代价。它所带来的社会变迁很深远，不仅影响我们的道德体系，还对我们的心理和文化构成产生影响。精神价值的腐蚀意味着社会行动已经变成基于对成本和收益的计算，更多地成为一种行政管理而非道德或社会引导的对象。

社会行动和阶级

尽管韦伯时常对现代社会的冷漠感到绝望，他并非完全是一个悲观主义者。官僚制可能难以摧毁，但是正如它们是现代社会的产物，科层制的弊端同样也可以由现代社会来克服。马克思则预测，资本主义的剥削和异化将最终导致无产阶级革命；韦伯则认为，与资本主义相比，共产主义可能带来更深的官僚制控制。因此，他主张，在自由民主社会中，官僚制只应拥有社会成员准备给予它的权威。也即是，由个体的社会行动决定，这些行动是为了改善个体的生活和“生活机会”。

韦伯认为，**不断增长的官僚制**是理性化的产物，为社会提供一套提升效率的机械化组织。然而，在行政机构内工作会带来个人的祛魅：个人创新和创造力将一无是处，官僚人员感到他们只是在做单调而重复性的文书工作。

> **要反抗这种机器，让一部分人远离这种官僚式生活的绝对掌控。**
>
> ——马克斯·韦伯

正如社会从亲属联系和宗教的“克里斯玛”权威，经过封建社会的家长式权威，发展到现代社会的理性化和官僚制权威，个体行为同样也从传统的、基于情感和价值的行动，发展到“工具性行动”——基于对成本和结果的评估的行动，韦伯称之为理性行动的顶点。此外，他定义了这些社会行动所处的社会分层的三个基本要素，它们影响着一个人的“生活机会”的不同方面。如同由经济决定的社会阶层，也存在着由其他无形因素（如荣誉和特权）决定的身份阶层，或者由政治身份决定的党派阶层。所有这些都有助于个体在社会中建构一个独一无二的位置。

逐渐获得认可

韦伯的创造性视角形成了20世纪社会学主要研究方法之一。通过引入对个体社会行动的主观的、诠释性研究，他在迪尔凯姆的实证主义之外提供了另外一种选择，指出自然科学的方法论并不适合研究社会科学；同时，对于马克思的唯物论，韦伯更多地强调观念和文化而非经济因素的重要性。

尽管他的思想在其他德国同辈（如维尔纳·桑巴特和乔治·齐美

尔）当中影响颇大，但他的那些思想并未被广泛接受。在韦伯的有生之年，他被看作是历史学家和经济学家，而非社会学家，直到多年之后他的著作才受到应有的重视。他的大多数著作都是在其死后出版的，并且很少被翻译成英文。20世纪初的社会学家们反感韦伯的分析路径，他们更致力于将社会学建设成为一门科学。韦伯主观理解（Verstenhen）的概念以及对个体经验而非社会整体的关注，被认为缺乏一定的严谨性和客观性。另外，还有一些批评，特别是那些坚定的马克思主义的经济决定论者，质疑韦伯关于西方资本主义演进的解释。

然而，随着迪尔凯姆实证主义

弗兰兹·卡夫卡，被看作是当代韦伯，其作品描述一种乌托邦式的官僚制，关注韦伯式的主题，包括非人化和匿名性。

没有人知道未来谁会生活在铁笼中，也无法预知未来是否会有传统思想和理想的伟大复苏。

——马克斯·韦伯

影响的衰落，韦伯的思想开始被广为接受。例如，韦伯对位于德国法兰克福歌德大学的法兰克福学派的批判理论具有影响。这些学者认为，传统马克思主义理论不能完全解释西方资本主义社会的发展，因此应当考虑用韦伯的反实证主义社会学路径以及他对理性化的分析。在逃离纳粹的过程中，法兰克福学派的成员将这些思想带到了美国，在那里，韦伯的思想受到极大的欢迎，并且在第二次世界大战结束后的一段时期内韦伯的思想最具影响力。尤其是，美国社会学家塔尔科特·帕森斯试图将韦伯的思想与当时由迪尔凯姆开创的、社会学主流的实证主义传统调和起来，并将其整合进他自己的理论之中。帕森斯还努力在美国社会学界推广韦伯及其思想，查尔斯·怀特·米尔斯和海因里希·格特在1946年，通过他们的翻译和评论将韦伯最重要的作品引入到英语世界，并引起关注。怀特米尔斯尤其受到韦伯关于现代性的“铁笼”思想的影响，并在他自己关于社会结构的分析中发展了这一理论，他认为韦伯的思想所具有的意义远比以前人们所理解的要深远得多。

理性化走向全球

到20世纪60年代，韦伯已经成为社会学中的主流，他的解释范式几乎取代了自迪尔凯姆以来一直主宰社会学的实证主义。在20世纪的最后几十年中，韦伯对个体的社会行动的强调，以及他们跟现代社会中理性化权力的关系，为当代社会学奠定了研究框架。

近年来，社会学家（诸如英国理论家安东尼·吉登斯）关注了迪尔凯姆与韦伯之间的对立，前者将社会看作一个整体，后者则将个体作为基本的分析单位。吉登斯指出，这两种研究路径都不是全对或全错，而是展示了两种不同研究视角——宏观和微观。韦伯思想的另外一个方面——相对于经济条件，文化和思想对于形塑社会结构更显著——被英国思想学派所接受，产生了后来的文化研究。

韦伯和马克思

从许多方面来说，韦伯的分析比马克思的分析更具有预见性。他不认同马克思关于历史变迁的不可阻挡性的解释，韦伯预

在半导体制造工厂中，工人必须戴着口罩并穿上“兔子外套”，这些工作条件本身就是理性化和被窒息的人类互动的可视症状。

测，理性化使得资本主义经济终将战胜传统模式，并获得全球胜利。他同样预测，现代技术社会将越来越依赖有效的官僚制；任何问题都不在于结构，而在于管理和能力：过度僵硬的官僚制反过来将会削弱而非增强效率。

更重要的是，韦伯意识到，唯物主义和理性化创造了一个毫无灵魂的“铁笼”，如果不加以控制，将会导致暴政。马克思预见了无产阶级的解放以及乌托邦式的共产主义国家的建立；而韦伯则认为，在现代工业社会中，所有人的生活——包括雇主和雇佣工人——都受到客观的、组织效率与个体需要和愿望之间矛盾的影响。在最近几十年中，这一预言已经成为现实，经济的“理性计算”已经带来超级市场和购物商城对专营店的挤占，以及制造业和文职工作在世界范围内从西方国家向低收入国家的转移。在许多情况下，个体的愿望和需求已经被理性化的铁笼抑制了。■

马克斯·韦伯

马克斯·韦伯，和卡尔·马克思以及埃米尔·迪尔凯姆一起，并称为社会学三大奠基人之一。他出生在德国埃尔富特市的一个中产阶级知识分子家庭，于1888年获得博士学位，并在柏林、弗莱堡、海德堡等大学中获得教职。他关于经济、历史、政治、宗教以及哲学等方面的丰富知识，为其社会学思想的形成和发展提供了丰富的养分。

尽管韦伯的学术成就斐然，他的私人生活却一直麻烦重重，1897年随着他父亲的逝世，韦伯陷入精神崩溃。他关于资本主义兴起过程中宗教的精彩分析一直是社会学的经典。

主要作品

1904—1905年 《新教伦理与资本主义精神》
1919—1920年 《经济通史》
1920—1922年 《经济与社会：理解社会学大纲》

许多个人困惑必须从公共议题的角度来理解

查尔斯·怀特·米尔斯（1916—1962年）

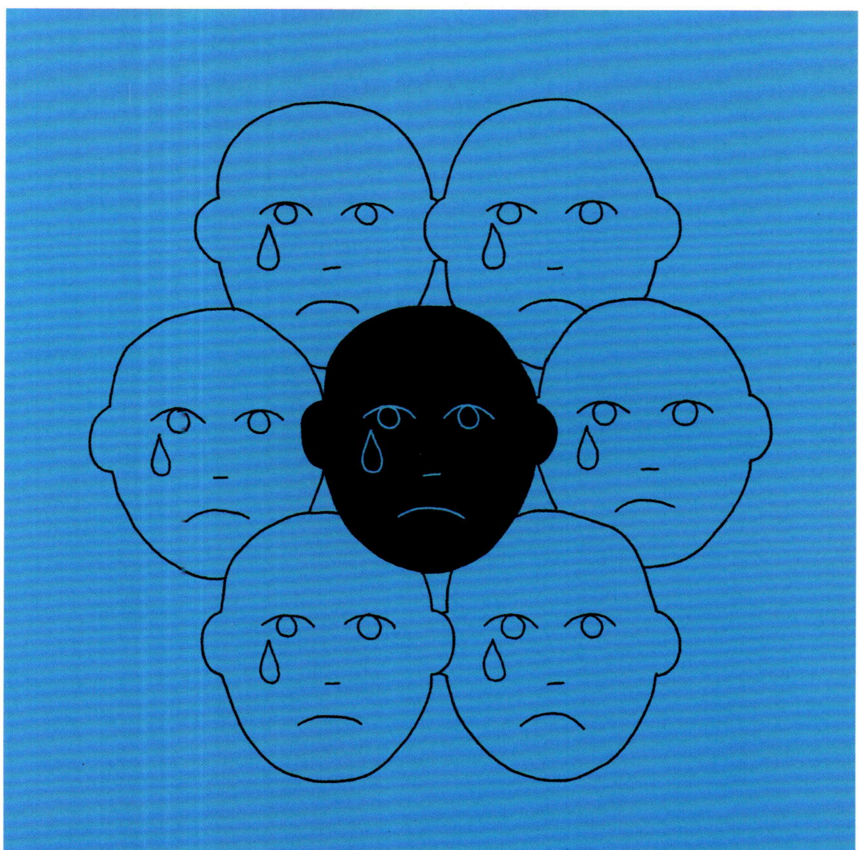

背景介绍

聚焦

社会学的想象力

主要事件

1848年 在《共产党宣言》中，卡尔·马克思和弗里德里希·恩格斯运用阶级斗争的概念，将资本主义社会描述成资产阶级和无产阶级之间的冲突。

1899年 在《有闲阶级论》中，托斯丹·凡勃伦指出，工商业阶级以社会进步或社会福利为代价追求利润。

1904–1905年 在《新教伦理与资本主义精神》中，马克斯·韦伯描述了一个按照阶级、身份和权力分层的社会。

1975年 米歇尔·福柯在《规训与惩罚》中，考察了权力和反抗。

在第二次世界大战结束之后的冷战期间，很少有美国社会学家公开使用社会主义的观点，特别是在以麦卡锡主义闻名的反共产主义政治迫害期间。然而，查尔斯·怀特·米尔斯与这一趋势背道而驰，他在其最具盛名的著作中批判了同时代的军事和商业精英。

怀特·米尔斯不仅冒着与20世纪四五十年代的“红色恐怖”时代相悖的风险，同时也面临主流社会

参见： 卡尔·马克思 28～31页，马克斯·韦伯 38～45页，米歇尔·福柯 52～55页，弗里德里希·恩格斯 65～67页，理查德·桑内特 84～87页，赫伯特·马尔库塞 182～187页，托斯丹·凡勃伦 214～219页。

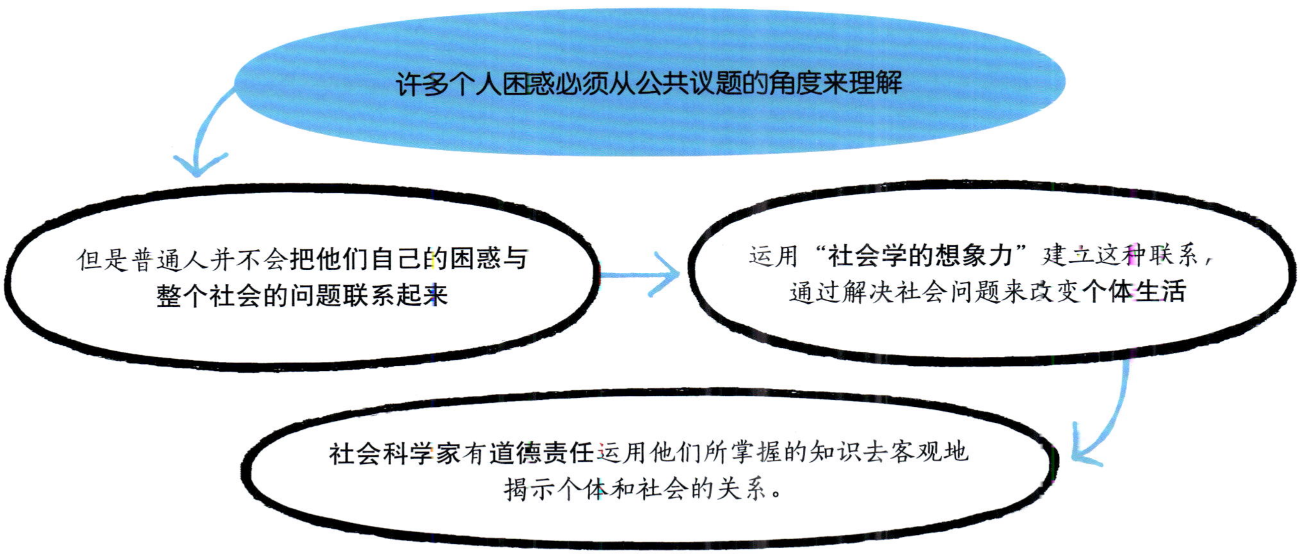

学家的排斥。然而，他并不是马克思主义的辩护者，相反，通过对现代性的后果的批判，他指出，正是知识分子们的自满默许了“大众社会”的压迫。

怀特·米尔斯特立独行的姿态掩盖了其深层思想基础。他曾经是一名优秀的、不屈不挠的社会学学生，尤其崇尚马克斯·韦伯的著作，后者关于理性化的概念给他主要的社会理论主题带来了启发。

非人化社会

在韦伯看来，现代社会用理性决策取代传统习俗和价值观，这是一个非人化的过程，不仅影响文化，还影响社会结构。他指出，理性社会组织未必建基于合理性或者为了所有人的福利。相对于马克思的简单经济决定论，韦伯也为米尔斯提供了一套更为复杂的阶级概念，引入身份、权力以及财富这三个要素。

在彻底通读完韦伯的理论，并坚信这些理论应该比以前人们认为的更为激进之后，米尔斯开始试图把韦伯的思想融入自己对20世纪中期西方社会的理性化后果的分析中。

他首先将焦点集中于美国的工人阶级，批判工人组织与资产阶级的合作，认为这会带来持续的压迫。但是，他不是以马克思主义立场来批评资本主义。他认为，马克思主义没能指出与商业统治相关的社会和文化问题。

接着，他考察了理性化最明显的产物：官僚中产阶级。他指出，由于生产过程中的异化，20世纪中期美国社会的中产阶级已经脱离传统价值观，如对手工技术的自豪，在日益合理化的过程中变得非人化。在他看来，他们现在是“快乐的机器人”——在物质世界中寻找快乐，但却在情感、政治以及社会方面无比冷漠——对他们自身的处

> 让每个人成为自己的方法论者，让每个人成为自己的理论家。
>
> ——查尔斯·怀特·米尔斯

在美国底特律，汽车制造厂破产给城市带来毁灭；然而，许多工人并没有把他们的贫困与权力精英（包括工会领袖）的所作所为联系起来。

境毫无控制力。

工人阶级的失败、中产阶级的无能，导致社会被权力精英所控制。他强调，这不一定全是经济精英，同时也包括军事、政治精英以及工会领袖。虽然半个世纪之前，韦伯就指出理性化意味着商业精英处于决策地位，米尔斯认为一个新的、军事-工业统治阶级已经产生。他坚信，这是一个标志着从现代社会进入他所称为“第四纪元”的转折点。理性化，曾经被认为带来自由和社会进步，如今已日益凸显其反面效果。

在掌控社会变迁方面的无力感，不仅仅是自由民主社会可能要面临的问题，也同样存在于一些共产主义国家中，在那里，马克思主义已经被证明同样不能提供取得控制的手段，根据怀特·米尔斯的观点，问题的核心在于“大众社会”中的普通人没有意识到他们的生活是受政治和社会权力之集中的影响的。他们照旧生活，并没有意识到他们周围的一切与更广的社会环境联系在一起。每个人的困难如失业、无家可归或欠债等仍然被看作是个人问题，而非从历史变迁的角度来理解。正如怀特·米尔斯所言，“他们不具有某些重要的思想品质，这些品质是掌握人与社会、传记与历史以及自我与世界的关键”——他称这种品质为“社会学的想象力”。

权力精英的出现归咎于社会学想象力的缺乏。在1959年出版的《社会学的想象力》一书中，怀特·米尔斯将研究视野从社会转移到社会学和社会科学本身。对于普通人来说，让他们从更大的社会议题方面思考自己的困境是一件困难的事情，这就需要社会学家们去启蒙、激发以及指导他们——提供必要的知识和信息。

> **要想理解个体生活或社会历史二者中的任何一个，就必须同时理解它们。**
>
> ——查尔斯·怀特·米尔斯

应该是什么？

怀特·米尔斯对这一时期的学院派社会学持高度批评的态度，认为这一流派远离日常经验，过多地关注建构“宏大理论”，而忽略了社会变迁。米尔斯从实用主义出发，认为知识应当是有用的，社会学家的道德责任应首当其冲，做出表率。他呼吁，思想家们是时候走出象牙塔了，为公众建构更好的社会提供武器，并且鼓励公众参与政治和社会议题，进而改变他们的个人生活。

他对于社会科学的攻击引发了对于“社会学究竟是什么”这一概念的讨论。在当时，社会科学家努力成为一个中立的观察者，客观地描述和分析社会、政治和经济体系。但是，米尔斯呼吁他们也要关注理性化以及精英社会控制的转变，在个体层面上对人们的影响。对“社会学想象力”的采纳，意味着社会学从客观地研究“是什么”转移到对“应该是什么”的主观回答。他主张，权力应该有效地转移到知识精英的手中。

开创性精神

并不奇怪，米尔斯对社会学的批评遭到抵制，他也被孤立在主流之外。他对阶级斗争可变性的解释也遭受摒弃。保守当局也避开他，拒绝他关于权力集中在军事、经济和政治精英手中的论断，认为这是对西方冷战政策的一种直接攻击。

然而，怀特·米尔斯的书籍和文章仍被广泛传阅，并在社会科学领域之外获得较大影响力。麦卡锡

人们可以将失业问题归咎于自己。但是，根据怀特·米尔斯的观点，社会学的想象力会促使人们寻找更广泛的原因和影响。

主义时期涌现的哲学家和政治活动家尤其对权力精英的描述感兴趣。他的许多思想被美国“新左派”（1960年，怀特·米尔斯的“致新左派的一封信”使这一词流行起来）社会运动所采纳，这反过来为社会学家（诸如德国学者赫伯特·马尔库塞）在20世纪60年代采用新左派主义路径铺平了道路。从许多方面来讲，米尔斯的思想都是超前于当时的时代；1962年他的英年早逝意味着，他没能亲眼见证其主要思想后来被人们广为接受。在20世纪60年代的反文化浪潮中，他的思想预示了新社会主义思想家的出现，特别是在法国。米歇尔·福柯对于权力概念的强调与怀特·米尔斯最先提出的观点尤其惊人相似。

当今，所谓的反恐战争（美国“9·11”袭击的灾后衍生物）以及21世纪初期的灾难性金融危机，使我们越来越意识到，我们大部分的日常生活都会受到社会和历史事件的影响。美国城市政策分析家彼得·德赖尔（Peter Dreier）教授在2012年宣称，怀特·米尔斯如果还活着，他一定会爱上美国的那场反对社会和经济不平等的“占领华尔街”运动。在寻求社会变迁的运动中，公众反对权力精英，认为这些精英控制社会，影响了公众生活，由此社会学的想象力得以付诸实践。■

查尔斯·怀特·米尔斯

查尔斯·怀特·米尔斯具有极强的独立性以及批判权威的立场，他将他的非传统态度归因于其孤立并孤独的童年，因为他的家庭总是频繁搬家。他出生在美国德克萨斯州瓦科（Waco）市，最初进入德州农业机械学院学习，但是发现那里的环境令人窒息，一年后离开了那里。米尔斯转到了位于奥斯丁的德州大学，获得社会学学士和哲学硕士学位。作为一名颇具天赋又困难多多的学生，他进入威斯康星大学继续攻读博士学位。在那里，他与教授们争吵，并拒绝修改自己的博士论文。然而最终，他在1942年获得了博士学位。此时，他已经在马里兰大学获得教职，并与他的一位论文导师汉斯·格斯（Hans Gerth）一起，撰写了《马克斯·韦伯以来：社会学论文集》一书。

1945年，怀特·米尔斯获得古根海姆奖学金（Guggenheim Fellowship），他搬到哥伦比亚大学，并终身在此工作。尽管对社会科学界的直率批评将他置于主流之外，但他在社会大众中仍广受欢迎。1962年他因心脏病发作逝世，年仅45岁。

主要作品

1948年 《权力的新人：美国劳工领袖》
1956年 《权力精英》
1959年 《社会学的想象力》

像关注重大事件一样关注平凡的日常活动

哈罗德·加芬克尔（1917—2011年）

背景介绍

聚焦

常人方法学

主要事件

1895年 在《社会学方法的准则》一书中，埃米尔·迪尔凯姆主张用严格的科学方法来研究社会科学。

1921–1922年 《经济与社会》在马克斯·韦伯逝世后出版，在书中，他阐述了其方法论上的个人主义。

1937年 在《社会行动的结构》一书中，塔尔科特·帕森斯试图建构一个宏大的、统一的社会理论体系。

1967年 哈罗德·加芬克尔出版《常人方法学研究》一书。

1976年 在《社会学方法的新规则》一书中，安东尼·吉登斯将加芬克尔的常人方法学整合到主流社会学中。

社会结构并不是由一套有限的一般规则“自上而下”地决定的。

↓

相反，规则是通过我们的日常交换和互动“自下而上”建构的。

↓

这些规则可以在我们日常生活的自发行为中寻到，而不是在社会结构和设置中发现。

↓

像关注重大事件一样关注平凡的日常活动。

20世纪30年代，美国社会学家塔尔科特·帕森斯着手整合各种不同的社会学流派，建立一个宏大的、统一的理论体系。在其1937年出版的《社会行动的结构》一书中，他整合了来自韦伯、迪尔凯姆以及其他社会学家的观点，试图阐释一套社会学的普遍方法论。在第二次世界大战后的若干年中，帕森斯的思想为他赢得了一大批支持者。

这批粉丝中就包括哈罗德·加芬克尔，他当时在哈佛大学师从帕森斯。当帕森斯的诸多追随者被其所谓社会学“宏大理论”所吸引时，加芬克尔重新拾起帕森斯关于考察社会秩序（而非社会变迁）的基础的观点，特别是关于研究这一主题的方法的探讨。

社会的运作

帕森斯提出了一种“自下而上”而非“自上而下”的路径来分析社会秩序的基础。这意味着，要分析社会秩序是如何实现的，我们

参见：埃米尔·迪尔凯姆 34～37页，马克斯·韦伯 38～45页，安东尼·吉登斯 148～149页，尔文·戈夫曼 190～195页，264～269页，塔尔科特·帕森斯 300～301页。

应该考察微观层面的互动和交换，而不是社会结构和制度。这一路径颠覆了传统社会学研究方法：一直以来，学界都认为应该通过揭示社会潜在规则来预测人类行为。

加芬克尔在此基础上进一步发展这一思想，提出了一种替代传统社会学研究的路径，他称之为常人方法学。社会秩序的潜在规则建立在人们对不同情境的反应行为中，通过对日常互动的观察，我们就能看透社会秩序的机制。

新视角

加芬克尔倡导的一种社会实验方法被称为“破坏实验”（breaching experiment）。通过实验设计，揭示社会规范——正是基于那些可预期的但却往往被忽视的规范，人们建构了对现实世界的共同理解。打破那些规范——例如，要求学生正式地称他们的父母为“X先生”或“X女士”，或者要求学生在家里扮演房客的角色——这往往激起人们的恼怒，因为社会秩序的基础受到挑战。

> **正常来说，我往往先从熟悉的场景开始，然后思考如何制造麻烦。**
>
> ——哈罗德·加芬克尔

常人方法学不仅为社会研究提供了一种可供选择的方法，它也指出了传统方法论中的缺陷。在加芬克尔看来，社会研究者从特殊案例中寻找证据用以支持他们的理论，但同时，他们也在用这些理论来解释案例——这是一种循环论证。反之，社会科学家应该单独研究某一特定社会互动，而不是着手建立宏大范式或理论。他把陪审团的审议和排队称作是“熟悉的场景”，其中，人们知晓如何以可理解的方式组织行动。他强调，任何社会场景都“可以被看作是一个自组织的，拥有自己独有的特征和表象，或者是社会秩序的表现，或者是作为社会秩序存在的证据”。

在1967年《常人方法学研究》一书中，加芬克尔详细阐明了自己的研究路径。在那个“替代”思想盛行的年代，加芬克尔尽管写作风格晦涩，但还是吸引了一大批追随者。他的思想最初受到主流社会学家的排斥，但是到20世纪末期，已经获得广泛的接受，这或许并非由于其论述作为替代性的方法论，而是因为他的思想为社会秩序研究提供了一种更宽泛的视角。■

哈罗德·加分克尔

哈罗德·加芬克尔出生在美国新泽西州纽瓦克（Newark，New Jersey）市，曾经在纽瓦克大学学习商业和会计，之后在北卡罗来纳大学获得硕士学位。与此同时，他开始他的写作生涯，短篇故事“彩色麻烦”（Color Trouble），入选《1941年最佳短篇小说》选集。

在结束了二战期间的非战斗人员军队服务之后，他来到哈佛大学师从塔尔科特·帕森斯，并获得博士学位。他接着在普林斯顿和俄亥俄州立大学任教，直到1954年执教于加州大学。加芬克尔于1987年退休，但是他作为荣休教授继续在那里执教，直到2011年逝世。

主要作品

1967年　《常人方法学研究》
2002年　《常人方法学纲领》
2008年　《迈向关于信息的社会学理论》

有序排队是一种集体协作的、基于个体的组织现象，它基于公共空间中的不言而喻的社会互动规则。

有权力的地方就有反抗

米歇尔·福柯（1926—1984年）

背景介绍

聚焦

权力/反抗

主要事件

1848年 在《共产党宣言》中，卡尔·马克思和弗里德里希·恩格斯描述了资产阶级对无产阶级的压迫。

1883年 在《查拉图斯特拉如是说》中，弗里德里希·尼采引入了“权力意志”的概念。

1997年 朱迪斯·巴特勒在《令人兴奋的言辞：表演的政治》中，将福柯的权力/知识概念与审查制度和仇恨言论联系起来。

2000年 在《帝国》中，意大利马克思主义社会学家安东尼奥·奈格里和美国学者迈克尔·哈特描述了一种“总体的”帝国主义权力的演变，而唯一的抗争就是否定。

当人们提到维持社会秩序或带来社会变革的时候，习惯上总是会想到政治权力或经济权力。20世纪60年代以前，关于权力的理论通常被分为两派：统治权力或政府对公民的权力；马克思主义的资产阶级和无产阶级的权力斗争。然而，这些理论都倾向于聚焦宏观层面的权力，要么忽视了社会关系层面上的权力运作，要么仅仅将其看作是主要权力运作的结果（或仅具有次要重要性）。然而，米歇尔·福柯认为在当今西方自由社会中，这

参见：卡尔•马克思 28～31页，马克斯•韦伯 38～45页，查尔斯•怀特•米尔斯 46～49页，赫伯特•马尔库塞 182～187页，埃里希•弗罗姆 188页，尤尔根•哈贝马斯 286～287页。

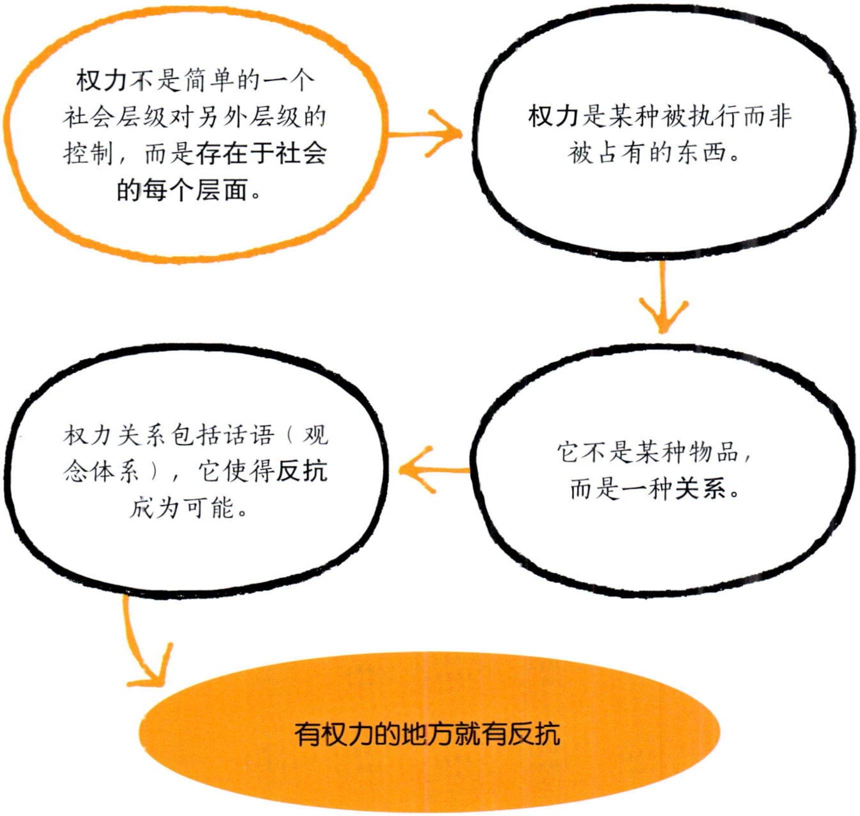

些方式都过于简单化了。他认为，权力不仅仅是由国家和资产阶级所实施的，权力存在于社会的每个层面：从个体到群体和组织再到社会整体。用他的话说，“权力无处不在，权力无处不有”。他也不赞成传统观点中将权力看作被占有和控制的武器。他认为，这不是权力，而是一种执行权力的能力——只有采取某种行动，权力才会产生。因此，权力不是某人拥有的某种东西，而是某种能影响别人的东西，一种能影响他人行动的行动。

权力关系

福柯将权力看作是一种“关系”，而不是一种“物品”，他通过考察现代社会各个层面上的权力关系来解释权力的性质。例如，一个人和他所生活的国家之间存在某种权力关系；不仅如此，在他和他的雇主、他的孩子以及他所属的某个组织之间都存在不同形式的权力关系。

福柯承认，权力曾经并将继续是塑造社会秩序的主要动力，但他

米歇尔•福柯

作为一个在哲学、心理学、政治学、文艺评论以及社会学领域博学多识、影响广泛的学者，米歇尔•福柯经常与法国的结构主义或后结构主义运动联系起来，尽管他自己并不喜欢被如此贴标签。米歇尔•福柯出生在法国普瓦泰（Poitiers），他曾经在巴黎高等师范学院学习哲学和心理学。20世纪50年代，他曾在瑞典、波兰、德国任教；1959年获得博士学位。1966—1968年他在突尼斯任教；返回巴黎之后他被任命为巴黎第八大学哲学系主任。两年以后，他在法兰西学院认识论史系任教授。作为法国首批HIV/AIDS病毒感染者，福柯于1984年去世。

主要作品

1969年 《知识考古学》
1975年 《规训与惩罚：监狱的诞生》
1976—1984年 《性史》（共三卷）

描绘了从中世纪至今权力关系性质的变迁。“统治”权力的实施，如公开拷打或处决，在福柯看来，这是封建社会强迫臣民服从的一种方式。然而，随着欧洲启蒙运动的到来，暴力和武力被看作是残忍的，更重要的是，它们被看作是权力运作的低效手段。

监视和控制

规训，作为一种更为普遍的行为控制方式，取代了严酷的身体惩罚。监狱、精神病院、医院以及学校这些机构的设立，标志着权力从简单的惩罚转向权力的规训实践：特别是在防止人们出现某种行为方式方面。这些机构不仅杜绝了违规的可能性，它们还为规训提供了条件：在其中，人们的行为可以被纠正、规范，更重要的是被监视和控制。

在现代社会权力运作方式的演进中，监视尤其重要。福柯尤其着迷“圆形监狱”，一种由英国哲学家杰里米·边沁提出的监狱设计，站在中央塔楼可以监视到所有囚室。福柯指出，这种监狱具有背光功能，能防止囚犯躲藏在阴暗角落。囚犯永远都不知道自己是否被监视，因此他们时时刻刻迫使自己循规蹈矩。权力不再是强制他人去遵从，而是通过建立某种机制确保他人服从。

规制行为

从此，权力运作机制，或“权力技术”，变成社会所必不可少的一部分。在现代西方社会，社会规范与其说是强制执行，不如说是通过“牧引权力”（pastoral power）的实施来指引人们的行为。与其让政府当局强迫人们的某种方式行动，或预防某种行动，人们更倾向于通过加入不同层面的权力关系的复杂体系，规制社会成员的行为。

这种普遍存在的权力取决于社会对其成员的态度、信仰以及行为的控制能力：即福柯称之为“话语”的思想体系。任何社会的信仰体系都是不断进化的：人们总是在不断接受某种观点，直到这些观点嵌入其社会中，界定好与坏、正常与异常。生活在这一社会中的个体根据这些规范来规制自己的行为，他们经常并没有意识到正是这些话语指导了他们的行动，使其他对立的思想和行为成为不可想象的。

> **福柯在《性史》中警告我们不要妄想一种脱离权力的完全自由。永远不可能有脱离权力的完全自由。**
>
> ——朱迪斯·巴特勒

对福柯来说，由边沁所提出的圆形监狱是权力之眼的最高体现。环形囚室使监视无处不在，引导囚徒遵从自我规训和控制。福柯指出，除了监狱，所有的等级结构体系（如医院、工厂、学校）都已经演化为这一相似的模型。

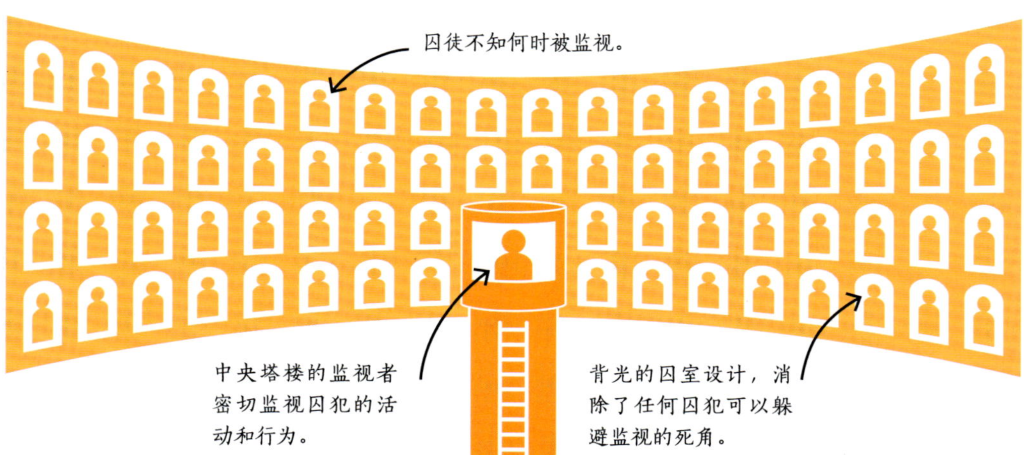

福柯使用牧羊者牧羊的例子类比其“牧引权力”，人们在这种权力之下被引导按照某种方式行动，并允许自己被统治。

话语体系

话语不断获得加强，它不仅是权力的工具，也是权力的结果：它控制思想和行为，这又反塑了信仰体系。因为话语定义了对与错，它变成了一种“真实体系”，创造了无可辩驳的共同知识体系。

福柯质疑“知识就是力量”的观点，认为这两者的联系更微妙。他创造了“权力-知识”这一术语来指代这种关系，指出知识创造权力，同时也被权力创造。当前，权力的实现通过控制那些可以被接受的知识形式，将它们视作真理，排斥其他形式的知识。与此同时，在权力的这一运作过程中，也创造了公认的知识，即话语。

与传统的强迫或威胁他人按照某种既定方式行动的权力不同，这种“权力-知识”没有直接可辨的行动者或结构。因为它无处不在，它似乎无可阻挡。事实上，福柯指出，政治反抗（如革命）可能不会带来社会变革，因为它只挑战政府当局的权力，而不是对今日无处不在的、日常生活中的权力运作的挑战。

然而，福柯也承认，反抗是可能的：可以反抗的是话语本身，即用其他的、对立的话语反抗现存话语体系。权力的共谋性意味着臣服于其下的个体拥有有限的自由。要想将话语变成一种权力工具，臣服于其中的个体必须卷入某种权力关系中；福柯认为，只要存在权力关系，就存在反抗的可能——如果没有反抗，权力也就没有存在的必要了。

权力的展开

福柯关于“权力-知识”和“话语”的概念是微妙的，因为其推测性和模糊性被当时许多学者拒绝，但是，他的讲座和作品却极受欢迎，尽管其概念和论述风格艰深晦涩。他在《规训与惩罚》和《性史》中所描述的权力逐渐被主流社会学中的一些学者（历史学家和哲学家之外）接受，并最终影响到话语作为一种权力工具在社会不同领域中被使用的方式的分析。

> **话语可以传递和产生权力，还可以增强权力，但是也可以侵蚀和背弃权力。**
>
> ——米歇尔·福柯

现代女权主义、酷儿理论以及文化研究的发展要归功于福柯对于“行为规范是如何被实施的”这一问题的解释。当下，对于究竟福柯的理论是某种缺乏学术研究的含糊其词的结论，抑或福柯应该被看作是20世纪社会科学领域最具原创性和影响力的思想家之一，在这一点上仍然存在争议。■

性别是没有原型的模仿

朱迪斯·巴特勒（1956年—）

背景介绍

聚焦
性别扮演

主要事件

1905年 奥地利精神分析学家西格蒙德·弗洛伊德在《性学三论》中描述了婴儿期性欲的形成。

1951年 法国精神分析学家雅克·拉康在巴黎开始他的每周研讨会，进一步发展了弗洛伊德的“性驱力”和“性行为”思想。

20世纪70年代中期 米歇尔·福柯在《规训与惩罚》一书中讨论了规训制度；在《性史》一书中讨论了性别、权力和性的社会建构。

1996年 史蒂文·赛德曼在《酷儿理论/社会学》一书中，探讨了酷儿理论出现的社会学意涵。

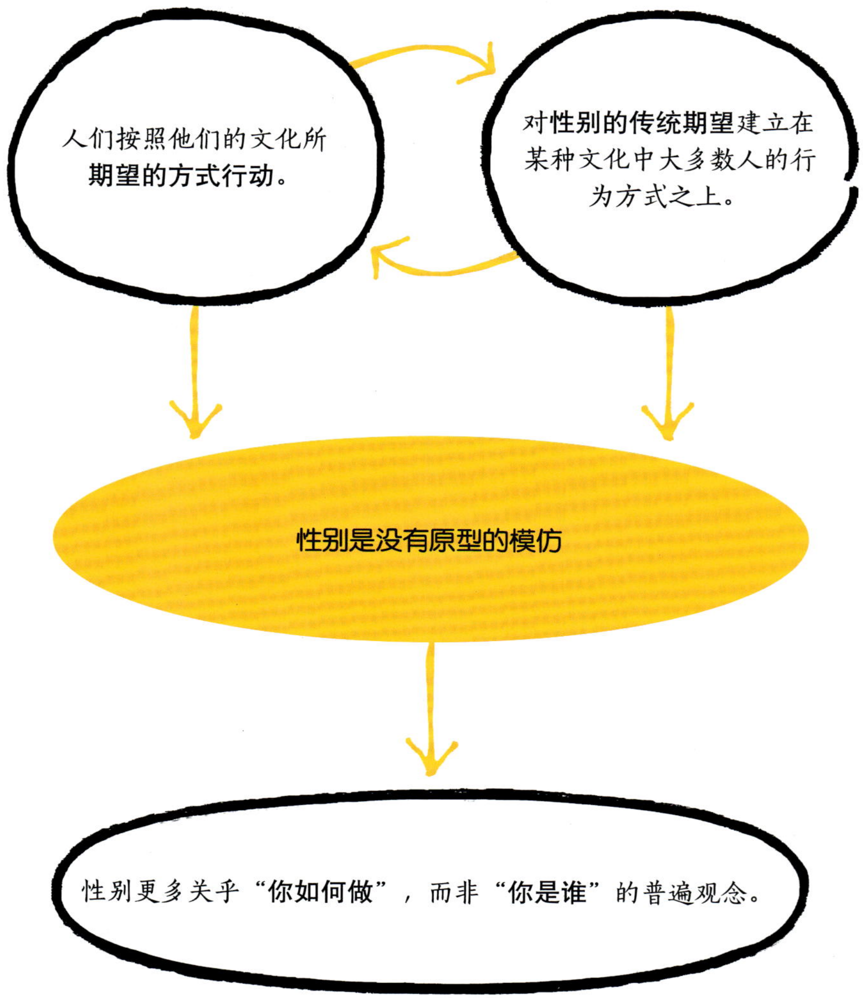

直到第二次世界大战之后，性别和性才成为社会学研究的主题。自法国女权主义者西蒙娜·德·波伏娃在《第二性》（1949）中提出：“女人不是天生的，而是被造就的”以来，20世纪60～80年代所谓的“第二波”女权主义迅速发展起来。波伏娃认为，性（从生物学上决定一个人是女人还是男人）和性别（决定一个人是女性或男性的社会力量）是有区别的；这为重新评估社会中性别的角色铺平了道路。它也吹响了随后数十年女性解放运动的号角。

西方社会对性的态度也被人类学家所重塑，如玛格丽特·米德。她对南太平洋和东南亚地区部落群体的研究表明，男性和女性之间的许多行为差异是由文化而非生物性决定的。这些发现在20世纪30年代刚刚出版面世的时候引起震惊，随后在战后一代中变得比较热门，他们开始将以前的那些禁忌话题——例如乱交和婚外性行为——看作是社会现象而非越轨行为。

挑战传统

西方社会研究性传统的先锋是米歇尔·福柯，他在1976年的《性史》中正面回应了这一问题。贯穿该文的是他关于社会中权力通过强加的社会规范而运作的核心理论，

参见：米歇尔·福柯 52～55页，302～303页，玛格丽特·米德 176～177页，艾德里安娜·里奇 304～309页，杰弗瑞·威克斯 324～325页，史蒂文·塞德曼 326～331页。

> 性别是一种模仿……被性别化意味着要模仿一个并不真实的典型。
>
> ——朱迪斯·巴特勒

特别是性别和性都受到我们所生活的文化的形塑。就如同德·波伏娃将性别议题带入社会领域，福柯将讨论扩展到性取向和整个性行为。

福柯之后的一代人成长在一个性道德宽松的时代：20世纪60年代的“自由性爱”，许多国家接受（或至少“非罪行化”）同性恋，以及由妇女解放运动带来的性解放。

性别身份

作为战后的“婴儿潮”一代，朱迪斯·巴特勒进一步发展了这些思想。在接受德·波伏娃的“性别是一种社会建构”主要观点的同时，巴特勒认为，传统女权主义忽视了这一概念的更广含义，而仅仅加强了关于男人和女人的刻板印象。她争辩道，性别不像男性气质和女性气质那样简单，性也不单单是同性恋和异性恋。性别和性既不是这种两级划分，也不是我们所认为的固定的和一成不变的；它是流动的，覆盖了整个性别身份的光谱。巴特勒指出，性和性别都是由社会性而非生物性决定的。她的核心观点是，“性别不关乎一个人是

同性恋骄傲游行，为反抗迫害同性恋而于1971年在美国首次举行，挑战了那种将性限制在男性和女性中的观念。

朱迪斯·巴特勒

20世纪90年代以来，作为女权主义和LGBTI问题领域最有影响的人物之一，朱迪斯·巴特勒同样也是一位杰出的反战、反资本主义和反种族主义运动的社会活动家。她的父母是俄国和匈牙利犹太人后裔。她在美国耶鲁大学就读，并于1984年获得哲学博士学位。1993年，在不同大学教过书之后，她在加州大学伯克利分校获得教职；1998年她被任命为修辞学与比较文学马克辛·埃利奥特（Maxine Elliot）教授。其他职位包括国际同性恋人权委员会主席。2012年，她被授予西奥多·阿多诺奖。巴特勒和她的伴侣、政治理论家温迪·布朗（Wendy Brown）生活在加州。

主要作品

1990年 《性别麻烦：女性主义与身份的颠覆》

1993年 《身体之重：论“性别”的话语界限》

2004年 《解构性别》

> ……当人们意识到所有的原型都是衍生物时，便会捧腹大笑。
>
> ——朱迪斯·巴特勒

什么，而关乎一个人做什么……它是一种‘行为’而非‘存在’”。

传统上，解剖学中的性（女人或男人）被看作是性别（女性或男性）的原因是不同的文化规范附着其上。然而，巴特勒挑战了这一稳定的、连贯的性别身份观念。在她看来，是我们所做的事情，我们的“性别行为”决定了我们的性别，甚至我们对生物学中的性的理解。当我们以一种“合乎”性别的方式行动时，我们在模仿基于不同性别行为方式的性别身份规范。我们在扮演一个实际上并不存在的角色；事实上，并不存在关于“女性”或“男性”的原初模板——原型本身就是衍生物。因此，如果一个人生而为女人，她以一种被看作是“女性的”方式行动（例如，渴求一个男性伴侣），就会接受“与男性做爱对女性而言是自然”的事实。

巴特勒认为，是这些“性别行为”——包括衣着、举止、各种日常活动包括性行为和性伴侣的选择——决定了我们如何看待自己的性别。甚至是我们使用的语言都加强了社会规范，确保我们以某种方式进行行为。

颠覆性行动

巴特勒指出，关键是这种表演行为的不断重复塑造了性别身份，因此“……行动者自己逐渐相信并将之当成信念来行动”。为了避免这种性别固化模式的限制，巴特勒倡导颠覆，故意以一种有违传统性别行为的方式来行为。通过她所称的“性别扮演”，例如穿着异性衣服或男人穿女人的衣服，不仅改变规范，人们对性别甚至是性的认知也获得改变。巴特勒坚持认为，这不应该仅仅是一种琐碎的生活方式选择——我们不可能每天醒来，然后决定今天想当什么性别——而是一种真正的行为颠覆，一种性别行为的颠覆，基于一种常规而又持续的重复行为。以这种方式，社会所强加的性规范成为“有问题的”，它是一种基于不存在的状态的人为

在巴特勒看来，**性别身份**不是一个人本质的一部分，而是行动和行为的产物。正是这些行动和行为的不断重复——结合社会强加的禁忌——产生了我们所认为的本质上的男性和女性身份。

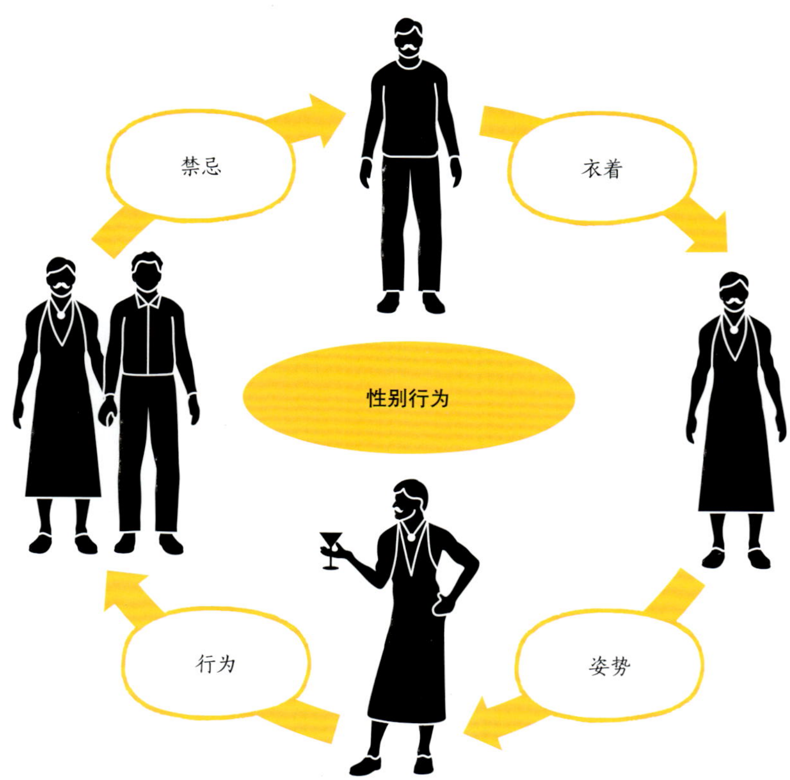

“沙漠妖姬”是1994年的一部“邪典电影”（cult maie），它讲述了两个异装癖皇后和一个变性者的故事。有人认为它仅仅是复制老套；也有人认为它突显了LGBTI问题。

强加；所有不同性别身份的人（异性恋、同性恋、变性人以及其他）都可以主张同等的有效性。

争议和变革

巴特勒对性和性别问题的扩展成为后来所称的“酷儿理论”的基石。她将讨论从传统关于男性和女性的定义中延伸出来，进入一个更广泛的性和性别身份光谱中。巴特勒试图说明：人们的性观念是如何被社会塑造的，而不是我们本质的一部分。同时，她也是一位政治活动家，她的性别理论背后是福柯的权力思想，以及权力是如何在社会中运作的。某种行为的重复性表演不仅塑造了我们的性别身份，还塑造了我们整个社会和政治面貌。

> **异装是颠覆性的，它反映模仿结构；通过这一结构，性别本身是被制造的，从而对异性恋的自然正当性提出质疑。**
>
> ——朱迪斯·巴特勒

巴特勒认为，通过有意地以一种新的、颠覆式方式而行为，我们得以挑战现状的其他方面。

巴特勒的观点受到许多批评，不仅是来自女权主义思想家，如美国学者玛莎·娜斯鲍姆（Martha Nussbaum）。一些人指出，她忽略了人们在模仿社会性别规范时的自由意志；事实上，那些性别规范经常会被对其感到不舒服的人们所打破。许多后现代思想家的批评集中在，她令人费解的写作形式掩盖了一些基本的简单思想。不过，巴特勒的追随者越来越多于批评者，她对于性别和性的扩展深深影响了这些领域在社会学中的研究。不管是作为她工作的结果，抑或仅仅是一种同时存在的现象，西方社会对不同性别形式的态度已经越来越自由化。在一些地方，同性夫妻和LGBTI问题已经不受争议地被主流和大众文化所接受，改变了那些显示我们个体性别身份的“性别行为”的性质。但是，在那些文化习俗仍然保守、政府野蛮推行保守政策的国家中，那些不遵守刻板性别规范的人的影响力更大，更充分显示了颠覆的力量。■

SOCIAL INEQUALITIES

社会不平等

19世纪30年代和40年代 哈里特·马蒂诺指出在美国和英国社会中，**女性、工人阶级和黑人遭受不公正待遇。**

1845年 弗里德里希·恩格斯在《1844年英国工人阶级状况》中描述了工人所遭受的**压迫和剥削。**

1848年 在《共产党宣言》中，卡尔·马克思和弗里德里希·恩格斯呼唤进行**社会主义革命。**

1903年 W.E.B 杜博依斯在《黑人的灵魂》一书中描述了针对美国黑人的、社会性建构的**种族偏见。**

1906年 马克斯·韦伯称，种族群体划分更多地取决于**源于社会的特定世界观**，而不是生物性差别。

1920年 基于财富、社会地位和政治权力，马克斯·韦伯概述了他关于社会分层的**三阶层理论体系。**

1948年 联合国大会全体会议通过**《世界人权宣言》**。

1964年 美国民权法案禁止一切基于种族、肤色、宗教、性别或民族血统的**歧视。**

1972年 在《隐蔽的阶级伤害》一书中，理查德·桑内特和乔安森·科布考察了**阶级意识的负面影响。**

启蒙运动思想和工业革命的技术创新所带来的现代性，不仅描绘了一幅经济繁荣的景象，也期许一个更加公正的社会。在欧洲，至少君主、贵族和教会的绝对权力已经受到挑战，旧的教条在理性和科学的冲击下饱受质疑。同时，技术进步使机械化越来越广泛，创造了新兴工业，不仅增加了社会财富，也带来了改善人们工作生活的希望。

阶级意识

然而，随着现代工业化社会的建立，显然它并不是曾经被期待的那个乌托邦式的憧憬。直到19世纪，许多思想家开始意识到这一进程是有代价的，一些愿景难以实现。现代工业社会已经创造出新的不平等，而不是变得更加公平。

弗里德里希·恩格斯是第一批研究新秩序的学者之一，他看到了在磨坊主和工厂主剥削之下的工人阶级的出现。和卡尔·马克思一起，他将阶级压迫看作是资本主义带来的结果，并反过来加速和滋养了工业化过程。

马克思和恩格斯从物质的、经济的角度看待工业社会的社会问题，将不平等看作是工人阶级（无产阶级）和资产阶级之间的分化。随后的社会学家也看到了阶级体系下社会不平等的加剧，但他们指出社会分层更复杂。例如，马克斯·韦伯指出，和经济地位一样，社会地位和政治身份也同样重要。阶级感知和阶级意识成为之后社会学研究不平等的焦点，包括皮埃尔·布迪厄的“惯习”概念。

种族压迫

恩格斯和马克思将焦点集中在阶级之间的经济不平等，而其他人意识到并不是只有工人阶级遭受了社会不公正。哈里特·马蒂诺强调了平等权的启蒙思想和现代社会现实之间的落差。她在美国的经历、对奴隶制的认识，表明即使是在一个建基于自由理念至上的民主国

1978年 在《角落社会：关于街角黑人的研究》一书中，以利亚·安德森开始了他关于黑人污名化的研究，以及它与**贫民区**的关系。

1979年 在《区隔：品味判断的社会批判》一书中，皮埃尔·布迪厄将“**惯习**”解释为对一种社会群体的归属感。

1987年 保罗·吉尔罗伊在《英国的国旗下没有黑人》一书中指出，民族身份、种族和文化的固定观念可能**助长种族主义**，应当被抛弃。

1990年 在《父权制的理论化》一书中，希尔维亚·沃尔比讨论了一个**父权制社会结构**体系以及妇女在其中遭受的剥削。

1978年 在《东方主义》一书中，爱德华·萨义德挑战了至今仍在西方世界流行的关于**东方世界**的刻板印象。

1979年 《英国的贫困》一书中，彼得·汤森认为贫困应该用**相对概念而非绝对概念**来定义。

1984年 在《女权主义理论：从边缘到中心》一书中，贝尔·胡克斯认为**各种形式的压迫**——女性、种族和阶级——**是相互关联的**。

1987年 在《性别和权力》一书中，R.W.康奈尔指出，男性气质是一种**社会建构**，能加强父权制社会。

2009年 理查德·威尔金森和凯特·皮克特指出，很多事情是受到**社会平等而非财富**的影响。

家，一些群体如妇女、少数民族和工人阶级仍被排斥在改造社会的参与之外。她所指出的各种不同压迫形式之间的联系，在大约150年之后贝尔·胡克斯那里得到了重新讨论。

即使是在奴隶制最终被废除之后，真正的解放也很难实现。对黑人的政治排斥——没有投票权——在20世纪的美国仍然存在。美国和欧洲的黑人仍然面临着奴隶制和延续至今的欧洲殖民主义的残余物——偏见的影响。社会学家诸如W.E.B 杜博依斯开始考察白人占主体的欧洲工业社会中种族群体的地位，到20世纪，研究者开始关注种族和社会不平等之间的联系。以利亚·安德森的研究关注黑人以及他们和“贫民区”之间的联系；爱德华·萨义德分析西方关于“东方”概念的消极影响；而英国社会学家诸如保罗·吉尔罗伊则致力于消除现代多元文化社会中的种族主义。

性别平等

女性同样也在争取政治选举权，但是即使实现这一政治权利之后，她们仍然面临贯穿整个20世纪以至今时今日的父权制社会中的不公正。第一波女权主义运动花了一个多世纪的时间争取到妇女的选举权，而始于第二次世界大战之后不久的第二波女权主义则致力于探讨和克服基于性别的各种社会不公正。

希尔维亚·沃尔比指出不仅要看到妇女受压迫背后的经济和政治因素，同时还建议对维持社会中父权制结构的社会系统进行全面分析；而R.W.康奈尔则指出，关于男子气概的传统观念的盛行——社会建构的各种形式——加强了父权制社会的观念。■

我谴责资产阶级的社会谋杀

弗里德里希·恩格斯（1820—1895年）

背景介绍

聚焦

阶级剥削

重要时间

1760年 “飞梭”织布机改变英国纺织机器，工业革命开始。

1830–1840年 英国铁路系统发展迅速，使得人口、产品和资本的流动变得容易。

1844年 格雷姆的《工厂法》将英国工厂就业的法定最低年龄降至8岁。

1848年 马克思和恩格斯发表《共产党宣言》。

1892年 詹姆斯·凯尔·哈迪是当选的英国第一位工人议员。

1900年 工党在英国成立，代表工人和工会的利益。

德国哲学家弗里德里希·恩格斯1842—1844年间生活在英国，他直接目睹了工业化给工人及其子女带来的毁灭性后果。他认为，资产阶级或中产阶级有意地造成工人“辛劳而悲惨的生活……但是却对这一状况毫不关心。”他指出，资产阶级一直无视他们是工人早逝的帮凶，他们其实有能力改变这一状况，因此，恩格斯指责他们的“社会谋杀”。

19世纪40年代，英国被看作世界工厂，处于工业革命的中心。恩格斯观察到，一场巨大但静悄悄的转型改变了整个英国社会。

工业化使商品价格降低，手工

19世纪40年代，在曼彻斯特，**工人阶级死亡率**要比“一等阶级”的死亡率高出68%。

↓

资本主义社会中，工人被迫处于**不健康的生活环境中**，**收入无保障，身体和精神的筋疲力尽**。

↓

如果一个社会将人们置于这种境遇中，以至于他们**早逝或非自然死亡**，那这就是谋杀。

↓

我谴责资产阶级的社会谋杀。

参见：卡尔·马克思 28～31页，彼得·汤森 74页，理查德·桑内特 84～87页，马克斯·韦伯 220～223页，哈里·布雷弗曼 226～231页，罗伯特·布劳纳 232～233页。

制品相对昂贵因而需求量小，于是工人来到城市，结果却不得不忍受苛刻的条件和收入无保障的状况。工业化的资本主义经济危机不断，兴衰不定，工人失业频繁。同时，资产阶级将工人看作可自由使用的劳动力，他们自己则变得更加富裕。

工业主义的遗产

在恩格斯的第一本书《英国工人阶级状况》中，他描述了在曼彻斯特、伦敦、都柏林以及爱丁堡等地，工人或无产阶级可怕的生活状况，并发现在这些城市中情形基本相同。他描述了遍地尿液和排泄物的、肮脏的大街，弥漫着来自制革厂的腐烂的动物尸体的恶臭。霍乱时常发生，并伴随着持续的肺结核和斑疹伤寒症等传染病。工人被挤在单间棚屋里，或住在潮湿的、沿着旧水沟而建的地下室中，以节省房主的费用。恩格斯说，他们生活在完全没有任何清洁和健康而言的环境中——这就是曼彻斯特的真实情况，“英国第二大城市，世界第一制造业城市”。

无产阶级被驱使到筋疲力尽，穿着在应对事故或气候变化方面毫无保护作用的廉价工装。他们只能买资产阶级丢弃的食物，如腐肉、不新鲜的蔬菜，肥皂厂的垃圾“糖”以及混着泥土的可可粉。

当工人失业或没工资时，即使这种低劣的饮食也难以获得，许多工人及他们的家庭就开始挨饿；这导致了疾病，即使当工作机会出现时，他们也无法工作。他们无钱治病，很多时候整个家庭都挨饿至死。恩格斯解释道，工人唯有从资产阶级那里获得生活所需——健康的生存条件、稳定的就业以及体面的工资——“这些能决定着他们的生与死”。他坚持认为，这一高度剥削性的、拥有资本的阶级应该立即采取措施，改善工人近况，停止它对整个社会阶层的、不经意的某杀。■

19世纪40年代，英国工人阶级家庭忍受工业资本主义所带来的社会剥夺、后果严重的金融动荡以及可怕的疾病。

弗里德里希·恩格斯

政治理论家和哲学家弗里德里希·恩格斯1820年出生在德国。他的父亲是一位德国工业家，一直努力让恩格斯上学并在家族产业中工作。少年时，他以弗里德里希·奥斯瓦尔德的假名发表文章，这使他有机会接触到左翼思想家群体。

在英国曼彻斯特的家族工厂工作过短暂时间后，他对共产主义产生兴趣。1844年，他到巴黎旅行，在那里遇见了卡尔·马克思，变成了他的同事和资助人。他们共同起草了《共产党宣言》，并肩战斗直到1883年马克思逝世。在那之后，恩格斯完成了《资本论》的第二卷和第三卷，以及他自己的许多著作和文章。

主要作品

1845年　《英国工人阶级状况》
1848年　《共产党宣言》
1884年　《家庭、私有制和国家的起源》

20世纪的问题是肤色界线问题

W.E.B.杜博依斯（1868—1963年）

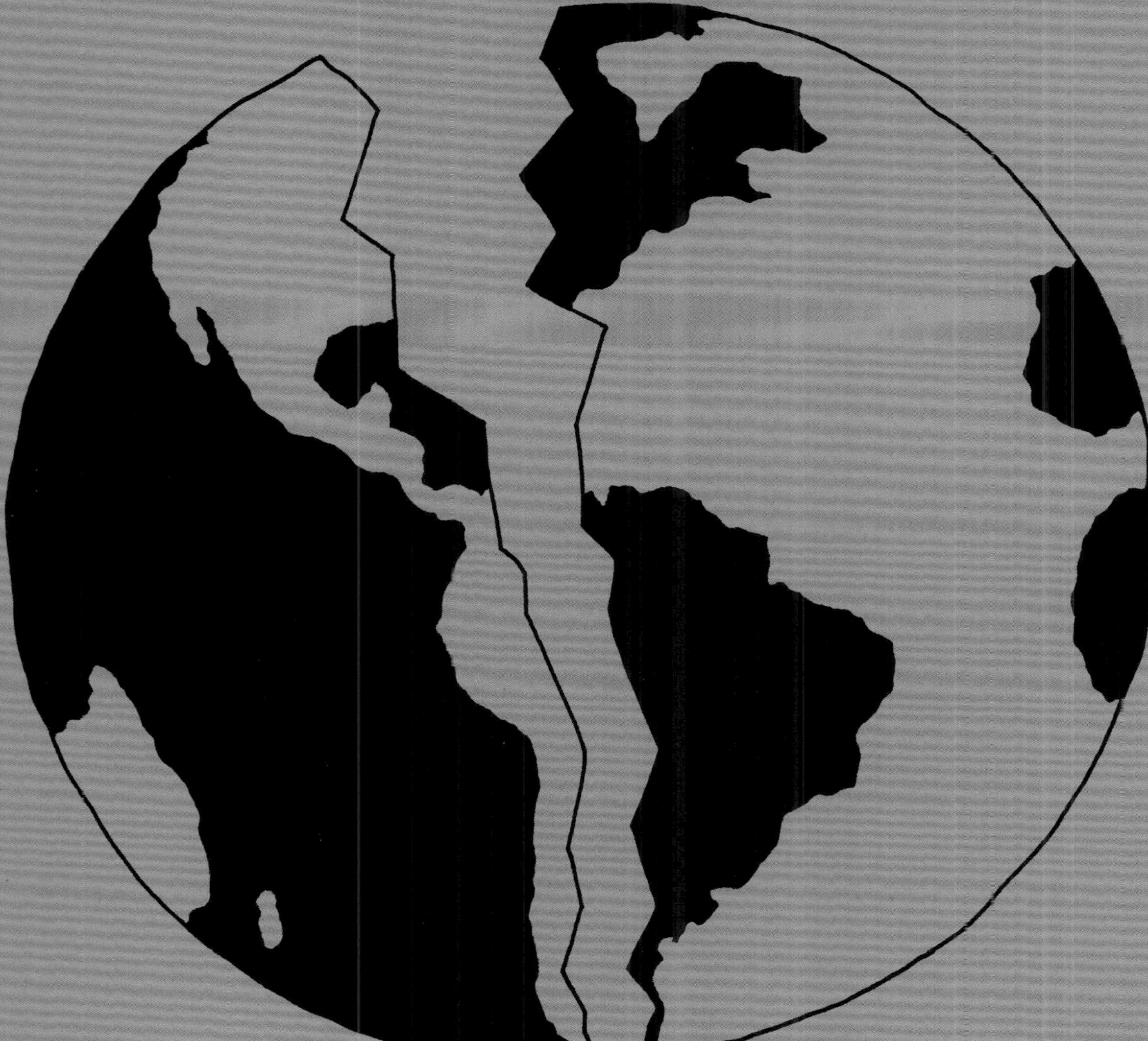

背景介绍

聚焦

种族和族群

主要事件

1857年 美国首席大法官罗杰·托尼（Roger Taney）否决黑人奴隶德雷德·斯科特（Dred Scott）要求获得自由的诉讼，认为黑人不能被赋予公民权，故而在法律之下不能获得同等的保护，因为黑人次于白人。

1906年 马克斯·韦伯认为，将不同族群区分开来的，是共享的观念和共同的习俗，而非生物学特性。

1954年 美国“布朗诉托皮卡教育局案”判决，现存的关于黑人和白人孩子就读学校的“隔离但平等”原则是违宪的。

1964年 《民权法案》废除了公共场所的隔离，终止了基于种族、肤色、宗教信仰或性的歧视。

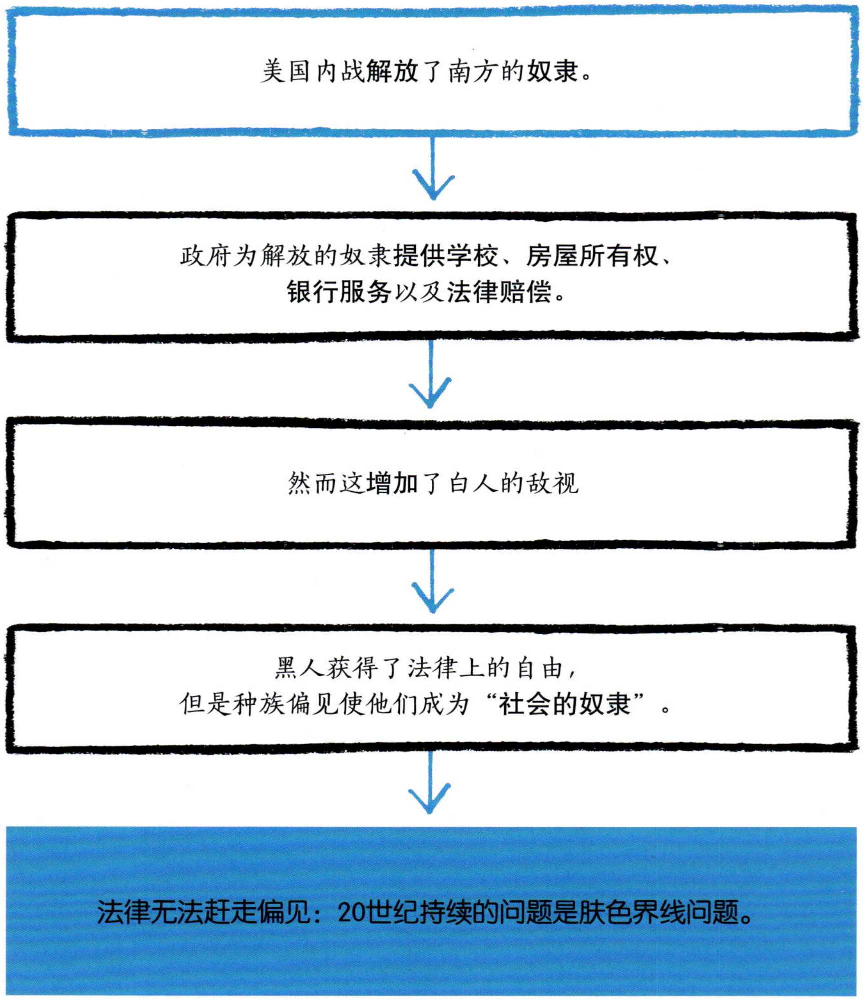

19世纪末期，美国社会改革家、被解放的奴隶弗雷德里克·道格拉斯（Frederick Douglass）促使大家关注美国持续的对黑人的偏见。他宣称，尽管黑人不再从属于某个个人，他们仍然是社会的奴隶。走出奴隶制的深渊之后，他说，“他们又面临着偏见和肤色界线的问题”，在工作场所、投票站、法庭以及日常生活中，白人统治无处不在。

1903年，W.E.B.杜博依斯在《黑人的灵魂》一书中，探讨了肤色界线的问题。作为一本富有社会学和政治学特色的著作，它从南方黑人和白人之间身体的、经济的以及政治的关系入手，考察从美国内战直至20世纪早期，美国黑人的地位变化。它总结道：“20世纪的问题是肤色界线问题”——是黑人和白人之间机会和前景的持续分化。

杜博依斯开篇便指出，没有白人愿意直白地谈论种族问题，但是，他们选择以各种五花八门的方式用行动表达偏见。他们真正想知道的是：“成为一个问题是什么感觉？”

杜博依斯发现这个问题难以回答，因为只有站在白人的立场它才有意义——黑人并不将他们自己视为“一个问题”。他接着讨论了这种视角的双重性是如何发生的，并列举他第一次遭受种族主义歧视的

参见：哈里特·马蒂诺 26～27页，保罗·吉尔罗伊 75页，爱德华·萨义德 80～81页，以利亚·安德森 82～83页，贝尔·胡克斯 90～95页，斯图尔特·霍尔 200～201页。

经历。当杜博依斯还在上小学的时候，一个新同学拒绝接受来自他的贺卡，那个时候“我意识到我跟其他人是不同的”。

他说，在他内心他是喜欢他们的，但是也意识到他被“一个巨大的面纱拦在了他们的世界之外”。最初并不气馁，他说他觉得没必要撕下面纱，直到他长大了，发现这个世界上所有最好的机会都留给了白人，而非黑人。肤色界线是存在的，而他站在了没有权力、机会、尊严以及尊重的那一边。

认同危机

杜博斯指出，肤色界线也是内在的。在他看来，黑人同时以两种不同方式看待他们自己：从白人世界的反映中，带着轻蔑和怜悯；以及从他们的自我感知，它比较多变和模糊。两者结合在一起形成了杜博依斯所称的双重意识：“一个黑色身体里的两个灵魂、两种思想、两种矛盾的努力以及两种交战的观念”。

> **南方的主要悖论——种族的社会隔离。**
>
> ——W. E. B. 杜博依斯

杜博依斯指出，美国黑人的演变历史正是这一内部冲突的历史，它本身也是黑人和白人之间的外部的、公开斗争的历史。他建议，黑人应该将这种双重意识整合起来，寻到一种真正的美国黑人精神；它既不是非洲化的美国人，也不是“在白人美国精神潮水中漂白的非洲灵魂”。

被解放黑奴事务管理局

黑人是如何变成“问题”的呢？为了试图解释这一问题，杜博

双重意识是杜博依斯用来描述美国黑人面临的“二重性”的特殊问题：一方面形成一种自我认知，同时，也关注他人眼中的自我形象。一个青年黑人可能是医生（上方和右方），但他也会强烈意识到白人社会对黑人男性的刻板印象：危险的和有威胁的，如罪犯或贫民区的黑帮分子（最右方）。

美国内战中，**尤利赛斯·辛普森·格兰特**（*Ulysses S Grant*）和他的将军们在马背上前进。*1868*年，新黑人选民的投票对格兰特当选为共和党总统至关重要。

斯考察了美国奴隶制度的历史以及内战的转折点。他发现，奴隶制度是始于1861年美国内战的真正原因。当北方联军挺进南方的时候，奴隶们纷纷逃出来加入其中。最初，奴隶被归还给奴隶主，但是后来改变政策，允许黑人参加军队。

1863年，美国宣布黑奴解放，政府建立了被解放黑奴事务管理局（也称自由民局），为穷困的被解放黑奴（男人、女人和儿童）提供食物、衣物以及其他方面的帮助。然而，该局由一群军队人员管理，他们不擅长应对社会重建。该局也受到任务的艰巨性的影响：当它意识到这会涉及超过80万英亩土地时，将原先由奴隶耕作的种植园分配给被解放黑奴的许诺就“消散”了。

该管理局的巨大成就之一是向南部所有儿童提供免费教育。杜博依斯指出，这被看作是一个问题，因为“南方相信，一个受教育的黑人也是一个危险的黑人”。在南方，反对黑人教育根深蒂固。

同时，该管理局在法律事务中也埋下了对立的种子。杜博依斯指出，它利用其职权“头脚倒置”——换句话说，它一方面支持黑人当事人，另一方面，民事法院经常帮助以前的奴隶主。杜博斯将白人描述成被管理局“一遍又一遍地差遣、抓获、关押和惩罚”，而黑人则被愤怒和仇恨的（白）人恐吓、殴打、强奸以及杀害。

该管理局在1865年还建立了一个自由民银行，试图解决被解放奴隶的存款问题。这一举措因当局能力不佳而受到阻碍，最终银行倒闭，自由民的存款也打了水漂。杜博依斯说，这已经是最小的损失，因为“所有的信念都没了，其中多数是对人的信念；也很遗憾，今天嘲笑黑人无能的国家还从来没有实现过承诺。”

管理局还建立自由（非奴隶）劳动力和前奴隶所有权体系，确保在法律上认可黑人作为自由民的地位，并建立公立学校。这个管理局最大的缺陷在于它没有在前奴隶主和前奴隶之间建立一种友好关系，事实上，它增加了彼此的对立。肤色界线仍然存在，不是露骨的表达，而是以一种更隐蔽的方式运行。

奴隶制已经消除，但它的影子仍在徘徊并毒害着共和国各地的道德环境。

——弗雷德里克·道格拉斯，美国社会改革家 约1818—1895

和解还是抗争？

战后时期被称为“美国重建时期”，一些刚刚争取到的黑人权利开始溜走。美国历史上的标志性案件（1896年普莱西诉弗格森案）确认了公共场所种族隔离的合法性，从而在南方确立了一种种族隔离模式，它一直延续到1954年布朗诉托皮卡教育委员会案。现代性带来的焦虑也刺激了三K党的复兴及其本土的白人至上主义，伴随而来的是种族暴力的上升，包括动用私刑。1895年美国黑人政治家布克·华盛顿（Booker Washington）发表了《亚特兰大种族和解声明》。他认为，黑人应该展现耐心，采用白人中产阶级标准，通过自我改善和教育来实现自我提升，展示他们的价值。通过放弃政治权利以换取经济权利和法律公正，布克·华盛顿认为，社会变迁更可能是一个长期的过程。这一和解的立场成为当时的主流思想。

杜博依斯非常不赞同这一观点，在《黑人的灵魂》一书中他写道，黑人并没有指望一下得到完全的公民权，他们知道人民获得权利的方式“不是自动扔来的”。杜博斯曾希望通过社会科学来消除种族主义和种族隔离，不过他后来慢慢相信，政治抗争是唯一的有效策略。

伸展肤色界线

1949年，杜博依斯参观了波兰华沙的贫民区，那里三分之二的人口在纳粹占领时期被杀掉，城市中85%的地方处于废墟中。此次参观让他震惊不已，让他有了一种“对黑人问题的更全面的理解”。面对这样一种绝对的浩劫和毁灭，他认识到这正是种族隔离和暴力的直接后果，杜博依斯重估了他对于肤色界线的分析，并指出这是可能发生在任何文化或族群中的现象。在他1952年为杂志《犹太人的生活》（Jewish Life）缩写的散文中，他写道，“黑人和华沙贫民区……种族问题……跨越肤色界限、体格、信仰和身份地位，它事关人类的仇恨和偏见。”因此，肤色没有“界线”重要，后者可以在任何群体和社会中划出差异并引起敌意。

活动家和学者

杜博依斯是民权组织“全国有色人种协进会”（NAACP）的创始成员之一。他的思想处处与非洲后裔有关；在20世纪20年代，他帮助在法国巴黎成立泛非洲协会，并在世界各地组织了一系列泛非洲大会。然而，在20世纪初写作关于《黑人的灵魂》时，他指出，实现一个真正的、统一的美国黑人精神的必要条件还没有达到。

杜博斯将田野调查的系统方法应用到那些以前被忽视的研究领域。使用实证数据来归纳黑人生活的细节，帮助他驱散广泛存在的刻板印象。例如，在《费城黑人》（1899）一书中，他收集了大量关于城市生活对美国黑人的影响的材料，并指出犯罪是环境的产物，而不是天生的。他开创性的社会学研究和思想，对后来杰出的民权运动领袖，诸如马丁·路德·金产生了巨大的影响。杜博依斯被认为是20世纪最重要的社会学家之一。■

W.E.B杜博依斯

威廉姆·爱德华·布格哈特·杜博依斯是一位社会学家、历史学家、哲学家以及政治领袖。内战结束三年之后，他出生在美国马萨诸塞州。

高中毕业之后，杜博依斯先后在纳什维尔市的菲斯克大学（Fisk University）和德国波恩大学学习；在波恩，他遇见了马克斯·韦伯。1895年，他成为第一个在哈佛大学获得历史学博士学位的美国黑人。1897—1910年，他是亚特兰大大学经济学和历史学教授；1934—1944年，他成为社会学系主任。1961年，杜博依斯来到非洲加纳撰写《非洲百科全书》，但是两年后逝世。他著有大量书籍、文章以及散文，创立并编辑过四本期刊。

主要作品：

1903年 《黑人的灵魂》
1920年 《黑水：面纱里的声音》
1939年 《黑人的过去和现在》

穷人被排斥在日常生活模式、习俗和活动之外

彼得·汤森（1928—2009年）

背景介绍

聚焦

相对贫困

主要事件

1776年 苏格兰经济学家亚当·斯密指出，生活的必需品包括，“无论国家的风俗是什么，可信的人（即使是社会中的最底层）如果没有，都是不适当的。”

1901年 英国社会学家西伯姆·朗特里（Seebohm Rowntree）出版《贫穷：对城镇生活的研究》一书。

1979年 彼得·汤森出版《英国的贫困》一书。

1999年 英国政府展开“英国贫困和社会排斥”调查。

2013年 法国经济学家托马斯·皮凯蒂出版《21世纪资本论》，记录了20个国家中的极端收入不平等。

20世纪初，社会活动家西伯姆·朗特里将贫困定义为一种“总收入不足以获得维持体能所需的最低必需品”的一种状态。这种贫困“生存线”定义被政府用来决定一个人的基本需求成本，如食品、房租、燃料以及衣服。

然而，1979年英国社会学家彼得·汤森指出，不应该用绝对概念来定义“贫困”，而应该用相对剥夺。他指出，每个社会在生活水平、饮食、环境设施，以及人们可以参与的活动类型方面都有平均水平。当个人或家庭缺乏获得这些物品的资源时，他们就被社会排斥在正常生活之外，同时也处于物质剥夺状态。其他因素，如没有技能或健康不佳等，也必须被考虑在内。

英国的**食品发放站**（*food banks*）近年来面临着需求的剧增。它们满足基本需求，但经常包括那些现在看来是人们日常拥有的非必需食品。

汤森是一位杰出的社会活动家以及儿童贫困救助会创始人，他指出，一直存在这样一种假设：富裕社会中贫困会逐步减少。但是，当他将焦点转移到社会顶层和底层之间的日益扩大的收入差距上时，他认为：当一个国家越来越富有，而收入分配却明显不均时，贫困人口的数量必定会增加。■

参见：卡尔·马克思 28～31页，弗里德里希·恩格斯 66～67页，理查德·桑内特 84～87页。

英国的国旗下没有黑人

保罗·吉尔罗伊（1956年—）

背景介绍

聚焦

种族主义

主要事件

18～19世纪 种族的生物学观念被用来证明奴隶制和殖民主义的正当性。

20世纪40年代 纳粹党使用“种族”来将政治不平等合理化，并引入“种族纯化”的概念。

1950年 联合国教科文组织（UNESCO）宣布，“种族”是一个社会神话。

20世纪70年代 米歇尔·福柯认为，种族的生物学观点及某些关键特质，随着殖民主义而出现。

1981年 美国社会学家安妮·华生在《种族主义的另一面》一书中，指出防止社会发展为“超越种族主义”的五次黑人运动。

1987年 保罗·吉尔罗伊出版《英国的国旗下没有黑人》一书。

在《英国的国旗下没有黑人》这本书中，英国社会学家保罗·吉尔罗伊聚焦于20世纪英国社会的种族主义。他指出，20世纪70年代的时候，英国近乎痴迷地担心其“民族衰落”，许多人将这归因于“同质且连续的民族血统的稀释”——特别是，黑人来到英国。

吉尔罗伊指出，民族的固化观念，如“英国人”，可能不是故意的种族主义，但它们会产生种族主义的后果。在试图定义“英国人”的过程中，20世纪的作家总试图想象一个白种英国人——黑人是永远的局外人，因为其“种族”，他们被剥夺了国民资格，他们的忠诚也同样受到质疑。

吉尔罗伊接受了“种族观念是一种历史的和政治的力量”的观点，认为它仅仅是一种社会建构，一种在社会中创造的概念。当一些社会学家建议我们应该讨论“种族性”或“文化”的时候，吉尔罗伊提议说，我们应该摒弃所有这些观念。他认为，不管我们使用什么术语，我们都在把人划分为不同的群体，创造了一个关于“天然”种类的错误观念，导致了“他们”和“我们”的对立。

人种学

在吉尔罗伊看来，所有这些讨论将我们陷在了他所称的“人种学”中——一种假设某种类型、偏见、形象和身份的话语。反种族主义者发现他们自己反转了种族主义思想家的观点，但却不能替代所有的种族主义观念。吉尔罗伊建议，解决方案在于拒绝接受将种族划分看作是不可避免的、天然的力量，相反，应当发展一种“能力，去想象一个政治、经济和社会体系，而‘种族’在其中则变得没有意义”。■

参见：米歇尔·福柯 52～55页，270～277页，W.E.B.杜博依斯 63～73页，以利亚·安德森 82～83页，贝尔·胡克斯 90～95页，本尼迪克·安德森 202～203页。

地位感

皮埃尔·布迪厄（1930—2002年）

背景介绍

聚焦

惯习

主要事件

1934年 法国社会学家、人类学家马塞尔·莫斯的散文“身体技术”为皮埃尔·布迪厄重新解释“惯习”的概念奠定基础。

1958年 马克斯·韦伯指出“那些想融入某一圈子的人可能会表现出一种特定的生活方式”。

1966年 英国历史学家E.P.汤普森认为，阶级是“一种必须总是嵌入于真实的人或真实情境中的关系”。

2003年 美国文化理论家南茜·弗雷泽（Nancy Fraser）认为资本主义社会有两套从属系统交织在一起：阶级结构和身份地位。

从马克思到迪尔凯姆，从韦伯到帕森斯，社会学家们一直渴望找出社会阶层体系是如何再生产的，相信它必然结构性地与经济、财产所有权以及经济资产有关。

但是20世纪70年代，在《区隔》一书中，皮埃尔·布迪厄指出，这一问题更加复杂：经济不是决定社会阶层的唯一因素，“而是由与其地位通常联系在一起的阶层惯习来界定的”。这个概念最初出现在13世纪意大利神学家托马斯·

参见： 卡尔·马克思 28～31页，埃米尔·迪尔凯姆 34～37页，弗里德里希·恩格斯 66～67页，理查德·桑内特 84～87页，诺贝特·埃利亚斯180～181页，保罗·威尔斯 292～293页。

惯习是一套社会性地**内化**的倾向，它昭显一个人的观念、情感以及行动。

→

它是个人自我、群体文化以及家庭和学校等社会制度互动的结果。

↓

将这些倾向变成行动会强化个体和群体的惯习。

←

在个体的潜意识与他们所处的社会结构之间的相互作用下，惯习不断地再生产和演化。

阿奎那的讨论中，他认为人们想要的或者喜欢的特定东西，以及他们以特定方式而行动，是由于他们把自己视为某一类人：我们每个人都有一种特殊的倾向，或惯习。

然而，布迪厄成功地发展了这一思想。他将“惯习”定义为一套具体的社会习得的倾向，它引导个人以与其社会阶层群体中其他成员相同的生活方式生活。某一阶层内的成员会“知道”什么是“做作的”和“俗丽的”；而对阶层外的人来说，同样的东西则会被看作是“漂亮的”或“极好的”。他指出，儿童先后从其家庭、学校以及同辈群体中习得这些知识，他们向成长中的儿童演示了如何说话、如何行动等。因此，“社会秩序是逐渐地刻印在人们的头脑中的”。

> 惯习是写入身体的社会，写入了生物学上的个人。
>
> ——皮埃尔·布迪厄

阶层倾向

在20世纪60年代研究法国的阶层划分时，布迪厄注意到，同一阶层的人展示出相似的文化价值。他们知道和珍视的东西、说话的方式、衣服和装饰物的选择、对艺术和休闲的看法、娱乐活动等，都是相似的。他指出，法国上流社会喜欢读诗歌、哲学和政治。他们喜欢去古典或先锋剧场、博物馆以及古典音乐会，他们喜欢露营和登山。

而在工人阶级中，布迪厄发现，人们喜欢读小说和杂志，赌博，去音乐厅和宴会，以及拥有豪华轿车。选择是相对有限的，并且不是由花费而是由品味决定。他意识到，属于某一阶层或“阶层部分”（子阶层）的人具有相似的品位，因为他们共享倾向，或“惯习”。他们往往喜欢或不喜欢同样的事物。这种共享的惯习给了他们一种地位感，他们“置身于”这个或那个阶层。

惯习的建构既不靠个人，也与现存的环境无关——它是主观心灵和其所处的客观结构和制度相互作用的结果。一个人出生在某一特定

猎狐是一项休闲运动，对一些人来说，因为惯习和倾向，这是很自然的运动，这一倾向使得其他类型的活动（例如卡拉OK）变得奇怪。

对于某物（如一件艺术品）发表意见，使得其他人能够由此评估讲话者的文化资本，推断他/她的社会阶层。

的社会阶层群体中，每个人都被某一特定生活方式所界定，布迪厄称之为群体的惯习。每一社会阶层群体都有一种群体惯习，既定义自我，又把自己与社会其他群体惯习区分开来。

群体的惯习也刻入一个人的身体倾向和姿势中。一个人的社会阶层可以从他们走路、说话、发笑、哭泣等方式中辨别出来——从他们所做、所想和所说的一切中寻找蛛丝马迹。因为人总是在一个特定的群体惯习中出生和成长，个体往往没有察觉到，惯习既促成也阻碍他们思考、感知、行动以及与周围世界互动的方式。

惯习——个体所属的更大群体的倾向的表现——使人们能够明确知道自己属于哪类人，以及这类人应该如何思考、如何感知以及行为举止应当如何。

惯习给个体一种特殊的“地位感”，因为他们内化的自我完美地契合了其外部世界的结构。但是，一旦他们投入其他阶层的“场域”（制度或结构），他们就会觉得像“离水之鱼”，每一步都无所适从。

资本的形式

布迪厄认为，一个人的惯习是由不同种类和数量的资本（经济的、文化的和社会的）组成的，他将之重新定义为一个人所拥有的“一套实际可用的资源和权力”。

很简单，经济资本指的是货币资源和财产。一个人的文化资本是指他们玩“文化游戏”的能力——熟悉书本、电影和剧场中的信息，知道在特定的情景中如何举止（例如在晚餐中的恰当举止和言谈），知道该穿什么以及如何打扮自己，甚至知道可以瞧不起谁。因为惯习无时无刻不在定义一个人的阶层或阶层派系，它对于划定社会秩序就变得至关重要。

布迪厄指出，惯习常常很容易从“类型评判”表现出来；它是关于某物的言论，例如油画，但却可以用于对讲话人进行归类。如果一个人感叹一幅油画“好”，另一个人则用“passé”；由此，我们并不知道这幅作品是什么，但却能了解到更多关于这两人及其惯习的信息。人们特意使用这些评判来区分他们自己和周围的人，建构他们的阶层。

除了经济和文化资本之外，人们还拥有社会资本——通过社会网络获得的人力资源（朋友和同事）。这些关系带来一种共同责任和相互信任，可能会带来通往权力和影响力之路。

社会资本的观念可以从社交网站（如Facebook和LinkedIn）的成功中看出来，它们提供了帮助个人

> **科学观察表明，文化需求是培养和教育的结果。**
>
> ——皮埃尔·布迪厄

增加社会资本的途径。布迪厄还看到了阶层中的学术资本（智力知识）、语言资本（善于掌控语言，决定谁有权力说话和发表意见）、政治资本（政治世界中的地位）。

阶层游戏

马克思所详细描绘的阶级斗争可以用布迪厄的术语在个体层面上展现。他认为，个体在关系（家庭和学校）中成长，然后进入各种社会场所或"场域"（例如制度和社会群体）中，在那里，人们表达和不断再生产着他们的惯习。他们在所进入的场域中是否成功取决于其所拥有的惯习类型以及相应的资本。

每一个场域都有一套反映群体惯习的规则，在这个意义上，规则对他们来说就是"常识"。人们通过"符号性资本"及其在场域中的价值而被识别。他们的符号性资本代表了他们其他所有形式的资本，体现在声望名誉、能力以及社会地位中。

在有生之年，人们一直在动用各种不同形式的资本。他们也"制定战略"，找出相互竞争、提升权力和资本的办法。这些策略能采取的特定形式是由惯习决定的；然而，大多数人都没有意识到，在多大程度上他们的行为和选择是由那些习得的倾向决定的。

> **讨论机会平等的纳西尔忘了社会游戏不是'公平游戏'。**
>
> ——皮埃尔·布迪厄

变迁的可能

由于布迪厄的文化资本概念主要基于惯习的不断再生产，而这深植于我们每个人之中，因此他对于社会流动的可能性是比较悲观的。

然而，场域内的不同力量使惯习的改变变得可能。制度和个人的互动往往加强了现存的观念，但是，对于一个来自下层社会阶层的人来说，通过上"好"学校，也有可能获得文化资本。这可能会增加他们的经济资本——接着，他们的孩子可能会上私立学校，得益于经济和文化资本的增加，获得不同的惯习。因此，对布迪厄而言，所有形式的资本是相关的：人们将经济资本转化为文化和社会资本，以期提升他们的生活机遇。

在过去几十年中，布迪厄的惯习对社会学中的争论产生了重要影响。与其他概念相比，它抓住了客观社会结构和过程如何影响那些看起来独特的个人倾向。简言之，惯习将许多杰出思想家的观点融汇成一个简洁而通用的概念。■

皮埃尔·布迪厄

1930年皮埃尔·布迪厄出生在法国西南部的一个小村落，他的父亲是个邮递员，他也是家中独子。一位老师慧眼识珠，推荐他去巴黎学习。在著名的巴黎高等师范学院的哲学系毕业之后，他在阿尔及利亚解放战争期间（1956—1962年）在阿尔及尔大学（University of Algiers）教书。

在阿尔及利亚期间，他开始民族志研究，并撰写了他的第一部书《阿尔及利亚的社会学》（1958）。在他回到法国之后，他成为巴黎高等社会科学研究学校的研究主任，开始其社会研究职业生涯。他相信研究应该转化为行动，并参加了许多反对不平等和统治的政治抗议活动。布迪厄于2002年逝世。

主要作品

1979年 《区隔：品味判断的社会批判》
1980年 《实践的逻辑》
1991年 《语言与符号权力》

东方是整个东方世界被幽禁其中的舞台

爱德华·萨义德（1935—2003年）

背景介绍

聚焦

东方主义（Orientalism）

主要事件

1375年 乔叟把地中海以东的陆地称为东方。

19世纪早期 法国学者西尔韦斯特·萨西（Silvestre de Sacy）提出现代东方主义术语。

1836年 爱德华·威廉·雷恩（Edward William Lane）的《现代埃及人的风俗习惯之记述》一书成为诸如法国小说家居斯塔夫·福楼拜等作家的重要参考资料。

1961年 弗兰茨·法依（Franz Fanon）在其《地球上不幸的人们》一书中，描写了殖民主义的非人化力量。

1981年 萨迪克·阿拉姆（Sadik Jalal al'Azm）指出，东方主义往往以萨义德所说的西方包装东方的方式分类西方。

“东方”的概念是由西方殖民国家演化而来的，它是一个政治上危险而文化上存在偏见的概念，继续散布关于东方世界的西方观点。爱德华·萨义德在其最为世人所知的《东方主义》（1978）一书中有力论证了这一观点。他认为，东方主义的概念有两层重要内容：它将东方看作是一个奇异的、野蛮的和落后的同质地区；同时，以一种简单化、不变的方式建构和固化关于东方的西方观点。萨义德解释道，随着由拿破仑·波拿巴领导的法国军队于1789

欧洲“专家”（历史学家、科学家和语言学家）从他们自己的角度描绘了“东方”的形象。

↓

他们的观点被进一步简化成一套刻板印象和描绘，建构和固化了关于“东方”和东方人的西方观点。

↓

点燃和维持了西方对于东方的恐惧，特别是将阿拉伯人看作是危险的和“另类”。

↓

东方是整个东方世界被幽禁其中的舞台。

参见: 米歇尔·福柯 52~55页, 270~277页, W.E.B.杜博依斯 68~73页, 保罗·吉尔罗伊 75页, 以利亚·安德森 82~83页, 斯图尔特·霍尔 200~201页, 本尼迪克·安德森 202~203页, 斯坦利·科恩 290页。

年战胜埃及，现代东方主义的观点便由此诞生。这一征服意义深远，因为拿破仑不仅带去了士兵，也带去了科学家、哲学家和历史学家。这些专家负责将他们所看到的进行记录和归类。他们将自己在“东方”的经验描绘成一种客观知识，他们的话语在欧洲获得了毫无争议的权威和影响。

定义东方

然而，萨义德指出，他们是透过帝国主义侵略的视角来看待当地居民的。他们将他们自己看作拥有强势权力的人，因而高人一等。他们在“我们”与“他们”、“西方”和“东方”之间划了一条想象的线，并将双方定义为相互对立的。东方人被看作是不理性的、野蛮的、懒惰的以及落后的，而西方人则是理性的、文明的、勤奋工作的以及先进的。由拿破仑的这些所谓“专家”们带回的报告意味着，东方以一种高度浓缩的方式呈现在欧洲人面前，西方解释东方，并按照自己的喜好塑造东方。关于“东方人”的看法被文学家所广泛塑造和传播，如洛德·拜伦他以浪漫式风格描写东方，但是坚持强调东方与西方的固有差异。

持久的恐惧

萨义德认为，问题一直存在，因为这一东方观念阻碍了西方人对东方的全面认知。相似的人物形象层出不穷：东方被看作是一个充满神秘异国情调的地方——那里是狮身人面像、克里奥帕特拉、伊甸园、特洛伊、所多玛和蛾摩拉、示巴女王、巴比伦以及穆罕默德的故乡。

在萨义德看来，东方主义是一个被用来理解陌生世界的框架，但同时，它也告诉我们：东方人是不同的和令人恐惧的。在这里，“阿拉伯人”被看作是暴力极端分子。西方国家感到有必要保护他们自己不受“另类的渗透”。萨义德认为，寻找一种和平共存的方式是一个挑战。■

1995年，美国俄克拉荷马州炸弹事件遇难者纪念碑。媒体最初把袭击推到“穆斯林”和“阿拉伯人”（另类）的头上，但后来证明是一个白种美国人所为。

爱德华·萨义德

文化理论家和文学批评家爱德华·萨义德是后殖民主义研究的开创者。出生于英国托管时期巴勒斯坦的西耶路撒冷，他的父亲是一位富裕的巴勒斯坦裔美国基督徒，萨义德在黎巴嫩、埃及以及美国的私立国际学校接受教育。后来，他进入普林斯顿大学和哈佛大学学习，并在哥伦比亚大学担任英国文学教授，在那里任教直到2003年去世。萨义德大量写作且主题广泛，包括音乐和巴勒斯坦问题。萨义德说，1967年以色列和其阿拉伯邻居之间的“六日战争”使他走上政治化道路，从那之后，他成为关注巴勒斯坦问题的重要发声者。1999年，他和指挥家丹尼尔·巴伦博伊姆组建了阿拉伯-以色列管弦乐队，相信音乐能超越政治。

主要作品

1978年 《东方主义》
1979年 《巴勒斯坦问题》
1993年 《文化与帝国主义》

贫民区就是黑人居住区

以利亚·安德森（1943年—）

背景介绍

聚焦

标志性贫民区

主要事件

1903年 W.E.B.杜博依斯认为，20世纪的问题是种族界限问题。

20世纪初 黑人从美国南部农村移民到各个城市地区。

1920年 黑人政治领袖马库斯·加维（Marcus Garvey）在纽约传统黑人住宅区哈莱姆区举办了一场国际大会。

20世纪60年代 在美国出现一种从黑人群体中逃离的“白人群飞”，现象导致“黑人居住区”的形成。

1972年 美国通过《平等就业机会法案》。

1992年 警察被拍到殴打一名黑人司机罗德尼·金，并且之后被判无罪，激起了美国洛杉矶市的暴动。

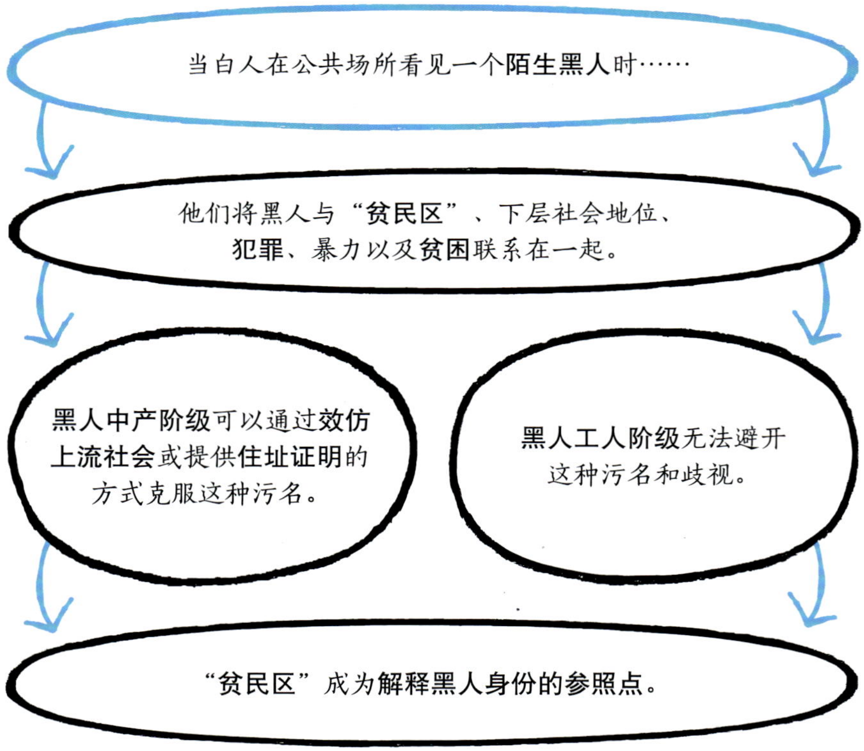

2012年，以利亚·安德森在《标志性贫民区》一书中指出，许多美国人将贫民区与“黑人居住区”联系在一起。他认为，对这些美国人来说，贫民区意味着城市中无法治的、贫困的、毒品泛滥的混乱地区，充斥着暴力。因此，当他们提到“黑人”的时候，他们就会给他们扣上不道德的、有毒瘾的、犯罪的“帽子”，活该受到偏见和歧视。安德森列举一个他在“令人愉快的、充斥着上

参见：米歇尔·福柯 52～55页，270～277页，W.E.B.杜博依斯 68～73页，保罗·吉尔罗伊 75页，爱德华·萨义德 80～81页。

安德森指出，生活在贫困地区的黑人工人阶级常常受到污名和“种族主义的诋毁”。

流社会和中产阶级白人度假者的‘鳕鱼角’小城”度假时遇到的种族主义事件。当安德森在小城中慢跑时，一个中年白人用自己的车堵住路，并对他吼道“滚回家！”困惑了一下，安德森不明白这个男人是什么意思，然后他意识到，这是让他滚回“黑人贫民区”的意思。安德森指出，贫困区制度是一直都存在的，它使很多人理所当然地认为黑人居住的地方最常在贫困区，而不是在中产阶级社区。

标志性身份

在美国，大多数黑人并不是来自贫困区，法律上他们和白人有同等上学和就业的机会。然而，由于“贫民区”已经成为一种标志性身份，它就像一种思维倾向，所有阶层的黑人都发现，在他们想做任何事之前都必须证明他们不是来自贫困区。安德森指出，中产阶级黑人通过“说白话”（模仿上流社会和中产阶级白人的说话方式），或展示他们卓越的智力、行为和姿势来证明自己。对待这些侮辱，他们往往是与朋友一笑置之，但是，事实上，这些小事（就如安德森的慢跑插曲）能使人“恍然大悟”，相信他们已经完全融入社会中是一种自欺欺人的幻觉。

反驳“贫民区”

安德森指出，中产阶级黑人能通过努力工作来反驳别人的这种“评判”，但是贫困黑人的问题比较难以解决。如果他们确实住在贫民区中，他们如何能将自己从这种种联系中剥离呢？黑人工人阶级如何能证明他们不是暴力的瘾君子，或不管怎样都不同于社会加注给他们的那些偏见呢？

安德森引用了2012年特雷沃恩·马丁（Trayvon Martin）枪击案：这个没有武器的、无辜的17岁男孩被一名社区看守人枪杀，后者称马丁看起来“行踪可疑”。这暴露了这种白人观念的危险：即认为黑人来自并且应该待在“贫困区”，而不是白人社区。

在安德森看来，“黑人在社会中有一块特殊的‘属地’（即‘贫困区’）”的观点存在于白人的想象中。尽管黑人存在于所有社会阶层和社区中。标志性贫民区继续着对黑色皮肤的污名，把他们看作是“危险的局外人”。■

以利亚·安德森

以利亚·安德森是美国杰出的城市民族志学者之一。他在第二次世界大战期间出生自密西西比州的一个种植园。他的父母原先是摘棉花的小佃农，但是在他父亲作为一名战士从欧洲战场上回来之后，这个家庭发现南方的种族主义变得难以忍受，他们搬去了芝加哥，之后又搬到印第安纳，这两个地方都在美国的北部。

安德森先后在印第安纳大学和芝加哥大学学习社会学，在那里，他关于街角黑人的博士论文出版，成为其第一本著作《角落社会》（1978）。他当选2002年美国社会学学会（ASA）副主席，他获得多个奖项，包括美国社会学学会的考克斯-约翰逊-弗雷泽奖。

主要作品：

1990年　《浪迹街头》
1999年　《街头法则：旧城区的道德生活》
2012年　《标志性贫民区》

“

黑人被看作是危险的局外人，除非他证明自己值得信任。

——以利亚·安德森

”

自由之手段变成了侮辱之根源

理查德·桑内特（1943年—）

背景介绍

聚焦

阶级不平等

主要事件

1486年 意大利哲学家乔瓦尼·皮科·德拉·米兰多拉指出，与动物不同，人类寻求生命的意义和尊严。

1841年 在“论自助”中，美国哲学家和文学家拉尔夫·沃尔多·爱默生认为信赖自我是一种道德驱动力，能够促使个人塑造自己的命运。

20世纪60年代 法国哲学家让-保罗·萨特认为，社会中的一些人拥有专制权力，是导致阶级社会中资源分配不均的原因。

1989年 英国学者理查德·霍加特指出，“每十年我们都会宣称我们已经消灭了阶级，而每十年这个棺材都是空的”。

社会学家和经济学家往往认为阶级是与金钱相关的：随着工人收入的提高和财富的增加，他们将会步入中产阶级，不仅享有物质繁荣，还包括自尊感的提升。但是，在美国社会学家理查德·桑内特和乔安森·科布（Jonathan Cobb）的研究中，这一观点受到了质疑，他们调查了那些步入中产阶级的工人群体所饱受的困扰。

在其1972年出版的《隐蔽的阶级伤害》一书中，桑内特通过对工人的访谈发现，伴随日益增长的物质财富和选择自由而来的是显著的

参见：弗里德里希·恩格斯 66～67页，W.E.B.杜博斯 68～73页，皮埃尔·布迪厄 76～79页，以利亚·安德森 82～83页，乔治·齐美尔 104～105页，萨谬·鲍尔斯和赫伯特·金迪斯 288～289页，保罗·威尔斯 292～293页。

教育被认为是实现个人发展和自由的最佳途径。

但是受过高等教育的工人阶级子弟一方面受到他们同辈群体的疏离，另一方面又面临中产阶级社会的讥笑。

但是更高的教育只能带来工作，而这些工作在工人阶级看来并不是“真正的工作”。

自由之手段变成了侮辱之根源。

自尊危机。为了争取更大的自由，工人们被要求使用一些“手段”，例如教育，但这给他们带来疏离感和无能感。

移民与种族主义

为了解释这一现象，桑内特首先考察了美国工人阶级的历史。在19世纪城市化期间，农业工人从小农场来到城镇和大城市，后者在这股人潮涌入中发展迅速。另外，大部分美国城市都有来自诸如爱尔兰、意大利、波兰、希腊等国的欧洲新移民聚居的大量“飞地”。在那里，他们仍说着自己的语言，享受自己的文化传统。

大量移民的存在使工业资本家很快意识到，非技术工人要比机器生产便宜。因此，他们雇佣大量的移民，用来取代机器生产中那个更昂贵的熟练技术工人。对新移民的仇视开始产生，种族主义开始抬头。

一种不同国籍之间的“道德等级”很快受到广泛认同。西欧人（不包括爱尔兰人）处在这一等级的顶端，他们被看作是勤奋的、努力工作且充满技能。然而，在这一等级的另外一端，桑内特指出，

*20世纪早期，***移民**从美国纽约的一艘船上登岸。这些“外来者”通常被当作廉价劳动力使用，这引来了一些美国公民的敌意。

成就的金字塔

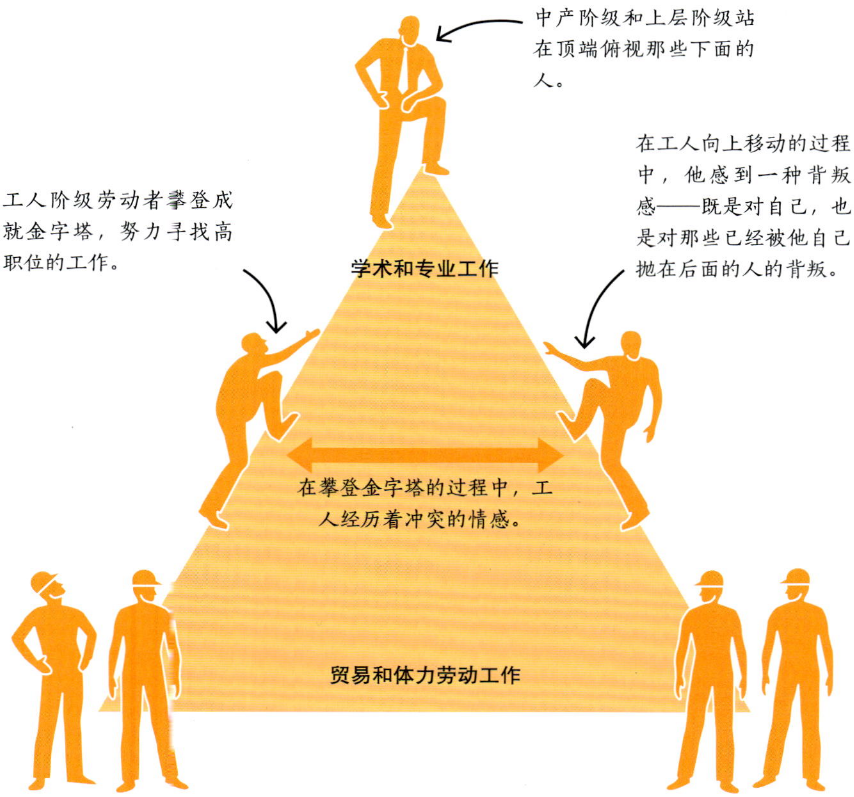

"斯拉夫人、波西米亚人、犹太人以及南欧人……被指责等同于肮脏、神秘和懒惰。"这些新移民发现他们只能指望自己的同胞，种族聚居社区因此发展起来。

然而20世纪中期，美国城市经历的城市重建计划打破了这种移民社区。移民家庭被整合到更大的社区中，周围充斥着与他们不同的各种社会价值。在美国社会中，拥有高学历的"文化"人普遍最受尊重。而那种在"老式社区"中被广泛赞誉的、诚实又努力工作的人现在则受到轻视，并质疑是无知的和"外来者"。

教育和失败

桑内特指出，工人阶级向成为"文化人"发起挑战，而教育看起来是通往接受和尊重之路。然而，这里面存在几个明显的问题。首先，对于那些珍视勤奋体力劳动的人来说，中产阶级的"笔杆子"工作不算是"真正的工作"。这些工作是没有价值的，因此，从事这种工作的工人是不应该感到自豪的。

另外，尽管中产阶级和上层阶级对智力和教育十分崇拜，但是在工人看来，"文化人"没有做什么值得尊重的事情；相反，这些人经常利用他们的特权地位，一面拿着高收入，一面在作弊、撒谎和偷懒。因此，在这种情况下，工人怎么可能获得尊严和自尊呢？

在桑内特的访谈中，工人们用"受过教育"一词来代表学校之外的一系列经验和感受。教育能带来的地位提升是由于它能带来理性的增加和个人能力的最佳提升。但是，一个擦鞋童——里沙罗（Rissarro）——变成银行职员的个案，证明了它在社会部门中的不同运作逻辑。里沙罗相信，上层阶级的人们之所以有权力评判他是因为他们的"内在健全"。然而，尽管他也成了一名"专业人士"，他的中产阶级同事仍看不起他，他自己也缺少自我肯定，因为他觉得自己做的不是"真正的工作"。他接受社会的训诫努力"提升自我"，但是他感觉自己像是个骗子，因为这种不

> **拥有'正确'价值观的那些受过高等教育的中产阶级，比那些被他们认为比他们低等的人要杰出。**
>
> ——理查德·桑内特

适感而迷茫。他相信唯一的解释是他一定是哪里不对劲了。

桑内特指出，工人往往将他们社会融入和获得尊重的失败看作是个人的失败，与社会分工和不平等无关。他引用了詹姆斯的话，一个受过良好教育的移民之子，不管他做什么都把自己看作是一个失败，他说，“如果我真掌握了学校的知识，我应该能够有所成就”。另一方面，如果他“能鼓起勇气去闯世界”，找到一份真正的工作，那将会给他带来真正的尊重。詹姆斯将他不够自信和没能“成功”的原因归咎于其自己。

政治的是个人的

桑内特认为，阶级和自我的结合是美国独有的现象，这与对“个人”的重视是联系在一起的。智商测验和学校成绩的优异被认为是改变一个人出生的先赋地位的一种方式——那些真正拥有能力或智慧的人将向上流动。这种对机会平等的信仰是美国梦的核心。

工人阶级的孩子并不与来自富裕家庭的孩子拥有相同的机会，那些努力摆脱现状的人被看作是叛徒。他们被同辈群体所驱除，随之而来的是自我认同感的丧失。不管是在中学还是大学，对他们来说，自由的手段变成了侮辱的根源，他们被嘲笑不懂规矩，孤陋寡闻。他们的教育成就不仅没有给他们带来尊重，反而使他们遭受了周围中产阶级的蔑视，并饱受失败感和被排斥感。

苏格兰裔美国商人安德鲁·卡内基认为，工业资本主义的公正在于社会总是会回报那些“有天赋的人”。如果一个人值得摆脱贫困，那么他（或她）就能成功。然而，如果一个人没有能力“做到这一点”，那么他（或她）有什么资格去抱怨呢？正如桑内特指出：在精英制度中，如果你失败了，那是你没有能力。是失败还是成功取决于个人能力的差异。这样一来，阶级不平等被工人阶级中普遍存在的“个人失败”所掩盖了。

《隐蔽的阶级伤害》通过对工人阶级的微妙且敏锐的研究，揭示了一个从本质上来说是阶级固化的问题，社会差异是如何被建构成一个简单的性格、能力和道德问题的。■

阿瑟·米勒是一位来自工人阶级的、20世纪中期美国最杰出的戏剧大师之一——然而，他饱受美国评论家们的鄙视。

理查德·桑内特

文学作家和社会学家理查德·桑内特出生于美国芝加哥，他的父母都有共产主义信念。他的父亲和叔叔作为国际主义者都参加了西班牙内战。桑内特是在第一批种族混合的公屋计划中被他的母亲带大的。

桑内特在纽约市茱莉亚音乐学院学习大提琴，然而，1964年的一个腕部手术结束了他的音乐生涯。他在哈佛大学社会学系开始其职业生涯，曾任教于耶鲁大学和伦敦政治经济学院。20世纪70年代，他与作家苏珊·桑塔格和约瑟夫·布罗茨基一道创立了纽约人文科学研究所。与乔安森·科布一起花费四年时间，著作《隐蔽的阶级伤害》，这使他的名字开始广为人知。他与社会学家萨斯基娅·萨森（Saskia Sassen）结婚。

主要作品

1972年 《阶级中隐藏的伤害》
1974年 《公共人的衰落》
2005年 《新资本主义的文化》

男人对父权制的兴趣凝结在霸权式男性气质中

R.W.康奈尔（1944年—）

背景介绍

聚焦

霸权式男性气质

主要事件

20世纪30年代 意大利社会理论家安东尼奥·葛兰西使用“霸权”的概念来解释统治阶级的观点是怎样成为“常识”的。

1957年 美国社会学家海伦·海克论述了男性气质的社会本性。

1985年 卡里根（Carrigan）、康奈尔和李（Lee）出版《迈向一个新的男性社会学》一书。

1990年 美国社会学家梅斯纳尔和萨博用霸权来解释体坛事件中的恐同症和暴力。

1993年 美国社会学家詹姆斯·梅塞斯密特出版《男性气质和犯罪》一书。

2003年 日本社会学家石井雅子追踪了日本社会不同的男性气质的出现。

父权制是一种权力体系……

……**赋予男性权力，使他们能够统治女人。**

霸权男性气质是一种权力体系……

……将**“男性”**男人置于那些拥有**“女性”特质**的男人之上

父权制和霸权男性气质都**将男人置于女人之上。**

男人对父权制的兴趣凝结在霸权式男性气质中。

男性气质经常被认为是一种天生的、生物的状态，不能够被改变。但是，R.W.康奈尔认为，它不是固定不变的，而是一种习得身份：不存在一种无处不在、无时不有的单一男性气质模式；当谈到“成为男人”的意义的时候，我们应该用不同的男性气质，而不是某一种男性气质。

在多元文化的社会中，男性气质也往往拥有多种含义。在某一具体情景中，如学校或工作场所，某

参见：哈里特·马蒂诺 26～27页，朱迪斯·巴特勒 56～61页，贝尔·胡克斯 90～95页，玛格丽特·米德 298～299页，艾德里安娜·里奇 304～309页，克里斯汀·德尔菲 312～317页，杰弗瑞·威克斯 324～325页，史蒂文·赛德曼 326～331页。

种特定的男性气质形式则被看作是男人的最佳和最有效表现方式。

这一观点是康奈尔的霸权式男性气质概念的背景，他认为：在任何时候或任何地点，不同形式的男性气质总是会形成一个等级体系。主导形式——即那种理想的男性气质，那种用来评判其他气质的标准——就是霸权形式。它将构成“男子气概”的社会理想型，那些能体现这种男性气质的极少数男人将是“最受人尊敬的和欢迎的”。

从属的男性气质

从属的或边缘的男性气质是指那些偏离规范的形式，具备这些气质的男人会受到羞辱、排斥以及特权的丧失。当男性角色朝着一种更加“女性的”地位转变时（如在同性恋中），身份和权力也会相应地丧失。这样，家长式的地位是与西方社会中的霸权理想型一致的。如果男人能在维持对女人的支配过程中获得明显利益，他们对父权制的兴趣和投入则是狂热的——这给了他们社会的、文化的和经济的控制力。一个男人的男性气质越靠近霸权理想型，他拥有的权力也就越多。

练习性别

康奈尔指出，欧洲/美国的霸权形式是与那种总是使用暴力来为所欲为的、强大的、好斗的、冷漠的男人形象的父权制理想型密切联系在一起的，并且在全球化的过程中不断向世界各地扩展。通过奉承那些无情的百万富翁以及那些体格强健的体育明星，媒体歌颂了这一霸权理想型。

在康奈尔看来，女人是承认男性气质等级结构的同谋者。她们对父权制的持续忠诚、天真的想法，以及她们对孩子的性别期望，维持了父权制理想型中的权力，以及与之相关的霸权式男性气质。在用霸权或等级描述男性气质的过程中，康奈尔赋予它一种流动性，这意味着有机会去改变它。她认为，建立一个男女平等的男性气质将会带来一种积极的霸权。■

> **大多数男人难以成为家长，但是他们害怕放弃好处。**
>
> ——贝尔·胡克斯

在《男人和男孩们》一书中，康奈尔指出，男性气质定义中对同性恋欲望的排斥是现代霸权男性气质的重要特征。

R.W.康奈尔

R.W.康奈尔于1944年出生在澳大利亚，起名为罗伯特·威廉姆（“鲍勃”）·康奈尔。作为一名变性者，康奈尔在其晚年完成了变性手术，起名叫雷温（Raewyn）。在曼利（Manly）和北悉尼高中毕业后，她继续在墨尔本大学和悉尼大学深造并获得学位。

20世纪60年代期间，康奈尔是新左派的社会活动家。1976年，她获得新南威尔士的麦考瑞大学（Macquarie University）社会学系的教授职位。尽管她最为人知的是其关于男性气质的社会建构研究，康奈尔还广泛地讲授和写作关于贫困、教育以及主流社会科学之外的北半球世界。

主要作品

1987年 《性别和权力》
1995年 《男性气质》
2000年 《男人和男孩们》

白人女性已经成为这种白人至上的资本主义父权制帝国主义的同谋

贝尔·胡克斯（1952年—）

背景介绍

聚焦

女权主义和交叉性

主要事件

1979年 美国黑人女权主义女同性恋组织“康比河集团”宣称，有必要关注“连锁压迫”存在。

20世纪80年代 美国经济学家海蒂·哈特曼指出，在马克思主义女权主义的“不幸婚姻”中，马克思主义（丈夫）比女权主义（妻子）更具优势，因为阶级战胜了性别。

1989年 美国法学教授金伯利·克伦萧（Kimberlé Crenshaw）使用“交叉性”（intersectionality）来描述种族主义和性别歧视的模式。

2002年 德国社会学家赫尔玛·鲁茨（Helma Lutz）指出，在权力关系中至少有14种分界线，包括年龄、性别、肤色和阶级。

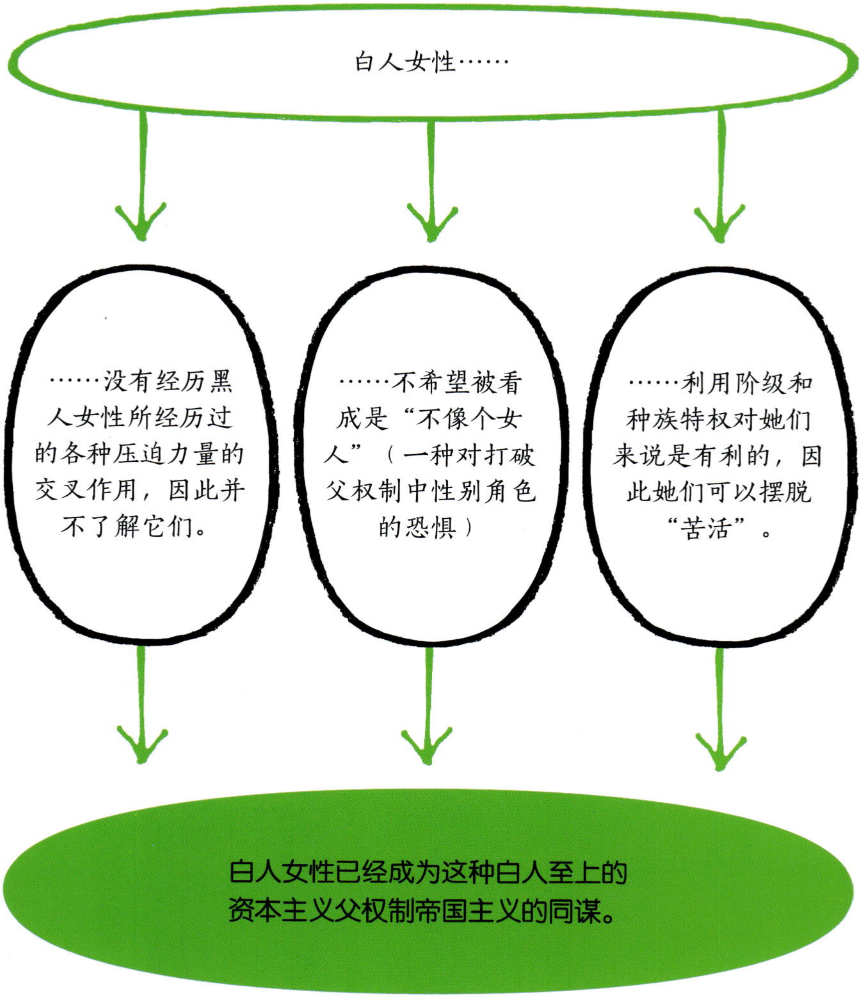

与早期女权主义相比，20世纪60～80年代间的“第二波”女权主义代表了一股更强大、更彻底地对男性统治的挑战。这一波女权主义的议题包括：司法不平等、性倾向、强奸、家庭以及工作场所。

然而，美国女权主义者贝尔·胡克斯批评了20世纪80年代的女性主义特别代表了白人女性的优越观点。在1984年出版的《女权主义理论：从边缘到中心》一书中，她指出，把女性强调为“姐妹”掩盖了她所称的“资产阶级白人女性的机会主义”。

胡克斯称，情况比第二波女权主义所认为的还要复杂。更糟糕的是，这些女性助长了一个充满各种压迫力量的交叉网络，影响了有色人种工人阶级女性的生活：白人女性成为维持白人父权制统治的共谋。

1989年，美国律师金伯利·克伦萧将纵横交错的压迫力描述为“交叉性”。她将其比作一个车来车往的十字路口。歧视，就如同交通，以这个或那个方向川流不息。如果发生了交通事故，它可能是因为来自其他方向，甚至是所有方向的车撞在了一起。如果一个黑人女性因为站在“十字路口”而受到伤害，这可能是由于性别歧视或种族歧视，或者二者兼而有之。

作为一名律师，克伦萧发现，黑人女性在职场中受到的歧视同时基于两个原因——黑人和女性——

参见：哈里特·马蒂诺 26～27页，卡尔·马克思 28～31页，朱迪斯·巴特勒 56～61页，弗里德里希·恩格斯 66～67页，保罗·吉尔罗伊 75页，以利亚·安德森 82～83页，R.W.康奈尔 88～89页，克里斯汀·德尔菲 12～17页。

胡克斯批评20世纪60～80年代间的、强调“姐妹”的第二波女权主义是一种机会主义，代表了中产阶级白人女性的利益。

但是却掉入法律的漏洞中。她们最后一个被雇佣，却总是第一个被解雇，然而，雇主否认这一点和歧视有关。当案件诉讼至法院时，法官判决她们不是因为其女性性别而遭到解雇，因为其他女性仍在这个公司里工作。而原因也不会是因为他们的肤色，因为其他黑人男性还在那里工作。法律只能单独对付其中一种压迫形式，不能同时应对二者。

> **很明显，黑人女性……她们在现有的白人至上资本主义父权制体系下是不可能获得平等的。**
>
> ——贝尔·胡克斯

等级体系

贝尔的著作旨在进一步发展“交叉性”的概念。在《变革的意志》（2004）一书中，胡克斯写道，“我通常使用‘白人至上的资本主义父权制帝国主义’这一词来描述相互联结的政治体系，后者构成了我们国家政治的基石”。这一术语用来表述将人们置于社会权力等级中的一套体系。

白人至上主义将浅色皮肤或“白色”人种置于其他种族之上。尽管胡克斯承认“那些怀有（种族）偏见采取敌视行为的人只是少数，无论阶层地位高低”，但种族偏见依然一致地坚信，一个人之所以懒惰、愚蠢或者更具暴力倾向，是因为他们的种族背景。这一刻板印象意味着印度医生或拉丁裔教师可能会被认为不如白种欧洲人称职。

资本主义指的是那种以公司或商品的私人或公司所有制以及对价格、商品和劳动力的控制为特征的经济体系。它天生具有等级性：那些占有生产手段和控制劳动力的人对工人拥有特权。胡克斯同意美国作家和杰出活动家卡门·巴斯克斯（Carmen Vázquez）的观点，她引用后者的话说‘美国资本主义对个人主义的迷恋”意味着“只要能达

十字路口是撞车的多发区。律师金伯利·克伦萧以交通做类比，展示歧视的发生可能有多种原因，以至于很难判断。

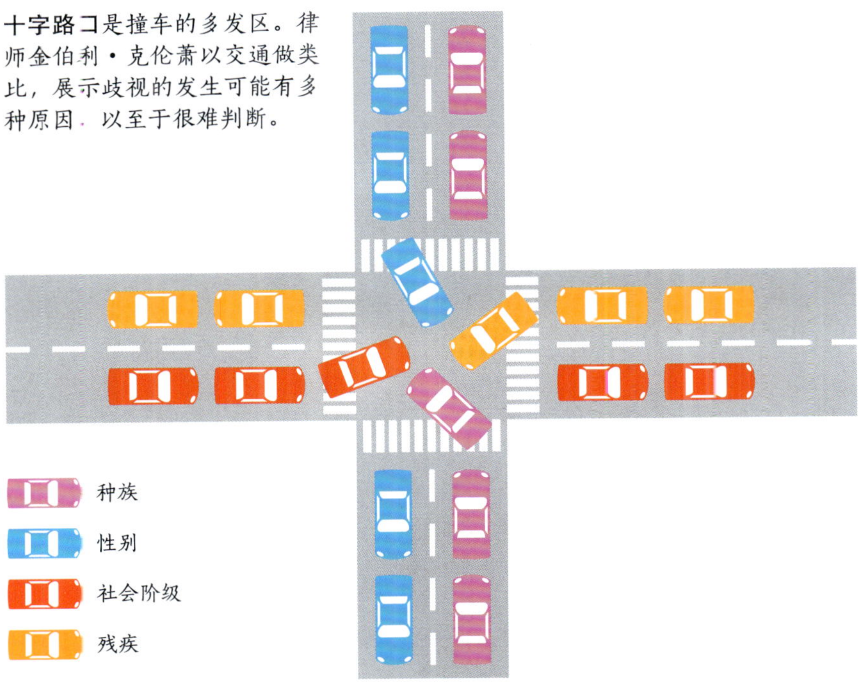

17、18世纪白人殖民国家对殖民地黑人的系统剥削助长了歧视和社会不平等的长期存在。

到目的，怎样都行”。资本主义重视金钱甚过人，因此富人比穷人更重要。

在胡克斯看来，白人至上和资本主义中所蕴含的态度仍然是问题的来源，帝国主义和殖民主义也仍然与此相关；因为历史上非白色人种人口和他们的国家资源都被白人至上的资本主义在财富积累过程中洗劫一空。

父权制的规则

胡克斯将父权制定义为“一套政治社会系统，男性天生是处于支配地位、优于其他一切……有权统治和控制弱者，并通过各种形式的心理恐吓和暴力来维持这种控制。”她指出，在我们所遇到的所有那些交错的政治体系中，这一种是我们在成长过程中所最为熟知的。在《变革的意志》一书中，胡克斯解释了她和她的哥哥是如何在“父权制”的文化意义下被驯化的。

宗教告诉我们，上帝是男人，他创造了男性用以统治世界以及世界中的万物。女性被用来服从和服务于男性。男性必须强大、负责供养家庭、有谋略并能进行领导——他们也期待享受女性的服务。这些父权制性别角色在每个社区的机构中，从家庭、学校、运动场到法庭，都是显而易见的。

> **只有有特权的女性才能奢侈地想象一下工作能给她们带来收入，并使之经济家庭之外的独立。**
>
> ——贝尔·胡克斯

一旦受到挑战，这些思想可能通过暴力进一步加强，但有时候，来自同辈群体的瞪眼或嘲笑就足以把一个人拉回到那些更适合他们的性别角色。一个哭泣的男孩或一个愤怒的女孩可能很快就意识到他们违反了那些为他们设定的性别角色。

胡克斯指出，父权制中最阴险的地方之一在于它并没有被提及，我们不能废除一个我们“集体否认对我们的生活有影响”的体系。男生甚至根本就不知道“父权制”一词是什么意思——日常生活中并不使用这个词，尽管他们一边在实施它的规则，另一边也难免饱受其控制。男孩和女孩一样都要听从父亲的管教，而他们从不会去探究这究竟是为什么。

女权主义的目标

胡克斯指出，这一交错的体系意味着将“两性之间的平等”作为女权主义的目标是毫无意义的。在白人至上主义、资本主义以及父权制阶级结构中，男性在他们自身群体内部也是不平等的，“女性是想与哪种男性相平等呢？”

她注意到，下层阶级和贫困人口中的女性，特别是黑人女性，不会将女性解放等同于男女平等，因为黑人男性也处于被压迫和剥削的地位——他们同样也缺少社会、政

> 女权主义是一项终结性别主义、性别剥削和压迫的运动。
>
> ——贝尔·胡克斯

治和经济权力。当这些女性意识到父权制给予这些男性特权时，她们倾向于将黑人男性中的沙文主义式夸张表现看作是与其他男性群体相比之下而产生的一种无力感。

如果女权主义者致力于改善所有女性的生活境遇，就必须将帝国主义、白人至上主义和资本主义父权制的持续影响作为一个复杂的“交叉体系”，仔细研究它对女性的整体影响。胡克斯指出，黑人女性对女权运动从其开始之日起就一直持怀疑态度。她们意识到，如果女权运动的目标是性别平等，那它很容易变成一个以改善中产和上层阶级社会女性地位为主的运动。她认为，拥有特权的白人女性对于呼吁关注种族和阶级不平等并不感兴趣，因为她们自身就是其中的获益者；她们可能还“指望那些受剥削和压迫的下层阶级妇女去做那些她们拒绝从事的肮脏工作”。

特权和政治

拥有多种社会特权的女性（例如白人、异性恋和富有）可能会把某一情境看作是某一种压迫，而不是各种不同压迫类型的交叉作用。胡克斯推测，这可能部分是因为无知——在她长大的小镇，黑人经常去白人区工作，而白人却从不会来她家附近。他们对那个世界根本一无所知对它也没有任何经验。另外，在胡克斯看来，一些女性或倾向于避开任何政治运动，特别是那些激进运动；或不希望与任何形式的“女权”运动沾上边。她们从小在男权制的灌输下，遵守和执行男权制的规则，远离那些挑战男性权威和行为的运动。

胡克斯提出，只有将男权制本系而非男性作为问题的焦点，我们才能找到解决问题的方法。她指出，女权主义者必须重视女性社会和政治现状的多样性，并将种族和阶级压迫纳入女权主义议题。这样，女权主义运动将不会仅仅有益于某一特定的女性群体或使女性尤于男性。胡克斯坚持认为，真正的解决办法在于改变压迫之下的更深层次的哲学结构。基于这一点，女权主义是一场政治运动，而不是场“个人解放的浪漫观念”。■

贝尔·胡克斯

美国社会活动家和学者葛劳瑞亚·晋·沃特金（Gloria Jean Watkins）选取贝尔·胡克斯作为其笔名，以纪念她曾祖母，并从她的“顶嘴”能力中汲取力量。她选取小写字母以提醒读者关注她的思想，而非其本人。

胡克斯1952年出生于美国肯塔基州乡村，父亲是一个清洁工，她的母亲抚养了家中的七名子女。她在实行种族隔离的全黑人学校念书，高中时进入一所黑白混合学校，在那里，她敏锐地察觉到种族和阶级方面的差异。1973年她从斯坦福大学获得英国文学学位，在获得硕士和博士学位之后，她在南加州大学成为一名种族研究教授。她已经出版不同主题的书籍30多本。

主要作品

1981年 《我不是一个女人吗？》
1984年 《女权主义理论：从边缘到中心》
2000年 《人人都能读懂的女权主义》

“父权制”的概念对分析性别不平等必不可少

希尔维亚·沃尔比（1953年—）

背景介绍

聚焦

父权制

主要事件

1792年 英国女权主义者马莉·渥斯顿克雷福特出版《女权的辩护》一书。

1969年 在《性的政治》一书中，美国女权主义者凯特·米利特认为父权制是一种无所不在的权力关系，渗透在一切社会分工中。

1971年 意大利女权主义者玛莉亚罗莎·达拉·科斯塔（Mariarosa Dalla Costa）指出，妇女的无偿劳动是资本主义运作的一个重要部分。

1981年 在“马克思主义与女权主义的不幸结合”一文中，美国女权主义经济学家哈蒂·哈特曼指出，妇女遭受资本主义和男权社会的“双系统”压迫。

1990年，英国社会学家希尔维亚·沃尔比出版其开创性作品《父权制的理论化》一书，指出“父权制”是一种由多重力量交错而成的复杂现象。鉴于早期的女权主义者着重于探寻父权制的某一特定原因，往往与特定的历史时期或文化联系在一起，沃尔比将父权制定义为“一个男性控制、压迫和剥削女性的社会结构和实践体系”。她指出，存在六种相互作用的结构：家庭、有偿劳动、国家、男性暴力、性向以及文

参见： 卡尔·马克思 28～31页，朱迪斯·巴特勒 56～61页，贝尔·胡克斯 90～95页，泰瑞·凯拉韦 248～249页，克里斯汀·德尔菲 312～317页，安·奥克利 318～319页。

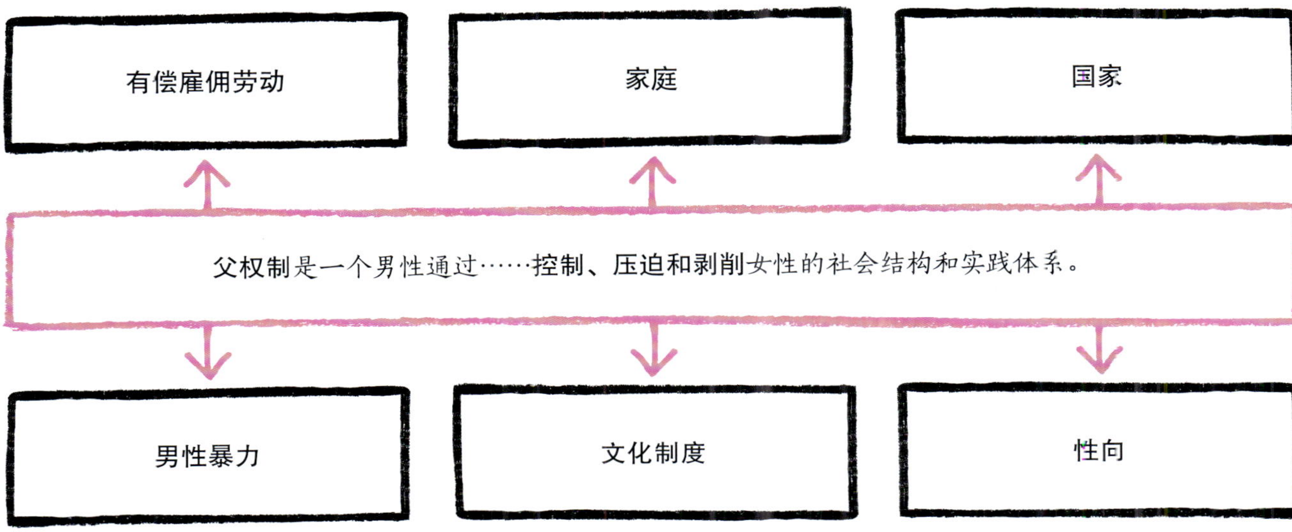

化制度。沃尔比通过回顾之前女权主义者的抗争和成果，仔细剖析了这六种结构。

第一波女权主义

沃尔比指出，19世纪和20世纪初期的“第一波”女权主义聚焦于父权制的私人性而非公共性方面。那个时候，已婚妇女被排除在有偿雇佣劳动之外，因此，父权制的控制主要发生在家庭内部，正是“处于丈夫或父亲地位的男性成为女性从属地位……的直接压迫者和受益者”。“家庭生活”的概念在这个时期得到加强。中产阶级女性被限制在这一私人领域；她们没有投票权、财产权或进一步接受高等教育的权利，家庭暴力是被法律允许的。

第一波女权主义者致力于从法律层面上解决这些问题，但是沃尔比坚持认为，他们为女性所争取到的巨大权益并没能消除各种不平等。这主要是因为家庭作为一种“生产的父权制模式”仍然在有效运作。家庭内的父权制是沃尔比的父权制六结构之首；它低估主妇的劳动（作为无偿劳动力），只认为女性的主妇角色才是有价值的（这是女性的“合法地位”）。

沃尔比从马克思主义的角度出发，指出家庭主妇是生产阶级，而

埃米琳·潘克赫斯特（*1858–1928*）是一位富有实战精神的第一波女权主义领袖，她致力于提高女性的基本权利，以及为英国已婚妇女争取选举权。

> 妇女不是压迫结构的被动受害者。她们已经在为改变自身的周遭状况和更广泛的社会结构而努力抗争。
>
> ——希尔维亚·沃尔比

丈夫是"直接从女性的无偿劳动"中获益的阶级。

资本主义下的女性

到了20世纪，资本主义已经成为主导性的全球经济模式。随着资本主义的增长，妇女失去了那些曾经一度向她们开放的工作，例如，在工业化发展过程中的纺织业。两种方式造成了她们的不利地位：垂直隔离（只能获得低层次就业机会）和水平隔离（只能获得某些特定领域的工作）。因此，沃尔比提出"有偿雇佣劳动中的父权制结构"使男性在就业和雇佣等级中能够获得更好的机会，这构成了父权制六结构的第二要素。

然而，沃尔比注意到20世纪父权制与资本主义之间的矛盾开始产生，因为它们在剥削女性劳动方面存在对立的利益。她说，"如果女性是为资本主义工作，那么她们就没有太多的时间为其丈夫工作"。

家庭与工作场所中的父权制冲突通过沃尔比的第三个父权制结构因素——国家的引入而获得解决。例如，在第二次世界大战期间，英国妇女在军工厂获得工作。工会对此很不高兴，劝说英国政府制定《1942年战前活动恢复法案》（The Restoration of the Pre-War Practices Act 1942），确保战后妇女将被这些工厂解雇。在这种情况下，女性是根据男人的需要来被动地决定是服务公共领域或私人领域，而不顾她们自己的选择意愿。

在西方，国家也会出面调停，提高妇女的权利，比如英国1970年的《同酬法》。然而，许多这些法律的改变并没有带来太多实际的变化，女性收入仍然低于男性。沃尔比认为，这是因为国家是"一种父权制关系场"，这对于整个父权体系是必不可少的。她指出，在过去150多年中，国家政策已经发生了很大的变化，但也有其不可超越的局限性。她说："和资本主义及种族主义一样，国家仍然是父权制的。"

男性暴力和性向

沃尔比的第四个父权制因素是男性对女性的暴力。家庭暴力包括控制或威胁行为，亲密伴侣或家庭成员间的暴力或虐待。这些亲密关系拥有结构性的权力（就像父权制六结构中的其他所有因素），并通过一套规则运作，以此一个人控制着另一个人。男性对女性的暴力（或暴力威胁）在他们对女性的持续控制和主宰中扮演了重要角色。

第五种结构因素是性向。沃尔比认为，社会总是认同异性恋关系，在许多情况下将它们看作是唯一允许的选择。性向是男性统治女性的主要领域：他们将自己的女性观念强加给女人，并建构了一种以男性欲望为核心的性实践活动。

沃尔比指出，与第一波女权主义相比，20世纪60～80年代的第二波女权主义包括更广泛的"非正式的"不平等。他们质疑性向、家庭、工作场所、生育权——尽管一些当今的第三波女权主义者批评他们"有头无尾"。然而，关于性的苛刻法律被废除之后，其中某些得之不易的成果又变成了女性的陷阱。性自由导致色情作品泛滥，以及卖淫、性产业和人口买卖中对女

> 针对女性的男性暴力普遍存在、重复发生，这构成了一种社会结构。
>
> ——希尔维亚·沃尔比

汽车工业一直以来把女性性目标作为其卖车策略（尽管尤物与汽车之间并没有什么必然联系），把她们作为男性幻想和欲望的核心。

性剥削的增加。

沃尔比六结构的最后一个因素是文化，特别是一个社会的文化制度。她指出，父权制充斥在社会化的主要社会制度和行动中，包括教育、宗教和媒体，所有这些“创造了父权制视角下的女性角色”。例如，宗教领域一直将女性排斥在领导层之外，把她们限定在护理关怀而非行政层面——他们说，这才是女性的“天然”使命。因此，父权制定义着女性，并把她们牢牢地限定在这一“领地”。

转向公共父权制

私人和公共父权制是沃尔比区分权力结构交互影响女性的不同方式的重要概念。例如，她指出，英国的加勒比黑人女性更可能遭遇公共父权制的限制（比如她们很难找到高收入的工作），而英国穆斯林女性则更可能经历更深的私人父权制影响（影响他们摆脱家庭限制的能力或者选择自己喜欢的服装类型）。

自《父权制的理论化》一书出版以来，沃尔比注意到，虽然传统观点认为家庭仍然是女性生活的中心，但它已经没有那么重要。然而，她指出这使得女性承担更多的工作，她们从私人父权制的领域进入了更高层次的公共父权制。现在西方女性较少受到诸如父亲和丈夫之类的“个体父权家长”的剥削，但是更多地通过工作、国家以及文化制度而受到男性的集体剥削。

沃尔比对父权制的分析焦点是，她坚持认为父权制既不是纯粹结构性的（正是这种结构将女性困在了文化制度的从属地位中），也不是纯粹能动性的（个体男性和女性的行动）。她认为，如果我们将父权制看作是一种基本结构，我们容易把女性看作是被动的牺牲者。同样，如果我们认为是女性的自愿行为导致她们被困在父权制中，她们可能会被看作“与父权制的压迫者相勾结”。

在《父权制的理论化》一书中，沃尔比对父权制给出了自己的答案，试图解释结构变迁（诸如资本主义经济中的变迁）和行动变迁（女权主义的三波运动）。她指出，如果我们想要取得有意义的进展，就必须同时在女性自身内部以及通过她们周围的社会和文化做出重要转变。■

希尔维亚·沃尔比

希尔维亚·沃尔比教授是英国社会学家，她在家庭暴力、父权制、性别关系以及全球化等研究领域已经获得广泛赞誉。她于1984年本科毕业于英国埃塞克斯大学社会学系，并分别从埃塞克斯大学和雷丁大学获得硕士和博士学位。

1992年沃尔比成为欧洲社会学学会（ESA）的创始主席，2008年她担任联合国教科文组织（UNESCO）性别研究首位教职，领导了性别平等和妇女人权方面的研究。同年，她被授予大英帝国官佐勋章（OBE），以表彰其在机会平等和多样化方面的贡献。沃尔比曾经在多个著名机构中任教，包括伦敦政治经济学院（LSE）和哈佛大学。

主要作品

1986年 《工作中的父权制》
1990年 《父权制的理论化》
2011年 《女权主义的未来》

> 父权制在一个领域的松懈，意味着在其他领域控制的加强。
>
> ——希尔维亚·沃尔比

MODERN LIVING

现代生活

1887年

在《共同体与社会》中，费迪南·滕尼斯悲叹价值在**从共同体到现代社会中的结社**过程中的变迁。

1893年

在《社会分工论》中，埃米尔·迪尔凯姆阐释了基于具有**专业功能**的人们之间**相互依赖**而产生的团结。

1903年

在《大都市与精神生活》中，乔治·齐美尔考察了**日益增长的城市化**对于社会互动和社会关系的负面影响。

1904—1905年

在《新教伦理与资本主义精神》中，马克斯·韦伯告诫了**理性化**的**非人化**后果。

1908年

在《社会学：关于社会交往形式的探讨》中，乔治·齐美尔发表了其“**陌生人**”的论文。

20世纪20年代

罗伯特·E. 帕克和社会学中所谓“芝加哥学派”的其他成员一道，关注对**城市生活**和**社会结构**的研究。

1961年

在《美国大城市的生与死》中，简·雅各布斯呼吁用“**街上的眼睛**”来保护城市社区免受城市设计者的破坏。

随着史前的原始人类群体开始在某一地方定居下来，文明的基础得以形成。最开始，人类逐渐聚居在越来越大的群体中，随着村庄、城镇以及城市的建立，文明得以逐步发展。但是对于人类历史的更大部分而言，大多数人生活在农村社区中。大规模城市化是随着工业革命而开始的，随之而来的是城镇和城市的快速扩张，大量人口移民到了那里的工厂和作坊中工作。

如同工业化和资本主义的增长，生活在城市环境中也成为“现代性”的一个方面；从亚当·弗格森到费迪南·滕尼斯，社会学家们意识到传统农村社区和现代城市社会之间存在着巨大差别。一批思想家们将这种社会秩序的改变归因于各种不同因素：卡尔·马克思认为是资本主义，埃米尔·迪尔凯姆认为是劳动分工，马克斯·韦伯则归因于理性化和世俗化。乔治·齐美尔则指出，城市化本身影响了人们社会互动的方式——现代生活的基本特征之一就是生活在城市中。

城市中的社区

齐美尔不仅考察了现代城市中兴起的社会秩序的新形式，也分析其对生活在大群体中的、往往与传统社区纽带及家庭相分离的个人所产生的影响。在他研究的基础之上，以罗伯特·E. 帕克为代表的一批所谓社会学的“芝加哥学派”致力于建立城市社会学研究阵地。然而很快，社会学家们将他们的研究重点从生活在城市中是怎样的体验转移到讨论我们想生活在什么样的城市中。

为满足工业化的需要而发展，许多社会学家认为，城市——以及城市生活，包括所有的利弊——是强加给人们的。马克思主义社会学家亨利·列斐伏尔相信，是资本主义的需要塑造了现代城市生活，但是普通人应该主导他们的城市环境，他称之为“社会空间”。类似

1968年

在《城市的权利》中，法国马克思主义者亨利·列斐伏尔指出，人们拥有**控制和改变**他们的社会空间的权利。

20世纪70年代

尼克拉斯·卢曼创立其**社会系统**理论。

1982年

在《阁楼生活：城市变迁中的文化和资本》中，雪伦·朱津考察**再造的**、后工业城市中的生活。

1993年

在《社区的精神：美国社会的再造》中，阿米泰·埃齐奥尼倡导恢复公民价值，促进**社会凝聚**。

1993年

在《社会的麦当劳化》中，乔治·瑞泽尔将社会变迁比作快餐连锁店的**理性化和高效**。

1995年

在《民主杂志》发表的“独自打保龄球：美国日益下降的社会资本”一文中，罗伯特·*D*·普特南探讨了**社会资本和社区精神**。

1996年

在《新社群主义思考》中，阿米泰·埃齐奥尼倡导一种能**复兴集体价值**的社会哲学。

2004年

沿着瑞泽尔的“麦当劳化”概念，艾伦·布莱恩认为现代消费社会正变得越来越“**迪斯尼化**”。

地（但是从另一个不同的政治立场），简·雅各布斯倡导人们应该抵制城市发展商的规划，创造有利于城市中社区形成的环境。

在20世纪末期，一些社会学家继续关注日益个体化的西方社会中社区的衰落。在美国社会学家阿米泰·埃齐奥尼的带领下，社群主义运动出现，它倡导在这个已经变得冷漠的社会中，找寻新的方法以重建社会精神。罗伯特·D. 普特南在他关于“社会资本”以及社会互动的价值和优势的讨论中也突出了社区的思想。然而，并不是所有的人都认同，解决城市生活中的社会问题的出路在于重回传统社区价值。尼克拉斯·卢曼指出，当今的问题是已经变得日益碎片化和差异化的社会系统之间的沟通问题。在后工业社会，伴随着新的沟通方式的出现，应当寻求新的社会凝聚策略。

后工业城市

随着制造业的搬出或消失，20世纪末期城市的性质也开始改变。一些城市变成鬼城，而一些城市则变成服务产业的中心。随着工人阶级地区的中产阶级化，以及工业大楼变成后现代生活的理想地点，现代大都市生活的概念开始与繁荣而不是大工业化联系在一起。

这不仅在城市生活空间的转变中显而易见，如雪伦·朱津在20世纪80年代所描述的，它也贯穿在后现代社会秩序中。乔治·瑞泽尔将服务产业中的高效和理性化比作麦当劳式快餐连锁中的商业模式；艾伦·布莱恩则指出迪斯尼创造的一种美国娱乐文化是如何影响现代消费主义的。曾经由工业化创造的现代城市社会正在被后工业商业的新需求所形塑着。■

陌生人并不是作为个体，而是某种特定类型被感知

乔治·齐美尔（1858—1918年）

背景介绍

聚焦

大都市的精神生活

主要事件

19世纪　欧洲和美国开始大规模城市化。

自1830年　新生的社会学声称要致力于解释工业革命带来的社会变迁。

1850–1900年　主要社会思想家诸如费迪南·滕尼斯、埃米尔·迪尔凯姆和卡尔·马克思等都关注现代化和工业化对社会的影响。

自20世纪20年代　齐美尔对都市生活冲击的关注影响了美国城市社会学的发展，形成了一批社会学家，被称为芝加哥学派。

伴随工业革命而来的是19世纪以来欧洲和美国的城市化。对于许多人来说，这意味着自由的增加，从传统社会结构的束缚中挣脱出来。但是随之而来，资本家对于工人及其工作的专门化需求也相应增加，这意味这对个人自由的新限制和缩减。

德国社会学家乔治·齐美尔试图解释在面对这些巨大社会力量时，城市人在保持自主性和个性过程中的挣扎。他发现，城市环境下人们在生活和工作中的互动的增加深深地影响着彼此之间的关系；这些发现在其《大都市和精神生活》一文中得到阐释。在前现代社会

城市化改变了农村社会中的社会交往形式。

人们对于在大都市中遇到的陌生人感到无所适从。

这些陌生人各不相同——从“商人”到“穷人”——由他们与他人的社会关系所定义。

陌生人并不是作为个体，而是某种特定类型被感知。

参见: 卡尔·马克思 28~31页, 费迪南·滕尼斯 32~33页, 埃米尔·迪尔凯姆 34~37页, 马克斯·韦伯 38~45页, 齐格蒙特·鲍曼 136~143页, 托斯丹·凡勃伦 214~219页, 尔文·戈夫曼 264~269页, 米歇尔·福柯 270~277页。

中，人们一般会与周围的人保持亲密而熟悉的关系，而在现代城市环境下，个体普遍对其周围的人一无所知。齐美尔相信，社会活动和匿名的增加将会带来意识的变迁。

城市中快节奏的生活使人们需要一种"保护性器官"，使其免受外部和内部的刺激。在齐美尔看来，都市人是在"用头脑而不是真心来交往"；他建立起一套有教养的冷漠作为理性的屏障——一种"漠然态度"。这种意识的变化也导致人们变得保守而疏远。城市中的货币文化进一步加剧了这种对传统行为规范的疏远，并将大都市中的一切都简化为货币交易。齐美尔认为，都市人的态度可以被看作是用以应对浸没在城市生活中所带来的精神错乱的一种社会-生存技术，一种使他们只专注于与己有关的事的途径。这同时也使得他们对差异更包容，也更世故。

> **在这一匿名性中……每个人都习得了冷酷无情、实事求是的做派。**
>
> ——乔治·齐美尔

大都市中的空间

个体和群体之间的亲疏距离是齐美尔理解大都市生活的关键，社会空间的观点影响了他最广为人知的一个概念：在《社会学》一书的一篇论文中阐述的"陌生人"的社会角色。过去，人们很少或匆匆遇到陌生人；但是，都市陌生人不是漂流者——他们是"潜在的流浪汉"。陌生人（如商人），或陌生人群体（如"欧洲犹太人"）仅仅空间性地而非社会性地与社区相联系；他们是"既接近又遥远的"——身处社区之中，却并非社区一员。

陌生人是齐美尔所描绘的许多社会类型中的一种，每一种都是由他们与其他人的社会关系所定义的；这一思想影响了许多社会学家，包括齐格蒙特·鲍曼。欧文·戈夫曼的"礼貌性漠视"概念，即人们在公共场所尽量减少社会互动——例如通过避免眼神交流——也同样是受到齐美尔的启发：他的"漠然态度"的概念。■

乔治·齐美尔

1858年出生于柏林一个富裕的犹太家庭，乔治·齐美尔是一位并不广为人知的社会学奠基人之一。他在柏林大学学习哲学和历史，并于1881年获得博士学位。尽管他的作品和德国其他知识巨匠一样受欢迎，特别是费迪南·滕尼斯和马克斯·韦伯，他仍然徘徊在主流之外，直到1914年才在斯特拉斯堡获得教授职位。

他创立了形式社会学，坚信只有通过聚焦于行为背后的交往形式而非交往内容，我们才能理解不同的人类现象。但是，他最有影响力的著作是其关于大都市生活的研究，成为20世纪20年代芝加哥学派城市社会学研究的先驱。

主要作品

1990年 《货币哲学》
1903年 《大都市与精神生活》
1908年 《社会学》

自由地重塑我们的城市与我们自身

亨利·列斐伏尔（1901—1991年）

背景介绍

聚焦

城市的权利

主要事件

19世纪年 欧洲和美国开始大规模城市化。

1848年 在《共产党宣言》中，卡尔·马克思和弗里德里希·恩格斯批判西方资本主义社会中存在的阶级不平等。

1903年 德国社会学家乔治·齐美尔发表《大都市与精神生活》一文。

自20世纪80年代起 根据英国社会学家大卫·哈维和西班牙理论家曼纽尔·卡斯特尔的观点，城市为资本主义利益服务，这影响了生活于其中的人们之间的互动。

自20世纪90年代起 列斐伏尔“城市的权利”的概念影响了世界范围的社会运动，包括美国、法国、巴西以及菲律宾。

城市应该是鼓励**表达自由、行动自由以及创新自由**的场所。

但是，现代城市被塑造成用来反映**权势公司和资本主义**的利益。

穷人、工人阶级以及**其他边缘群体被排斥在**城市建设和社会空间利用决策之外。

城市必须重建，以反映受**压迫者的利益**。

拿回“城市的权利”才能使我们自由地重塑我们的城市与我们自身。

城市不用必须被看成是一个混凝土丛林——肮脏的、令人不愉快的和充满威胁的。法国社会学家、哲学家昂利·列斐伏尔一生大部分时间都在致力于城市社会研究，在他看来，城市是一个充满权力关系、多样身份以及生存方式的令人激动且复杂的混合体。

20世纪60年代和70年代，列斐伏尔在他的著作中指出，城市最令

参见：卡尔·马克思 28～32页，费迪南·滕尼斯 32～33页，彼得·汤森 74页，以利亚·安德森 82～83页，乔治·齐美尔 104～105页，简·雅各布斯 108～109页，阿米泰·埃齐奥尼 112～119页，雪伦·朱津 128～131页，萨斯基娅·萨森 164～165页。

巨大的、没有人情味的商场满足资本主义消费者的利益。建造这种场所往往导致对该地区原始的、工人阶级居民的侵占。

人着迷的一面不单单是其中的人，而在于它是一个同时反映和创造社会的环境。通过将马克思主义观点运用到他的分析中，列斐伏尔同时指出，国家塑造了城市空间，用以满足权势公司和资本主义的利益。城市的不同部分映照了蕴含在其中的阶级关系：某些地区的富裕反映了精英的权利和财富，而内城区的破败和市中心外围的贫民区则反映了穷人、工人阶级和其他被排斥群体受排挤和边缘化的处境。

公共层面和私人层面

例如，许多现代城市已经被诸如为资本主义服务的购物商城、综合办公楼等私人空间所支配。公共场所的丧失已经严重限制那些人们可以相互平等交往的领域，因此侵蚀着他们的个人自由，扼杀了那些满足他们社会和心理需求的手段。这可能会带来严重的社会问题，诸如犯罪、抑郁、无家可归、社会排斥以及贫困。

用列斐伏尔的话说，巨大的权力被掌握在那些拥有和控制城市空间的人手中——建筑师、规划者，“资产阶级商人、知识分子，以及政治家”。但是他相信，关于城市环境的确切性质的决定权——城市中的事件、社会空间的建设和使用——应该对公众开放。普通公众应该参与创造一个空间，反映他们的需求和利益——只有通过声张“城市的权利”，主要社会议题才能得到表达。列斐伏尔认为城市应该与生活同步，能生动地表达人类的自由和创造力；生活于其中的居民能娱乐、探究他们的创造力和艺术性需求，从而达到某种程度的自我实现。他指出，城市街道的设计应该鼓励这种类型的存在——它们可能是原生态的、振奋人心的以及未被开发的，但是正是因为这些特质，才能提醒人们他们还活着。

列斐伏尔对于城市权利的倡导不是简单地呼吁一系列改革，而是倡导对城市中社会关系的大规模转型——本质上，它所提议的是一种激进民主形式，以此，将控制权从精英手中夺回，交到大众手中。他认为，这只有通过那些“具有革命进取心”的群体和阶级阵营才能实现这一目标。■

亨利·列斐伏尔

马克思主义社会学家、哲学家亨利·列斐伏尔于1901年出生在法国阿热莫（Hagetmau）。他在巴黎索邦大学学习哲学，并于1920年毕业。1928年他加入法国共产党，并成为法国最杰出的马克思主义思想家之一。然而，他后来被开除出党，成为其最激烈的批判者之一。1961年，他被聘为斯特拉斯堡大学社会学教授，1965年转到巴黎第十大学（Nanterre）。列斐伏尔是一位多产的作家，关注领域广泛。他的著作挑战正统资本主义权威，因此并不总是受到欢迎，但影响了许多学科，包括地理、哲学、社会学、政治科学以及建筑学。

主要作品

1968年《城市的权利》
1970年《城市革命》
1974年《空间的生产》

街上一定要有很多双眼睛

简·雅各布斯（1916—2006年）

背景介绍

聚焦

城市社区

主要事件

1887年　费迪南·滕尼斯在《共同体与社会》一书中激发了社会学对于研究城市社会中社区纽带的兴趣。

自20世纪50年代起　西方城市中的内城区一带多次饱受来自城市设计师的压力。

2000年　美国社会学家罗伯特·普特南在《独自打保龄》一书中指出，20世纪60年代以来美国社区价值已经逐渐削弱。

2002年　在《创意阶层的崛起》一书中，美国社会学家、经济学家理查德·佛罗里达指出其关于创意的理论受到雅各布斯的影响。

2013年　“9·11”以后美国城市中出现越来越多的摄像头监视，它帮助锁定了波士顿马拉松炸弹事件中的嫌疑人。

一个好的城市街道拥有面朝外的建筑物……

↓

……以及混杂着**商业和居民建筑。**

↓

人行道上充斥着**有条不紊的人流……**

↓

……**增加社区和安全……**

↓

……**发起活动，**供人们观看和享受。

↓

街上一定要有很多双眼睛。

简·雅各布斯终其一生致力于提出一种与众不同的城市景象——特别集中于探究成功城市社区的奥秘。她的思想来自于其对纽约西格林尼治镇的城市生活的观察，她在那里生活了超过30年。

雅各布斯反对那种在20世纪60年代期间、由城市设计师同时也是她的夙敌霍华德·摩西所主导的对城市生活的大规模改造。包括清除贫民窟计划和发展高层建筑物。她的核心思想是：城市生活应当是丰富多彩的，人们能够在一个密集而令人兴奋的城市环境中互动。相对于秩序，她更喜欢混乱；相对于开车，她更喜欢步行；相对于整齐划一，她更喜欢多样化。

在雅各布斯看来，城市社区是有机整体——复杂而整合的生态系统——应该由它们自己主导发展和变迁，而不是听从于那些所谓专家和技术人员的大规划。一个城市应当如何、它应当怎样发展——最好的评判者是当地居民自身。雅各布

参见：费迪南·滕尼斯 32～33页，米歇尔·福柯 52～55页，乔治·齐美尔 104～105页，昂利·列斐伏尔 106～107页，罗伯特·普特南 124～125页，雪伦·朱津 128～131页，萨斯基娅·萨森 164～165页。

那种纽约式的生动城市生活是简·雅各布斯眼中的城市街景的典范，充满着住宅公寓、沿街商铺以及熙熙攘攘的人群。

斯指出，城市中的社区是了解城市是如何运作的最佳场所，因为正是它们的各种互动使得城市生活得以产生和延续。

人行道芭蕾

雅各布斯注意到，一个城市的建筑格局对城市社区的生活至关重要。人们生活的街道应该是由纵横的人行道交织而成，从而使人们能时常见面、交谈、增进相互了解。她称之为“人行道芭蕾”，一种复杂而丰富的相遇和碰撞，能帮助人们熟悉他们的邻里和小区。对雅各布斯来说，空间的多样性和复合功能也是这种城市格局的关键要素。一个城市的贸易、商业和居住要素不应该彼此分离，而应连成一片，从而促进人们之间更大的整合。城市同时也应该兼具新老建筑，人们的互动决定着建筑应该如何被利用以及再利用。

最后，在那些大量的人生活、工作和互动的地方，城市社区会更加繁荣。她认为，这种高密度——却不过分拥挤——的空间是创造力和生命力的动力。这些地方同时也更加安全，因为更高密度意味着“街上的眼睛”更多：店主和居民熟悉他们的社区，并提供一种天然的监视。■

简·雅各布斯

简·雅各布斯是一位富有激情的作家和城市规划专家。1935年大萧条时期，她离开美国宾夕法尼亚州的斯克兰顿小镇（Scranton），来到纽约。在第一次见到格林尼治小镇之后，她从布鲁克林搬了过去——开始了她对城市社区的研究兴趣。1944年，她结了婚，并搬到了哈德逊大街。

当她开始为《建筑论坛》杂志撰写稿子的时候，雅各布斯也开始了其对于那种大规模自上而下城市重建计划的批判。终其一生，她也是一位社会活动家和运动家，为其以社区为基础的城市发展理念而奋斗。

2007年，洛克菲勒基金会设立简·雅各布斯奖章，以表彰那些在纽约城市设计思想方面有突出贡献的人。

主要作品

1961年 《美国大城市的生与死》
1969年 《城市经济》
1984年 《城市与国家财富》

只有沟通能够沟通

尼克拉斯·卢曼（1927—1998年）

背景介绍

聚焦

沟通系统

主要事件

1937年 美国社会学家塔尔科特·帕森斯在《社会行动的结构》一书中讨论系统理论。

1953年 奥地利哲学家路德维希·维特根斯坦的语言游戏概念在他死后出版，影响了卢曼关于沟通的观点。

1969年 英国数学家乔治·斯宾塞-布朗的《形式法则》支持卢曼关于结构差异的观点。

1987年 德国社会学家尤尔根·哈贝马斯与卢曼就系统理论展开争论。

2009年 卢曼的观点被希腊学者安德里斯·米哈洛普洛斯（Andreas Mihalopoulos）应用到其对犯罪公正和法律体系的分析中。

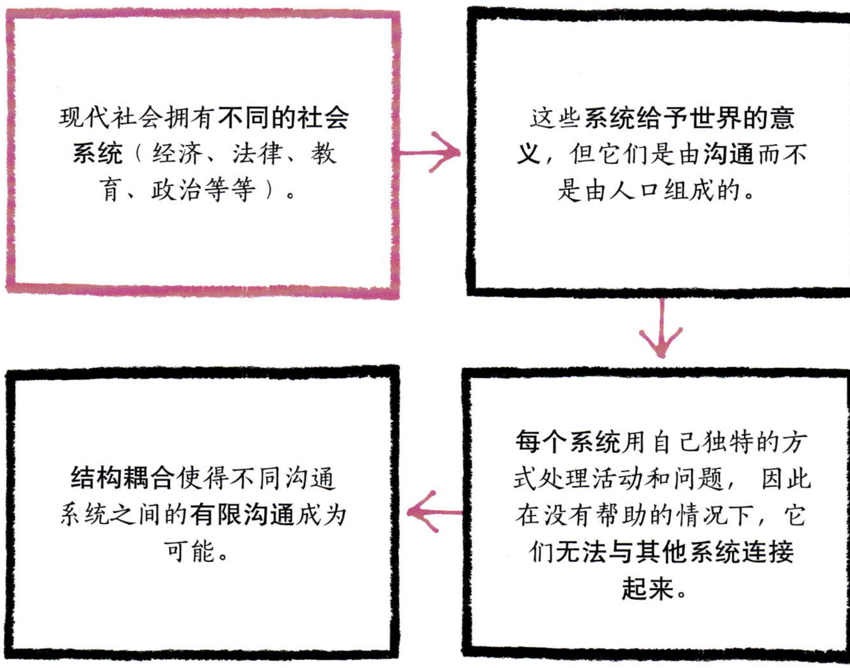

在德国社会学家尼克拉斯·卢曼看来，现代性的标志性特征是发达资本主义社会分化成隔离的社会系统——经济的、教育的、科学的、法律的、政治的、宗教的等等。卢曼指出，“社会”一词指的是那种包含所有其他系统的系统：他说，社会是系统的系统。

卢曼坚持认为，个体不具有社会意义。社会的基本元素不是人类行动者而是“沟通”——他将这一术语定义为：在系统内，从以语言或非语言形式进行的活动和互动中产生的“信息、话语和理解的综合

参见：马克斯·韦伯 38～45页，尤尔根·哈贝马斯 286～287页，塔尔科特·帕森斯 300～301页，赫伯特·斯宾塞 334页，阿尔弗雷德·舒茨 335页。

体”。卢曼指出，如同植物在自我生产的循环和生长过程中产生细胞一样，一个社会系统也拥有类似的自我维持能力，发展出一套拥有联结性的运作——当“沟通产生沟通”时。他将沟通比作某种化学物的结构平衡。

结构耦合

卢曼参考乔治·斯宾塞-布朗的形式数学法则思想，试图定义一个系统，认为其由差异产生而来：根据这一理论，系统不同于它的环境。卢曼接着指出，一个系统的环境是由其他系统组成的。例如，一个家庭系统的环境包括其他家庭、政治系统、医疗系统等等。最重要的，每一个单独的系统只能理解从属于它的事件——活动和沟通方式；它对于其他系统（及更大社会）中发生的事情相对不太关心。因此，例如，经济系统在功能上只专注于其自身内容，对道德问题并不感兴趣，除非这些道德问题可能会对经济活动和交易的收益带来影响——而道德关注在宗教系统中意义重大。

卢曼将系统整合的缺失看作是发达资本主义社会面临的主要问题之一。他定义了“结构耦合”的概念——某种形式和制度，通过其将一个系统产生的沟通翻译成其他系统能懂的术语，实现对那些彼此分离的系统的联结。例如，通过宪法，联结法律系统和政治系统；通过大学，联结教育系统以及经济系统。“结构耦合”是一个用来帮助解释人（作为意识系统）和社会系统（作为沟通）之间的关系的一个概念。

艺术家抗议英国石油公司（BP）对伦敦泰特（Tate）英国美术馆的赞助。这反映了抗议者相信公司系统与艺术世界系统是不可相容的。

尽管卢曼的理论极其复杂，但仍被广泛用作分析社会体系的工具。他的批判者指出，这一理论在学术上是严谨的，然而，在操作层面上，它没能解释缺少人类活动的沟通是如何产生的。■

> **人类不能沟通，甚至他们的大脑也不能沟通，甚至他们的意识也不能沟通。**
>
> ——尼克拉斯·卢曼

尼克拉斯·卢曼

1946—1949年间，尼克拉斯·卢曼在德国弗莱堡大学学习法律，1956年他成为政府公职人员。1960—1961年，他利用休年假的机会到哈佛大学学习社会学和管理科学，师从塔尔科特·帕森斯。

1966年，卢曼从明斯特（Münster）大学获得社会学博士学位，并于1968年得到比勒费尔德（Bielefeld）大学的社会学教授职位，并一直在那里工作。卢曼获得了许多荣誉学位，1988年，他成为著名奖项黑格尔奖（Hegel Prize）的获得者，这是由斯图加特市颁发以表彰杰出思想家的奖项。他也是一位多产的作家，发表署名出版物大约377份。

主要作品

1972年 《法律的社会学理论》
1984年 《社会系统》
1997年 《社会理论》（两卷本）

社会应该清楚指出什么是善

阿米泰·埃齐奥尼（1929年—）

背景介绍

聚焦
社群主义

主要事件

1887年 费迪南·滕尼斯在《共同体与社会》一书中颂扬了社区的价值。

1947年 德国思想家马丁·布伯在《乌托邦之路》中预见现代社群主义运动。

1993年 社群主义者网络，一个非党派的、跨国家的以及非营利的联合体成立。

1999年 美国学者和共和主义社群主义者史蒂芬·戈德史密斯加入美国前总统乔治·W.布什的社会政策顾问小组。

2005年 英国社会学家科林·格雷发表名为“理论的沙堡”的文章，指出埃齐奥尼的作品过于乌托邦。

从第二次世界大战结束到20世纪70年代早期，美国经历了快速的经济增长，带来日益增长的繁荣和绝大部分公民的向上流动。随着民权运动、有组织的反越战运动、性向革命以及女权主义的突起，这个国家的社会和政治图景也发生了改变。

然而，1973年，石油危机和股票市场的崩溃将美国经济打入谷底——根据社会学家阿米泰·埃齐奥尼的看法——美国文化得以建基的传统价值基础开始崩溃。

作为对于这种文化和道德危机的回应，以及对于同时崛起的个人主义意识形态和自由主义经济政策——自由市场应该独立运作，政府尽可能减少干预——的回应，在于社群主义社会哲学的出现。用埃齐奥尼的话说，它的目标是：“重建公民美德，履行公民责任而不是仅仅关注他们的权利，支持社会的道德基础。”其社群主义的指导原则是，通过社会成员间达成的共识，以及社区、机构中树立的规则，社会应该清楚指出什么是善。

> **一个有效的社区是那种其道德标准能反映所有成员的基本人类需求的社区。**
>
> ——阿米泰·埃齐奥尼

此外，对于埃齐奥尼来说，社会学家仅仅思考和观察社会生活是不够的；相反，他们应该积极参与那些努力改善社会的实践。到20世纪90年代早期，越来越多的美国思想家——包括社会学家罗伯特·普特南、理查德·桑内特以及丹尼尔·贝尔——自觉地试图将社群理

阿米泰·埃齐奥尼

阿米泰·埃齐奥尼1929年出生在德国，7岁以前一直和其家人生活在巴勒斯坦。1946年，他辍学加入先锋部队团，为以色列建国而战斗。大约5年以后，成为犹太存在主义哲学家马丁·布伯就职的研究所的学生。布伯对于“我与你”关系的关注贯穿在埃齐奥尼对社群生活的研究中。

1951年，埃齐奥尼进入耶路撒冷希伯来大学，在那里他获得了学士和硕士学位；1958年他在加州大学伯克利分校获得社会学博士学位。他的第一份工作是在纽约的哥伦比亚大学，在那里他工作了20年。1980年他成为乔治·华盛顿大学的教授，担任社群政策研究所的主任。

主要作品

1993年 《社区的精神：美国社会的再造》

参见： 卡尔·马克思 28～31页，费迪南·滕尼斯 32～33页，埃米尔·迪尔凯姆 34～37页，理查德·桑内特 84～87页，简·雅各布斯 108～109页，罗伯特·R.普特南 124～125页，安东尼·吉登斯 148～149页，丹尼尔·贝尔 224～225页，罗伯特·N.贝拉 336页。

埃齐奥尼的社群主义建基于多种核心社会价值。

强个人权利意味着强社会责任。

学校应该提供基本的道德教育而不是灌输给年轻人。

家庭是社区中最无可估量的形式，需要在更平等主义原则的基础上重塑。

社会应该清楚指出什么是善。

念从大学校园拓展到更广阔的社会范围。

责任和权利

埃齐奥尼的思想根源可以追溯到早期理论家，诸如费迪南·滕尼斯，他区分了两种社会联结形式：共同体（Gemeinschaft）和社会（Gesellschaft）。前者指的是个体间的关系和面对面的互动，这创造了共同的社会；后者指的是在自利的理性个体、官僚以及正式信念中产生的联结。

滕尼斯认为，与传统共同体的生活形式——共同体中的高度团结相比，现代社会中的核心原则代表了人类关系发展中的一种倒退。尽管埃齐奥尼发展了滕尼斯关于社群的思想，他认为滕尼斯以牺牲个人为代价过分强调了社区。另一方面，与滕尼斯同一时期的埃米尔·

前工业社会的生活特别强调共同体生活（如同这里所展示的欧洲村落场景），但是埃齐奥尼指出，它通常以牺牲个人为代价。

迪尔凯姆则担心现代性可能会威胁社会团结；在他看来，个体作为社会存在，其野心和需求应当与群体一致。

埃齐奥尼指出，共同体社区同样也有缺点：它们可能往往是压抑的、威权的，阻碍了个人的成长和发展。他的社群主义形式则致力于在个体与社会、社区与自治、权利和责任之间达到一种最佳平衡。

埃齐奥尼认为，在个人权利和社会责任之间取得平衡至关重要，因为离开任何一方，另一方都无法生存。另外，他指出，当今的美国人忘记了个人的命运与集体的命运总是相互联系在一起的。美国人非常重视权利——指望社区提供服务，尊重和珍视个人权利——而忽视了对社区的道德义务，不管是在地方层面还是在国家层面。例如，

> **道德混乱，而非社区泛滥，是我们当今面临的主要威胁。**
>
> ——阿米泰·埃齐奥尼

大部分美国年轻人宣称，如果被指控有罪，被同辈群体评判是他们不可剥夺的权利，但是只有极少部分人愿意参与这种司法服务。

按照埃齐奥尼的观点，美国社会中个人主义的泛滥已经带来“社会资本”的下降——基于互惠的共同价值理念、信任以及责任感，因此对于美国社会来说，它比以往更需要接受社群主义的道德原则。

什么是社区？

对于埃齐奥尼来说，社区是“包含一套共享意义和最重要的共享价值”的社会关系网络。社区的观念不能由某个外部群体或内部的少数派强加给它，而必须“由社区成员在公开开放的对话中产生而来，必须对其成员充分响应。”埃齐奥尼的社区概念本质上是民主的，每个社区都嵌构“在一个更大的社区中”。这种社区定义适用于各种形式的社会组织，从诸如家庭、学校之类的微观形式，到诸如族群、宗教或民族国家之类的宏观形式。

西方城市中的**“中国城”**，例证了埃齐奥尼的社区生活。维护共同的规范和价值，使得居住者能够在外国土地上重建自己的文化。

埃齐奥尼指出，**社区**而不是个体，是社会的基本构成要素，社会是由各种不同的、相互重叠的社区构成的。因此，人们同时从属于许多不同的、相互交织的社区。

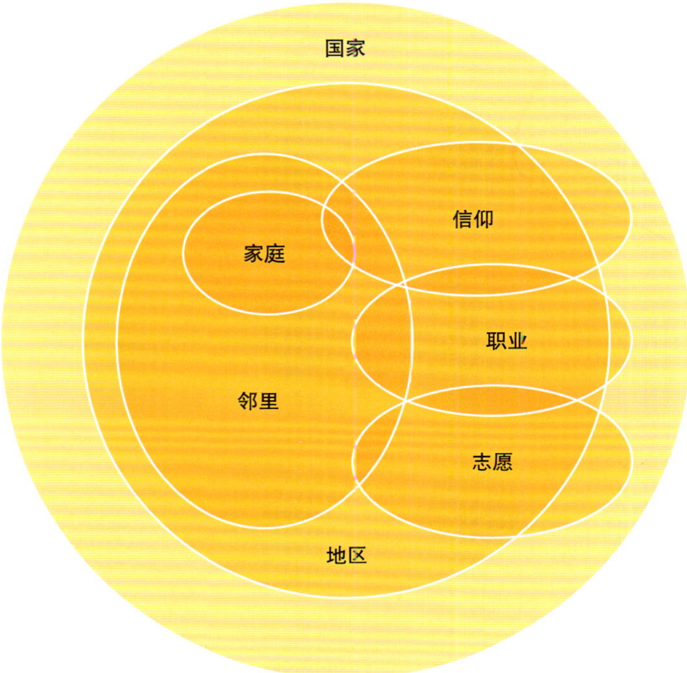

社区不需要地理上的集中：例如，纽约市的犹太人社区散布在城市各处，但是通过诸如犹太教堂、强调信仰的学校等核心机构，它们维持了一种高度的道德团结。埃齐奥尼甚至认为，基于互联网的网上社区也是社区的合法形式之一，只要其成员遵守和共享共同的价值。相反，一些传统意义上的社区，诸如村庄，如果没有一套明显的共同规范和价值，将生活在其中的村民联结起来，它就不符合埃齐奥尼的标准。

社区并不一定都是有道德的：有一些可能是严厉的和狭隘的，也有一些可能建基于某种不道德的共享价值体系。埃齐奥尼引用南非的非洲村落为例，那里的成员支持和串通制造私刑。

社群社会

并不仅仅停留在学术探讨上，埃齐奥尼还提出了社群社会应当如何组织和运作的四个方面。他定义了社群社会的几个重要方面，以及在与更大的社会整体的互动中不同方面各自的功能。第一个方面，埃齐奥尼称之为“道德之声”——一套成员们共享的规范和价值集合体，这是联结社会成员的人际和道德行为的基础。没有坚实的道德秩序，社会难以繁荣，特别是将依靠政府干预公共事务降到最低程度的时候。通过定义和树立道德之声，不再需要依赖个人良心或法律强制机构来规范社区成员的行为。当社区珍视某种行为——例如避免滥用酒精或超速驾驶——就能够预防和有效控制反社会行为。

第二个方面是“社群主义家庭”。生育和抚养不仅仅是父母对孩子的责任，也是家庭对社区的责任。如果儿童没有得到很好的照料，不仅是其家庭，整个社区都不得不面对可能的后果。埃齐奥尼认为，基于这一原因，生育、抚养儿童应当被看作是社群行为。他指出，父母对社区有道德责任去尽他

埃齐奥尼认为，**双亲家庭**在抚养孩子方面要远远优于单亲家庭，因为养育孩子是一种“精细的、高要求的工作”。

埃齐奥尼认为，**学校毕业生**应该服兵役（如同2011年在这些德国兵营中），这样能培养学生的自律以及团结合作精神。

们最大的能力来养育孩子；而社区也有义务在这一点上去帮助那些父母。社区应该支持和鼓励，而不是抹黑那些为了花时间与孩子相处而延迟就业的父母。

埃齐奥尼发现，越来越多的证据证明家庭的社会角色的重要性。他指出“在各种人类社会中（从祖鲁人到因纽特人，从古希腊和古代中国到现代），还没有一个社会

> **教育，特别是性格的形成，是家庭的核心任务。**
>
> ——阿米泰·埃齐奥尼

没有双亲家庭。”他指出，这种结构，对于减少由诸如新职业、离婚、单亲家庭以及个人主义增长之类的发展所带来的“养育不足”问题至关重要。在这方面，社会需要限制幼儿的日托化。

埃齐奥尼的第三个方面指出了“社群学校”的功能。学校要做的不仅是向学生传授技能和知识，学校还应该是一个除父母之外的培养个性的场所，在实现自我、具有坚强意志、约束自己、延迟及时满足等方面打下基础。特别是，规范和自我规范的价值及其内化——将外部价值观整合到个体的自我认同中——在儿童的心理发展和健康中扮演了主要角色。

在他对自律的强调中，埃齐奥尼认为，所有的学校毕业生都应该强制服国民兵役一年。这样做，将“通过服务于共享目标，能为年轻人的自我中心思想提供一粒强效解药”。

第四个方面，埃齐奥尼提出解决传统社区衰落的对策，同时也是建立新社区的基础。这包括改变美国社会学家罗伯特·N.贝拉所说的“心灵的习性”。埃齐奥尼的对策包括：培育一种“社区环境”，使人们习惯于在行动之前首先考虑到个体行为对周围社会的影响，解决个人职业理想、抱负与对社区的责任之间的冲突；重新设计一种物质的、活生生的环境，使它“变得更加社会友好”；设法将我们更多的个人和职业资源重新投资到社区中。

批评

埃齐奥尼的社群主义是对美国

> **权利和义务之间的不平衡已经存在已久。**
>
> ——阿米泰·埃齐奥尼

社会一系列现实问题的回应，包括：个人和公共道德的沦丧以及共同价值体系的瓦解，家庭的衰落，犯罪率的上升，以及公民的政治冷漠。他对于一个更民主、公正、平等社会的愿景受到来自不同思想领域的学者和评论家的称赞。然而，埃齐奥尼的努力也招来一些批评。例如，一些女权主义的支持者强烈反对社群主义，认为它是一种消解女性经济解放的尝试。他们指出，一个全职工作的母亲现在与孩子相处的时间要比30年前全职主妇平均所花费的时间还多。比阿特丽斯·坎贝尔（Beatrix Campbell）就曾指责这种社群主义是“怀旧运动”，指出他们提倡的那种母亲是不存在的。

美国社会学家、政治思想家理查德·桑内特认为，埃齐奥尼的研究没有能够清楚地阐释政治和经济权利的性质，没能为解释个人献身社群主义价值和原则的动机提供令人信服的证据。如果就如埃齐奥尼所称的，美国文化的特征是自我中心和极度个人主义，那么，他没能回答为什么个体还会选择承担对社区的责任，尤其是这种责任需要他们的付出以及可能会影响他们的个人权利。

尽管存在各种各样的批评，埃齐奥尼的社群主义的核心思想仍然对政府影响深远。在《第三条道路》一书中，英国社会学家安东尼·吉登斯将埃齐奥尼的研究置于由英国前首相托尼·布莱尔发展的“第三条道路”这一政治哲学框架的核心。埃齐奥尼的研究在两个不同方面迎合了英国新工党政府的需求：首先，它在政治左派（过度强调政府的角色）和政治右派（夸大自由市场的重要性和个人的胜利）之间提供一种中间路线。其次，它将公民权的概念看作是一种必须在实现共享期望和义务的过程中而获得的某种权利。■

> **如今，年轻人更有兴趣寻找那些能给他们带来‘某种’意义的职业和工作。**
>
> ——阿米泰·埃齐奥尼

志愿者在北美洲和西欧的成千上万的社会组织中扮演了重要角色，包括许多邻里中的社区植树计划。

麦当劳化几乎影响了社会的各个方面

乔治·瑞泽尔（1940年—）

背景介绍

聚焦

麦当劳化

主要事件

1921–1922年 马克斯·韦伯在德国出版了《经济与社会》，分析理性化和科层制之间的关系。

1961年 美国企业家理查德·麦当劳（Dick）和莫里斯·麦当劳（Mac）将他们的快餐汉堡餐厅卖给了雷·克罗克，后者把它发展成全球连锁。

1997年 照搬麦当劳的模式，寿司连锁店“YO! Sushi”在英国亮相。

1999年 英国社会学家巴里·斯马特（Barry Smart）编辑出版《抵制麦当劳化》一书，集中批判地回应了瑞泽尔的麦当劳化主题。

德国社会学家马克斯·韦伯认为，传统社会向现代社会转型的一个重要特征，是社会生活的各个方面越来越多地沿着理性而非情感取向或价值导向的路径进行组织和运作。

在韦伯这一思想基础之上，美国社会学家乔治·瑞泽尔指出，这一过程在北美和西欧文化中已经达到一种新的水平，并以前所未有的方式彰显出来。瑞泽尔于1993年出版社会学经典著作《社会的麦当劳化》，他认为，这种“理性化的广

参见：卡尔·马克思 28～31页，马克斯·韦伯 38～45页，罗兰·罗伯逊 146～147页，赫伯特·马尔库塞 182～187页，哈里·布雷弗曼 226～231页，卡尔·曼海姆 335页。

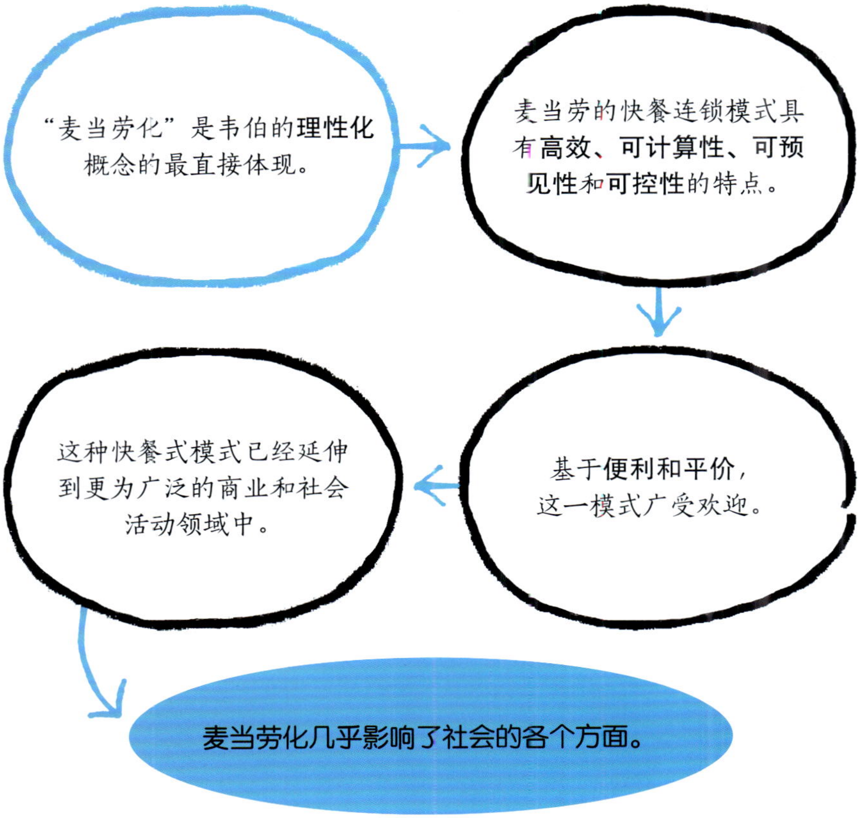

泛传播"在麦当劳的快餐连锁店中得到充分展现。

麦当劳之路

无论你在世界上任何一个地方，麦当劳总不会太远。事实上，全球大约有超过100多个国家的30,000间麦当劳快餐店。不管你在哪里，麦当劳都是一样的、可靠的。这种体验上的熟悉感是全球麦当劳连锁店的主要特色，这直接归功于麦当劳公司对于理性化的强烈重视。瑞泽尔将这一发展称为"麦当劳化"，宣称这一趋势和模式已经渗透并主宰了"美国社会以及世界其他国家中越来越多的部门"。他指出麦当劳化有五个主要组成元素：高效、可计算性、可预见性、可控性，以及"形式理性的终极非理性"。

高效指的是公司中所采用的科层制管理，从组织化结构到雇员与顾客之间的互动，寻找实现目标的最佳方式。例如，在食物准备方面：汉堡的集中、制作和分配采用流水线的方式，因为它是最有效的

乔治·瑞泽尔

乔治·瑞泽尔1940年出生于美国纽约市。他的父亲是一名出租车司机，母亲是一名秘书。瑞泽尔声称他的成长经历激励他勤奋学习，目的是要摆脱他童年时"下层社会上部"的低生活水平。

1974年起，他就来到了马里兰大学，现在已经是那里的知名教授。除了他最有名的麦当劳化理论以及这一理论对社会学的重要贡献，他还是一名所谓消费社会的批评家，在许多领域发表了多部作品。

主要作品

1993年 《社会的麦当劳化：对变化中的当代社会生活特征的研究》

1999年 《祛魅世界的魅化：消费手段的革命》

2004年 《虚无的全球化》

一间麦当劳快餐店比邻西安历史古迹鼓楼。1990年麦当劳首次进入中国。到2014年，已拥有2000家连锁店，它已经成为中国第二大餐饮连锁店。

方式。不仅仅是准备食物时所需要划分的时间，甚至这一过程中所需的场地都被考虑其中。另外，麦当劳餐厅的环境布局也基于能使雇员和顾客以一种高效的方式互动的考量而设计。通过对员工的一系列标准化规范、制度、规章和操作程序的训练，一种效率文化得以灌输和维持。

可计算性指的是食品的计数和计量；特别是，强调数量（“巨无霸”）重于质量。瑞泽尔注意到，麦当劳许多雇员的工作都是计时的，因为餐馆氛围的快节奏性能保证最大的生产力。

可预见性影响着食品生产、餐厅设计以及雇员和顾客的互动。不需要考虑地理位置或白天黑夜，只要顾客进入餐厅，他们就知道接下来将会发生什么——确定他们想吃什么、菜单在哪里以及如何点餐，他们就能付钱、就餐以及离开。

可控性与技术密切相关。麦当劳餐馆中用来制作食品的机器不仅控制了雇员也控制了顾客。机器控制烹饪时间，进而控制雇员的工作速度；机器生产整齐划一的产品，从而顾客不能指定食品按照他们喜欢的方式来烹饪。瑞泽尔认为，最终，比人类更易于预测和控制的机器可能会完全取代雇员。

最后，瑞泽尔评估了这种理性化所带来的利益之外的成本。他承认韦伯对于他的影响，观察到理性

> **麦当劳已经变得比美国本身更重要。**
>
> ——乔治·瑞泽尔

系统可能产生非理性的和意想不到的后果。瑞泽尔强调，终极非理性是麦当劳模式对于雇员和顾客的非人化的影响。

他指出，麦当劳雇员在机械的生产线上工作，环境拥挤、收入低下。对雇员来说，不管是个人层面还是集体层面，都几乎没有任何创新和自主的空间，这导致了员工的不满、冷漠以及高离职率。

在瑞泽尔所描述的“非人化的环境”中，顾客排队购买和食用不健康的食品。另外，麦当劳餐馆中生产和消费的速度意味着顾客不可能享用到高质量的食品，因为它去要更多的时间去准备。

现代性的原则

瑞泽尔指出，麦当劳化中这五个要素的社会学意义在于，它们能够被扩展到许多更广泛的社会活动领域中。从本质上来说，组织各种集体的、个人的行为和互动的主流文化模式如今都受到高效、可计算性、可预测性、可控性以及合理性成本的影响。

这是一种对韦伯思想的扩展：一旦运作起来，理性化的过程能够自我运作下去，并不断扩散，直到它最终覆盖社会生活的所有

> **在社会学中，理论是最不可能被麦当劳化的一个部分，然而，至少在某种程度上，它也经历了这一过程。**
>
> ——乔治·瑞泽尔

领域。为了保持在市场中的竞争力，公司必须遵守其他公司都在采用的理性和高效原则。瑞泽尔引用了大量例子在证明自己的观点，包括快餐连锁（例如“赛百味”）以及儿童玩具店（例如“玩具反斗城”）。所有这些公司都自觉地采用麦当劳原则作为他们的产业组织方式。

一方面，瑞泽尔赞赏麦当劳快餐连锁店自1940年诞生以来所展示的高效和应变能力，同时，他也担心追求理性化过程可能导致的去非人化后果。回应韦伯的“铁笼”概念，瑞泽尔指出，尽管麦当劳已经成为一个高效率且高利润的西方企业的标志形象，但越来越多的人类活动领域中的麦当劳原则的扩展会导致异化。

作为一个跨国公司，麦当劳承载和体现了西方的理性化。因此，瑞泽尔指出，麦当劳化是全球文化融合的重要元素之一。然而，这一观点的批评者，如英国社会学家约翰·汤姆林森（John Tomlinson），用全球本土化的概念来反驳它。汤姆林森承认麦当劳是一个全球品牌，但指出它也确实考虑到了本土情况和背景。例如，改变产品以适应当地的饮食文化传统，在印度的餐牌中加入素食汉堡。

自问世以来二十年后，瑞泽尔的麦当劳化理论仍然切中时弊。瑞泽尔和他的同伴继续在一个广泛的领域中应用、调整和更新这一理论，包括高等教育社会学研究。英国社会思想家丹尼斯·海斯（Dennis Hayes）和罗宾·韦亚特（Robin Wynyard）编辑的《高等教育麦当劳化》一书中包含了基于瑞泽尔的一系列观点。例如，海斯指出高等教育所建基的传统价值基础——从本科到研究生的大学教育——正迅速被标准化、可计算性等所取代。另外，海斯还指出，高等教育的麦当劳化对学生和对学术机构及其员工没有区别；学生越来越多地带着功利心态接受教育，把它作为一种实现自己目标的手段，而不是将教育作为目的本身。■

英国寿司店“YO! Sushi”提升了麦当劳理性化的途径，把寿司的制作和出售变成一种城市的、东京派的饮食经历。

社区中的联结已经衰落了

罗伯特·普特南（1941年—）

背景介绍

聚焦

社会资本

重要时间

1916年 “社会资本”的概念最早由美国社会改革家海尼凡（L.J Hanifan）提出，指日常生活中的无形事物，如“亲善、友谊、同情以及社交”。

2000年 芬兰社会学家马蒂·希伊斯埃南批判性地比较了皮埃尔·布迪厄和罗伯特·普特南各自关于“社会资本”的概念。

2000年 哈佛大学“仙人掌研讨会”发表了一份由普特南和一群学者倡导的“在一起会更好”的报告，目的在于强调美国社会资本的“超低水平”。

2013年 荷兰社会思想家马琳·福克（Marlene Vock）等使用“社会资本”的概念来‘解释人们投入社交网站的意愿”。

不断活跃在早期社会思想家中的一个主题是，担心现代社会正在不断侵蚀传统的社区生活形式、社会聚聚力以及共享的团结感。同样，19世纪也是“志愿主义”的时代，人们合作并建立了许多我们今天熟知的制度——如学校、帮助穷人的使命、慈善。

然而，到20世纪晚期，国家承担了许多这些责任，那些曾经将公

社会资本由一种**共同身份**感和共享价值产生而来，诸如信任、互惠、亲善、友谊……

这有助于建立**志愿协会和公民组织**，使得社区联系在一起。

但是我们的生活方式正日益个体化，我们已经从**公共事物中抽离**，甚至远离朋友和邻居。

社区中的联结已经衰落了。

参见：卡尔·马克思 28~31页，皮埃尔·布迪厄 76~79页，理查德·桑内特 84~87页，简·雅各布斯 108~109页，阿米泰·埃齐奥尼 112~119页，雪伦·朱津 128~131页。

普特南的仙人掌研讨会创立于1995年，它是以“仙人掌”命名的，隐喻着“生长期长，但用途广泛，且出人意料”。

民统一在一起的公民联结已经衰落了。

美国社会学家罗伯特普特南将那些联结个人、扩大集体的社会黏合称为“社会资本”，它是通过志愿组织、社会和公民网络产生的。在普特南看来，今天的美国社会要比20世纪60年代富裕，这是以共享的道德责任感和集体感为代价的。

这种社会资本有三种不同类型的联结：纽带、桥梁、联系。纽带是由一种共同身份感产生的，包括家庭、朋友以及集体成员。桥梁超出了共享身份的范围，还包括同事、朋友和熟人。联系在更大范围内联结个人或群体，缩小社会层级。这种联结人们的社会资本类型的差异很重要。例如，与朋友和家庭的纽带可能有助于找工作，或是在情感需要的时候获得安慰。但是，纽带也可能是一种限制。在移民社区中，与移民同伴的纽带可能会阻碍社会连接的形成，这就会使人们更难融入更大的社会中。

公民参与

普特南在《独自打保龄》的研究中，将社会资本的概念运用到美国社会。他指出，传统郊区社区的消失以及往返上班的人和工人每天面对的、不断增加的孤独——听iPod，或坐在电脑屏幕前——意味着人们不仅很少参与志愿活动和社区活动，也较少花时间与朋友、邻居和家庭相处。

普特南用打保龄球的游戏说明他的观点：美国参加这项运动的人数增加，但是加入团队活动的人数比例却在减少。人们确实在“独自打保龄球”，因为信任和互惠等传统集体价值已经削弱，这对志愿组织和公民自治组织——从家长教师协会（PTA）到地方议会委员会——产生了负面影响。自1995年普特南创立仙人掌研讨会、探究公民参与的不同方面以来，他的“社会资本”概念影响巨大，被广泛运用在许多现象中，从邻里生活质量和犯罪率到选举行为和参与教会行为，跨度颇大。■

罗伯特·普特南

1941年，罗伯特·大卫·普特南出生在美国纽约，在俄亥俄州的克林顿小镇长大。曾在英国牛津大学求学，并在耶鲁大学获得博士学位，他发起仙人掌研讨会，是哈佛大学公共政策系马尔金（Malkin）教授。

1995年，他的文章“独自打保龄球：美国日益下降的社会资本”引发了对公民参与的讨论，他受邀会见当时的美国总统比尔·克林顿。自此，随着2000年基于这篇文章的著作出版，他开始声名鹊起。2013年，美国总统巴拉克·奥巴马授予他国家人文奖章，以表彰他在理解和试图改善美国社区生活中的贡献。

主要作品

2000年 《独自打保龄：美国社区的衰落与复兴》

2002年 《流动中的民主政体》

2003年 《在一起会更好》（与刘易斯·费尔德斯坦合著）

> 社会资本理论的核心概念是社会网络有价值。
>
> ——罗伯特·普特南

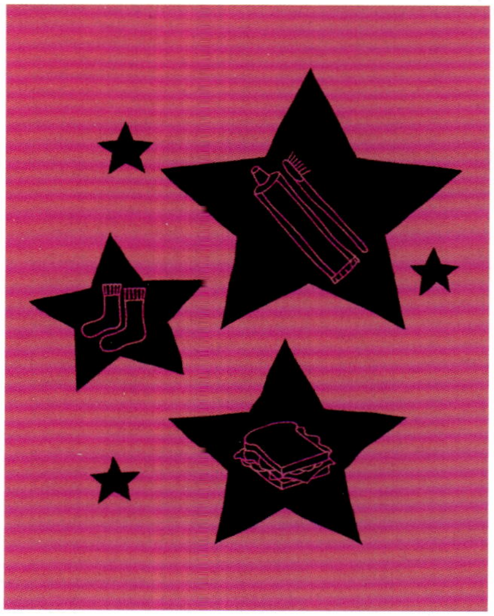

迪斯尼化用绚烂的经历替代世俗的平凡

艾伦·布莱曼

背景介绍

聚焦

迪斯尼化

主要事件

1955年 华特·迪斯尼在加利福尼亚向公众开放第一家迪斯尼，首日就吸引了50，000参观者前来。

自20世纪80年代起 “全球化”这一术语被越来越多地用来指代世界日益增长的相互连接。

1981年 在《拟象与仿真》一书中，让·鲍德里亚指出，“迪斯尼以一种梦幻的形式呈现，目的是让我们相信其余的是真实的，然而环绕它的洛杉矶和美国不再真实，而是属于……拟真的秩序”。

1983–2005年 迪斯尼公园在东京、巴黎和香港开幕。

1993年 美国学者乔治·瑞泽尔出版《社会的麦当劳化》一书。

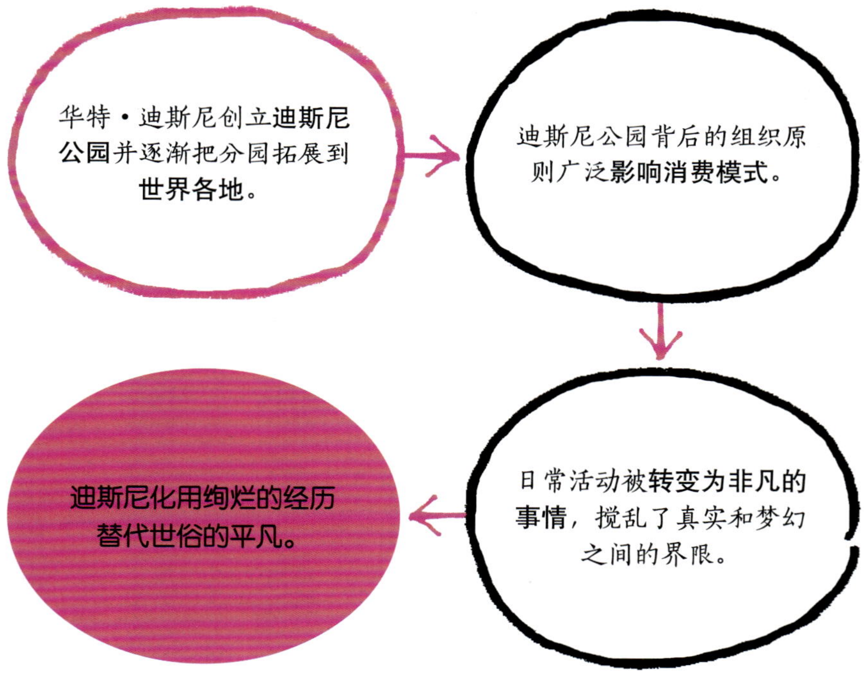

现代消费文化产生了具有深远意义的问题。英国教授艾伦·布莱曼关注迪斯尼主题公园对于社会的影响，以及迪斯尼模式如何影响服务和产品的消费方式。布莱曼认为，“迪斯尼化”是当代消费社会的核心。这一现象正深刻影响我们的购物方式，因为这种游乐场式组织背后的原则正日益主宰其他领域：“因此，迪斯尼公园的虚幻世界，那种不存在的真实，变成了美国社会的典范”。另外，迪斯尼化也发生在世界其他地方。

参见：乔治·瑞泽尔 120～123页，雪伦·朱津 128～131页，让·鲍德里亚 196～199页，阿利·霍克希尔德 236～243页。

佛吧在全球都有分店，是布莱曼"主题化"理论的例证，以此，一种文化资源——在这里是宗教——被用来创造一种商品或场地。

模糊梦幻与真实

布莱曼界定了迪斯尼化的四个方面：主题化、混合消费、商品化以及情感劳动。

主题化包括利用广为人知的文化元素创造一种流行氛围——例如，使用摇滚音乐作为"滚石咖啡"的主题。

混合文化指的是那些不同类型消费相互连接起来的地方：例如，将飞机场和运动场变为购物中心。

商品化包括促销和出售那些打上版权形象和商标的物品。例如，诸如《哈利·波特》系列和《史瑞克》之类的图书和电影带来了大量的衍生品，从T恤衫到电子游戏。

阿利·霍克希尔德在《被管理的心灵》（The Managed Heart）一书中创造了"情感劳动"一词，用来描述一个人按照某一理想去改变其外在行为。在迪斯尼化中，它产生于当一个工作看起来更像是一种表演时：剧本化的互动、盛装打扮、无尽的欢声笑语。

这些过程的结果是，它能将日常活动，诸如购物和饮食，转变成壮观的、轰动的事件。然而同时，这种以美化的形式重新包装事物的倾向削弱了其他经历和地点的真实性。最终，它模糊了梦幻与真实之间的界限。布莱曼指出，通过将某地与某种众所周知的文化图腾联系在一起，而赋予它某种特色，导致英国诺丁汉变成"罗宾汉村'，芬兰拉普兰变成'圣诞老人村"。

布莱恩将迪斯尼化看作是与乔治·瑞泽尔的麦当劳化类似的概念，后者是指快餐原则（麦当劳本身仅仅是一种符号）逐渐控制社会中越来越多的部门。麦当劳化基于理性化概念以及批量生产。主题公园以不同的方式对此回应，但是，本质上，迪斯尼化是关于消费（商品和服务）意向的增加，而这往往是通过多样化和差异性来实现的。主题化和商品化的流行意味着迪斯尼化已经成为现代生活和身分不可分割的一部分。■

艾伦·布莱恩

英国社会学家艾伦·布莱曼莱斯特大学管理学院组织和社会研究院的教授。在此之前，他在拉夫堡大学工作了31年。布莱曼的研究兴趣在于方法论以及消费文化的不同方面。他的研究专长包括：整合定性和定量研究方法；迪斯尼化和麦当劳化；高等教育中的有效领导。

布莱曼无法理解其他研究者对于迪斯尼的任何事物的嗤之以鼻；他对于卡通和公园的热爱极大地激发了他的学术研究，对他在文化和社会学领域的研究都有很大影响。

主要作品

1995年　《迪斯尼及其世界》

2004年　《社会的迪斯尼化》

住在阁楼上就好像住在陈列柜里一样

雪伦·朱津

背景介绍

聚焦

缙绅化和城市生活

主要事件

19世纪20年代 美国社会学家罗伯特·帕克创造了“人类生态”一词，成为“芝加哥学派”和城市生活系统研究的创立者和领军人物。

1961年 简·雅各布斯出版《美国大城市的死与生》一书，成为战后关于城市环境研究中最有影响力的著作之一。

1964年 英国社会学家鲁斯·格拉斯（Ruth Glass）发明了“缙绅化”一词，来描述中产阶级入侵并取代工人阶级原有生活环境的过程。

20世纪70年代 艺术家开始转移到纽约下曼哈顿区的旧工厂建筑中。

城市是充满动态变更的地方，是人口、社区、思想以及建成环境不断更新的场所。社会思想家一直以来都着迷于城市生活研究，特别是在社会巨变时期。自19世纪以来大都市发展时期，第二次世界大战之后的城市转型、向郊区生活发展，以及20世纪60年代城中村结构的变迁，这些都一直是研究的热点和主题。

另外一个城市研究高潮发生在20世纪80年代，制造业的衰败和全球化日益增长的影响给西方世界许

参见: 乔治·齐美尔 104~105页，昂利·列斐伏尔 106~107页，简·雅各布斯 108~109页，艾伦·布莱曼 126~127页，萨斯基娅·萨森 164~165页。

城市中从前的工业区在**去工业化**的过程中**破败不堪**。

↓

艺术家着迷于这些地方是因为**低房租**和**激发创造力的广阔空间**。

↓

艺术家们创造的**“酷”吸引**年轻的城市规划师的关注。

↓

地产发展商看到**发财良机**，收购这些地产。

↓

房租上涨，艺术家和穷人搬出去；
这片地方**丧失了其多元性和生命力**。

多城市带来了巨变。新一代学者开始探索内城区的衰落、城市重建过程以及不同地方独特地域感的形成。雪伦·朱津就是其中杰出的一位，她于1982年出版一本重要作品《阁楼生活》。

空间的意义

1975年，朱津搬到位于美国纽约格林尼治村的一座阁楼——以前曾是服装厂和艺术家工作室。她开始研究这些新居住场所对于那里的居住者的意义，并特别关注这些居住地对于纽约那些传统社区的影响。

朱津重申了诸如法国哲学家加斯东·巴什拉（Gaston Bachelard）的一些观点，如后者在《空间的诗学》（1958）中指出，家不仅仅是生活的场所，它代表了居住者的“心理状况”。例如，在维多利亚时代，房屋被划分为具有不同功能的一个个房间（起居室、更衣室等等），提供一系列亲近的空间相遇。

朱津认为，阁楼居住者的心理状况是寻求真实——一种用空间（曾经被用来做大规模生产的场所）的个性化来替代现代性的大生产和郊区生活的同一性的努力（许多阁楼空间都曾经是作坊或工厂）。在阁楼中，独门独户的宅院隐私被不分层的布局结构所取代，它开放“所有空间……给所有来者”。这种空间和开放营造了一种非正式和平等的印象，将阁楼转变为“旅游胜地”或陈列柜——一个展示的场所。

城市重建

朱津也仔细研究了城市重建和阁楼生活的成本。表面看来，人们重回那些实际上已经荒废的地区似乎是一个积极的过程，给老建筑和旧地方带去新生；然而，朱津对这

裸墙，露梁，以及一些意想不到的建筑细节为城市阁楼公寓的购买者提供了其所追寻的真实。

切尔西市场是20世纪90年代在原来肉类加工区的废弃工厂中创建的一个纽约食品大厅。朱津指出，这地方与以前的屠宰"禁止通行区"有天壤之别。

一假设提出质疑，指出牺牲其他人为代价的重建给某些特定群体带来了利益。她指出，凭借重建过程，穷人或边缘群体被成功地挤出他们一直生活的地方，有的甚至是世代居住的地方，为那些更精英的群体让路。朱津通过在纽约部分地区以及世界其他城市的研究指出，这种城市经历可能是一种普遍现象。

缙绅化的步骤

朱津指出，缙绅化不仅仅是一个"场所的转变"。它是"与郊区生活的决裂……走向城市生活的社会多样性和审美混乱"。在她看来，缙绅有一种独特的文化和环境（例如，他们对修复历史建筑细节的兴趣），这导致"一种社会和空间的分化过程"。在对下曼哈顿区的研究中，朱津指出，缙绅化是由几个清楚的步骤所组成的。

第一步是传统制造业的衰落。仅仅在几代人之前，纽约的滨水厂区雇佣了成千上万的工人，曼哈顿腹地格林威治村周围挤满了生产纺织品和服装的小工厂和作坊。厂房周围的建筑物都无一例外地有高高的房顶和许多灯，被称为"阁楼"。

自20世纪50年代以来，越来越多的美国大公司的纺织生产"离岸"，向劳动力成本更低的亚洲国家转移，纺织厂开始倒闭。美国工人失业，纽约受影响的地区开始去工业化和破败。到20世纪70年代，下曼哈顿区的大部分地方已经废壳空空。

创造性场所

第二步发生在20世纪70年代，在这些荒废工厂逐步变成穷人和边缘群体居住地之后。由于这些建筑物原本是工厂，地面并没有像那些公寓楼一样划分成多个房间，而是一个具有高高的窗户的开放平面。这种能容纳许多人、能为缝纫机上的工人工作提供充足光线的场所，也成了艺术家们的理想工作环境。20世纪70年代早期，纽约受经济危机的影响，购房需求减少，城市中的房租也普遍走低。同样，艺术家们在挣扎中维持生计，不断寻找居住和工作的便宜场所。下曼哈顿区的旧工厂阁楼因此而具有吸引力，许多艺术家在这一区安顿下来。

这是一种旧区域的有机重建：市政府并没有正式规划要将这一地区从阁楼改建成宜居工作室。随着越来越多的艺术家入驻这一地区，

> **造就（纽约市）区域的独特之处很大程度上来自于它的建筑，而非人口。**
>
> ——雪伦·朱津

它带来了一种文化生机；艺术家的出现意味着需要商业的配套支持，例如咖啡馆、餐馆和艺术廊。这一地区开始逐渐变得时髦而前卫，日益吸引着年轻城市白领这一新阶层，他们想生活在一个全新的、有趣的，并且与他们所成长的那个保守的战后家庭所完全不同的地方。

缙绅化的第三个而且是决定性的步骤是年轻白领开始搬入这一地区——由此，变成了城市波希米亚环境和生活方式的一部分。有钱人开始向往住在那些以前被废弃的地区。新兴且富裕群体渴望住在这一地区的事实引起了逐利的地产开发商的注意，他们开始大量收购这些相对低廉的地产——正如朱津经常批判指出的，是在市政当局的支持下——并把它们改造成与艺术家居住的阁楼类似的公寓。结果，租金开始稳健飙升。艺术家和穷人发现，他们难以维持居住在那里，于是开始搬出去。

当更多富裕的中产和上层阶级占领这一地区之后，缙绅化的最后一步也就完成了。艺廊和咖啡馆仍在，但是，曾经标志这一区域的多元人口、生命力以及文化活动却消失了。实际上，艺术家在无意中成为缙绅化的帮凶，然后又成了它的牺牲品：他们为下曼哈顿区注入新生活力的成功导致他们最终被逐出这一与他们息息相关的重建区域。

> **这种同一视觉形象的真实性，是无可阻挡的。**
>
> ——雪伦·朱津

找寻城市灵魂

朱津的研究一度对于阐明现代城市变迁的驱动力具有影响力：这一驱力是那些希望追寻某种生活方式的社会群体的文化和消费需求，而不是某种新工业形式的发展。然而，对朱津来说，这种生活方式只是消费主义的另一种形式，最终是空洞的，它提供一种“迪斯尼化”的经验，而在跨国媒体公司鼓吹下的流行文化形式和生活方式将多元性和真实性边缘化了。由此产生的结果是，穷人与边缘化群体被有效地驱逐出城市生活。

裸城

朱津最近的研究，例如《裸城》，聚焦于缙绅化和消费主义如何创造了一种空白的、同质的中产阶级区域，并掠夺了城市中大多数人所渴望的那种真实性。她同时也注意到，缙绅化的步伐已经加快了。以前需要几十年实现的事，现在似乎只需要几年就可以完成：某个地方被视为“酷”，很快开发商驻入，开始了一个从根本上改变其特性、最终破坏其特质的过程。事实上，某一街区的个性沦为资本主义开发商的工具——结果是逐出了那些最初赋予它真正“灵魂”的人。对规划师而言，他们面临的挑战是找出保存其居民以及建筑和街景的方法。■

雪伦·朱津

雪伦·朱津现在是纽约市立大学布鲁克林学院与研究生中心社会学教授。她曾获得一系列奖项，包括美国社会学学会的怀特·米尔斯奖（Wright Mills Award）和海伦·林德奖（Helen Lynd Award），以表彰她在城市社会学方面的学术成就。

她的著作集中在城市、文化以及消费文化，而她的研究涵盖城市、文化、经济变迁。她的研究主要关注城市如何受到诸如缙绅化之类的进程影响，探究城市生活中的主要驱动过程。她同时也是活跃的评论家，就纽约及其他城市所发生的许多变迁发表观点。

主要作品

1982年 《阁楼生活：城市变迁中的文化和资本》

1995年 《城市文化》

2010年 《裸城：本真都市地方的生与死》

LIVING IN A GLOBAL WORLD

生活在
全球化世界中

1848年

在《共产党宣言》中，卡尔·马克思和弗里德里希·恩格斯预测了**资本主义的全球化**，并号召工人阶级**联合起来**。

1974年

在《现代世界体系》中，伊曼纽尔·沃勒斯坦指出，全球化使一些国家受益，而**对发展中国家是有害的**。

1986年

在《风险社会》中，乌尔里希·贝克认为，我们必须找到新策略以应对**全球化的人造风险**。

20世纪90年代

齐格蒙特·鲍曼提出“流动的现代性”概念：由全球流动和沟通带来的**一种恒常的社会变迁状态**。

20世纪90年代

博温托·迪·苏萨·桑托斯极力主张，修正来自北半球的社会学研究，将**其他社会**纳入其中，以变成**真正的全球范围**。

1991年

在《全球城市》中，萨斯基娅·萨森描述了**某些核心城市的全球意义**，而不是民族国家。

1992年

在《全球化：社会理论和全球文化》中，罗兰·罗伯逊评估了**全球化对于本土文化的影响**。

社会学产生于一种自启蒙运动起就开始萌芽的理解和设法改进现代社会的迫切需要，特别是工业化、理性化和资本主义带来的影响。但是随着20世纪后半期社会学作为一门学科日渐巩固，还存在着另外一种推动社会变迁的明显力量：全球化。

国际贸易已经存在好几个世纪，跨国公司也在16世纪和17世纪的贸易帝国中根深蒂固，因此全球化绝非是一个新概念。然而，自工业革命以来，交通和通信进步的步伐加速。20世纪，电报和航空革新了国际联结，而第二次世界大战后的信息技术维持了这一模式。

网络社会

许多人认为世界已经步入一个崭新的、后工业、后现代时代，而也有人认为全球化只不过是现代性过程的延续。例如，齐格蒙特·鲍曼认为，随着技术变得更加复杂，工业化所开创的时代已经步入一个成熟的、“现代后期”阶段。技术进步的性质意味着这一阶段以“流动的现代性”为特征——一种持续变迁的状态。也许这些技术革新最突出的社会影响来自沟通的进步。从电话到互联网，世界正变得日益相互关联起来，社会网络超越了国界。信息技术不仅使商业贸易前所未有地快捷和便利，也使得原来孤立的个人和群体联结起来。

曼纽尔·卡斯特尔是首先识别这一网络社会的社会后果的研究者之一，而罗兰·罗伯逊则指出，与其说全球化带来一种同质后果（通过创造一种社会的共同模式），不如说全球化通过与本土文化融合，产生了新的社会系统。晚期现代性的另一个方面是，人们现在可以很容易地进行全球旅行。就如同工业化之后移民从农村来到城市、创造了新的社会结构，20世纪末期流动

1996年

在《信息时代：网络社会的兴起》（三卷本之第一卷）（1997，《认同的力量》，1998，《千年终结》）中，曼纽尔·卡斯特尔分析了信息技术的社会影响。

2002年

在《全球化与反全球化：超越大分水岭》中，戴维·赫尔德和安东尼·麦克格鲁指出全球化的对立的社会影响。

2009年

在《气候变化的政治学》中，安东尼·吉登斯警告拖延环境问题的危害。

1996年

在《消散的现代性：全球化的文化维度》中，阿尔君·阿帕杜莱考察了在全球化的世界中认同是如何形成的。

2002年

在《民族主义社会学：明天的祖先》中，戴维·麦克隆考察了全球化世界中民族认同的角色。

2007年

在《流动性》中，约翰·厄里解释了随着人们日益增长的全球流动，新文化和认同是如何产生的。

性的增强已经改变了社会模式。经济移民已经变得越来越普遍，人们不仅仅是涌向新的全球城市，还在国际舞台上就业和追寻繁荣。如同阿尔君·阿帕杜莱等指出，这已经导致了文化变迁，包括对认同形成的质疑。

文化和环境

许多社会学家尝试评估全球化对于本土文化和民族认同感的影响。在西方国家，来自不同文化背景的移民的流入已经改变了人们对于种族、宗教、文化的态度，特别是第二和第三代移民群体如何在移民国家中找寻他们自己的身份。

这种移民运动大多是由国家间的经济不平等导致的，后者并没有在全球化中得到缓解。根据伊曼纽尔·沃勒斯坦的观点，正是资本主义的散播使得国家之间的贫富差异得以延续。通过维持这种差距、掠夺发展中国家的资源，资本主义保持了一种经济优势。由于南北半球之间差异的不断扩大，桑托斯呼吁转变社会学思路，将边缘群体的视角纳入其中。

还有一些人，诸如乌尔里希·贝克，警告全球化伴随而来的风险，因为新技术和沟通的进步侵蚀了传统生活方式。与过去不同，我们不再是只面对本土范围内的自然风险，而且同时还有具有国际影响力的人为危机。环境问题或许是最大的威胁，但是正如安东尼·吉登斯指出的，作为一个社会整体，我们倾向于像鸵鸟一样把头埋进沙子里。一边享受着现代全球城市的优势，一边继续拖延对潜在问题的处理，或许要拖到再也来不及阻止灾难的那个时候。■

在流动的现代性世界中，须放弃所有总体性/整体性希望

齐格蒙特·鲍曼（1925年—）

背景介绍

聚焦

流动的现代性

主要事件

1848年 卡尔·马克思和弗里德里希·恩格斯出版《共产党宣言》，预言了资本主义的全球化。

1929–1935年 安东尼奥·葛兰西的霸权概念形塑了齐格蒙特·鲍曼的观点，认为资本主义文化具有高度弹性。

1957年 《罗马条约》的签订允许欧洲经济共同体内工人的自由流动。

1976年 鲍曼受到米歇尔·福柯的《规训与惩罚》的影响，特别是他关于监视的思想。

2008年 英国社会学家威尔·阿特金森（Will Atkinson）质疑鲍曼“流动的现代性”的概念是否经过了充分的仔细推敲。

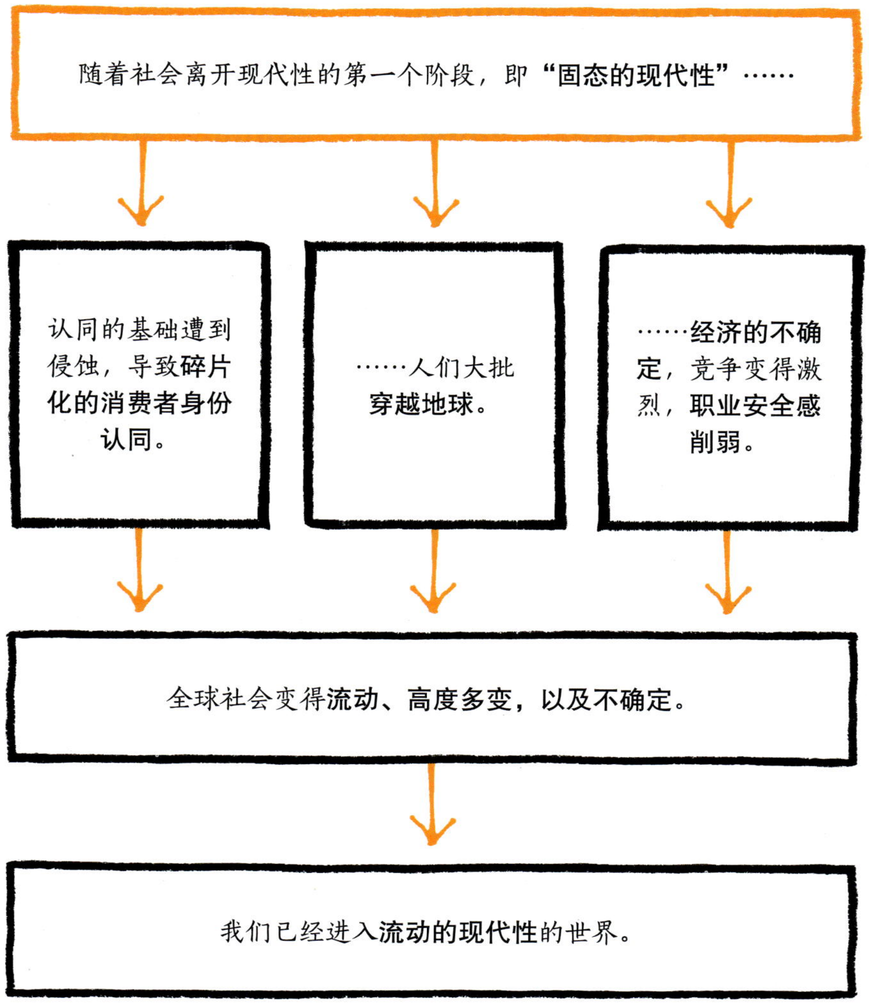

19世纪末期，社会围绕城市中心而结合扩展，西欧进入了一个以工业化和资本主义为特征的现代性阶段。在波兰社会学家齐格蒙特·鲍曼看来，社会已经从现代性的第一个阶段——他称之为“固态的现代性”——过渡到所谓“流动的现代性”的人类历史阶段。按照鲍曼的说法，这一新阶段充满了无尽的不确定性和变迁，同时在全球、系统层面上以及个体经验层面上影响人类社会。鲍曼的“流动性”概念是对当今生活的有力隐喻：移动的、流动迅速的、多变的、无定形的、无重心的以及难以预测的。事实上，流动的现代性是存在于现代社会在持续不断地重塑过程中的一种生活方式；随着风险的增加，后者也在以一种无法预测的、不确定的和困扰的方式变动。对鲍曼而言，流动的现代性是西方——现在也是全球——社会进化过程的当前阶段。如同卡尔·马克思一样，鲍曼相信人类社会进步的每一个新阶段都是从其前一个阶段发展而来的。因此，在试图理解流动的现代性之前，有必要先定义固态的现代性。

定义固态的现代性

鲍曼将固态的现代性看作是有序的、理性的、可预测的以及相对稳定的。它的标志性特色是人类行

参见：卡尔·马克思 28~31页，米歇尔·福柯 52~55页，马克斯·韦伯 38~45页，安东尼·吉登斯 148~149页，乌尔里希·贝克 156~161页，安东尼奥·葛兰西 178~179页。

为和制度以科层制方式组织起来，实践理性被用于解决问题和提出技术方案。科层制之所以存在，是因为它是组织和命令一大群人的行为和互动的最有效方式。尽管科层制有其致命的缺点（例如，人类生活会变得非人化，缺少自发性和创造性），它在实现目标任务方面极其高效。

按照鲍曼的观点，固态的现代性的另一种重要特征在于，社会结构中的高度平衡——即人们居住在一套规范、传统和制度相对稳定的环境中。就这一点，鲍曼并不是说固态的现代性不存在社会、政治和经济变迁，而是指变迁以一种相对有序的和可预测的方式发生。经济就是一个很好的例证：在固态的现代性中，大多数人——从工薪阶层到白领中产阶级——都拥有相对较高的职业安全感。从而，他们倾向于定居在同一片土地上、在同一个社区中长大，与父母和其他家庭成员上同一所学校。

鲍曼将固态的流动性看作是单向的、进步性的——是启蒙运动观点的现实写照：理性带来人类解放。随着科学知识的进步，人们对于自然世界和人类世界的认识和掌控也在增长。按照鲍曼的观点，在固态的现代性中，对科学理性的无上信仰体现在那些围绕国家议题和问题的社会制度和政治制度中。启蒙运动的思想在国家制度中根深蒂固，成为社会、政治和经济理想型的主要参照点。

鲍曼指出，在个体层面上，固

波兰奥斯威辛集中营由纳粹建造和使用。鲍曼把犹太人大屠杀看作是固态的现代性中高度理性和计划性的产物。

齐格蒙特·鲍曼

波兰社会学家齐格蒙特·鲍曼于1925年出生在一个波兰犹太家庭，随着1939年纳粹入侵，鲍曼全家被迫逃亡苏联。在来到以色列之前，他曾经在波兰红军中效力。1971年，他定居英国，现在是利兹大学社会学荣休教授。

鲍曼一生撰写了40多本著作，其中大约有20多本是他1990年退休之后完成的。为了表彰其对社会学的贡献，1998年他被授予西奥多·阿多诺奖，2010年被授予阿斯图里亚王子奖。2010年，利兹大学为纪念他而设立了鲍曼学院；2013年，波兰导演巴尔泰克·迪兹亚多斯根据他的生活和思想拍摄了一部名为《我欲为人之难》（The Trouble with Being Human These Days）的电影。

主要作品

1989年 《现代性与大屠杀》
2000年 《流动的现代性》
2011年 《流动的现代世界中的文化》

态的现代性带来一种稳定的个体身份认同和自我认知。固态现代个体拥有一种统一的、理性的和稳定的个体身份感，因为它感知于一系列稳定范畴，诸如职业、宗教信仰、国籍、性别、种族、休闲娱乐、生活方式等等。固态的现代性之下的社会生活——如同它所创造的个体——是自信的、理性的、科层化地组织的，以及相对可预测的和稳定的。

从固态到流动

在鲍曼看来，深刻而紧密相连的经济、政治和社会变迁带来了从固态的现代性到流动的现代性的转变。结果是导致一个由鲍曼所宣称的“强迫的、过度的、沉迷的对世界的重建”所推动的全球秩序。

鲍曼定义了从固态的现代性到流动的现代性过渡过程中的五个不同但又相互关联的发展。第一，民族国家不再是社会的“关键的承重结构”；当今的政府不论是在国内还是在国际事务中拥有的权力相对较小。第二，全球资本主义增长，多国或跨国公司不断增加，带来国家权威的去中心化。第三，电子技术和互联网使得沟通超越时空。第四，社会前所未有地风险化——置身于不安全和可能的危险因素之中。第五，全球范围的人口迁移日益增长。

鲍曼的固态的现代性思想在启蒙运动思想家那里得到了体现，诸如艾萨克·牛顿（由威廉·布莱克所画）使用理性改变社会。

> **如今，每个国家的人口都是离散之人的一种集合。**
>
> ——齐格蒙特·鲍曼

定义流动的现代性

根据鲍曼自己的观察，定义“流动的现代性”本身是一件矛盾的事，因为这一术语指的是一种不停变迁、流动和不确定的全球环境。然而，他指出，通过定义固态的现代性的特质，我们也有可能抓住流动的现代性中最重要的方面。

在意识形态层面上，流动的现代性摧毁了启蒙运动的信念，即科学知识能够改善自然和社会问题。在流动的现代性中，科学、专家、大学研究所、政府官员——那些在固态的现代性中的重要权威人物——在真理守卫人的角色上变得极度模糊。就科学家而言，人们越来越多地倾向于认为，他们制造的环境和社会-政治问题与他们所解决的问题一样多。这不可避免地使公众越来越多地对科学持怀疑和冷漠态度。

流动的现代性破坏了个人对于

就业、教育以及福利方面的确定性。如今，许多工人可以再培训或者换工作，有时甚至是多次——固态的现代性时代下典型的“终身职业”早就变得不现实和不可及。

“重建”，或公司裁员——鲍曼从美国社会学家理查德·桑内特那里借用的术语——变得越来越普遍，因为通过显著降低劳动力成本，能确保公司在全球市场的竞争中保持竞争力。在这个过程中，稳定永久的工作——那种固态的现代性中的典型——已经逐渐被针对具有高度流动性的劳动力所提供的短期雇佣合同所取代。与这种职业不稳定性紧密相关的是教育的角色和性质的转变。个人需要在他们的职业生涯中继续学习——往往是自费，以跟上他们自己职业领域中的最新动向，或者作为一种自我投资以确保他们在劳动力市场中的“畅销性”，而不至于被裁员。

与雇佣模式的变迁同时发生的还有福利国家的倒退。那些历史上曾被看作是可靠的“安全网”以对抗诸如生病或失业等个人不幸的国家福利政策，正在迅速地减少，特别是在住房、公费高等教育以及公共卫生领域。

流动的认同

固态的现代性基于工厂和工业设施中消费商品的工业化生产方式，而流动的现代性则基于对于消费品和服务的快速而无止境地消费。

鲍曼认为，这种从生产到消费的转变是社会结构消解的结果，例如职业、国籍，这些都是固态的现代性中身份认同的参照点。然而，在流动的现代性中，自我并不是固定的：它是碎片化的，不稳定的，往往充满内在矛盾，更多时候，不过是消费者选择（构成自我的同时，也彰显了自我）的总和。在流动的现代性中，真实的自我与表征

鲍曼将固态的和流动的现代性之间的关键差别界定为两套系统的四个特征。

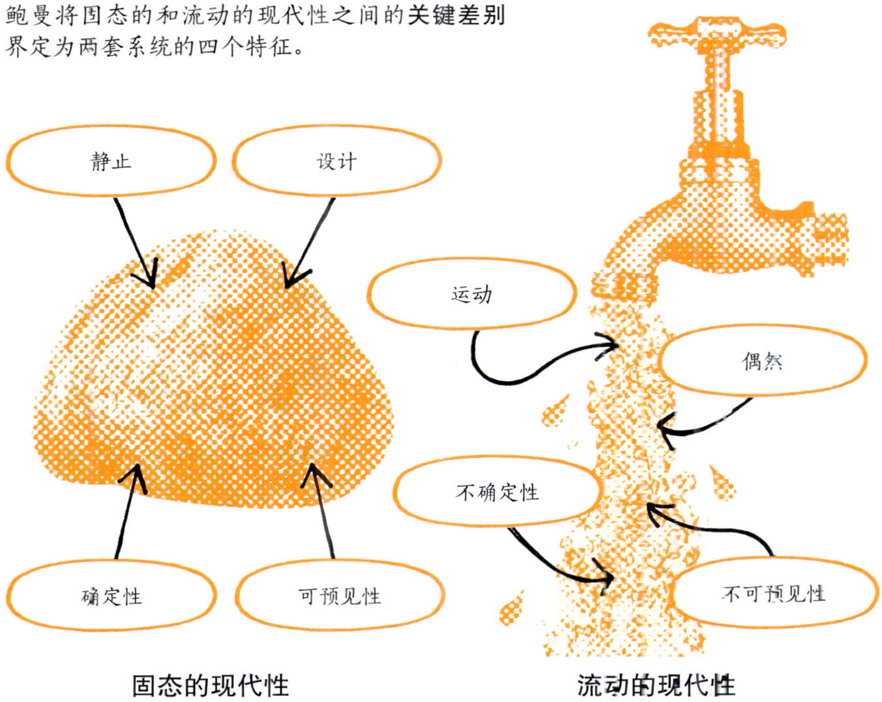

> **我们生活在一个日益全球化的世界中。这意味着，我们所有的人，自觉或不自觉地，彼此相互依赖。**
>
> ——齐格蒙特·鲍曼

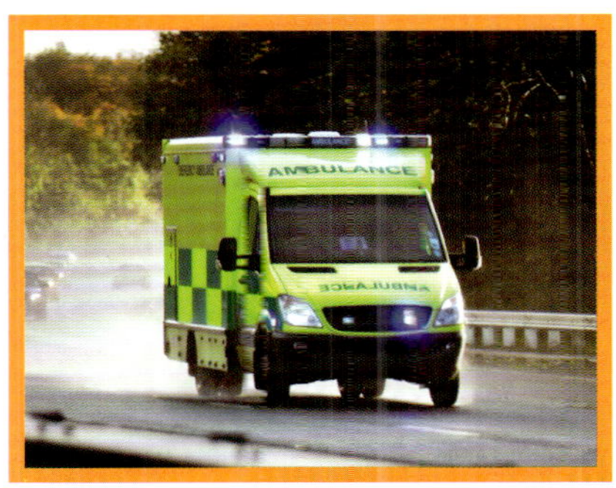

如同鲍曼所指出，福利国家近来已经饱受压力。例如，在英国，国民健康服务正在日渐削弱，尽管这一系统受到广泛支持。

个体认同的**自我创造**通过消费来实现，因为认同的传统源泉，如职业地位和家庭纽带，在流动的现代性中已经凋谢。

的自我之间的界限被消费者的选择所打破：按照鲍曼的观点，我们是由所购买的东西来界定的；除此之外，再无其他。内在和表象的意义混在了一起，已经不可能把它们分开了。

消费和认同

消费在建构个体自我认同中的重要性超越了获得消费商品本身。没有了固态的现代性所提供的那种认同的稳定来源，现代社会中的个体试图从一个更宽广的可选范围中寻求指引、稳定性以及个体方向，例如生活方式教练、心理分析师、性治疗师、整体生活专家、健康专家等。

个体已经陷入自我认同的困境，这在历史上是前所未有的，带来一种自我怀疑的无尽循环圈，而自省只会使个体变得更加困惑。最终，其所带来的结果是：我们的经历和日常生活经验正越来越多地伴随着持续的焦虑、烦躁不安，对于“我们是谁，以及我们在哪”的忐忑，以及对那些发生在我们周围的剧烈社会变迁的忧虑。

因此，流动的现代性原则上指的是一种被不确定性和不稳定性所困扰的全球社会。然而，这些不安定的力量并不是均匀分布在全球社会中的。鲍曼分析并解释了流动性、时间以及地点这些变量的重要性，以理解其原因。在鲍曼看来，在流动的现代性中，保持流动性的能力是一个极其重要的特性，因为它有利于成功追求财富以及个人成就。

旅游者和流浪汉

鲍曼区分了流动的现代性中的成功者和失败者。那些从流动的现代性中获益最多的人是那些享有社会特权的人，他们能在全世界范围内自由移动。鲍曼把他们称作“旅游者”，他们存在于时间而非空间中。意思是，通过触手可得的互联网技术和跨国航班，旅行者能够——事实上也确实是——穿越整个地球，并且选择在经济条件最好、生活水平最高的地方活动。与之成鲜明对比的是“流浪汉”，正如鲍曼所称，是那些静止的，或被迫流动的，被排除在消费文化之外

> **在流动的现代生活中，不存在永久的联系，我们所从事的任何事情，必须松散地连接，一旦情况改变，他们能够彼此分开……**
>
> ——齐格蒙特·鲍曼

> 如果你用你所获得的东西定义你的价值……被排斥是丢脸的。
>
> ——齐格蒙特·鲍曼

的人。生活对于他们来说，要么是被困在那些失业率高、生活水平低下的地方，要么作为经济和政治难民而被迫背井离乡，寻求就业、免受战乱或迫害。他们长期停留在哪里，哪里就会变得不宜居住。

对于鲍曼来说，全球范围的人口大规模移民和跨国流动是流动的现代性的特征之一，也是影响日常生活的不可预测性和持续多变性的因素：鲍曼所区分的旅行者和流浪汉两种社会类型则占据了这一现象的两个极端。

鲍曼理论的应用

齐格蒙特·鲍曼被看作是最具影响力和最杰出的现代社会学家之一。他选择不把自己划到任何一个特定的思想传统中——他的著作与许多学科相关，从伦理学、媒体、文化研究到政治理论和哲学。在社会学内，他关于流动的现代性的研究被绝大部分思想家看作是对这一领域的特殊贡献。

爱尔兰社会学家唐纳哈·马罗（Donncha Marron）将鲍曼关于流动的现代性的概念运用到对美国消费信用卡的考察中。沿着鲍曼的观点，对于商品和品牌的消费是个体建构他们的个人认同的关键内容，马罗指出，信用卡是这一过程中的重要工具，因为它非常适合帮助人们适应鲍曼所描述的那种流动的生活方式。例如，信用卡可以用来购物，满足消费欲望。它使得付款更加简单、快捷，并且相对容易管理。马罗也指出，信用卡也可以用来应付日常开支，特别是人们换工作或转行时。同时，信用卡本身总是打着所有者所感兴趣的商标，诸如足球队、慈善或商店。这些带着商标的卡片是一种微小但却直白的方式，通过这种方式，人们可以有选择地向外界展示他们是谁以及他们的身份。■

> ‘社区’如今成了失乐园的代名词。
>
> ——齐格蒙特·鲍曼

鲍曼的全球“旅行者”是流动的社会精英成员，他们拥有财富和职业地位，使他们能够享受到流动的现代性中最积极的方面。

现代世界体系

伊曼纽尔·沃勒斯坦（1930年—）

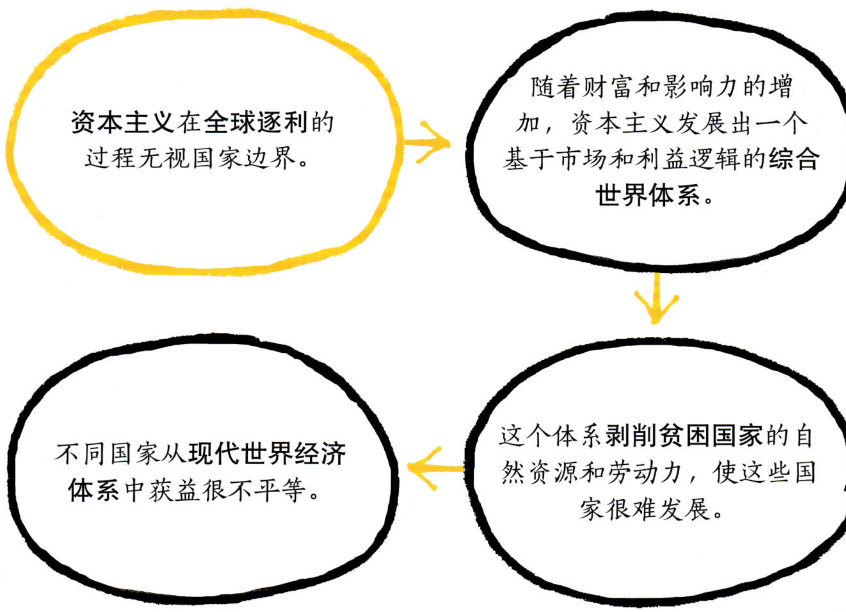

背景介绍

聚焦

世界体系理论

重要时间

16世纪 欧洲列强“发现”和殖民美洲和亚洲部分地区，奠定了全球资本主义的基础。

1750年 英国开始工业革命。

1815–1914年 新工业和社会与经济转型扩展到欧洲、北美、日本和澳大利亚的部分地区——这些地方的国家形成了现代经济体系的“核心”。

1867年 卡尔·马克思出版《资本论》第一卷，强调资本主义的剥削本质。

自20世纪以来 随着全球贸易的发展，包括前殖民地国家在内的新国家，融入了全球资本主义“体系”。

美国社会学家伊曼纽尔·沃勒斯坦在《现代世界体系》（1974）一书中指出，全球经济体系把世界中不同国家相互连接在一起，发达国家剥夺发展中国家的自然资源和劳动力。这一“世界体系”使得贫穷国家很难获得发展，并确保了富裕国家继续成为全球商品链以及工业资本主义所创造的产品和财富的主要获益者。

沃勒斯坦认为，随着欧洲国家，诸如英国、西班牙和法国，剥削被征服和被殖民化地区的资源，世界经济体系于16世纪开始产生。这些不平等的贸易关系带来了资本的积累，被再投资以扩大经济体

参见: 卡尔·马克思 28～31页，罗兰·罗伯逊 146～147页，萨斯基娅·萨森 164～165页，阿尔君·阿帕杜莱 166～169页，戴维·赫尔德 170～171页。

系。到19世纪末期为止，世界上大部分地区都已经被纳入这一商品生产和交换体系之中。

全球舞台

沃勒斯坦关于现代资本主义起源的思想将马克思的理论扩展到全球舞台。马克思关注资本主义是如何产生关于“剩余价值”的争夺的，他注意到这一事实：工人一天创造出比其收入所得更多的价值，这种额外的价值对雇佣者来说就是利润。在资本主义社会，富裕的社会精英剥削工人阶级以获得他们劳动的剩余价值。

沃勒斯坦发展了这一观点，将研究焦点集中在那些全球商品链中的获益者，认为在全球体系中存在着类似于阶级的国家群体，他称之为“核心”、“半边陲”和“边陲”。核心国家是发达国家，它们使用先进生产技术生产复杂产品。核心国家依靠边陲国家提供原材料、农业产品和廉价劳动力。半边陲国家拥有其他两个种类的混合式社会和经济特性。

核心和边陲之间经济交换的不平等性意味着核心国家以高出边陲国家的价格出售它们的制成品。半边陲国家同样也能从边陲国家不平等的贸易关系中获益，但在与核心国家的经济交换中通常处于劣势。

沃勒斯坦认为，这种世界体系是相对稳定的，不容易改变。在这个体系内部，国家可以“上下”移动，核心国家的军事和经济实力，以及半边陲国家的野心，使得这一全球关系不可能被重塑得更加平等。

20世纪70年代，沃勒斯坦关于现代世界体系的思想开启了关于全球化的讨论，直到80年代末期及90年代初期，该思想才变成社会学的核心关注之一。因此，他的成果被看作是对经济全球化及其社会－政治影响的早期贡献。■

现代世界体系是基于类似于阶级的国家群体，它导致了这些国家之间经济和贸易关系的不平等。

边陲国家处于无权和被剥夺的地位；它们拥有基于农业和矿业的有限经济基础，为半边陲和核心国家提供商品、原材料和廉价劳动力。

半边陲国家拥有中等水平的富裕、自主性和经济多样性。

核心国家发达、工业化且富裕；它们在现代世界体系的处于核心支配地位。

财富和不平等的全球模式

社会科学家最初使用“第一世界”(发达西方国家)、“第二世界”(工业化共产主义国家)和“第三世界”(殖民地国家)的术语讨论全球不平等。国家地位高低是根据它们资本主义企业、工业化以及城市化的水平来衡量的；这一观点认为贫困国家只需要更多具有发达国家那样的经济特征就可以摆脱贫困。

沃勒斯坦反对那些认为第三世界仅仅是低度发展的观点。他将焦点集中在全球经济背后的经济过程和联系，认为尽管一个国家在世界体系中的位置最初是历史和地理的产物，全球资本主义的市场力量强化了核心和边陲国家的区别，因此有效地将不平等制度化下来。

全球问题，本土视角

罗兰·罗伯逊（1938年—）

背景介绍

聚焦
全球化

主要事件

1582–1922年 从欧洲天主教国家开始，最终到东亚和苏联，格里高利历法（公历）成为国际通用的历法。

1884年 格林尼治时间（GMT）作为世界标准时间，成为全球24小时时区体系的基础。

1945年 联合国成立，以促进国际合作。

20世纪80年代 日本公司开发促使全球产品适应本土市场的策略，他们称这一过程为“全球本土化”。

20世纪90年代 罗兰·罗伯逊在其关于“全球化”的研究中扩展了日本“全球本土化”的概念。

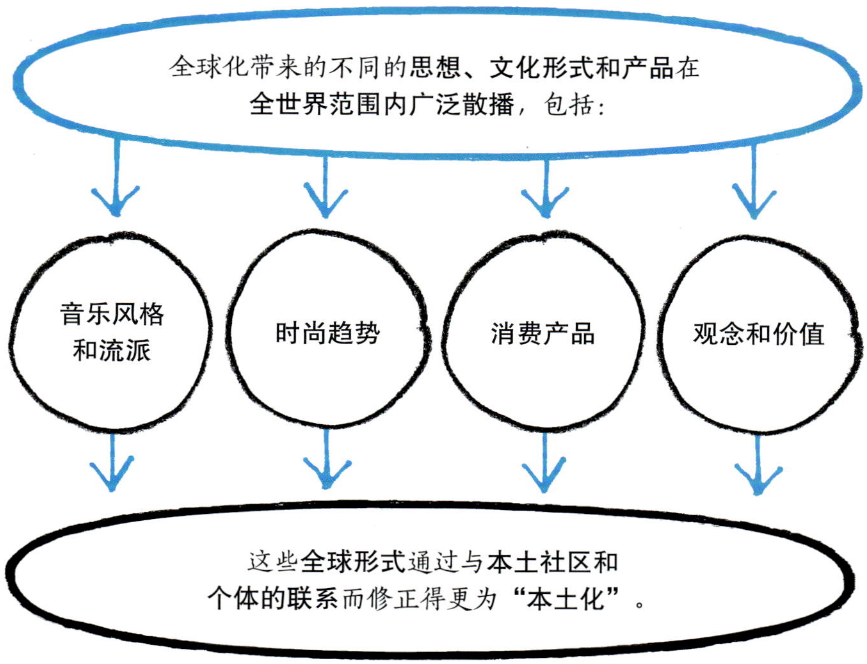

全球化导致新的文化形式，全球产品、价值和品位与它们的本土对应物融合在一起。按照英国社会学家罗兰·罗伯逊的观点，这种全球和本土的相互融合，是现代社会的重要特征，带来了创新的可能性。在《全球化：社会理论和全球文化》（1992）一书中，罗伯逊认为全球化核心中的文化动态可以通过聚焦于四个领域的相互关系去理解：“自我”、“民族国家”、“诸社会组成的世界体系”，以及“全人类的概念”。这一聚焦使他能够考察一个人的自我身份与

参见：乔治•瑞泽尔 120～123页，伊曼纽尔•沃勒斯坦 144～145页，萨斯基娅•萨森 164～165页，阿尔君•阿帕杜莱 166～169页，戴维•赫尔德 170～171页。

足球是一种“全球运动”。社区认同他们的球队，发展出独特的传统和足球文化，并把它们带到国际竞赛中。

国家、全球文化影响之间的关系。

例如，一个人的自我可以通过其与国家的关系、与社会之间的互动的关系、与全人类的关系（性倾向观念、种族观念等）而定义。在这一点上，罗伯逊考察了全球化和本土化在对个人的经验和行动的影响力中的紧张关系。

罗伯逊强调“全球统一性”：全球化和文化交流似乎引起了一种全球文化形式。这是一项通往由西方文化产品和信仰——例如好莱坞电影和美国流行音乐——所主宰的世界的运动，并通过各社会之间联结的增加以及人们逐渐意识到世界是一个单一的社会文化实体而变得可能。

但是，罗伯逊强调，“全球统一性”的出现并不意味着世界正向着所有东西都一样或“同质性”的单一全球文化的方向前进。相反，他指出，当面对来自其他社会的文化流动时，文化群体及其产品之间的差异可能会更为突出。这可能会带来本土和全球文化之间的动态互动，人们修改各种文化形式，以适应他们特殊的社会文化背景。

混合“全球”和“本土”

为了显示全球和本土是如何联系及相互融合的，罗伯逊推广了“全球本土化”的概念。这一概念是从跨国公司的实践及它们将全球产品打入本土市场的策略中发展而来的。例如，快餐连锁公司麦当劳就新创了许多“全球本土化”的汉堡，试图去迎合美国之外的消费者的需求（例如为印度人特别准备的“巨无霸鸡肉堡”，印度人不吃牛肉）。在社会学中，全球本土化在更广泛的意义上指代全球文化产品和形式的本土化。

因此，全球化是一个包含“普遍化和特殊化趋势”的双重过程。一方面，文化形式、产品和价值在全世界范围内传播，另一方面，它们也受到不同社会个体的调试和修改。因此，本土和全球之间产生了一种紧张关系，进而导致文化创新和社会变迁；例如，人们融合那些诸如嘻哈音乐、韩国流行音乐，以及独立音乐等全球熟知的音乐风格来讲述“本土故事”。■

文化混杂

全球沟通的日渐兴起带来了罗兰•罗伯逊所称的“文化交织”现象。在荷兰社会学家扬•皮埃特斯（Jan Nederveen Pieterse）看来，随着全球影响的突变以及与本土的混合，结果带来“全球本土化的”多样性，或文化“混杂”。这种全球-本土进程的典型例子就是拍电影。

20世纪初，好莱坞电影鼓舞了印度电影产业。然而，印度电影人专注于修改好莱坞电影：他们积极制作自己的艺术形式，以迎合当地文化，反映其独有的表达形式。这样一来，他们开创了一种全球与本土的创造性结合。印度电影题材广泛——从这个国家的古老史诗和神话到传统戏剧——并用多彩、独特的方式重新讲述它们。印度电影被称为“宝莱坞”，很好地吸引了印度之外的观众。

> **本土文化改编并重新定义任何可能的全球文化产品，以满足它们特定的需求、信仰和习俗。**
>
> ——罗兰•罗伯特

气候变化是一个必须要考虑的问题

安东尼·吉登斯（1938年—）

背景介绍

聚焦

吉登斯悖论

主要事件

1900年 随着诸多国家大力发展工业经济，带来经济增长，现代性继续传播。

1952年 雾霾，一种有毒的、类似烟雾的空气污染笼罩伦敦，导致大约4000人死亡，最终带来《清洁空气法》（1956）的颁布。

1987年 签订“蒙特利尔议定书”，通过管制对臭氧层有不良影响的物质生产活动，保护臭氧层。

1997年 签订联合国公约“京都议定书”，目的是减少工业化国家中温室气体的排放，防治气候变化。

2009年 “哥本哈根协议”重新确定了减少温室气体排放的任务。

世界岌岌可危，在英国社会学家安东尼·吉登斯看来，这至少要部分地归咎于全球化。他相信，现代性创造了一个“逃亡世界”，政府和个人面临着诸如气候变化之类的全球风险。他对于这一重要研究领域的贡献之一是，解释了为什么政府和个人不愿意立即行动去应对全球变暖的原因。

现代性的全球化

自1990年《现代性的后果》一书问世以来，吉登斯就一直强调全球化的后果，以及它是如何改变社会制度、社会角色以及社会关系的。他指出，发达社会和新型工业化社会中充斥着已经与前工业社会截然不同的经验和关系。

现代性的全球化及其影响标志着人类文明进入一个新的阶段，吉登斯把它称为“晚期现代性”。他用“骑在怪物上”的比喻指出现代世界如何变得“失控”以及难以控制方向。虽然晚期现代性的生活有时是“值得的”和“令人愉快的”，但个体同时也必须面对新的不确定性，处理信任的缺失以及应付新的挑战和风险。

吉登斯将人为的（人类导致的）气候变化看作是人类面临的最重要的风险和挑战之一。工业化社会燃烧了大量的矿物燃料以发电。这种能源生产的副作用就是二氧化碳，它存在于大气层中，挡住了来

> 人们总是很难像对待眼前一样平等地对待未来。
>
> ——安东尼·吉登斯

参见：齐格蒙特·鲍曼 136～143页，曼纽尔·卡斯特尔 152～155页，乌尔里希·贝克 156～161页，戴维·赫尔德 170～171页，托斯丹·凡勃伦 214～219页，丹尼尔·贝尔 224～225页。

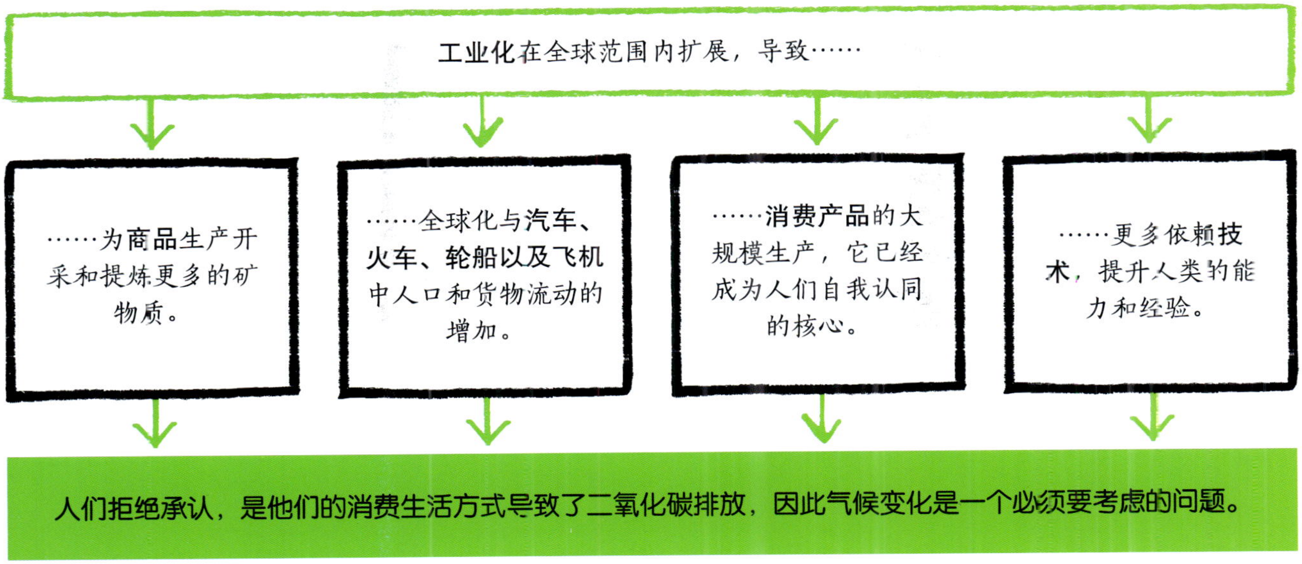

自太阳的热量，导致“全球变暖”和极端天气事件，例如干旱、洪涝和飓风。

创新性解决办法

在《气候变化的政治学》（2009）一书中，吉登斯指出由于环境恶化和气候变化而带来的危害并不明显或不会在日常生活中立即显现，许多人“……并不对它们采取实质性措施，而是等待，直到这些危害变得凸显且尖锐——大灾难的形成毫无疑问是气候变化的后果，人们应该痛下决心采取实际行动。”

“吉登斯困境”就是他用来定义这种眼前的回报与未知危险和灾难的威胁间的脱节状况。然而，吉登斯对于未来是乐观的。创造工业社会和高科技社会的人类智慧同样也能够找到减少碳排放的创新解决办法。例如，国际合作通过在国家间引入碳贸易框架和碳税，以市场力量来奖励那些减少温室气体排放的公司。新技术也已经被发明、改进和共享，它能潜在地结束世界对于矿物燃料的依赖，为发达国家和发展中国家提供廉价、清洁的能源资源。■

未来折现

在吉登斯看来，“未来折现”的概念解释了为什么人们着手解决当前的问题而忽视未来他们可能面临的威胁。他指出，人们总是选择眼下的小恩小惠，而不愿意为未来可能的巨大回报而采取行动。同样的心理学原理也适用于风险。

吉登斯使用吸烟者的例子来证明自己的观点。大家都知道吸烟有害健康，为什么还有年轻人选择吸烟？对于一个青年吸烟者，他很难想象自己40岁的样子，那时候吸烟的危害才开始显现并带来潜在的致命后果。这类比也适用于气候变化。人们沉迷于由矿物燃料带来的技术进步和流动性。相较于处理恼人的现实，忽视气候科学家的警告似乎更容易做到。

没有全球认知公正，就没有社会公正

博温托·迪·苏萨·桑托斯（1940—）

背景介绍

聚集

南方的认识论

主要事件

1976年 世界七个最富有和最具影响力的民族国家组成G7，目的是讨论全球事务。

1977年 在《科学嘉年华：科学、技术和发展文集》一书中，印度学者什维·维斯瓦纳坦（Shiv Visvanathan）创造了“认知公正”一词。

2001年 反全球化活动家在巴西成立世界社会论坛，探讨可持续发展和经济公正的替代性道路。

2014年 英国社会学家戴维·英格利斯使用桑托斯关于知识多元性的观点来批判性地看待大都市社会的发展。

西方资本主义世界秩序已经扎根，不仅在经济和政治层面上，同时也在**知识形式**上，将国家进行分层。

↓

这带来一种**文化战争**，北半球拥有**科技武装的知识**，将南半球看作是**文化上低人一等的**。

↓

只有文化进入一种**基于相互尊重并承认不同形式知识的存在的对话中**，**全球平等**才有可能实现。

↓

没有全球认知公正，就没有社会公正。

法国社会学家埃米尔·迪尔凯姆提出知识和文化是不可分割的。他宣称，一个群体的文化——集体创造的思想以及思考问题的方式——形塑了其成员在社会中积累世界知识的方式。

葡萄牙社会学家博温托·迪·苏萨·桑托斯在伊曼纽尔·沃勒斯坦世界体系理论基础之上，同意这种关联的存在，并将这一思想拓展

参见：齐格蒙特·鲍曼 136～143页，伊曼纽尔·沃勒斯坦 144～145页，罗兰·罗伯逊 146～147页，阿尔君·阿帕杜莱 166～169页，安东尼奥·葛兰西 178～179页。

到他所称的由全球化带来的文化战争中。他指出，世界被划分成支配（“霸权”）群体、国家和意识形态与被支配（“反霸权”）群体、集体和观念两派之间不均等的冲突。战争在多种不同领域发展，包括经济、科技和政治。

文化和权力

桑托斯认为，世界文化——连同嵌入其中的知识——因着更广泛的资本主义权力关系而呈现出等级划分和不平等获得的特点。参考哲学术语“认识论”（来自episteme，“知识”），他指出，在世界舞台上，一些国家被其他国家边缘化是与认知论排斥密切相关的。由于社会研究的主流模式是由北半球所强加的，他把来自边陲国家的不同路径称为“南方的认识论”。

在桑多斯的研究中，他承认，他的目标是结束这种排斥的等级，因为“没有全球认知公正，就没有社会公正”。他坚持认为，世界的文化多样性是与认知论的多样性一致的；任何旨在根除目前不平等的全球努力都应该将这一点置于核心。桑托斯认为，其中最大的障碍在于，北半球的科学知识在知识的社会等级中处于“霸权”地位。

技术主宰

北半球加诸在南半球之上的资本主义和帝国秩序有其认识论的基础。西方列强之所以有能力统治世界许多地方，不只是通过将现代科学提升到普世知识的地位，从而占据一种高于其他所有知识类型的地位。此外其他非科学的知识形式，以及由这种知识所形成的不同社会群体的文化和社会活动，都在现代科学的名义下受到压制。现代科学已经殖民化了我们的思想，以至于任何偏离它的努力都被看作是非理性的。例如，西方媒体将中东文化描述成是非理性的和过度感性的，这会带来“毁灭性的后果”。

与此不同，桑托斯热衷于发展一种能带来多元性的跨国文化对话：一种“解放的、非相对论的、世界性的知识生态”，其核心是承认差异、并承认差异和共存的权利。桑托斯认为，只有通过这些方式，我们才有可能实现对各种社会运作机制的真正的全球理解。这一观点启发了一些群体，他们为之努力，例如，世界社会论坛试图通过寻找资本主义的替代品，从而达到社会和经济公正。■

原著部落，例如巴西的卡亚波（*Kayapó*）人，懂得治愈植物的方法。西方制药公司剥削了他们的这一知识，但却没有给这一部落足够的报酬。

博温托·迪·苏萨·桑托斯

博温托·迪·苏萨·桑托斯是葡萄牙科英布拉大学（University of Coimbra）教授。他在美国耶鲁大学获得博士学位，是威斯康星-麦迪逊大学的访问教授。他是强社会和公民运动的辩护者，并将之看作是实现参与式民主的关键。

2001年，迪·苏萨·桑托斯成立世界社会论坛，作为反对新自由主义经济政策和跨国公司资本主义所导致的全球化形式的阵地。他在许多领域发表作品，包括全球化、法律社会学、国家、民主以及人权等。

主要作品

2006年 《全球左翼之崛起：世界社会论坛》
2007年 《全球世界中的人知公正：体面生活的明智知识》
2014年 《南方的认识论》

思维力所释放的生产力

曼纽尔·卡斯特尔（1942年—）

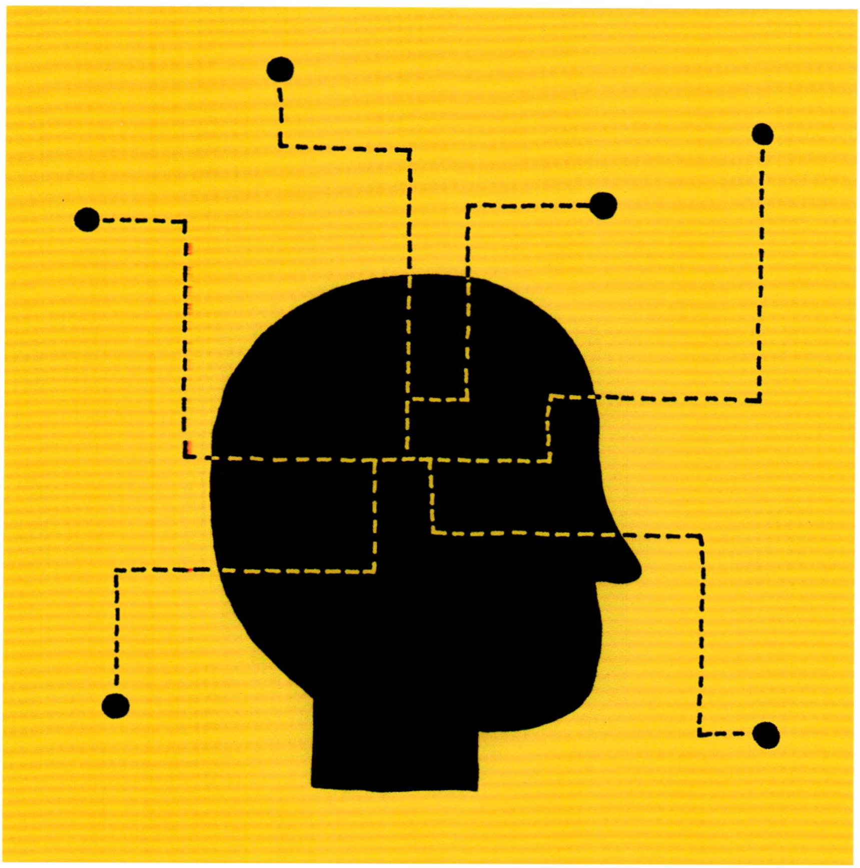

背景介绍

聚焦

网络社会

主要事件

1848年 卡尔·马克思和弗里德里希·恩格斯在《共产党宣言》中预言资本主义全球化的到来。

1968年 曼纽尔·卡斯特尔跟随法国社会学家阿兰·图海纳研究社会运动和对资本主义的抵抗。

自1990年起 各公司越来越多地采用互联网技术，互联网技术已拓展到广阔的公共和私人生活领域。

1992年 美国社会学家哈里森·怀特撰写“市场、网络和控制”一文，讨论网络理论。

1999年 荷兰社会学家范迪克（Van Dijk）出版《网络社会》一书，讨论诸如“脸书”之类的社会媒体。

20世纪最后50年见证了科学与网络数字技术发展方面的巨大进步。西班牙社会学家曼纽尔·卡斯特尔（他的研究跨域了沟通和信息研究，并深受卡尔·马克思的影响）认为，这些进步塑造了世界范围内的经济、社会和政治的发展，同时也反过来深受后者的影响。这使得卡斯特尔将研究焦点集中在全球化问题及其对经济、社会的影响上面。

对于马克思来说，工业资本主

参见: 卡尔•马克思 28~31页, 尼克拉斯•卢曼 110~111页, 齐格蒙特•鲍曼 136~143页, 安东尼•吉登斯 148~149页, 乌尔里希•贝克 156~161页, 丹尼尔•贝尔 224~225页, 哈里•布雷弗曼 226~231页。

"网络社会"是一个相互连接的全球利益社区……

……其中使用网络或者"流动的空间",不再是社会统治群体的特权。

这意味着,任何人在任何地方都可以使用电子通信技术进行任何创造性活动。

义是基于商品生产之上的。在20世纪70年代,美国社会学家丹尼尔•贝尔引入"后工业主义"一词来指代向服务业主导经济的转型。卡斯特尔认为,先进的互联网技术的崛起意味着当今资本主义的核心是信息和知识。人类社会已经走出了工业时代而进入到了信息时代,它的社会结构性表达便是"网络社会"。

一个网络化的世界

信息时代是以各种专门知识的创造和传播为特征的,诸如世界原油价格的浮动、金融市场的起伏等。在发达资本主义社会,金融资本和信息网络已经成为生产力和竞争力的核心。

从商品和服务的生产向信息和知识的转变,极大地改变了社会和社会关系的性质。卡斯特尔指出,人际关系、制度以及整个社会的主流组织模式是网络。另外,这些网络的可塑性和开放性意味着它们可以在全球范围内扩展。

古典社会学家诸如卡尔•马克思、埃米尔•迪尔凯姆以及马克斯•韦伯,使用"社会"这一术语指代某一个特定民族国家中的社会。例如,基于这一点,美国社会和英国社会既存在一定差异,又在某种程度上拥有共性。然而,在卡斯特尔的研究中,民族国家已经变得更具全球性并无所不包。民族国家的相对自主性及其内部社会结构都已经不存在——它已经被重新想象为许多重叠和交叉的网络。

一想到通过网络完全互联的世界,脑海里就浮现出地球上各个角落的人在这个不停变动的网络中总是处于不同类型的互动关系中——不再受地理或国籍的限制,而只会受到人类想象力的限制。通过诸如谷歌之类的搜索引擎,我们现在可以24小时随时获得信息,可以在聊天室里与万里之外的人聊天,即时交流。

卡斯特尔用多种方式阐释了网络的概念。基于微电子技术的网络定义了网络社会,并取代科层制成为组织社会关系的主要方式,因为它们更善于应对复杂性。除了金

巴西证券期货交易所,位于巴西圣保罗,是拉丁美洲最大的股票交易所。其纯电子交易环境是信息时代全球经济的典范。

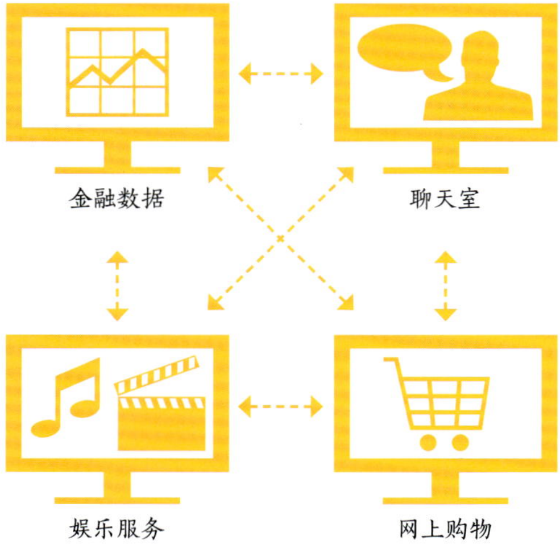

网络社会是由全球一体化且人人都支付得起的电子通信技术所带来的结果，它改变了我们的生活方式、思维模式以及行为方式。如今，原本素昧平生的人通过即时通信，实现商品买卖或信息思想的交流。

融贸易和资本投资的经济网络，微电子网络还包括政治和人际网络。“网络国家”包括跨国政治实体，诸如欧盟，而人际网络的典范则通过互联网、电子邮件，以及诸如脸书、推特之类的社交网站展现出来。

卡斯特尔认为网络可以被如下定义：它没有“中心”；它由许多重要性各不相同但都必不可少的节点组成，以维持网络的运作；网络所特有的社会权力在一定程度上依赖于能够处理多少信息；一个网络只处理某一类型的信息，即与其相关的信息类型；网络是一个开放的结构，能够无限地扩展和浓缩。

卡斯特尔强调网络社会的高适应性特征。关键在于网络内部及其周围的社会秩序要求高度动态的、创新性的并能够适应持续而高速的社会变迁。卡斯特尔将网络化的社会关系定义为“人类活动的动态的、自我拓展的形式”，它能改变社会和经济生活的所有领域。

社会动力

个人和制度是否加入或被排除出某种社会网络，为卡斯特尔提供了研究网络社会中权力运作机制的机会。他总结到，随着时间的推移，网络化的关系最终会改变社会结构。

卡斯特尔的初步结论是：那些在大型跨国公司或机构中工作的人，以及处于全球金融流动网络中的人，构成了社会的统治群体——他称之为“技术官僚-金融-管理精英”。这些精英在世界体系中占据着指挥控制的重要职位，他们倾向于生活在全球性城市中——在那里，跨国实践和利益得以再生产。

同时，与之相对，大众的生活往往是本土的而非全球的——人们围绕和散布在那些地理上聚居的地方，社会关系以共享的生活方式为特征。因此，卡斯特尔指出，大部分人将有意义的认同和生活建立在某一实际的特殊地理位置之上，即“地域的空间”，而不是无形的、无地点的电子网络世界，即“流动的空间”。

然而，随着互联网和社会媒体的传播，利用流动的空间来展示权力的那种统一的、大都市的全球精英观看起来过于简单化。经济贫困的社会群体可能会发现，他们很难和社会主宰群体一样，将他们的生活方式融入或者置于互联网技术中，但是情况已经渐渐在改变。卡斯特尔现在宣称，“任何人想做任何事情，都能够获得这种流动的空间，并利用它为自己的目标服务”。

反资本主义组织，诸如“反资本主义倡议”（明确指出自己是一个网络社区），利用互联网，以创新的方式通过在“流动的空间”中迅速发展的网络连接人们。卡斯特

> **网络已经成为人类活动各个领域中主要的组织形式。**
> ——曼纽尔·卡斯特尔

尔借用墨西哥萨帕塔民族解放运动（Zapatistas）的例子来证明，通过流动的空间，那些挑战政府和精英制度的边缘群体可以积聚社会权力。萨帕塔成功地在网络空间中吸引了媒体的注意力，利用互联网展示静坐运动，使用编程堵塞政府服务器和网站，以及设计和协调线下活动。

是反面乌托邦还是乌托邦？

卡斯特尔关于“信息时代”和“网络社会”的两个概念，为理解全球化和信息技术给人类生活和社会关系所带来的巨大转变提供了一套强大的分析工具。

马克思的“异化”概念在卡斯特尔的著作中始终得到共鸣，它试图解释我们周围世界中所发生的剧烈变迁过程，并力争收回对它们的控制权。然而，其他全球化理论家，诸如安东尼·吉登斯、乌尔希里·贝克以及齐格蒙特·鲍曼认为，人类已经创造了一个失控的且异化了的全球社会。

卡斯特尔的研究也招致了许多批评。例如，社会学家鲍曼认为，考虑到人们当下所面临的社会、经济、政治和环境问题的“现实”，它是一种乌托邦。也有人否认当今社会和经济秩序是历史性地前所未有的；英国社会学家尼古拉斯·加汉姆认为，网络社会更准确地讲是工业社会的发展，而非是人类社会发展的全新阶段。英国社会学家弗兰克·韦伯斯特指责卡斯特尔的技术决定论——认为技术进步形塑社会关系，但是并不决定它们，相反，这两者相互影响。

无论网络社会是否新奇或有益，毫无疑问，世界正变得日益相互连接，并依赖数字技术，这正在重新形塑着社会关系。对卡斯特尔来说，充斥着网络的全球社会的崛起最终是正面的。它使来自遥远地方的人能够互动，为人类利用其集体性生产资源去创造一个新的、进步的世界秩序提供可能。他指出，如果我们“消息灵通、积极主动，能在全球范围内沟通”，那么我们就“能探索内心的自我，在彼此之间找到和平”。■

> **组织总是分布在一定的地域上……而组织的逻辑则是无地域的。**
>
> ——曼纽尔·卡斯特尔

曼纽尔·卡斯特尔

曼纽尔·卡斯特尔1942年出生在西班牙。在积极参加学生反弗朗哥运动之后，他离开西班牙来到法国，于20世纪60年代晚期政治动乱时期，在巴黎大学攻读社会学博士学位。

20世纪80年代，卡斯特尔来到美国加利福尼亚州——硅谷之乡。大约十年之后，他撰写了影响深远的关于网络社会的三卷本著作，即《信息时代：经济、社会和文化》。

卡斯特尔是一位极具影响力的社会科学思想家。他是位于洛杉矶的南加州大学（USC）的社会学家，推动创立南加州公共外交中心，同时也是安南堡国际传播研究网络（ARNIC）的成员。

主要作品

1996年 《信息时代（第一卷）：网络社会的兴起》

1997年 《信息时代（第二卷）：认同的力量》

1998年 《信息时代（第三卷）：千年终结》

我们正生活在一个失控的世界中

乌尔里希·贝克（1944—2015年）

背景介绍

聚焦

风险社会

主要事件

1968年 罗马俱乐部思想库成立，并于1972年出版研究报告《增长的极限》，指出过度人口增长带来的风险。

1984年 美国社会学家查尔斯·佩罗出版《正常事故：高风险技术中的生活》一书。

1999年 美国社会学家巴里·格拉斯纳（Barry Glassner）在《恐惧文化：为什么美国人害怕犯错》一书中运用了乌尔里希·贝克的风险概念。

2001年 美国“9·11”恐怖袭击改变了全世界对于由国际恐怖组织所带来的风险的感知。

我们进入一个**“反身性”现代性**的新时代，它充满着**不确定性和不安全感**。

↓

曾经一度带来进步的**科学和技术革命**现在被认为**引发了发展问题和全球风险的问题**。

↓

一切都不再是永恒不变的，**科学家和政策制定者就合适的风险应对**产生**分歧**。

↓

对制度和专家丧失了原有的尊重，这产生不确定性和怀疑，我们开始担心我们正生活在一个失控的世界中。

人类社会总是遭遇危险，历史上，它们通常来源于大自然。近年来，科学、技术和工业带来了繁荣，但同时也带来新的危险（例如，核能所带来的危险），这使得个人和社会将思想焦点集中在探寻安全和可测性风险上。20世纪80年代中期，德国社会学家乌尔里希·贝克指出，在过去几十年中，我们与社会及其制度的关系已经发生深刻改变，它要求找到一种新的思考风险的方式。贝克认为，社会生活正从现代性的第一个阶段过渡到新兴的第二个、或“反身性的”阶段。人们开始意识到，控制以及战胜大自然和社会变得不可能。这一意识本身可能会带来对那些过去曾一度给予安全感和慰藉的社会结构的极度失望。

这一新阶段的主要特征是全球“风险社会”的出现，贝克指的是，个人、群体、政府以及公司越来越关注风险的生产、散播和经历。我们现在不得不直面那些前人无法想象的问题，这需要新的社会应对方式。

在他早期的作品中，贝克特别指出核能、化工业和生物技术带来的风险。他认为运用科学技术以满足人类需求已经到达了一个关键门槛；我们的进步已经在前所未有的范围和规模内带来了灾难的可能性。一旦这种灾难发生，它必定会

参见： 奥古斯特·孔德 22～25页，卡尔·马克思 28～31页，马克斯·韦伯 38～45页，安东尼·吉登斯 148～149页。

很严重，以至于几乎不可能消解其影响或回到原来的样子。

风险的特质

贝克定义了风险的三个显著特征。第一，全球无可挽回的毁灭：事故无法补偿，因此保险毫无用处。第二，事后护理和预先防范毫无用处：我们不能恢复到事故发生前的状态。第三，无限度的时间和地点：事故是无法预测的，其地点可以跨越国界，持续相当长的一段时间。

就应对这些未来可能发生的灾难而言，传统风险计算方法在21世纪我们所面对的新风险类型面前早已过时，比如流行病、核能危机或者转基因食品。那么，科学家、企业以及政府将如何应对这种潜在的灾难风险呢？

真实而虚拟的风险

贝克指出了社会在看待风险问题上的模糊立场。一方面，它们是真实的——它们是科学和技术进步中客观而潜在的威胁。即使政府试图假装它们不存在，它们也无法被忽视。然而同时，风险也是虚拟的，它表现出人们对于那些还没有发生或是永远不会发生的事件的当下忧虑。尽管如此，这些风险以及对灾难的预期带来的显而易见的威胁，成为摆在科学家、企业以及政府面前的新挑战。

贝克看到，在风险问题上，没有人是专家。风险天生具有复杂性，这意味着，科学家往往难以在可能的严重性或者如何设立合适的安全程序等方面达成共识。事实上，公众却认为，可能也正是那些

> **无论是科学，还是政治当权者，都没有能力理性地定义或控制风险。**
>
> ——乌尔里希·贝克

科学家——在他们操控基因或原子核裂变的过程中——创造了这些风险。

虽然公众对科学家产生了怀疑，但贝克指出，他们绝不是风险的创造者。正是因为我们无法感知、听到、闻到或者看到面前的风险，我们更需要那些科学家来帮助我们测量、计算以及认识风险。

乌尔里希·贝克

1944年乌尔里希·贝克出生在德国斯武普斯克市（Stolp），该市现在已经归入波兰。自1966年起，他在慕尼黑大学学习社会学、哲学、心理学以及政治科学。1972年，他在慕尼黑大学获得博士学位，并于1979年晋升为大学讲师。他随后在明斯特（Münster）大学和班贝格（Bamberg）大学担任教授职位。

自1992年起，贝克开始在慕尼黑大学任社会学教授，并任慕尼黑大学社会学研究所所长；他同时也是伦敦政治经济学院的访问教授。贝克是欧洲最负盛名的社会学家之一；除了他的学术著作和研究，他还在媒体上发表时事评论，积极参与德国和欧洲政治事务。贝克于2015年逝世。

主要作品

1986年 《风险社会》
1997年 《全球化是什么？》
1999年 《世界风险社会》
2004年 《世界主义观》

使风险变得有意义

贝克指出，所谓“新社会运动”的重要意义在于引起公众对于风险的重视。例如，绿色和平——一个致力于环境保护的独立组织，发起过许多高调的宣传运动，吸引公众对于那些由公司和政府引起并被低估的环境风险的重视。

贝克认为，媒体提高了公众对于风险的焦虑。为了吸引眼球，新闻往往抓住那些公司或政府在处理风险方面失策的故事，或者耸人听闻地报道技术发展带来的潜在威胁。

虽然他们的目的是自私的，但贝克认为，它也有正面的意义，因为这有助于引起公众对于风险的重视，促进公共讨论。通过给抽象风险赋予有力的象征形式，媒体使得风险对于每个人而言变得可视化和有意义。例如，未来几十年全球变暖的后果可能有点不真实和抽象，但是，“过去-现在”的冰川消融景象，或者是北极熊危险地站在消融的冰块上的一些照片，直白地传递了一种强烈的信号：世界正面临风险。

> **简言之，财富是有等级的，烟雾却是民主的。**
>
> ——乌尔里希·贝克

生活在风险社会的各种社会后果之一是不平等性质的改变。过去，通过花更多的钱住在一个更安全的社区，或者购买私人保险获得更好的医疗照顾，富人能够保护他们自己远离风险。然而，现在人们再也不能够在各种现代风险中买到出路。在一定程度上，通过吃更昂贵的有机食物来免受工业杀虫剂的危害，我们可以找到规避某一种风险的办法。同样，通过将生产转移到一些高速发展的发展中国家，发达国家能够免受重工业的污染影响。然而，迟早，这些风险会“反噬”回来。这里，贝克强调风险的第三个特质，即它无视空间和时间的界限。财富本身并不能规避风险——富裕西方国家最终并不能逃离全球变暖的影响，后者在工业化过程中将会加剧。

全球化的恐惧和希望

在贝克最近对于“全球风险社会”和“世界主义”概念的研究中，他指出，全球化过程——全球

当今的技术社会创造了未知的或几乎不可测的**风险**。在贝克看来，面对这种不可知的风险时，我们通常有三种应对——否认、漠视或改变。

监视，不管是公共场所还是私人交流，在西方世界已经越来越普遍，以此来应对恐怖主义暴力真实的或潜在的危险。

范围中相互依赖的增长削弱了单个民族国家的权力和影响力——产生了负面后果。

这包括金融风险和恐怖主义风险。随着对冲基金、期货市场、金融衍生品交易、债务证券化以及信用违约互换的全球扩展，没有国家能够躲在本国境内而独善其身。诸如纽约、伦敦之类的核心全球城市遭受恐怖袭击之后，由专家设计和实施的反恐法案渗透了国家间的边界。有意思的是，贝克指出，全球恐怖主义是为数不多的、政府出于政治目的而乐于关注的风险之一。

虽然贝克认为风险是残酷的，他同时也指出了风险扩散过程中的积极后果。他称之为所谓“世界主义”的发展，后者由如下几个要素构成。

首先，全球风险的存在需要全球回应：大灾难影响全人类，各国必须跨越国界，联合起来共同应对。第二，媒体对于风险和灾难的报道能够给予灾难对穷人的影响更多的关注；例如，媒体对于2005年美国卡特里娜飓风的报道，就向全球展示了贫困如何加剧了灾难体验。第三，公众如今对于风险的经历和重视促使群体之间彼此对话，例如，贝克提到环境团体和企业是如何合作，抗议美国政府对环境变化问题的不作为。

风险和回报

贝克的研究在社会学领域之外也广泛传播，因为它以一种无所不包的方式涉及近几十年来大部分的重大事件和重要变迁。1986年《风险社会》首次以德文出版，那时环境关注的新焦点是酸雨和臭氧层破坏，文中的概念涵盖和预测了许多有名的环境问题和事故，例如，1984年印度的博帕尔事件，当地化工厂的毒气泄漏影响广泛，以及1986年乌克兰切尔诺贝利核工厂爆炸事件。如今，贝克的分析被应用到全球恐怖主义问题以及2008年金融体系的崩溃；它已经被用来分析和解释各种问题，包括国际关系、犯罪控制、人类健康、食品安全、社会政策以及社会工作。

最终，贝克在其著作中还是持有乐观的态度。他指出，对全球风险的回应能带来创新性解决办法和建设性社会变迁。只有寄希望于应对灾难的新方法，集体福利和公共利益才能战胜狭隘自私的想法，现代制度也才能相应地获得再造。■

对酸雨和温室效应的忧虑，在1988年，催生了“联合国气候变化政府间专家委员会”。它致力于评估关于气候变迁的相关科学知识。

有时候全世界似乎都在移动

约翰·厄里（1946年—）

背景介绍

聚焦

流动性

主要事件

1830年 英格兰利物浦和曼彻斯特之间开通世界上第一趟城际列车。

1840年 在英国，第一枚预付邮资印花邮票“黑便士”革新了信息和商品的流通。

1903年 美国莱特兄弟发明的第一架飞机在美国北卡罗来纳州亮相。

自20世纪60年代起 通信卫星进入轨道，预示着即时全球信息传播的到来。

1989–1991年 英国科学家蒂姆·伯纳斯·李发明了万维网。

2007年 英国社会学家约翰·厄里出版《流动性》一书。

自17世纪以来，新技术不断出现，使得人口、物质以及思想的全球移动变得比以往更加容易。英国社会学家约翰·厄里指出，这种全球高流动性的影响要求社会学科发展出一种“新范式”，用以研究商品、族群以及思想是如何流动的。厄里认为，这种运动创造了新的认同、文化以及网络，带来了文化多样性和经济机会，但同时，也带来了新的社会不平等形式。

系统和流动性

厄里对全球化研究的主要贡献在于他对于促进运动的社会系统的关注。特别是，20世纪见证了汽车、电话、飞机、高速列车、计算机、通信卫星以及联网等等的问世。厄里认为，这些相互连接的“流动系统”是全球化的动力核心。他指出，对于“流动性”的研究使得全球化的后果和影响明朗化。同样，对阻碍流动性的力量的研究——“不流动性”——对于理解当代社会的排斥和不平等至关重要。

> **身体的移动已经成为一种全球‘生活方式’。**
>
> ——约翰·厄里

通过理解这一全球流动，社会学能够更好地探究全球化的社会以及环境方面的利弊（如经济增长或工业污染），同时也能探寻社会变迁背后的驱动力。■

参见：齐格蒙特·鲍曼 136~143页，曼纽尔·卡斯特尔 152~155页，萨斯基娅·萨森 164~165页，戴维·赫尔德 170~171页。

民族不需要通过太多的历史稻草来想象和建构

戴维·麦克隆

背景介绍

聚焦

新民族主义

主要事件

1707年 《联合法案》获得批准，英联邦正式成立。

1971年 英国民族学家安东尼·史密斯出版了他最具影响力的著作《民族主义理论》。

1983年 英国社会学家本尼迪克特·安德森出版《想象的共同体》一书，探讨民族的形成。

1998年 英国社会学家戴维·麦克隆在《民族主义社会学》一书中指出，民族主义是一系列社会和经济利益的载体。

2004年 日本社会学家一条都子（Atsuko Ichijo）在《苏格兰民族主义和欧洲观念》一书中，探究"欧洲的独立"政策的显著矛盾。

在英国社会学家戴维·麦克隆看来，全球化所施加的经济、政治以及文化力量已经与新民族主义的崛起相伴而生，新民族主义意味着一个国家中的某一社会群体试图重新定义其身份认同。他指出，所有的新民族主义认同都是针对较大的民族国家中的较小实体：例如，英联邦国家中的苏格兰，西班牙的加泰罗尼亚，地跨法国西半部和西班牙北部的巴斯克地区，以及加拿大的法语魁北克。

民族主义和新民族主义身份都是由诸如共同语言、文化传说和故事、社会理想等"历史原材料"打造而来的。麦克隆认为，当有足够多的人出于同一原因而动员这些原材料或"历史稻草"时，团结就会出现。另外，激发新民族主义感并不需要太多的历史稻草，通常只需要一些符号就能激发人们强烈的情感，例如加泰罗尼亚人的独立旗帜或者魁北克的百合花标志。尽管截然不同的民族差异感可能是促进更大自治权诉求或彻底独立的主要因素，但新民族主义认同或民族分离主义的动机却可能千差万别。例如，它们可能是因为税收或资源分配中明显的不公正所导致的。■

巴斯克独立主义组织（ETA）为争取政治独立，于1959—2011年间投入到与西班牙和法国的政治和军事冲突中。

参见： 埃米尔·迪尔凯姆 34～37页，保罗·吉尔罗伊 75页，约翰·厄里 162页，戴维·赫尔德 170～171页，本尼迪克特·安德森 202～203页，米歇尔·马费索利 291页。

全球城市是新型运作的战略地点

萨斯基娅·萨森（1949年—）

背景介绍

聚焦

全球城市

主要事件

1887年 费迪南·滕尼斯认为，由于导致了一个更加个人主义的社会，城市化影响着社会团结。

1903年 乔治·齐美尔指出，城市化可能导致人们采取一种“都市冷淡”和漠然的态度。

20世纪20～40年代 “芝加哥学派”社会学家宣称，城市具有一种“都市生态”，人们为就业和服务而相互竞争。

自20世纪80年代起 英国社会学家戴维·哈维和西班牙社会学家曼纽尔·卡斯特尔分别指出，资本主义形塑城市，这不仅影响城市的特色，还影响其中居民的各种互动。

全球化不是自己发生的。在美国纽约哥伦比亚大学社会学教授萨斯基娅·萨森看来，某些城市在产生经济和文化流动、将世界连为一体方面扮演了重要角色。这些“全球城市”在它们地理边界之外充分施展着权力和影响力。

社会学家研究城市，用以理解它们对于其中居住者的行为、价值和机会的影响。在20世纪中期，他们发现，发达国家的大工业城市正在形成新的连接，经济越来越相互依赖。这些变化部分是因为贸易自由化和工业资本主义的全球扩张。在这一新“全球经济”中，经济和文化活动的中心群或“全球城市”正在形成。

华尔街是纽约这座全球城市的经济引擎。萨森认为，这些城市是“多样的全球化过程在当地的具体化和本土化表现”。

现代大都市

萨森指出，全球城市生产诸如技术革新、金融产品、咨询服务（法律、会计、广告等）之类的商品。这种服务业高度依赖电子通信技术，从而融入跨越国界的商业网络中。它们同时也是发达世界后工业或“服务业”经济的一部分，其主要产品是知识、创新、技术知识以及文化商品。

在《全球城市》（1991，2001年修订）一书中，萨森指出金融和特殊服务业全球市场的出现，给全球城市赋予了一种对经济全球化的“指挥和控制能力”，这是因为

参见：费迪南·滕尼斯 32～33页，乔治·齐美尔 104～105页，亨利·列斐伏尔 106～107页，齐格蒙特·鲍曼 136～143页，伊曼纽尔·沃勒斯坦 144～145页，戴维·赫尔德 170～171页。

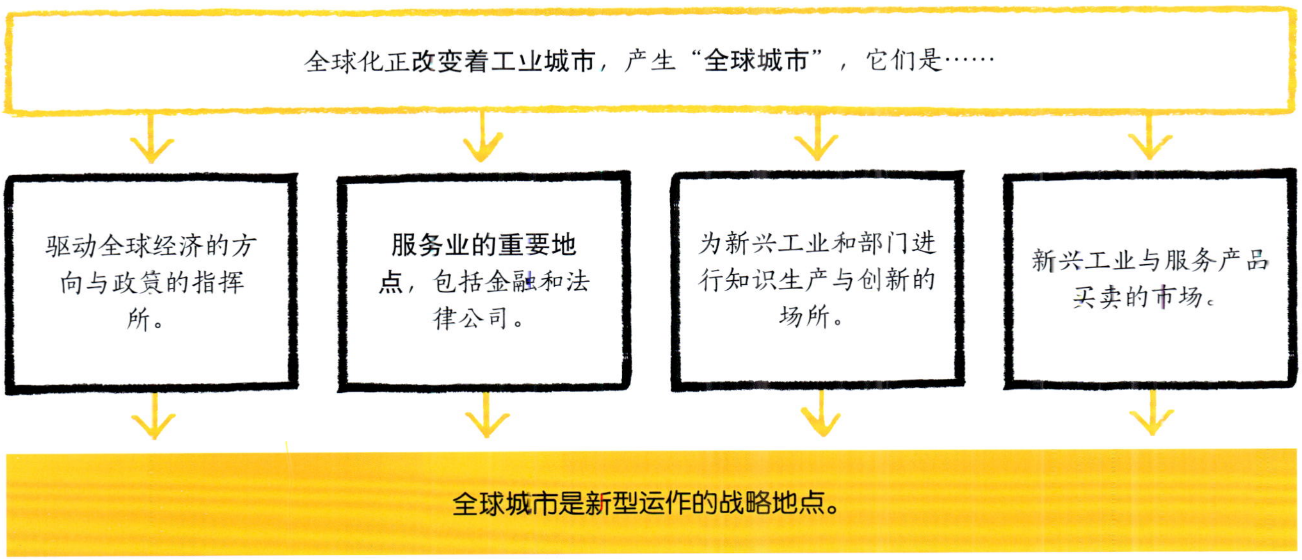

许多主要跨国公司的总部都设在这些全球城市之中。咨询公司同样也在这些城市中枢中“随处可见”。这些公司做出的决定能指挥金钱和知识的全球流动，从而能引起其他地区经济活动的扩展或萎缩。

全球市场

全球城市同时也是金融商品买卖的市场。纽约、伦敦、东京、阿姆斯特丹、香港、上海、法兰克福以及悉尼等等，是全球主要金融中心，聚集了诸多大银行、公司和股票交易所。在全球城市中，本土和全球市场相互连接，导致了金融活动的集中化。

全球城市由多功能的基础设施所支撑。核心商业区提供就业集群，来自本土、国内以及跨国公司的雇员在那里频繁互动。有影响力的大学和研究机构同样也有助于知识的生产和创新，各研究机构是以信息为主导的经济的核心。

萨森的研究表明，全球城市是全球化过程背后的人类活动上演的场所，通过全球社会经济网络，它们散播着影响。即便如此，全球城市仍无法摆脱贫困和其他形式的社会不平等，它们仍然是具有不同经济和社会机会的大都市。■

跨国城市文化

萨森的研究指出全球城市日渐大都市化。移民们为东道主文化带来了新的饮食、文化、时尚和娱乐，这些多样性丰富了城市。

在一个鼓励多元文化和社会融入的民族国家，随着观念和价值的自由分享，全球城市可能会变成文化创新的活力场所。这种原有民族文化的多文化形式同样能促进经济活动。这是因为全球城市更受到短暂访客和移民的欢迎，他们能一边拥抱大都市的新体验和价值，一边保持着自己的种族和民族认同。全球城市的文化多样性也意味着它们有支持全球经济活动和大都市全球文化的倾向。

不同社会的现代性表现各不相同

阿尔君·阿帕杜莱（1949年—）

内容提要

聚焦

全球化和现代性

主要事件

1963年 雅克·德里达自创了“延异”（différance）这一术语，后来被用于分析文化异质性。

1983年 英国社会思想家本尼迪克特·安德森认为，基于社会成员感知而非直接互动的群体是“想象的共同体”。

1991年 经济自由化推动印度全球化进程，这个国家一直在努力融入全球秩序。

2008年 后殖民研究思想家理查德·布洛克运用阿帕杜莱的“景观”概念批判性地看待艾滋流行病的文化建构。

“全球化”一词已经与资本主义自由市场的传播以及无国界经济的发展——全球贸易村——联系起来。然而在社会学中，全球化不仅是一个经济现象，同时还是一种文化、社会以及意识形态现象。

文化理论家总是在争论，全球化是否必定意味着世界将会变得更同质——走向一种“单一世界”文化——或者，全球化是否会加强语言、文化以及种族的多样性。印度社会人类学家和社会学家阿尔君·

参见：齐格蒙特·鲍曼 136～143页，伊曼纽尔·沃勒斯坦 144～145页，罗兰·罗伯逊 146～147页，曼纽尔·卡斯特尔 152～155页，杰弗瑞·亚历山大 204～209页。

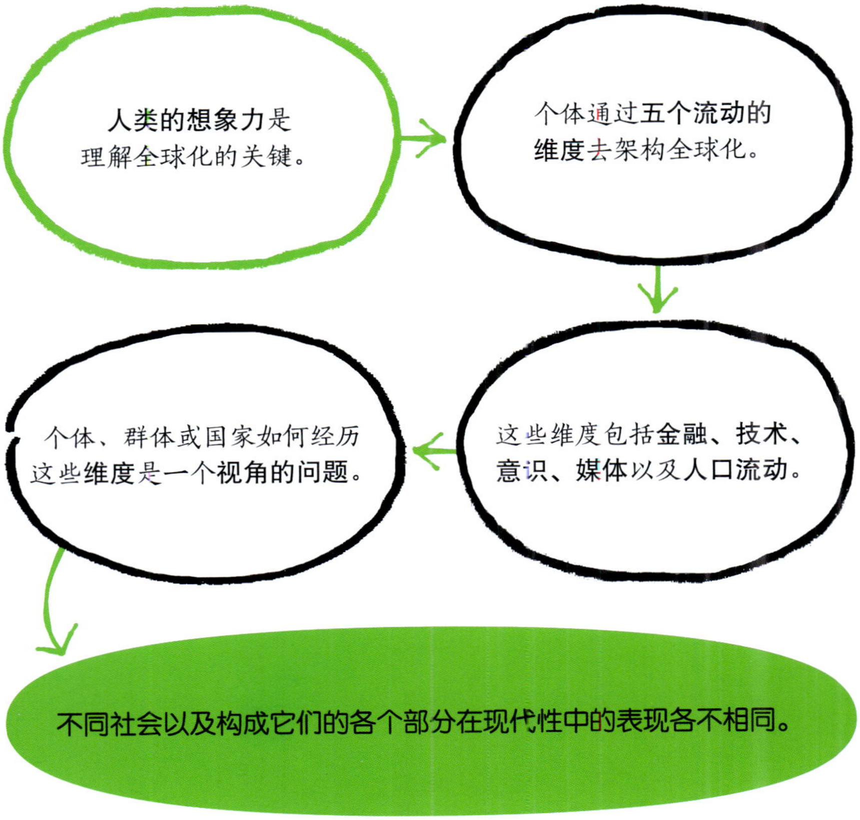

阿帕杜莱将这一争论引向不同方向。他认为那种文化帝国主义的传统全球化观点没能反映全球化所引发的变迁现实。相反，阿帕杜莱指出，不同社会的现代性表现各不相同。

也就是说，某一社会，例如中国，可能在全球变迁的一个方面（比如经济变迁）发展迅速，其他方面（比如意识变迁）进展十分缓慢，而另一个社会则又是另一番景象。结果则是，全球化并不必然意味着一个统一的、无所不包的过程；相反，不同的国家总是更倾向于全球化的某些方面，这取决于一系列的因素，比如经济状况、政治稳定性以及文化认同的力量。例如，中国欢迎工业与信息技术，却与此同时，保留了很强的政治自主意识。

对于阿帕杜莱而言，全球化是一个断裂的过程，诸如经济、文化和政治领域并不在同一方向上移动，从而导致社会紧张。全球企业所生产的消费品与当地居民的购买力之间的距离就是一个例证。

阿尔君·阿帕杜莱

阿尔君·阿帕杜莱出生在印度孟买，后来到了美国，在波士顿附近的布兰迪斯（Brandeis）大学求学。他于1973年在芝加哥大学获得硕士学位，并于1979年获得博士学位。

阿帕杜莱现任纽约大学媒介、文化与传播学院戈达德（Goddard）教授，同时也是公共知识学院的高级研究员。他也担任过美国国立博物馆、国家人文基金会、国家科学基金会、联合国以及世界银行等机构的顾问。阿帕杜莱创立位于孟买的非营利组织“城市知识行动和研究伙伴”，并担任主席。他也是跨国主义跨学科研究杂志《公共文化》的创始人之一。

主要作品

1990年 “全球文化经济中的断裂与差异”
1996年 《消散的现代性：全球化的文化维度》
2001年 《全球化》

> 一个人的想象的共同体是另一个人的政治牢笼。
>
> ——阿尔君·阿帕杜莱

阿帕杜莱的研究揭示了全球化是如何在形塑文化认同的过程中消减民族国家的角色的，并指出流动、移民以及高速通信正逐渐瓦解着这一认同。人们不再因为他们的国籍或者成员身份而拥有一致的意识、观点、信仰及行动。相反，不同国家和地域的间隙中正产生新的文化认同——阿帕杜莱称之为“跨地域”。

全球想象的世界

阿帕杜莱认为，理解全球化的关键在于人类的想象力。他指出，我们生活在一个全球范围的想象社区中，而不是面对面的社区。它由相互关联的、形塑思想和信息全球流动的五个维度支撑起来。他称这些维度为“景观”——种族景观、媒体景观、科技景观、金融景观和意识景观。与那种总是固定不变的风景不同，阿帕杜莱的“景观”是不断变动的，它们的变动方式主要取决于参与其中的行动者的视角。

在这种情况下，社会行动者可能是许多群体中的一种，比如民族国家、跨国公司、流散的社区、家庭或个人。这五种景观可以按照不同的方式组合，这意味着，一个人或群体感知和想象的世界可能对于另一个观察者而言截然不同且不真实。

变动的景观

1990年，在“全球文化经济中的断裂与差异”一文中，阿帕杜莱首次使用“种族景观”一词来描述全球范围内的人口流动——外来移民群体、政治流亡者、游客、外籍工人、经济移民以及其他群体，以及对于“渴望流动的幻想”以寻求更好的生活。国家之间日益增加的流动形成了全球世界的重要特色，这种流动也影响着民族国家的政治。

媒体景观指的是通过报纸、杂志、电视和电影以及数字技术，生产和散播信息和图片。这种信息的多样的生产方式是全球化的一个主要动力，它在全球范围内增强了个人和公众的信息可得性。媒体景观为受众提供了一套关于形象和话语的巨大而又复杂的图像与故事库，它形塑着人们对于世界各地形形色色事件的理解方式。

技术景观代表技术和知识——无论是机械的还是信息的——跨越国界、迅速传播。例如，西欧许多服务产业将他们的客户服务中心设在印度；而印度软件工程师往往受雇于美国公司。

金融景观，指在快速流动的货币市场、股票交易以及大宗商品投机世界中，金融和投资资本在全球范围内的即时交易。

意识形态景观是由那些“往往政治性的”形象构成的，要么是政府鼓吹的、意在加强主流意识形态，要么是由反意识形态运动造就的，“意在限制政府权力或其中一部分”。例如，通过“民族遗产”这类概念建构的国家意识，受到社会和政治运动的反抗，后者旨在提升少数群体的权利和言论自由。

同质和差异

阿帕杜莱所定义的不同“景

法国欣然接受全球化的诸多经济维度，却努力限制外国文化的入侵，例如，通过征收电影票税来资助法国电影工业。

社会行动者的视角——个体或群体的——是由他们在文化、社会以及历史上某一特殊时期中所占据的位置形塑的。在这一背景内，他们建构一种世界观。

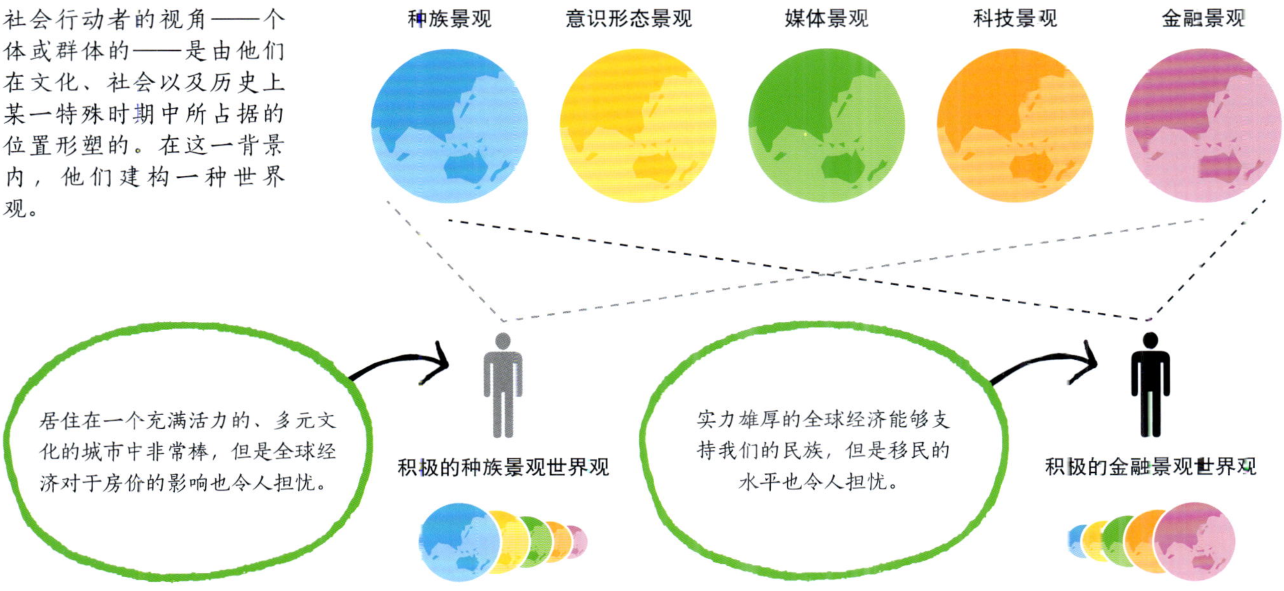

观”可能而且往往是不一致的和脱节的。例如，某个地方的社会行动者可能对由全球化带来的经济发展持积极乐观态度（即，他们认同一种积极的金融景观），而与此同时，将移民看作是对民族认同和文化的一种威胁（消极种族景观）。

通过用五种景观来定义全球化，阿帕杜莱打破了那种将全球化看作统一的、内在一致过程的观点；相反，全球化是一个多层次的、流动的和不规律的过程——它处在不停的变化中。不同景观可以组合行进，也可以沿着不同的轨道，彼此相互加强或削弱。

阿帕杜莱声称，景观是视角的建构，因为它们是由观察者与被观察对象之间的关系决定的。如果这种关系改变，观点也会相应改变。简言之，任何一个社会行动者建构的世界观是：由行动者的社会、文化和历史位置决定的观点；正因如此，“我们是谁？”“在哪里？”决定了我们看到的景观以及如何去解读它们，想象世界的方式有多种多样。

阿帕杜莱对全球化理论的贡献影响巨大，主要是因为它并没有像社会思想家（诸如美国的伊曼纽尔·沃勒斯坦和西班牙的曼纽尔·卡斯特尔）那样，试图以一种正统的方式提出一个关于全球化的宏大理论。恰恰相反，阿帕杜莱的目的是批判性地解构那种在他看来是天真的观点：即诸如全球化这种复杂的、多面向的事物能够通过一个宏大理论得到解释。尽管如此，阿帕杜莱的研究仍受到诸如荷兰社会思想家吉斯伯特·奥科（Gijsbert Oonk）的批评，后者质疑这一全球景观的概念是否可以被有意义地应用于经验研究之中。■

> 文化经济的新全球秩序必须被看作是一种复杂的、相互重叠的、断裂的秩序。
>
> ——阿尔君·阿帕杜莱

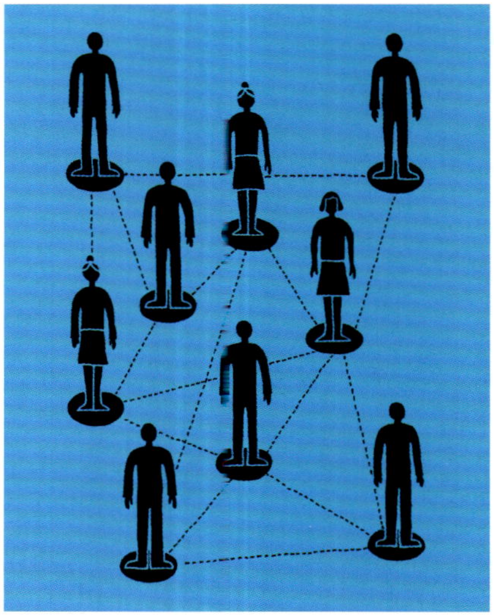

变迁过程改变了人类和社区之间的关系

戴维·赫尔德（1951年—）

背景介绍

聚焦

全球化

主要事件

20世纪60年代 加拿大媒介理论家马歇尔·麦克卢汉宣传，技术将世界浓缩成一个"地球村"。

1974年 美国社会学家伊曼纽尔·沃勒斯坦出版《现代世界体系》一书，强调了全球经济的社会影响。

1993年 美国社会学家乔治·瑞泽尔指出，生产的系统化方法正在全球范围内影响着机构和公司的运作。

2006年 德国社会学家乌尔里希·贝克指出，国家要想在全球时代繁荣，就必须接受多边合作、跨国机构以及世界主义身份。

产品、观念和人口的全球流动影响……

……**文化**：价值、认同以及文化形式混杂、演进。

……**政治**：国际组织和机构影响民族国家。

……**经济**：资本主义、金融市场以及跨国贸易扩展。

世界正日益相互联系起来。

变迁过程改变了人类和社区之间的关系。

人口的大规模运动以及产品、观念和文化制品的交换和流动，使得世界正变得越来越小。英国社会学家戴维·赫尔德指出，这些变迁正改变着社区和个人的彼此互动和沟通方式。

例如，移民创造了一种文化混合和多元文化社会的发展。人们也

参见: 乔治·瑞泽尔 120～123页, 伊曼纽尔·沃勒斯坦 144～145页, 罗兰·罗伯逊 146～147页, 乌尔里希·贝克 156～161页, 阿尔君·阿帕杜莱 166～169页。

印度宝莱坞电影代表文化在世界范围内的不对称的流动。尽管比好莱坞更卖座，它们在国际票房分布中收益甚微。

与诸如音乐流派或烹饪之类的全球文化相连接，在全球文化中加入本土元素以产生新的文化产品。

赫尔德指出，全球化最好被理解为一套过程和变迁。文化维度包括媒介产品的分布、不同社会中思想和人口的运动。政治维度包括国际组织、机构以及跨国公司的增长。经济维度包括资本主义和消费主义的扩张。

变得更好或是更糟?

在《全球化与反全球化》中，赫尔德考察了不同社会学家关于全球化的观点，把它们分成“超全球主义论者”、“怀疑论者”和“转型主义论者”。超全球主义论者将全球化的力量看作是巨大的、空前的，有助于一种全球文明的发展。一些超全球主义论者歌颂全球化在推动经济发展和散播民主方面的作用；还有一些人批评资本主义的传播以及社会影响。

相反，怀疑论者低估了全球化这样一种新现象，拒绝承认全球融合和机构正削弱民族国家的权力。他们认为，全球化一面将发展中国家边缘化，另一面又让发达国家的公司受益。

在赫尔德看来，转型主义论者最能解释全球化的矛盾过程。他们指出全球和本土之间的边界正在被打破，人类世界正彼此相连。他们同时也指出，全球化没有单一的原因，这些过程的结果也不是既定的。

赫尔德指出，全球化正带来一种新的全球“架构”，它由跨国公司和机构组成、以不对称的文化和经济流动为特征。

伴随全球化而来的不平等及繁荣的模式的具体性质目前还不清楚。然而，重要的是，赫尔德将全球化看作是一个可被影响的动态过程：民族国家可以采取应对全球问题或风险的政策和关系，不管它们是贫困、流行病还是环境破坏与变化。■

戴维·赫尔德

戴维·赫尔德1951年出生在英国，并先后在英国、法国、德国以及美国接受教育。他在美国麻省理工学院获得政治科学硕士和博士学位。

1984年，赫尔德成为著名的社会科学和人文书籍国际出版商——政体出版社（Polity Press）的创始人之一，并担任总编辑。他撰写和编辑出版了60本著作，内容涉及民主、全球化、全球治理以及公共政策。2011年，赫尔德辞去英国伦敦政治经济学院政治科学教授职位，成为英国杜伦（Durham）大学全球政策研究所所长。

主要作品

1995年 《民主与全球秩序》
2002年 《全球化与反全球化》
2004年 《全球协议》

CULTURE AND IDENTITY

文化与认同

1913年

在《社会自我》中，社会心理学家乔治·赫伯特·米德解释道，**认同感只有在一定社会情景下才有可能**。

20世纪30年代

安东尼奥·葛兰西力争，统治**社会群体**通过“**文化霸权**”将他们的价值和信仰强加给他人。

1939年

在三卷本《文明的进程》中，诺贝特·埃利亚斯考察了**社会秩序与个体行为**之间的联系。

1955年

在《健全的社会》中，社会学家和心理学家埃里希·弗罗姆**批判**了现代社会所**强加的顺从**。

1958年

在《文化与社会》以及同年发表的“文化是通俗的”一文中，雷蒙·威廉斯将**文化的概念**置于中心地位。

1963年

在《污名》中，欧文·戈夫曼考察了**个人**是如何在社会中被**边缘化**以及形成**污名化的身份的**。

自19世纪早期开始，社会学家不仅努力探究那些产生社会秩序的制度和系统，还包括那些维持社会聚合的因素。

传统上，这来自社区的共享价值、信仰和经验，但是随着以工业化和世俗化形式出现的“现代性”的到来，社会结构发生了剧烈变化。尽管人们已经意识到，现代性改变了人们彼此连接的方式，直到20世纪，文化——人们作为一种群体的思考和行为方式，以及他们如何将自身归属于某一社会成员——本身才开始成为研究对象。社会学的出现——关于社会如何塑造人类互动和认同的系统研究——与人类学和心理学的创立不谋而合，这三种学科之间存在着一定程度的重合。那么，无怪乎作为第一批文化社会学家中的一位，乔治·赫伯特·米德同样也是社会心理学的先锋人物。通过强调个体与社会之间的连接，特别是社会认同的概念，他为文化的社会学研究做好了准备。他指出，个体只有通过与他人的互动，才能在社会群体的背景下发展出一种真正的认同感。

社会学与社会心理学的这种联系在整个20世纪得到延续，特别是埃里希·弗罗姆在20世纪50年代间的研究，他指出许多心理问题都有其社会根源。在与外部世界联系和认同某一特定文化的过程中，个体被期望要遵从社会，这扼杀了我们的个人主义，因此而丧失了一种真正的自我感。同一时间，欧文·戈夫曼开始探究身份和认同的形成问题；20世纪60年代，他聚焦于附加在那些越轨或“与众不同”的人身上的污名。

文化和社会秩序

20世纪30年代，诺贝特·埃利亚斯认为，作为“文明进程”的社会规范和习俗直接规制着个体行为。在文化的规制力量和社会秩序的维持二者之间存在明显的关联，一些人认为，这不仅仅是一种社会

1964年

在《单向度的人》中，赫伯特·马尔库塞认为，多元社会已经实现**文化同质化**，并压制了反叛精神。

1981年

在《拟像与模拟》中，让·鲍德里亚指出，在后现代世界中**自然和人为难以区分**。

1983年

在《想象的共同体》中，本尼迪克·安德森解释，**民族认同是一种虚幻的概念**。

1992年

在“文化身份的问题”一文中，斯图尔特·霍尔描述了由传统文化观念的碎片化带来的“**认同危机**”。

2003年

在《社会生活的意义：一种文化社会学的视角》中，杰弗里·亚历山大指出，**文化独立于社会**，但仍然是社会变迁的动力。

化过程。安东尼奥·葛兰西指出，文化具有作为一种社会控制工具的潜在可能性。通过微妙的强制，一种统治文化带来“文化霸权”，社会规范变得根深蒂固，以至于任何其他可能性都不存在。

米歇尔·福柯在他的权力关系研究中进一步发展了这一思想；其他人，包括赫伯特·马尔库塞，考察了文化被用来平息社会动荡的方式。后来，另一位法国社会学家让·鲍德里亚指出，在后现代世界中，随着可得信息的轰炸，文化已经远远脱离其所存在的社会，与现实几乎没有关系。

文化认同

20世纪后半期，一种截然不同的文化导向型社会学在英国产生：文化研究。它起始于雷蒙·威廉斯对于文化的广泛研究。他的研究改变了这一概念，将一个全新的研究领域带入了社会学视野。

威廉斯解释道，文化可以通过物质生产和消费，通过某一特定时间地点的社会群体对于创造和休闲的追求而被表达——他们的饮食、运动、时尚、语言、信仰、观念、习俗以及他们的文学、艺术和音乐。同样，站在文化研究不列颠学派前线的还有斯图尔特·霍尔，他指出文化认同的概念不再是固定不变的。随着交通的显著改善和流动性的增加，传统的民族、种族、阶级甚至是性别认同几乎消失殆尽。另一位英国社会学家本尼迪克·安德森，则指出，任何社群归属感都是想象的。

然而，美国社会学家杰弗里·亚历山大将文化看作是社会结构中的独立变量。他的文化社会学主要考察文化是如何通过创造共享的意义而塑造社会的。■

主我和客我

乔治·赫伯特·米德（1863—1931年）

背景介绍

聚焦

自我的发展

主要事件

1902年 美国社会学家查尔斯·库利认为，我们认为的自我反映了我们生活中重要他人的观点。

1921年 在《手势语》中，德国哲学家威廉·冯特指出，心灵本质上是社会性的。

1975年 美国人类学家克利福德·格尔茨宣称，自我是一个“独特的整体，并明显区别于其他类似整体”。

20世纪80年代 美籍英国社会心理学家黑兹尔·罗斯·马库斯指出，我们每个人都在过往社会经验的基础之上，形成一套作为自我系统的模式。

1999年 美国心理学家丹尼尔·西格尔指出，社会自我的发展与大脑功能的发展相一致。

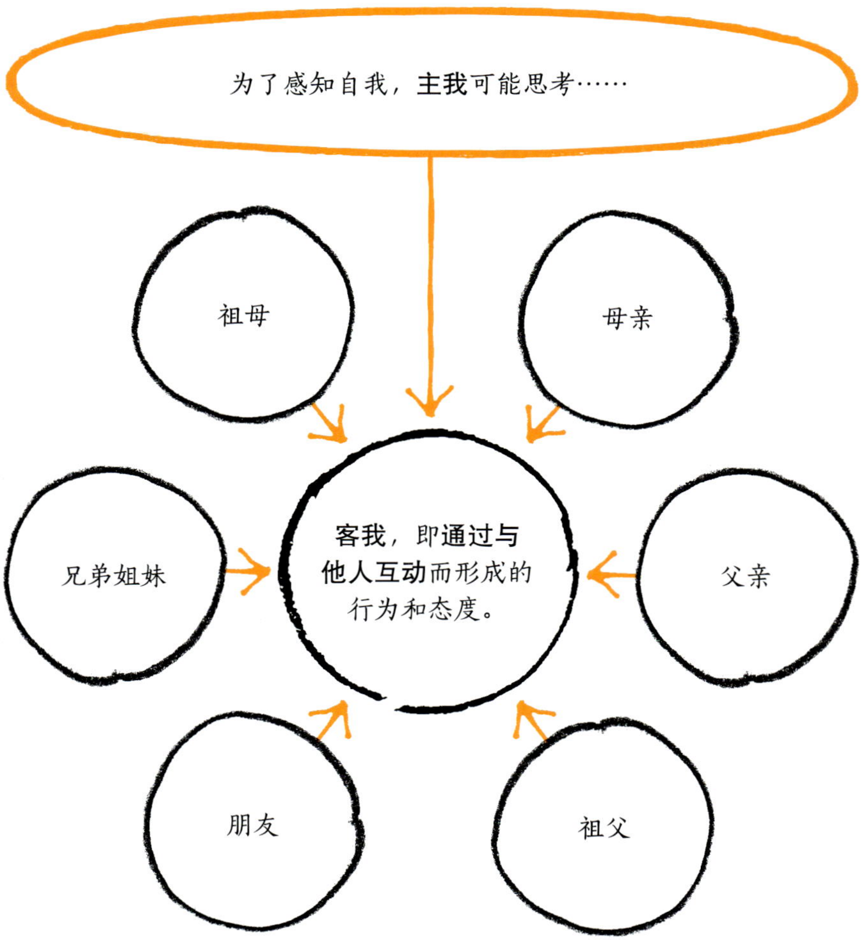

参见：W.E.B.杜博依斯 68～73页，爱德华•萨义德 80～81页，诺贝特•埃利亚斯 180～181页，尔文•戈夫曼 190～195页，斯图尔特•霍尔 200～201页，本尼迪克特•安德森 202～203页，霍华德•贝克尔 280～285页，艾德里安娜•里奇 304～309页，杰弗瑞•威克斯 324～325页。

乔治•赫伯特•米德是一位社会心理学家和哲学家，他在这两个学科内试图解答当我们谈及“自我”时，我们的确切所指。传统哲学家和社会学家将社会看作是由单个的、自主的自我发展而来的，但是米德的观点却恰恰相反——自我产生于社会互动，它们形成于社会内部。

这一概念如今在心理学和心理治疗中很盛行。但是当米德1913年在《社会性自我》一书中首次提出他的这一思想时，这曾是一个革命性的观点。米德认为，在成为社会过程的一部分之前，并不存在任何可辨识的个体的、经验的自我。经验或行为的社会过程在“逻辑上先于个体以及包含于其中的个体经验”。

因此，米德提出，一个人的意识，及其意图、欲望等，是在社会关系、一种或多种特定语言以及一套文化规范的情景中形成的。自出生起，婴儿就开始通过手势感知沟通，这种手势就像是符号，建构“一种话语体系”。久而久之，他们学会模仿并“输入”这些行动、姿势，以及最终环绕在他们周围的语言，从而他们能形成自己的反应，并进一步从他人那里吸收姿势和语言。

我们是谁

婴儿经历和内化（学习）的态度模式创造了“客我”。因此，“客我”代表通过与他人互动而习得的行为、期望和态度。

但是米德指出，我们还有另外一种自我感，他称之为“主我”。“主我”和“客我”代表自我的不同功能。和“客我”一样，“主我”也在不停地演进中，它的功能是反省“客我”，但同时也拥有更

我们的自我认识、我们是谁，自出生以来通过与周围人的互动而形成。个体自我不是生物学的产物，而是这种互动的产物。

大格局：“客我”遵循惯习原则，而“主我”能对此反思，并做出有意识的选择。通过反思我们的行动，它使得我们与他人以及与以前的自我区分开来。

通过置于一种社会语境中，米德的自我发展理论对于改变心理学和社会学原有那种将“自我”仅仅看作是内在自省的观点至关重要。■

> 只有在一定社会环境中，心灵才能得以表达，也才能开始存在。
>
> ——乔治•赫伯特•米德

乔治•赫伯特•米德

乔治•赫伯特•米德出生在美国马萨诸塞州。他的父亲是公理会教会的牧师；在米德6岁的时候，他家举家迁到俄亥俄州的奥柏林，并在奥柏林神学院教书。1883年，米德从奥柏林学院毕业之后，担任了几年教师，随后任铁路勘探工，直到他重回校园。1887年他进入哈佛大学攻读哲学和社会学，7年以后他来到芝加哥大学，在那里工作直至1931年去世。他声称要有“活动家精神”，为妇女的选举权及其他原因而游行。哲学家约翰•杜威承认米德有“一流的创新精神”。

主要作品

1913年 《社会自我》
1932年 《现在的哲学》
1934年 《心灵、自我及社会》

现代性的挑战是无幻象地生活和无法摆脱幻象地生活

安东尼奥·葛兰西（1891—1937年）

背景介绍

聚焦

文化霸权

主要事件

1846年 卡尔·马克思和弗里德里希·恩格斯完成了《德意志意识形态》一书；它直到1932年才得以出版，并对葛兰西的意识形态思想产生了巨大影响。

1921年 意大利共产党成立。

1922年 贝尼托·墨索里尼成为意大利独裁者以及法西斯主义发展的领军人物。

1964年 当代文化研究中心在英国伯明翰大学创立，很大程度上吸收了葛兰西的霸权概念。

1985年 受葛兰西的霸权概念影响，厄内斯特·拉克劳和尚塔尔·墨菲在《霸权与社会主义策略》一书中发展了一种后马克思主义宣言。

在马克思看来，**统治阶级控制经济基础，**
同时创造了统治工人阶级的上层建筑和社会关系。

↓

葛兰西指出，**阶级统治同样也发生在文化领域：**
工人阶级受制于由统治阶级创造的**意识形态幻象。**

↓

这些幻象必须被揭穿、**被抵制，不计代价。**

↓

现代性的挑战是无幻象地生活和无法摆脱幻象地生活。

马克思主义的社会观认为，生活是竞争性群体间永无止境的斗争，这些群体是由经济地位决定的；在现代性之下，斗争演变成少数统治精英和由工人所组成的大多数人之间的控制权之争。意大利社会主义者和社会思想家安东尼奥·葛兰西试图解释：在危机之

参见：卡尔·马克思 28～31页，弗里德里希·恩格斯 66～67页，皮埃尔·布迪厄 76～79页，齐格蒙特·鲍曼 136～143页，赫伯特·马尔库塞 182～187页，让·鲍德里亚 196～199页。

下，为什么革命没有如经典马克思主义理论所预言的那样如期发生。他指出，统治阶级的镇压并不足以维持一种稳定的社会秩序；必须还有一种意识形态的控制。这是一个复杂的过程，统治精英宣扬自己的世界观，使其成为一种普世价值、为大多数人所承认。葛兰西称之为“霸　权”，一种阶级统治的隐秘模式，它解释了为什么工人能够变成法西斯主义者而非革命者。

霸权的斗争

葛兰西指出，霸权是文化意义上的，它存在于相互竞争的阶级世界观中，这一世界观是对于人类是什么、社会是什么的一套价值、观念、信仰和理解。

他认为，霸权是一种无形的机制，既有统治阶级往往占据了社会中有影响力的地位——大部分是在被统治阶级的同意之下。统治阶级的思想是整个社会的主导思想，知识分子群体在其中发挥一定作用（通常只是隐晦地知道），诸如记者将这些思想散布到更广阔的人群中。经常与这些信息接触的下层阶级逐渐将其看作是自然而然的和不可避免的，并进而对此深信不疑。霸权思想形塑所有社会阶级的思想。葛兰西指出，正是基于此，现代性的挑战不在于不断地斗争以摆脱幻象，而是看穿“幻象”——那些由精英群体提出的观点——并抵制它们。

由于个体可以批判性地思考那些强加给他们的观点，葛兰西称之为“反霸权式的”思考，统治阶级的意识形态控制总是处于不定状态。在西方自由主义民主国家，挑战霸权是家常便饭。相互竞争的不同世界观斗争的性质和程度取决于社会、政治和经济情况。例如，持久的经济危机引发高失业率，带来各种工会或抗议运动之类的反霸权形式。葛兰西指出，在多数资本主义国家中，统治阶级面对“来自下层”的不断反对和异议，不得不花费大量的时间和精力来掌控（完全的控制几乎不可能，甚至短期掌控也是如此）这种局面。

葛兰西的思想强调个体和意识形态在社会变迁斗争中的角色，因此挑战了经典马克思主义的经济决定论。他的“文化霸权”概念正视了人类的自主性和文化的重要性，对于诸多学术学科具有深远的影响。■

安东尼奥·葛兰西

安东尼奥·葛兰西于1891年出生在意大利撒丁岛。他是意大利共产党的创始人之一。作为党的领袖，1928年，他被当时意大利首相和独裁者贝尼托·墨索里尼逮捕，判决入狱20年。

葛兰西在狱中大量地写作。尽管记忆力惊人，但是如果没有姐姐塔吉娅娜的帮助（后者是他的主要联络者），他的思想可能会很难面世。直到第二次世界大战结束后若干年，这本广为人知的《狱中札记》才在他死后问世。到20世纪50年代，他的狱中作品不仅引起西欧国家的兴趣，苏维埃阵营也表现出兴趣。由于他在监狱中遭受的不良饮食、疾病，他的健康状况逐渐恶化，最终死于中风，享年46岁。

主要作品

1975年　《狱中札记》（三卷本）
1994年　《葛兰西狱前著作选》

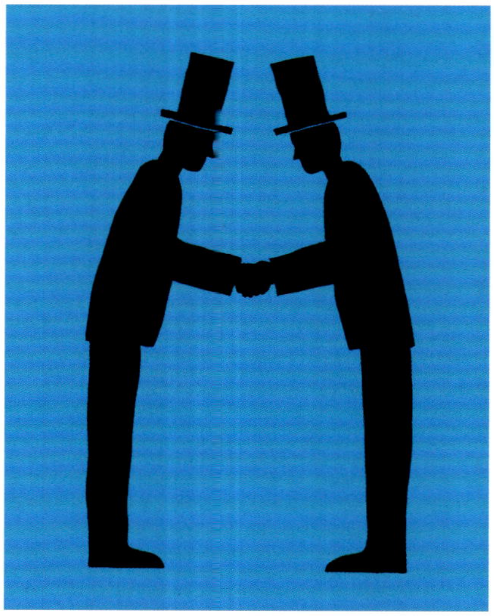

文明化的过程持续地“向前”推进

诺贝特·埃利亚斯（1897—1990年）

背景介绍

聚焦

文明的进程

主要事件

约1500年 西欧封建主义终结，宫廷社会出现。

1690年 英国哲学家约翰·洛克将“公民社会”描述成在行政权力之下个体的联合体。

19世纪50年代 奥古斯特·孔德问道，个体是如何既作为社会的原因又作为其结果而存在的。

1958年 马克斯·韦伯指出，价值和信仰能给社会结构带来剧烈变迁。

1962年 美国人类学家罗伯特·雷德菲尔德指出，文明是“大传统”与“小传统”的整体。

20世纪70年代 安东尼奥·葛兰西指出，统治阶级通过公民社会的制度来维持其统治支配。

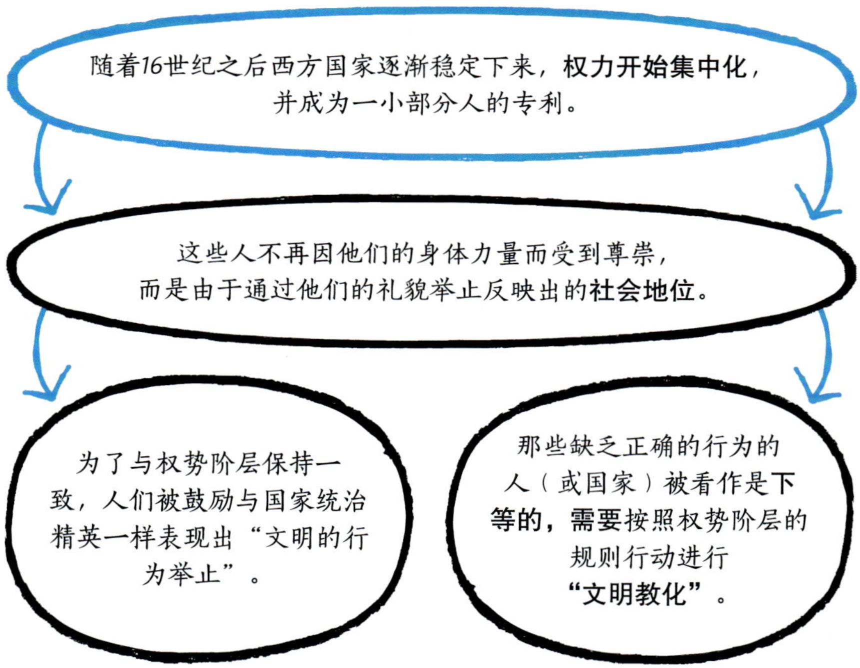

为了理解在过去500年间西方国家权力的集中化以及日益增加的全球统治，诺贝特·埃利亚斯将其关注焦点转向“文明的心理进程”——自中世纪以来西方人的行为、情感和意图的变迁。在其著名的《文明的进程》一书中，他描述了这些变迁以及它们对于个体的影响。

结合历史、社会学以及心理分析，埃利亚斯总结到：西方社会认为它们优于其他社会之处可以概括为“文明”这一概念。它既是历史的，也是当代的，并且能够用来指

参见：W.E.B.杜博依斯 68～73页，保罗·吉尔罗伊 75页，皮埃尔·布迪厄 76～79页，爱德华·萨义德 80～81页，以利亚·安德森 82～83页，斯图尔特·霍尔 200～201页。

在埃利亚斯看来，“好的”餐桌举止、“正确的”礼仪及风度，是欧洲“文明”进程文化模板的重要组成部分。

代国家中的各种事实：从一般层面，诸如生活方式、价值观、习俗和宗教，到个体层面，诸如身体卫生状况、准备食物的方式等等。在任何情况下，西方社会都强调，“它的”版本是其他社会被评判的标准。

礼貌的兴起

埃利亚斯通过研究礼仪书籍发现，对于身体行为的态度转变是这一文明的重要内容。西方人已经逐步转变了他们对于面部表情、身体机能控制以及举止仪态等方面的认知和态度。

中世纪的正常行为到了19世纪则被认为是“粗野的”。这些小变化导致了宫廷阶级的形成，表现为高度规章化的举止以及规训化的生活方式。勇武的骑士变成了安静的侍臣，克制且严格控制冲动和情绪。从商人到贵族和妇女，“文明”行为很快变成与他人贸易和社交的核心元素。

埃利亚斯指出，在16世纪以来，这一进程在更广范围内传播，因为“良好举止”能帮助人们和平地相处，城镇和城市的发展需要这种合作。他指出，这一进程在某种程度上变成一个对父母的（而不是“长辈的”）社会规则的内化问题。然而，关于什么是“良好举止”的规范总是由上层阶级来决定，因此，“文明”一直在为增进权力精英的利益而服务。

埃利亚斯将举止的转变看作是西方国家中权力集中化的重要部分，是城市化过程中人们日益增长的相互依赖的表现。不过，在埃利亚斯有生之年，文化也是殖民化的重要内容。他创作的时代是20世纪30年代，那时诸如英国和法国之类的殖民国家，出于它们的民族自觉意识，通过宣称带来“有利于”殖民地人民的“文明”，从而为殖民的道德性而辩护。■

诺贝特·埃利亚斯

1897年，诺贝特·埃利亚斯出生在位于布雷斯劳（Breslau）（原属德国，现在是波兰城市弗罗茨瓦夫）的一个富裕犹太家庭。离开学校之后，他于一战期间在德国军队中效力。他在布雷斯劳大学学习哲学和医学，并于1924年获得哲学博士学位。接着他来到德国海德堡，跟着马克斯·韦伯的弟弟阿尔弗雷德学习社会学；之后搬到法兰克福大学，与卡尔·曼海姆成为同事。

1933年，埃利亚斯流亡到巴黎和伦敦，在那里他完成了《文明的进程》一书。作为一个广受欢迎的学者，埃利亚斯在生命的最后几年在欧洲和非洲四处游历。

主要作品

1939年 《文明的进程》（三卷本）
1939年 《个体的社会》
1970年 《什么是社会学？》

大众文化强化了政治压制

赫伯特·马尔库塞（1898—1979年）

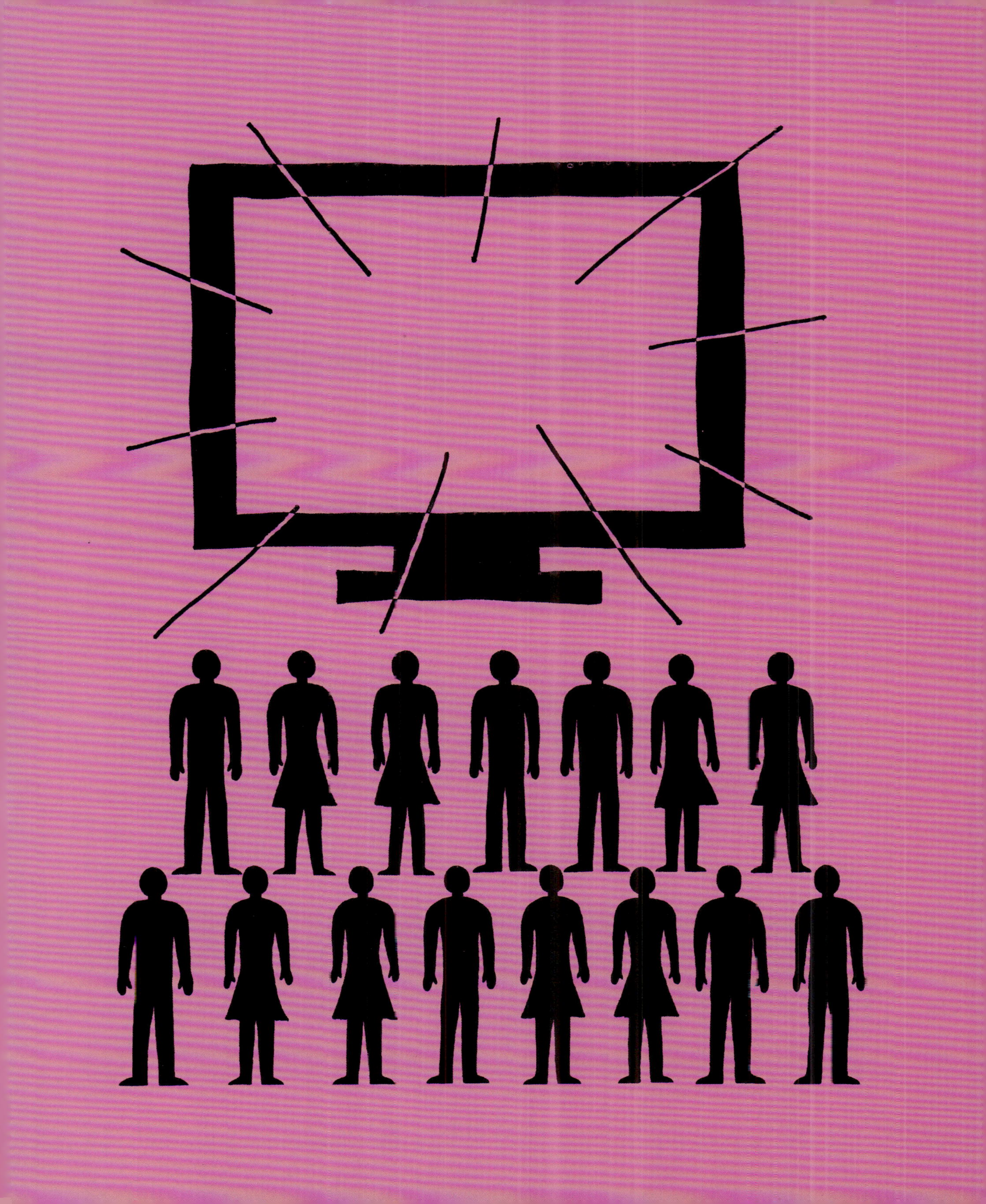

背景介绍

聚焦

文化工业

主要事件

19世纪40年代 卡尔·马克思指出，资本主义社会至少存在两个阶级：拥有生产资料的阶级和出卖劳动力的阶级。

1923年 “社会研究所”在法兰克福成立，产生新的文化“批判理论”。

1944年 德国-犹太流亡者马克斯·霍克海默和西奥多·阿多诺在《启蒙辩证法》一书中创造了“文化工业”一词。

1963年 加拿大社会学家欧文·戈夫曼出版《污名》一书，指出认同是通过他人和社会而建构的。

20世纪70～80年代 米歇尔·福柯考察现代社会中的常规化技术。

在20世纪，很明显卡尔·马克思所设想的社会转型没能实现。社会学家和哲学家赫伯特·马尔库塞试图敦促马克思主义者超越理论，从真实的、生动的个体经验出发，找出在这期间究竟发生了什么。

马尔库塞认为，资本主义在某种程度上整合了工人阶级：原先被认为是变革行动者的工人已经接受了当权派的观念和理想。他们已经忘了自己是一个阶级或群体，成为鼓励个体性的系统中的“个人”。这似乎是一条通往成功之路，但是工人放弃了他们的群体，也就丧失了所有讨价还价的能力。

选择的自由

工人是如何轻易地沉默的呢？这并没有发生在哪个明显的时期，因此马尔库塞考察20世纪期间对现状的反叛是如何被有效瓦解的。他向前回溯，从中世纪欧洲封建社会的终结开始。在这一社会转型时期，人们从原来被束缚在土地上为地主而工作，变成可以只为他们自己的利益自由地到处找工作。但是，马尔库塞指出，这种“从业自由从一开始就不完全是一件好事”。尽管有选择就业的自由，大多数人不得不极度努力地工作，工作朝不保夕，这使他们对未来充

自由女神像象征着一个机会均等的、“无阶级”社会的美国梦——只要努力工作，人人都能改变命运、实现潜能。

文化在指向社会“规范”之外的可能生活方式上总是扮演了重要角色。

→ 然而自从20世纪60年代，即使是曾经被认为是**颠覆性的艺术形式**都被纳入日常生活，为媒体所挪用。

→ 通过吸收媒体的信息，**人们吸收并采纳了社会的规范和价值**；他们意识到，越线似乎是精神失常的。

→ **反抗的可能性被有效地瓦解了：大众文化强化了政治压制。**

参见：卡尔·马克思 28～31页，米歇尔·福柯 52～55页，安东尼奥·葛兰西 178～179页，尔文·戈夫曼 190～195页，让·鲍德里亚 196～199页，托斯丹·凡勃伦 214～219页，丹尼尔·米勒 246～247页。

满担忧。

几个世纪之后，工业革命的机器带来经济繁荣，预言个人将不再需要为生计而担心，而能够“自由地对自己的生活发挥自主权”；这就是美国梦，是20世纪大多数西方人的希望。如果这种被渴望的自由等同于选择，那么个体变得前所未有地自由，因为几十年来，人们在工作、住房、饮食、时尚以及休闲娱乐方面的选择继续在扩大。

“虚假需要”

然而，马尔库塞在仔细审视之下发现，“一种舒适、流畅、合理以及民主的不自由弥漫在发达工业文明中”——远非自由，人们正在被自称为民主的“极权主义”政体所操控而远非自由。更糟的是，人们根本没有意识到这种操控，因为他们已经将这一政体的规则、价值和理想内化了。

马尔库塞接着将政府描述成一种国家机构，通过影响人们的工作和闲暇时间而将自己的经济和政治需求强加给其人民。在群众中创造一套“虚假需要”，并通过这些需要来控制他们。事实上，通过说服群众，让他们相信他们有某种需要，而且看似通过某种路径能够满足这些需要（即使这种路径并不存在），“既得利益”集团有效地控制了社会的其他大众。

虚假需要不是建立在那些真实需要之上，例如吃、喝、穿衣以及居住的必要，而是人为产生的，它们在任何情况下都无法真正地获得满足。马尔库塞指出，这种需要包括“放松、享乐……以及依据广告来消费，爱憎其他人之所爱憎”——这些需要的实际内容（例如最新的“必备”利器）是由外部力量所拟定的；它不是一个人的自然需求——如同对水的需求一般。但是，我们在内心也对这些需求充满渴望，因为我们被各种媒体信息所轰炸：许诺某物或某地会给你带来快乐。这样一来，我们开始相信虚假需要是真实需要。马尔库塞指出，“人们在商品中找寻自我；他们在汽车、音响、复式住宅和厨房装备中找寻自己的灵魂”。

> **文化中心正变成购物中心的一个附属部分。**
>
> ——赫伯特·马尔库塞

一切都是个人的，个人是首要的，他或她的需要就是一切。在马尔库塞看来，个人的这种明显赋权事实上会走向反面。社会需求——对于职业安全、体面的生活水平等——转变为个人需求，例如你需要一份工作来购买消费品。如果你认为你的待遇糟糕，你的雇主可能

马尔库塞指出，对**“必备”**服装、“神器”以及非必需品的**欲望**，是一种通过广告和媒体而植根在我们心中的一种虚假“需要”感。

> 经典已经离开安息地，获得重生，但是，重生后的他们不再是原来的自己；他们被剥夺了其对抗的力量。
>
> ——赫伯特·马尔库塞

会邀你来谈谈“你自己”。人们不再把自己视为某个遭受不公正对待的群体中的一员——马克思主义式反抗的所有希望都不存在了。

无向度的世界

在马尔库塞看来，我们被困在一个无处可逃的气泡中，置身事外几乎已经变得不可能。过去在文化和现实之间存在一个“鸿沟”，指向生活和存在的其他可能方式，但是那个鸿沟已经消失了。传统上，各种艺术形式被看作是“文化”的代表——例如歌剧、剧院、文学以及古典音乐——旨在反映那些卓越的人类灵魂在被迫面对社会现实时所经历的苦难。它指出冷酷现实之外的一个可能世界。

马尔库塞指出，悲剧通常是关乎挫败的机会，没有实现的希望以及遭遇背叛的诺言。他引用古斯塔夫·福楼拜的同名小说（1856）中包法利夫人的形象——一个不能在她生活的那个苛刻社会中生存下去的灵魂来作为例证。

然而，到了20世纪60年代，社会已经变得如此多元化，以至于它能包容每一个人以及所有他们选择的生活方式。悲剧甚至不再作为一种文化主题，它的不满被看作是一个有待解决的问题。

马尔库塞指出，艺术已经失去了其激发反抗的能力，因为它现在是大众媒体的一部分。关于叛逆主角的书籍和小说不再能煽动大众起来革命，而变成个人自我提升计划的必读“现代经典”系列。“先锋艺术和垮掉一代的青年”现在只寻欢作乐而不去叩问人们的良心。文化已经被剥去其所有的力量而不

包法利夫人选择了死亡而非“适应”。但是现代生活已经吸纳了各种生活方式类型；因此如果是在今天，马尔库塞建议，她应该接受治疗。

赫伯特·马尔库塞

赫伯特·马尔库塞于1898年出生在柏林，二战期间在德国军队中效力，1922年在弗莱堡大学获得文学博士学位。在柏林当了短暂的书商之后，他师从马丁·海德格尔学习哲学。

1932年他进入社会研究所，但是从未在法兰克福工作过。1934年他逃亡美国，并一直留在了那里。当他和马克斯·霍克海默一起在纽约时，后者收到来自哥伦比亚大学的邀请，并把研究所搬往那里，马尔库塞加入了他。1958年，马尔库塞成为马萨诸塞州布兰迪斯大学的教授，但是1965年因为他鲜明的马克思主义观而被迫辞职。随后他来到加州大学，并在20世纪60年代期间作为社会理论家、哲学家和政治活动家而获得世界声誉。他死于中风，享年81岁。

主要作品

1941年　《理性与革命》
1964年　《单向度的人》
1969年　《论解放》

再是危险的“他者”。马尔库塞认为，即便是关于异化的伟大作品，也已经变成了商品用于出售、慰藉或刺激——文化已经变成了一种工业。

高雅文化和社会现实这两个维度的持平带来了一种单向的文化，能轻易地决定和控制个体和社会的视角。如今，不存在别的不同世界或其他生活方式。马尔库塞指出，在这一点上他并不是过度强调媒体的力量，因为作为成年人，我们所接受的社会信息仅仅是强化了那些自我们出生以来就一直被灌输的同一类信息——我们自孩童时就被训练以接收它们。

阶级的消失

文化和现实的挤压反映在阶级结构的明显拉平/平整体中。如果所有的艺术形式和大众文化都是同质整体中的一部分，并获得社会的一致认同，那么来自各个社会阶级的人们将无可避免地开始做同样的事情。马尔库塞举例指出，打字员可能和她老板的女儿一样打扮一新，或者工人和其老板喜爱同样的电视节目。然而，在马尔库塞看来，这种同化并不意味着阶级的消失——它实际上反映了那些服务当局的需求在很大程度上已经为所有人所共享。

这一结果使阶级不再处于冲突中。社会控制已经被内化，马尔库塞指出，我们已经被催眠到一种极端从众的状态，没有人会造反。一个人的内心不再有一块灵魂或精神的崇高境地，因为所有一切已经或者能够被转化成操作性术语、问题和解决办法。我们已经丧失了一种内在真实感和实际需要，也不再能够批判这个社会，因为我们找不到一种置身事外且又看起来没有丧失理智的办法。

马尔库塞认为社会是无所不包的——多元主义观点战胜其他一切对立观点，这尤其与新媒体爆炸所主宰的全球时代相关。一直以来，马尔库塞重视科学知识在塑造和组织社会及日常生活各个方面的重要性。尤其是站在一种激进的、政治化的视角上，他能够同时看到解放和统治的可能性。这使得他对于文化和新技术应用的重视正切中肯綮。然而，这些因素确实带来了社会变迁和解放吗？还是说，它们仅仅是一种权势统治阶级加强操控和社会压迫的工具？■

媒体的权力

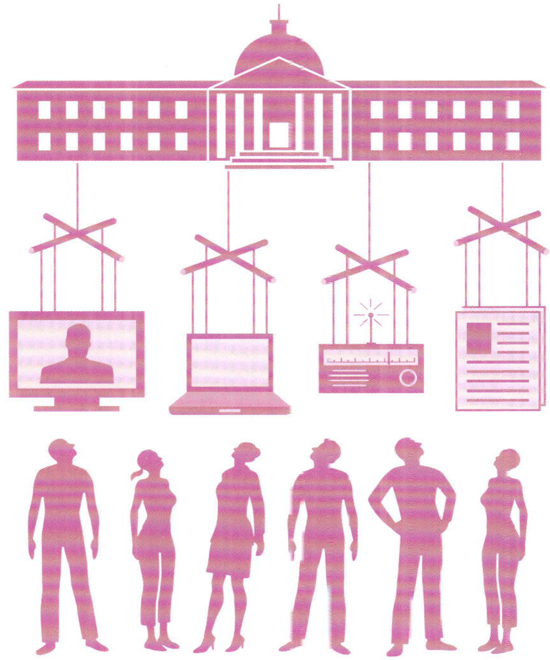

国家及其消费力量控制现代世界中的媒体。

媒体反映和传播国家的主流价值观和意识形态，操控社会大众以接受商品、服务以及生活方式。

社会和个人被哄骗去相信并遵守这些媒体信息。

> **思想自由可能意味着修复如今被大众沟通和教条灌输所吸收的个人思维。**
>
> ——赫伯特·马尔库塞

未来的威胁在于人可能会变成机器人

埃里希·弗罗姆（1900—1980年）

背景介绍

聚焦

自我异化

主要事件

1844年 卡尔·马克思指出，作为资本主义的一个系统结果，人已经与自己的本质相异化。

1903年 在《大都市与精神生活》中，乔治·齐美尔指出城市生活滋养了异化和冷漠。

1955年 埃里希·弗罗姆出版《健全的社会》。

1956年 美国社会学家里奥·索罗尔（Leo Srole）提出一种异化量表。

1959年 美国社会学家梅尔文·西曼（Melvin Seeman）指出异化来自权力丧失、规范丧失、社会孤立、文化疏远和自我疏远。

1968年 美籍以色列社会学家阿米泰·埃齐奥尼指出，异化产生于社会系统不能满足人类基本需求。

德国社会学家和精神分析学家埃里希·弗罗姆宣称，在19世纪工业化时期，上帝被宣布死亡，“无人性”意味着残暴，与生俱来的威胁是人可能会变成奴隶。

然而，到20世纪，问题发生了改变：在自我异化中，人们丧失了爱和理性的能力。“人”事实上已经死了。“无人性”意味着缺少人性。弗罗姆指出，人类面临变成机器人的危险。

他将这种异化感归因于西方资本主义社会的出现，同时相信国家的社会、经济和政治因素交织在一起，产生一种适合于其所有公民的“社会性格”。在工业时代，随着资本主义全球统治的扩张，国家鼓励个人的竞争性、剥削性、威权性、攻击性以及个人主义。而相反，在20世纪，资本主义国家将个人改造成合作的消费者，拥有标准化的品位，能够被民意和市场中的匿名权威所操控。技术使得工作变得越来越常规化和无趣。弗罗姆指出，除非人能“走出困住他们的陈规陋习”、重拾人性，否则他们将在一种无意义的、机械的生活中发疯。■

> **虚假的微笑已经取代了真心大笑，麻木的绝望已经取代真正的痛苦。**
>
> ——埃里希·弗罗姆

参见： 乔治·赫伯特·米德 176～177页，罗伯特·布劳纳 232～233页，阿利·霍克希尔德 236～243页，罗伯特·默顿 262～263页，尔文·戈夫曼 264～269页，安·奥克利 318～319页。

文化是通俗的

雷蒙·威廉斯（1921—1988年）

背景介绍

聚焦

感觉结构

主要事件

19世纪40年代 卡尔·马克思指出经济决定社会观念和文化。

20世纪20年代 意大利马克思主义者安东尼奥·葛兰西批判了马克思的经济决定论。

1958年 威尔士学者雷蒙·威廉斯在《文化与社会》一书中，讨论“感觉结构”概念，将文化置于理解社会网络的核心。

1964年 英国社会学家和文化理论家理查德·霍格特在英国伯明翰创立当代文化研究中心；1968年，斯图亚特·霍尔接任主任。

1975年 让·鲍德里亚指出马克思将经济作为发展驱动力的观点是有局限的。

虽然卡尔·马克思对文化，特别是文学具有强烈的兴趣，但他将经济看作是历史的驱动力：文化和观念是第二位的。后来的马克思主义思想家，诸如安东尼奥·葛兰西以及匈牙利理论家乔治·卢卡奇，更多地关注文化元素；直到20世纪中期，随着雷蒙·威廉斯大量著作的问世，其中包括他的鸿篇巨制《文化与社会》，文化才开始成为激进理论的核心。

威廉斯将文化的概念与对“传统”的政治保守理解区分开，使得一种他称为“长线革命”的分析成为可能：通过艰难但不懈的努力，实现我们整个生活方式的民主化。

文化的形状

在“文化是通俗的”（1958）一文中，威廉斯提供了自己从南威尔士山村到英格兰剑桥大学的个人成长和反思之路。在威廉斯看来，文化的形状包括：山丘、农田、教堂以及火炉；家庭关系和政治辩论；贸易技能、语言和观念；以及文学、艺术和音乐，流行的或严肃的。他将这种形状描绘成“感觉结构”，它指涉一种超越社会制度和正式意识形态之外的社区中的生活经验（通俗生活）。

威廉斯认为，感觉结构存在于“我们行为的最微妙、最不可触摸的部分中”。这一概念带来一种结合：那种有形的、组织良好的研究主题（结构）与那种晦涩的、以至于无法传递出复杂的生活经验（感觉）的结合。威廉斯对于生活经验的强调将社会学研究引向整个通俗文化系列，诸如电视、电影以及广告，它们以前被看作是文化上无意义的。■

参见：卡尔·马克思 28～31页，安东尼奥·葛兰西 178～179页，赫伯特·马尔库塞 182～187页，让·鲍德里亚 196～199页，斯图尔特·霍尔 200～201页。

污名指的是一种非常丢脸的印记

欧文·戈夫曼（1922—1982年）

背景介绍

聚焦

污名

主要事件

1895年 埃米尔·迪尔凯姆考察了污名概念及其与社会秩序的关系。

20世纪20年代 符号互动论在芝加哥大学产生，并成为美国主要社会理论模式。

1934年 美国社会心理学家乔治·赫伯特·米德出版《心灵、自我与社会》，后来影响了戈夫曼的认同思想。

2006年 在《身体/具身化》一书中，丹尼斯·瓦斯库和菲利普·万尼尼（编写）将戈夫曼的贡献看作是为理解身体社会学提供了一种“精细框架”。

2014年 美国社会学家玛丽·乔·迪根（Mary Jo Deegan）将戈夫曼的理论应用到对性、性别问题以及女权主义的分析中。

社会为我们提供了一套被认为是**“正常”**的**角色和身份**。

↓

我们在**公共场所**扮演的**角色–身份**（例如教师、医生、护士、店员）是由社会来定义的。

↓

但是当摆脱公共监督时，我们**私下**的**自我–认同**关乎的是我们到底是谁，那个**“核心的/本质的”**自我。

↓

当我们的**公共身份**和**私人自我**存在**不符**时，当我们的角色认同扮演难以令人信服时，我们更容易被**贴上负面标签**。

↓

当这种负面标签**多次重复**后，**产生了污名**。

欧文·戈夫曼是加拿大社会学家，他的思想深受美国社会理论传统符号互动论的影响。这一传统关注微观层面的个体与小群体间的互动和交换，而不是社会结构或制度与个体间更为非人格性的、宏观层面的关系。互动主义思想家关注诸如个人认同、自我、团体动力以及社会互动之类的议题。符号互动主义思想的基本观点是：个体自身首先是一个社会实体，即使是我们个体自身中看起来最具特质的方面，都不是我们自己特定心理的产物，而是社会性决定的，依文化和历史而定。我们认为自己是谁，我们希望自己是谁，以及更重要的，我们能够成为谁，这些都无可避免地与我们交往的人口类型以及我们生活的制度背景联系在一起，并受到它们的调节。

戈夫曼的特殊兴趣在于其对越轨行为以及个体、群体的污名化（源自于希腊词汇stigma，原意是“记号”、“烙印”、“刺烙”）或蒙受耻辱的社会过程的分析。戈夫曼指出，在污名概念中，越轨是其隐含之意，指个人或群体被认为已经偏离那种指导人际互动行为的社会既定规范。一旦有人违反这些社会规范，他们就会被污名

参见：皮埃尔·布迪厄 76～79页，乔治·齐美尔 104～105页，乔治·赫伯特·米德 176～177页，霍华德·贝克尔 280～285页，阿尔弗雷德·舒茨 335页。

学校教师扮演着社会中的一种最"合法"、高度受尊敬的角色——戈夫曼将那种人们扮演的公共角色称为他们的"虚拟社会认同"。

化，被排挤出他们所属的群体或社群。

虚拟和实际的认同

在戈夫曼的标志性研究著作《污名》一书中，他分析那些身份或多或少被"弄脏"或"存在缺陷"的个体的行为。他区分了那种所谓"虚拟的"和"实际的"社会认同。

虚拟社会认同是自我的社会性合法形式，是个体被期望的公共形象——例如，社会为好医生所定义的特征及行为；实际社会认同是个人想象的、私下的自我认同——例如，一个医生在他或她的私人生活中所表现的特征和行为。对于戈夫曼来说，一旦虚拟的和实际的自我认同之间的不一致变得无法调和时，污名就会出现。例如，当一个受人尊敬的医生被揭发在工作之外过度喝酒和吸烟时，难堪或羞耻感就会紧接而来，社会交往就会崩溃。污名产生于这样一种事实：社会成员对于某种特定情境下的行动者以及他们应该如何行为或表现具有共同的期待和态度。

污名的概念

戈夫曼定义了污名的三种重要特征。第一，污名不是某种特定个体、属性或行为方式所与生俱来的，尽管某些行为（如恋童癖）受到普遍谴责。一种属性或行为所存在的背景深深地影响其他人的反应。第二，污名是在个体或群体间

尔文·戈夫曼

欧文·戈夫曼于1922年出生在加拿大一个乌克兰犹太移民家庭。1945年在多伦多大学获得人类学和社会学学士学位之后，他来到美国芝加哥大学，并在那里获得硕士和博士学位。为了博士论文的写作，他在苏格兰一个偏远小岛上从事田野调查。在那里收集的资料为他最负盛名的著作《日常生活中的自我呈现》奠定了基础。1968年他来到宾夕法尼亚大学执教，1981年成为第73任美国社会学学会主席。戈夫曼于1982年死于胃癌。

主要作品

1959年 《日常生活中的自我呈现》
1961年 《避难所：论精神病患与其他被收容者的社会处境》
1963年 《污名：受损身份管理札记》

> 污名构成了虚拟社会身份和实际社会身份之间的一种特殊差异。
>
> ——欧文·戈夫曼

的互动和交换中产生的一种消极分类，把他人归类为那种不受社会欢迎的属性或行为的拥有者。（戈夫曼称那些非污名化的人为“常人”。）它是一个关系性概念，因为被归类为污名的事物是容易变化的，这取决于个体或群体的互动。戈夫曼指出，任何属性或行为都潜在地在被污名化，也可以说，所有社会关系中都存在一定程度的污名化：我们都能够在某些时候被污名化。

戈夫曼指出，污名的第三个特征是它的“过程性”：意味着被污名化，或者更确切地说，形成污名化的身份是一个持续一段时间的社会中介过程。例如，如果一个人因为在公司酒会上大醉而感到不自在，那么这种尴尬和羞愧感，虽然并不令人愉快和自在，但不太可能对于他的实际社会认同产生任何长期的影响。然而，如果这种过分的行为继续持续一段时间，那么通过与群体成员的互动，个人被赋予了

> **某一特质，在给其特有者带来污名的同时也证明了其他非持有者的正常。**
>
> ——欧文·戈夫曼

一种偏差地位，而他们的自我概念也将会随着这种污名化的身份而改变。

污名的类型

除了解释污名的概念之外，戈夫曼还定义了三种污名的类型。第一种污名称作身体的“畸形”，例如身体残疾、肥胖、肤色不均、秃顶、疤痕。第二类污名指的是性格缺陷，包括精神失常、坐牢、瘾君子、酒精中毒、同性恋、失业、自杀企图以及激进政治行为。他将第三种污名类型定义为集团污名，包括基于种族、国籍、宗教以及意识信仰的社会边缘化。戈夫曼指出，这三类污名所定义的特质容易给那些此类特质的持有人的正常及可预测社会互动模式带来负面影响，进而产生社会排斥或边缘化。

印象管理

戈夫曼同样也关注个体是如何应对以及处理这种消极分类的。他指出，被污名化的人会积极努力管理或抵制（如果有可能）那种强加于他们的负面社会身份。

他的“印象管理”概念在这里就显得重要，因为它强调人们努力用各种方法尽可能向别人展示那种受欢迎的自我形象版本：他们采用各种策略以避免被污名化。这包括通过使用“掩体”来遮掩，例如肢体残缺的人通过安装假肢来减少羞耻感。“暴露”与之恰恰相反，指的是一个人公开承认他们身份中丢脸的一面。当这些策略失败或不可行时，污名持有者则倾向于向那些他们认为有可能施以同情的人寻求帮助。

戈夫曼定义了三种最易于满足这一角色的类型。第一种是“自己

假发是一种“道具”或“掩体”，一些秃头的人试图用它来“掩盖”他们的光头，以此避开可能的污名来源。

人”：那些有相似污名化特征的人——例如吸毒成瘾康复小组的成员。第二类是“智者”：那些在支持污名持有者的组织或机构中工作的人（例如，护理工、残障官员、护士、精神健康治疗师以及社会工作者）。第三种类型包括那些被污名化者所熟知的个人以及那些对他们持有同情心的人，例如残障人士或瘾君子的伴侣。

跨越界限

社会学界普遍认为，戈夫曼对于人际互动和小型群体中的人际动态的细致研究是空前的。例如，安东尼·吉登斯著名的“结构化”理论深受戈夫曼关于人类行为和认同形成思想的影响，讨论了结构和人际互动之间的联系。同样，皮埃尔·布迪厄将戈夫曼的结论用于自己的研究，考察在何种程度上人们能够改变自我以及他们在特定情境中的自我认知。

然而，英国社会思想家安东尼·伍顿（Anthony Wootton）认为，戈夫曼的研究将某些特质一般化，认为它们永远是污名化行为的诱因。但是，随着社会发展，对于某些特质的规范性期望以及道德评价也在变化。因此，他指出，在某些特定社会和国家情境下，精神疾病和身体障碍是否仍然污名是一个可被高度质疑的问题。

戈夫曼的研究跨越了社会学和社会心理学的学科界限——因此他的理论被来自广泛学科背景的思想家所采纳。在社会学界，英国社会思想家吉尔·格林（Gill Green）将他的污名思想有效运用到对长期疾病患者的经历的研究中，包括那些感染HIV病毒的人。社会工作者约翰·奥夫（John Offer）运用戈夫曼的概念来考察污名化个人的社会再融入问题。戈夫曼的研究也与政治领域相关，为表达现代多元文化社会中少数群体的污名化问题提供了一种理解方式。■

污名化的原因是多样的，但是可能包括产生于无视和/或者基于阶级或种族紧张的闲言碎语和消极态度。这接着导致其他群体对某个人的消极刻板印象。久而久之，个体内化这些标签，以至于形成自我评价和认同。至此，个体已经获得一种污名身份。

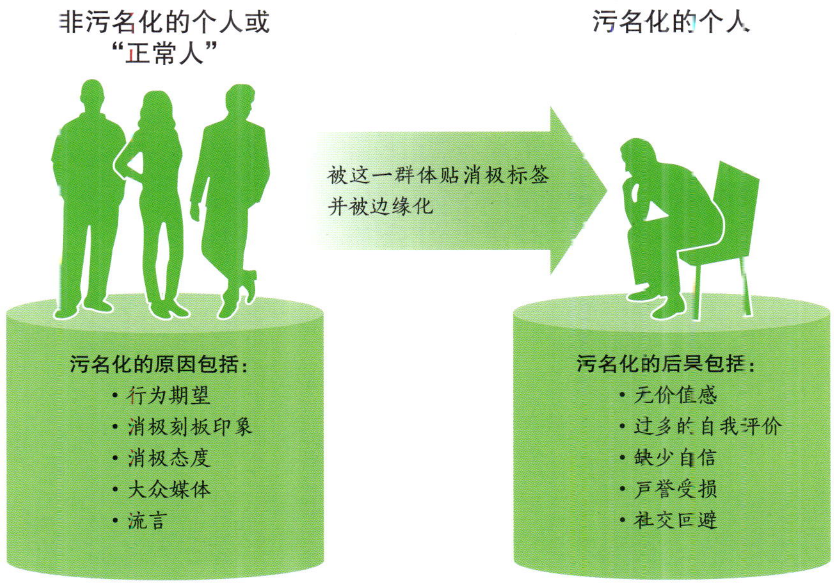

> **污名化的个体可能发现，他不确定正常人将会如何定义以及接受他。**
>
> ——尔文·戈夫曼

我们生活在一个信息越来越多而意义越来越少的世界里

让·鲍德里亚（1929—2007年）

背景介绍

聚焦

拟像

主要事件

约公元前360 希腊哲学家柏拉图指出，他将在他的完美理想国中驱除“模仿者”。

19世纪早期 工业革命在欧洲开始。

1884年 弗里德里希·尼采指出，我们再也不能向上帝找寻生活中的意义了，因为“上帝已死”。

20世纪70年代 罗兰·巴特指出，意义和符号具有意识形态功能，它们以一种“自然的”简朴告知读者。

1989年 英国计算机科学家蒂姆·伯纳斯·李发明万维网（WWW），一种基于互联网的超媒体，以实现全球信息共享。

20世纪末期，法国社会学家让·鲍德里亚宣称，“千禧年，在某种程度上，不会到来”。他指出，大灾难——我们所知的世界毁灭——已经发生，在21世纪，我们“已经超越这一结局”。他对此深信不疑，他说，一种完美的犯罪已经存在——“扼杀真实”。

鲍德里亚指出，我们“了解”千禧年的唯一方式就是那种我们认识其他一切事物的方式：通过那种由杂志、电视、报纸、电影、广告以及网站所再生的、以消费为目的的、无止境的影像流。在鲍德里亚

参见：亨利·列斐伏尔 106~107页，艾伦·布莱曼 126~127页，戴维·赫尔德 170~171页，安东尼奥·葛兰西 178~179页，赫伯特·马尔库塞 182~187页。

现代世界中有如此多的信息以至于我们不能完全吸收，并发现到底发生了什么。

媒体把事情简化了，决定哪些“成为真实”；某些影像和故事的重复引导我们相信它们是“真实”的。

物理世界中的物体和事件——以一种未解释的、未被包装的形式——再也触不可及了。

所有的复杂性都消失了。

我们生活在一个信息越来越多而意义越来越少的世界里。

看来，真实不是在物理世界中发生的事物（那种“现实”已死），而是那些可以被模拟和复制的事物。事实上，他指出，真实是“那些已经被复制的”事物。20世纪，表现开始先于真实，而不是相反。

从地图开始

鲍德里亚从阿根廷作家、诗人豪尔赫·路易斯·博尔赫斯的一个短篇故事开始，来解释自己的观点，即一个制图师绘制一幅帝国巨图的故事。地图是按照1∶1的比例，因此它和它所绘制的对象一样大，并且完全覆盖了帝国的整个面积。随着帝国的衰落，地图也开始逐渐磨损并最终毁坏，只留下一些碎片。

在这个寓言里，真实物和复制品能够被轻易识别；二者之间的差别很明显。鲍德里亚指出，这是文艺复兴时期的场景，那时一个物体和他的影像之间的联系是明显的。影像是深远现实的一个反映，我们能区分它与现实之间的联系和差异。然而，随着工业时代的来临，客观物体和其影像之间的联系变得越来越模糊，因为一个原物品或它

让·鲍德里亚

让·鲍德里亚于1929年出生于法国兰斯（Reims），是家庭成员中第一个上大学的。父母是公务员，而祖父母是农民。当来到巴黎索邦大学学习时，他偏离教育体系，宣称对现状感到失望。

20世纪50年代，他一边在中学教德语，一边在马克思主义哲学家亨利·列斐伏尔的指导下撰写博士论文。1966年，他在巴黎九大获得教职位，教授社会学，随后获得这一领域教授职位。他的左翼、激进思想使其享誉（或相反）世界。20世纪70年代，他与马克思主义决裂，但是一生都保持着政治活跃。当被问及“你是谁？”时，他回答，“我不知道我是谁，我是我自己的拟像’。

主要作品

1981年 《拟像与仿真》
1983年 《宿命策略》
1986年 《美国》
1987年 《交流的迷狂》

二次人生是一个虚拟的世界，使用者可以数字化地再造他们自己。在线广告宣称：“每个人都是真实的个体，你去到的每个地方都是由如你一般的人建造的”。

的模板，可以被复制成百上千次。

再造真实

鲍德里亚注意到20世纪60年代其他马克思主义思想家，例如法国理论家居伊·德波及其对工业大生产所带来的文化思想转型的关注。德波注意到，在这一时刻，“社会的整个生命历程被归结为景象的积聚”。因此，生命被浓缩为一套记录图片：家族婚礼、法国度假等。相较于做事情，人们对抓住影像更感兴趣——成为旁观者：影像成为核心，而非事情本身（现代人对于“自拍”的痴迷说明了它是如何风靡起来的）。

鲍德里亚指出，资本主义使得商品也与它们自身分离开来。例如，小麦不再简单地只是小麦，而是一种好的投资，或谷物早餐。包装，而不是事物本身，主宰着其价值。这是广告时代的开始，品牌信息取代了客观事物本身的真实性。影像就是一切。

简化世界

鲍德里亚对这个影像和景象的奇异世界的发展轨迹进行了深入研究。他指出，随着技术的进步，很明显，真实事物或仿制品变得完全没必要。影像——原本是从某种真实事物中抽象出来的——现在可以从无到有地被创造出来。它完全不需要与物质世界相联系或反映什么。他称这种影像为“拟像”。

鲍德里亚宣称，只要影像或影像组可以再生产，它就能创造真实。真实是“可以被再造的”。一旦影像被复制和广泛散播（例如，在杂志或网页中），它就创造出一种共享的真实，人们可以对此展开讨论，这在过去我们一直努力参与的那个混乱、未结构化的物理现实世界中是不可行的。它们简化了世界，使其变得易于管理。另外，它们创造的现实在各个方面都比我们生活的这个现实更令人激动和完美。

危险的乌托邦

“拟像”——在现实中没有原型的影像——与反映真实世界的影像相比，可以被用来创造出更令人满意的效果。一个女演员可以通过贴近某一文化中理想的女性形象来获得“数字提升”，但是即便如此，它也参照了某些真实。基于这一点，鲍德里亚指出，真实的“领域”并未完全消失，还有碎片遗存。但是，那些在这种升华的影像中获得愉悦的人，可能会在那种完全数字化地创造出来的影像中获得更大的愉悦。例如，在我们与其他真实/虚拟个体互动的虚拟世界中，我们可以看到那种数字化的“完美”个体和世界，甚至可以在线以任何形式再造我们自己。

鲍德里亚指出，这个过程也存在危险。建构的真实建基于愉悦的最大化，因此它们要远比真实更受

> **真实是从微型单位、矩阵、记忆库以及命令模式中产生的——通过这些，它可以被复制无限次。**
>
> ——让·鲍德里亚

欢迎。我们正在建构一种乌托邦，因为如果你有建构世界的自由，那为什么不创造一种乌托邦呢？但是，我们在虚拟世界中建构的乌托邦等同于死亡：我们不再想要某种真实的体验，而是被告知的某种体验——以一种超真实，或比真实更真实的方式。例如，我们宁愿坐在电影院里，享受某个家庭团聚的超真实体验，而不去组织我们自己的家庭团聚。在荧幕上，它更多彩、喧闹和完整——它看起来是“那么真实”。相比之下，或许除了那些在“脸书”或其他地方的虚拟生活，我们自己的生活是那么苍白。同时，我们坐着，一动不动地看着银幕。

太多信息

在鲍德里亚看来，现实世界正被大量来自不同媒体的、冲入我们生活的信息所主宰。他指出，奇怪的是，真实正在消失，“不是因为缺少它，而是因为太多了”。涌入我们头脑的过量信息带来信息的终结，因为我们被淹没在复杂性中，而只抓住递给我们简单方案的这根救命草。拟像让我们了解世界，即便这是以复杂的意义为代价，世界正变得越来越肤浅。

如今，构成我们真实生活的拟像已经被建构用以即时地满足我们的欲望。鲍德里亚指出，随着虚拟世界的不断增大，我们的理想和想象将会退化。给什么我们就接受什么，就如从“德国”到“法国”的旅行，我们发现，在迪士尼世界中要比在欧洲版图上容易得多。对于系统或事物，不再需要“理性”，只要做好工作或正常“运作”就行。他指出，我们已经创造了一种超真实，一种“没有空气的超空间组合模型的放射性综合物”。我们似乎还没有意识到这一事实，即只有机器人才能离开空气而“生存”。

> **因此，仿真时代开始于所有客观参照物的终结——更甚者：通过符号体系中的人为再造。**
>
> ——让·鲍德里亚

一些批判理论家，诸如美国哲学家道格拉斯·凯尔纳（Douglass Kellner）批判鲍德里亚偏离了马克思主义对于文化的解释。马克思主义地理学家大卫·哈维立场相似，认为鲍德里亚在“坚持影像背后没有真实”这一点是错误的。然而，还有许多理论家，包括加拿大人亚瑟和玛丽路易斯·科罗克，赞同他的后现代文化观，并将他的研究看作是对21世纪文化危机的重要指引。正如媒体生态学家肯尼思·鲁本（Kenneth Rufo）写道：“鲍德里亚的思想充满了有趣的东西，甚至他的错误也不乏冲击力。”■

在美国迪斯尼世界，诸如中国之类的国家被再造。鲍德里亚认为，对于迪斯尼的游客而言，这些虚拟模型要远比“外部”世界受欢迎得多。

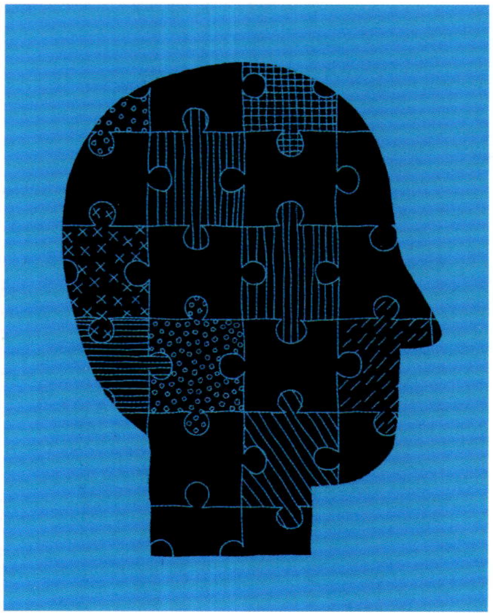

现代认同正在去中心化

斯图尔特·霍尔（1932—2014年）

背景介绍

聚焦

文化认同

主要事件

17世纪 “自我”首次变成一个名词，作为一个值得探究的思想开始流行。

20世纪初 马克思·韦伯指出，个体根据他们对于世界的主观理解而行动。

20世纪20年代 乔治·赫伯特·米德的符号互动论思想考察那些连接人们相互沟通的符号，尽管他们对符号有各自的主观理解。

1983年 英裔美国教授本尼迪克·安德森指出，民族认同是一种“想象的共同体”。

2010年 英国社会学家迈克·费瑟斯通通过诸如整容手术之类的身体整形考察了自我驱动的认同变化。

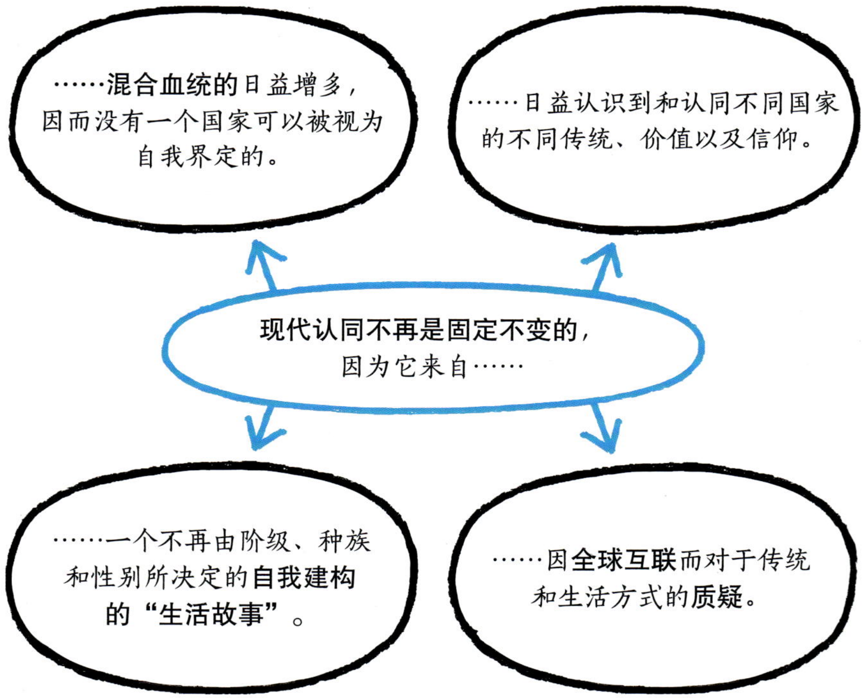

在20世纪末期，社会学家们开始谈论一种新的“认同危机”，曾经只被看作是一种简单观念的“认同”正变得越来越难懂。斯图尔特·霍尔教授认为，这是由于结构变化改变了现代社会，将阶级、性别、性向、种族、民族和国籍的文化图景碎片化。而这些元素是传统上用来解释我们是谁（不管是在社会中还是作为单个个人）的基本框架。霍尔定义了“认同”的三种现代含义：启蒙“自我”，社会学“自我”以及后现代“自我”。启蒙自我盛行于17

参见： W.E.B.杜博斯 68～73页，罗兰•罗伯逊 146～147页，戴维•赫尔德 170～171页，乔治•赫伯特•米德 175～177页，诺贝特•埃利亚斯 180～181页，尔文•戈夫曼 190～195页，本尼迪克•安德森 202～203页，霍华德•S. 贝克尔 280～285页。

在现代城市中，不同文化走到一起。我们的生活越是受到这些不同文化的影响，我们就越不可能拥有一种固定的民族认同感。

世纪到20世纪早期，被认为是一种完整的、自主的存在：一个人与生俱来的坚定“内核”，会随着年龄的增长而显现，但会保持不变。

20世纪20年代，社会学家诸如乔治·赫伯特·米德指出，“认同”是在与社会环境和“重要他人”的关系中形成的，其中，“重要他人”解释和传播儿童世界的价值、意义和符号。这种定义下的自我仍然被看作是一种内核，但是能够通过文化价值和意义的内化经由社会而获得改造。这种自我的“互动主义”观点，跨越了个体与公共世界之间的鸿沟，成为关于自我的经典社会学观点。

另一方面，霍尔指出，“后现代自我”没有稳定的内核，它无法固定，相反，总是随着其在社会中的表述和呈现方式而不断地形成和转变。这是一种变化中的自我，是历史地定义的，而非生物性地决定的。它包含指向不同方向的冲突性认同，只是因为我们每个人都在建构自我的叙事（我们的“生活故事”），它才看起来连续而稳定。

脱节的认同

霍尔指出，20世纪末开始的那场迅速、持久而又广泛的变迁增加了一种不稳定感。传统和社会实践在不停地被检视、挑战，正在被基于全球互联增长而带来的新信息所改造。风格、场地和影像的全球市场，意味着它们渗入到每一个国家，打断了传统固定的民族和文化认同。

这种全球文化的“混搭”意味着认同已经与特定时间、地点、历史和文化脱离，我们现在面临着一个认同库，从中可以选择那些吸引我们的。在全球消费主义的“话语”（意义系统）中，用以定义认同的文化区别和差异已经变成一种全球货币。例如，牛仔裤和运动鞋——曾经与“美国人”联系在一起——现在只是一个印度或肯尼亚年轻人的必备装束之一。

对于非裔法国人弗兰兹·法依来说，黑人总是白人之外的“其他人”，而霍尔指出，在全球时代，文化是彼此“相互”混杂的，其他人“不再是简单地‘杵在外面’，他们也在内部”。人们越来越多地来自一种生活空间、血缘以及出生地的混合，并且意识到我们所拥有的内在认同库可能会在不同时刻显现出来。霍尔指出，这种内在和外在的多样性是形塑我们时代的力量。■

斯图尔特·霍尔

斯图尔特·霍尔被认为是“多元文化主义教父”，他出生在一个牙买加家庭，家里有着本土和帝国主义（殖民）文化背景的冲突。他的父母来自不同社会阶层和混合血统；霍尔反抗他们的建议，拒绝只跟那些“上等肤色”朋友玩。

1952年，霍尔来到英国牛津大学，并成为新兴的新左派政治运动的一名重要人物。1957年，他成为《左派评论》的创始人之一，并成为英国伯明翰大学“当代文化研究中心”主任；1979年，成为开放大学社会学教授。他同时也与电影制作人和艺术家一道，关注黑人问题。

主要作品

1979年 《向右急转弯》
1980年 《编码与译码》
1992年 “文化身份的问题”

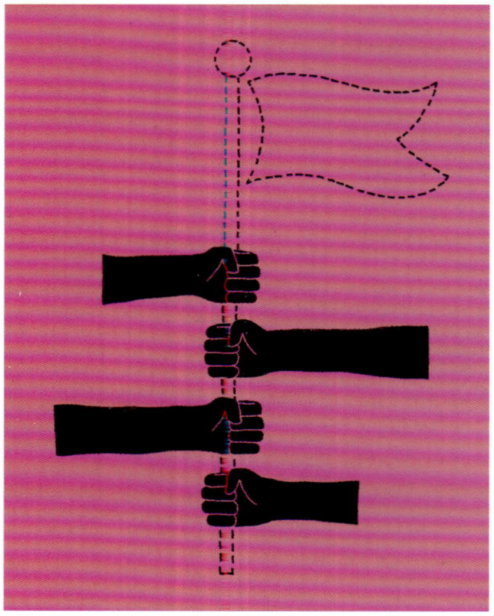

所有共同体都是想象的

本尼迪克·安德森（1936—2015年）

背景介绍

聚焦

民族主义

主要事件

1800年 德国哲学家约翰·费希特力主存在一个集权国家，能独立于世界之外，发展一种民族精神（volksgeist）——一种民族特有的自我感。

1861年 意大利统一之后不久，政治家马西莫·阿泽利奥（Massimo d'Azeglio）宣称："我们创造了意大利。现在我们必须创造意大利人"。

1965年 英国裔捷克人类学家厄内斯特·盖尔纳（Ernest Gellner）提出，"民族主义不是民族觉醒的自我意识：它创造出了并不存在的国家"。

1991年 法国哲学家艾蒂安·巴里巴尔指出，"每个'人'都是一个民族的种族化进程的投射。"

在16世纪之前，民族主义的概念并不存在。它是我们想象出来的一个现代概念，并说服我们自己它有着古老的历史。这是社会和政治理论家本尼迪克·安德森的观点，他认为我们将民族主义看作是理所当然的：你出生在某地，拥有某种国籍，就如同你与生俱来的性别。

安德森在《想象的共同体》（1983）一书中，对民族主义的整个基础提出了质疑。他将"民族"定义为"一个想象的政治共同体，拥有既有限又至高无上的权力"。

随着**印刷术的发展**，除了以拉丁语写作的书籍以外，出版社也出版那些**最广为传播的本土语言**写作的书籍，以迎合大众。

↓

这使得**语言更稳定**，有利于基于人们所说的语言而**定义其群体**。

↓

这种**通过共同语言的联合**促进了共同思想和价值的传播，以及**民族归属感**的增长。

↓

在那个**教会统治开始衰落**的时代，**"民族"**概念给予大众**一种可以相信的事物，一个可以为之献身的理由**。

参见：保罗·吉尔罗伊 75页，爱德华·萨义德 80～81页，以利亚·安德森 82～83页，萨斯基娅·萨森 164～165页，戴维·赫尔德 170～171页，斯图亚特·霍尔 200～201页。

他解释道，之所以是“想象的”，是因为，即使是世界上最小国家的成员，也不可能知道或者遇见绝大部分的同胞，只是“这种交往图景存在于每个人的头脑中”。

民族意识

安德森主张，民族概念是“有限的”，因为再大的国家都有有限的边界，尽管这种边界是可变的（例如，由于移民涌入或涌出，领土之争）。他指出，没有哪个国家能够一直确保世界上的每个人都是“他们民族”的一部分，就如同宗教一样，例如基督教乐于看到每个人都加入一个统一的信仰体系。

安德森宣称，国家揭示它们的“弹性边界”的方式之一就是通过印刷工业。在16世纪，图书商迎合那些受过教育的、说拉丁语的少数群体，但是同时也意识到，要想获得更大的利润，就必须开拓更大的市场。不能一一满足众多地区的方言，他们就瞄准了更大的区域的方言，随着这些方言在出版物中获得稳定性，他们也创造了沟通的统一领域，帮助定义民族应该“是什么样的”。

> 民族性，或者国家，以及民族主义，都是文化制品。
>
> ——本尼迪克·安德森

给予生活目标

安德森指出，主权同样也是这一民族概念的一部分，因为这一概念产生于启蒙和革命时期。宗教丧失了对于人们思想的控制权，君主是由上帝神圣地挑选出来统治大众的思想也不再被接受。主权国家允许国家结构的存在，而不需要号召其人民信仰宗教教条。但是，在安德森看来，随着宗教统治的灭亡，对于生活意义的疑问并没有获得解答。启蒙时期的理性不能解释生或死的理由——但是伴随着民族思想，一个新的目标产生。它是一种值得为之献身的东西，同时也提供了一种具有持续性的目标，这是人们以前在来世观念（如天堂）中才能获得的。

一些人开始质疑安德森的理论，特别是关于阿拉伯世界，那里仍然继续使用传统语言形式，仍然由宗教信仰所主宰。但是，当世界上那些亚民族（诸如苏格兰或加泰罗尼亚）频繁发生政治动乱时，安德森关于想象的民族性的思想被证明既有争议又影响巨大。《想象的共同体》被翻译成29种语言出版。■

本尼迪克·安德森

本尼迪克·安德森于1936年出生在中国昆明，父亲是爱尔兰人，母亲是英国人，活跃于爱尔兰民族运动中。1947年全家移民到加利福尼亚，后来又到了爱尔兰。安德森在英国伯克郡（Berkshire）的伊顿公学接受教育，并于1957年在剑桥大学获得古典文学学位。

对于亚洲政治的痴迷使其来到美国康奈尔大学攻读博士学位，在那期间他前往印度尼西亚雅加达做过一段时间研究。后来在泰国游历了7年之后，他回到康奈尔教书。他于2002年退休，并成为国际研究、政府和亚洲研究领域的名誉教授。他于2015年去世。

主要作品

1983年　《想象的共同体》
1998年　《比较的幽灵》
2007年　《三面旗帜下》

在全世界，文化正坚定地将自己推向舞台中心

杰弗里·亚历山大（1947年—）

背景介绍

聚焦

文化社会学

主要事件

1912年 在《宗教生活的基本形式》一书中，埃米尔·迪尔凯姆讨论文化和意义是如何相关的。

1937年 在《社会行动的结构》一书中，塔尔科特·帕森斯强调文化的自主性。

1973年 在《文化的解释》一书中，美国人类学家克利福德·格尔茨强调意义对于人类社会生活的重要性。

1995年 在《世纪末社会理论》一书中，亚历山大批判了当今世界领军的文化社会学家皮埃尔·布迪厄。

2014年 英国社会学家克里斯托弗·索普将亚历山大的思想应用到其对英国是如何体验意大利的研究中。

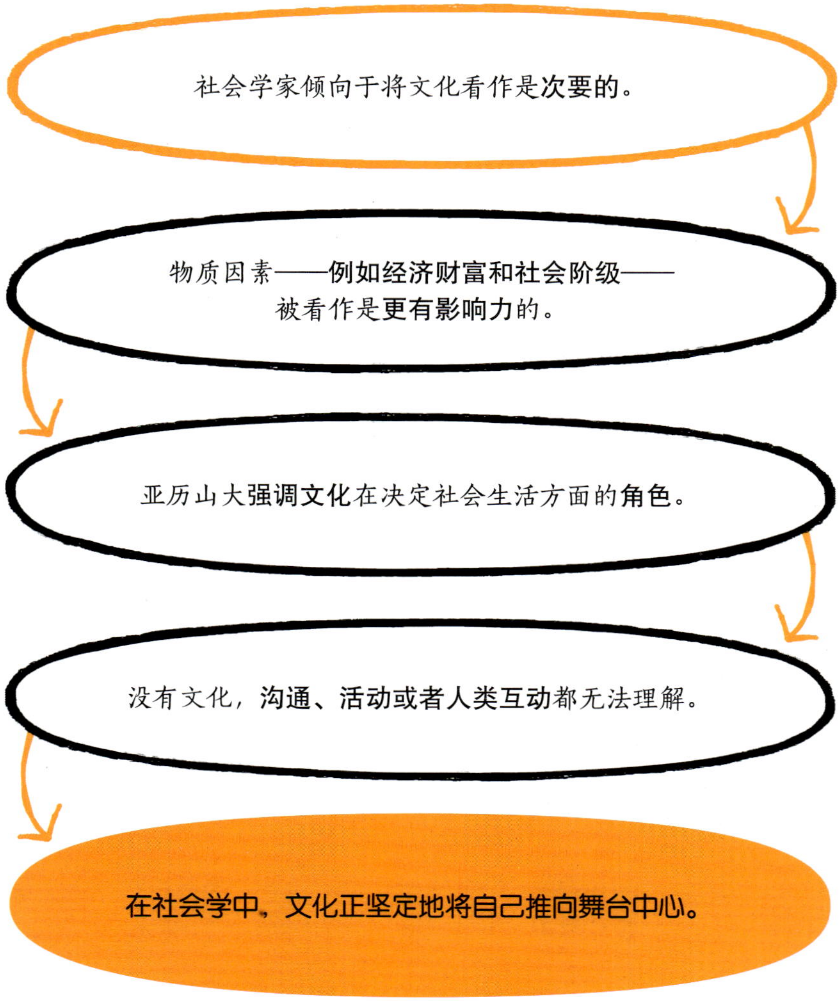

大多数人在生活中都不会去思考，为什么我们会习惯性地做我们所做以及想我们所想。我们每天为什么要花大量的时间工作？为什么我们要储蓄？为什么我们会对那些不认识的人的八卦感兴趣？如果被逼着回答这些问题，我们可能会说“因为那是像我们这样的人所做的”。然而，任何这些事情都不是理所当然的、必需的或不可避免的；相反，我们这样做，是因为我们所属的文化迫使我们如此。我们所处的文化用最普遍的存在方式形塑了我们如何思考、感觉和行动。我们之所以成为我们，不是可以无关文化的，而正是因为它的存在。

美国社会学家杰弗里·亚历山大力争，文化——一个群体集体产生的思想、信仰和价值——对于理解人类生活必不可少。只有通过文化，人类才能脱离原始的状态，思考和干预周围的世界。尽管文化具有核心重要性，亚历山大坚持认为，社会学家们过去却一直将文化看作是次要的。作为世界上最有影响力的社会理论家之一，亚历山大致力于在晚期现代社会的研究中推动文化占据中心舞台。

参见：卡尔•马克思 28～31页，埃米尔•迪尔凯姆 34～37页，马克斯•韦伯 38～45页，尔文•戈夫曼 190～195页，塔尔科特•帕森斯 300～301页，赫伯特•布鲁默 335页。

> **无论何处，我们并非如我们所认为的那样合理、理性或明智。**
>
> ——杰弗里•亚历山大

社会学和文化

虽然早期的社会学理论家们认识到文化的核心重要性，但是他们没能正视文化对于理解人们为什么会如此思考和行动的重要性。例如，卡尔•马克思将主流文化看作是统治阶级观念和价值的体现；相应地，文化只不过是掩盖了大多数人所生活的社会中的极度不公正。马克斯•韦伯从另一个视角，认为西方文化是理性的，它以一种冷静和科学的方式看待自然和社会世界；它被剥离了任何意义或价值。

对于亚历山大而言，这两种观点都有缺陷：马克思的解释过度简约化，它认为文化是由社会结构决定的；韦伯的解释过于理性，他没能认识到西方文化中的非理性方面——特别是情感和价值对于个人，甚至是整个国家，对周围所发生事件的回应方式的导向性。

亚历山大的理论路径非常不同，它建立在法国社会学家埃米尔•迪尔凯姆所提出的宗教思想的基础之上。对于迪尔凯姆来说，宗教意味着从世俗或日常生活的运作中将神圣分离出来——包括神的思想、标志以及表现形式。亚历山大将文化看作与神圣类似——独立于社会，而非依赖社会；具有能动性而非仅仅是受到制约；同时包含非理性和理性的元素。他的文化社会学聚焦于理解个体和群体是如何通过利用集体创造的价值、符号和话语——谈论事情的方式——参与意义的创造，以及这反过来又是如何形塑他们的行动的。

文化的三个面向

亚历山大从起源、解释和结构三个方面定义文化社会学。第一，文化可以完全独立于社会生活的物质方面。马克思的文化理论一度是将“社会”和“文化”之间关系概念化的正统方式。在马克思看来，社会的物质基础（经济、技术和劳动分工）决定思想上层建筑（规范、价值和文化信仰）。

相反，亚历山大相信文化不能仅仅被看作是社会生活中更坚固、更“真实”的物质维度的副产品。物质因素决定观念因素的观点，即经济决定文化，是一种误导。相反，在亚历山大看来，文化应该被

杰弗里•亚历山大

杰弗里•亚历山大出生于1947年，是美国耶鲁大学社会学莉莲•沙旺森•萨登讲座教授（Lillian Chavenson Saden Professor of Sociology），也是文化社会学中心联席主任。作为其工作之一，他创立《文化社会学》学科杂志，以推动文化社会学领域的思想和方法。

在美国，通过有名的《铭记大屠杀：一场辩论》（2009）一书，他成为同时代中最为杰出的社会思想家之一。他师从影响巨大的美国社会学家塔尔科特•帕森斯和罗伯特•贝拉，推进结构功能主义，扬弃它的逻辑性结论，并创立了自己的文化社会学范式。

主要作品：

2003年 《社会生活的意义：一种文化社会学的视角》
2012年 《创伤：一种社会理论》
2013年 《现代性的黑暗面》

> **当前争论的核心在于‘文化社会学’和‘文化的社会学’。**
>
> ——杰弗里•亚历山大

看作“一个独立变量”，一方面与它所存在的生活条件相分离，另一方面，能够对这种文化中的个体或集体施展权力。

人们对于事件的理解既不是自然而然的也不是不可避免的，而是由他们用以解释、编码和理解世界的那种具有文化特殊性的语言和符号决定的。正如亚历山大所言，一个社会被定义成资本主义、社会主义还是威权主义，并不会有助于我们理解加诸在某一事件上的集体意义。相反，它需要从“内部”被探究，从人们借以理解它的那些集体性创造的结构、意义以及符号入手。

第二，为了理解文化，社会学家必须采用一种解释的路径。亚历山大将文化比作文本——是一种人们用一种相对特殊的、社会建构的方式来加以解读和解释的事物，也正是基于此，用简单的因果关系是无法去理解的。你永远无法预测人们是如何解释事件的，相反，它需要站在当事人的立场上去反思和理解。

> **布迪厄的失败，在于他没能看出，文化具有独立于社会结构的相对自主性。**
>
> ——杰弗里·亚历山大

第三，亚历山大声称，社会结构——高于以及超越个体层面的行为模式——也同样如此，它同时也是文化结构。文化中的符号性资源、标志和符号群被用来赋予世界以意义和关联。人们往往只单单注意到这些结构——他们没能有意识地去反思自己的各种意识和无意识是如何在这一过程中被塑造的。然而，这些结构是社会地生产和形成的。文化社会学的目的是凸显这些结构。其终极目标是更好地理解——以及，在必要的时候，干预——集体行动以及应对周围发生的事件。

意义和犹太人大屠杀

为了展示被赋予意义和象征的价值，是如何影响社会群体的，亚历山大借用二战期间纳粹对犹太人的大屠杀的例子。他选择这个例子是因为，大屠杀被看作是人类苦难和罪恶的最有力象征之一；毫无疑问它（几乎）找不到其他更好的解释方式。现在看来可能无法置

社会中的文化可以用许多不同的方式来解释。马克思将文化与社会结构联系起来，而文化社会学家如亚历山大则将其看作是一种独立的、巨大的资源。

信，他指出，这些罪行曾被认为是理所当然的或无可避免的；相反，“……这种‘罪行’绝不能被看作是某种客观自然存在的东西，而应当被理解为一种主观建构，是文化和社会学研究的产物”。

在2011年“道德普遍主义的社会建构：从战争罪行到创伤戏剧的‘大屠杀’”一文中，亚历山大用大量的细节展示了，在二战结束后的随后几年中，大屠杀并非像今天这样被看作是恐怖行为而应当被谴责。作为一个独特的种族群体，欧洲犹太人在许多社会中被负面地对待，这反过来导致缺失了对其苦难的同情。只有当他们更多地融入到外部社会中，他们社会群体的特殊性减弱的时候，行动者和制度才有可能从内心真正接受他们。到20世纪70年代早期，为对大屠杀

1970年维利·勃兰特在华沙犹太人死难者纪念碑前的下跪是德国人忏悔行为的象征，引发了集体认同的转变。

1997年一场地震毁坏了意大利阿西西的圣弗朗西斯科教堂中的乔托壁画。米拉·德布斯考察了这一灾难如何带来社会建构的文化创伤。

进行重新评估、重新叙述并将其重新标记为一种罪行的必要的文化结构已经就位。直到那时，它才被提升到属于全人类的创伤性事件的高度，而不仅仅是犹太人。在1970年的国事访问上，西德总理在华沙犹太人死难者纪念碑前的“下跪”已经被瓦伦丁·劳尔（Valentin Rauer），在亚历山大的《社会表演》（2006）一书中，描绘成“此行动表达的符号”。

亚历山大的文化社会学迅速发展成最具创新性和远见性的社会学理论框架之一。作为社会科学中更广的“文化转型”的一部分，他的研究有助于重新将社会思想家的分析焦点集中在“意义”中。尤其是他改造和运用迪尔凯姆的思想，用以理解在一系列领域中意义的创造和维持——包括大屠杀、民主和公民社会，以及“9·11”袭击——这一做法吸引了更多学者发展和扩展他的思想。例如，美国社会学家米拉·德布斯（Mira Debbs）对1997年意大利阿西西圣弗朗西斯科教堂中艺术家乔托的标志性壁画坍塌后意大利人的反映的分析。在意大利民族文化中，这些壁画被赋予了如此神圣地位，以至于它们的毁坏相较于人类生命来说往往要更加突出。德布斯利用亚历山大的观点展示了，艺术品被以一种特殊方式的叙事和编码——作为神圣的国家珍宝——给大部分意大利人带来一种强烈的、近乎非理性的、集体性的情感反映。■

WORK AND CONSUMERISM

劳动与
消费主义

1848年

在《共产党宣言》中，卡尔·马克思和弗里德里希·恩格斯描述了工人所遭受的**剥削和异化**。

1899年

在《有闲阶级论：关于制度的经济研究》中，托斯丹·凡勃伦引入**炫耀性消费的概念**。

1904—1905年

在《新教伦理与资本主义精神》中，马克斯·韦伯描述了现代资本主义劳动的**宗教根源**。

1964年

在《异化和自由：工厂工人与其劳作》中，罗伯特·布劳纳表明，**自动化的增长有助于减少工业工人所感到的异化**。

1973年

在《后工业社会的来临：对社会预测的一项探索》中，丹尼尔·贝尔预测**信息和服务产业将取代制造业**。

1974年

在《劳动与垄断资本——二十世纪中劳动的退化》中，哈里·布雷弗曼描述自动化的增长中**工人的去技艺化**。

社会学最初将焦点集中在由工业化所引致的社会变迁上。现代性的一个主要方面是人们劳动生活的变迁本性：从农村共同体中的农业和手工业向新兴制造业雇佣关系的剧烈转变。伴随这一过程而来的是资本主义的兴起，给社会中至少是部分成员带来了繁荣。

首先研究现代工业社会中劳动的意义的是卡尔·马克思和弗里德里希·恩格斯，他们看到了两个社会阶级的出现：一个富裕的资产阶级或中产阶级，以及一个被压迫的无产阶级或工人阶级。但是正如工人阶级的被剥削，他们认识到，没有灵魂的重复性劳动本身异化了工人，劳动分工带走了工人与其所生产产品的情感联结以及劳动过程的自豪感。随后，马克斯·韦伯指出合理性和工作伦理是如何联系起来，迫使工人为某一特定经济目的而不是整个集体的利益而工作。传统集体价值已经被腐蚀，取而代之的是对物质价值的强调。

消费社会

对于工人阶级而言，这意味着为家庭生计而全力挣扎，顺从一种从任何意义上看都不值得的劳动生活。对于不断壮大的资本主义中产阶级而言，它意味着增长的财富和闲暇。赋予物质财富以价值意味着，一个人的社会地位是由经济价值决定的。

到了19世纪末期，社会学家托斯丹·凡勃伦指出，资产阶级可以通过炫耀性消费来维护其真实或虚幻的社会地位——不是花费在那些必要的商品和服务上，而是在那些引人注意的奢侈品和休闲活动上。柯林·坎贝尔后来将20世纪“消费社会”的崛起与因18世纪理性主义和工业化而繁荣起来的浪漫主义联系在一起。丹尼尔·米勒将物质消费主义的增长看作是社会凝聚的一个潜在来源——一种认同某一群体的方式。20世纪，工业化继续在全球扩展，无论是农业、传

1979年

在《区隔：一种趣味判断的社会学批判》中，皮埃尔·布迪厄重新考察了凡勃伦的炫耀性消费思想。

1979年

在《制造同意》中，麦克·布洛维考察工人是如何找到应对不令人满意的工作的策略。

1983年

在《被管理的心灵》中，阿利·霍克希尔德表明，服务业经济拥有商业化的人类情感。

1986年

在《工作中的父权制：雇佣中的父权和资本主义关系》中，希尔维亚·沃尔比强调职场中的性别不平等。

1987年

在《浪漫伦理与现代消费主义精神》中，柯林·坎贝尔回应韦伯，考察了浪漫主义与消费主义之间的联系。

2007年

在《集合女性：全球制造的女性化》中，泰瑞·琳·凯拉韦考察更多女性进入职场的影响。

2010年

在《材料》中，丹尼尔·米勒力争，物质消费在建立个体认同和社会凝聚方面是一股积极力量。

统手工业，还是制造业技术的进步都带来了自动化的增长。至少在工业化的西方，社会物质变得更加繁荣，促进了大众消费主义的快速增长，但是社会学家们不赞同自动化在劳动力上的影响。

罗伯特·布劳纳预测，自动化将会把人们从机械的任务中解放出来，减少他们的异化感。另一方面，哈里·弗雷弗曼争辩说，自动化意味着工人不再需要发展专业技能，对他们劳动生活的控制能力减弱，并感到更加异化。然而，在这两种观点之间，麦克·布洛维提出，通过认清它的积极方面，工人最终与无聊且压迫性的劳动达成和解。

后工业劳动

在20世纪70年代，大约工业革命开始200年之后，劳动的性质似乎又将发生改变。丹尼尔·贝尔预测，机械化将把工人带出制造业，他们将主要在信息和服务业中就业。至少在富裕世界中，这已经被证实是正确的。20世纪后半段的另一个明显变化是，工作不再被看作是男性的领域；更多女性前所未有地进入到雇佣劳动中。

阿利·霍克希尔德发现了向所谓后工业世界转变过程中的一些影响。相较于制造业，服务业具有更强的情感要求；阿利·霍克希尔德认为，他们将情感商品化，从而使得人们把他们的感情与工作联系在一起，而不是与家庭生活和休闲活动。雇佣性质的这些变化所带来的社会影响还有待进一步研究；相较于制造业劳动，服务业经济中的工作是否更有价值，或更有利于社会凝聚——或者职场中更多女性的参与是否将会减少性别不平等，现在下论断还为时尚早。■

贵重物品的炫耀性消费是有闲绅士取得名声的手段

托斯丹·凡勃伦（1857—1929年）

背景介绍

聚焦

炫耀性消费

主要事件

1844年 在《1844年经济学哲学手稿》中，卡尔·马克思讨论了资本主义社会中的阶级结构。

1859年 在《论借助自然选择方法的物种起源》中，查理·达尔文解释了其进化理论。

1979年 在《区隔》中，皮埃尔·布迪厄重新关注凡勃伦的炫耀性消费理论。

1992–2005年 美国社会学家理查德·彼得森的研究指出，“摆架子”不再是中产阶级消费行为的一个决定性因素。

自2011年起 凡勃伦的炫耀性消费概念影响了关于非理性和消费行为的经济思想。

美国经济学家和社会学家托斯丹·凡勃伦的研究集中在经济与社会的关系，以及不同阶级群体是如何消费特殊商品和服务的。他吸收了一大批主要理论家的观点，包括卡尔·马克思，英国社会学家赫伯特·斯宾塞以及英国自然学家查尔斯·达尔文。凡勃伦对于资本主义社会以及它引起的消费类型的分析主要包含在他最有名的著作《有闲阶级论：关于制度的经济研究》（1899）中。

> 所有权的根本动机在于竞赛。
>
> ——托斯丹·凡勃伦

资本主义和阶级

凡勃伦将传统社会到现代社会的转型看作是由技术知识和工业生产方式的进步所推动的。如马克思一样，凡勃伦指出资本主义社会分化成两个相互竞争的社会阶级群体：由工人组成的勤劳阶级；以及拥有工厂和车间的有闲阶级，也称作金钱或商业阶级（也包括政治家、经理人、律师等）。勤劳阶级占人口的绝大多数，参与生产劳动，诸如手工艺和机器劳动。相反，有闲阶级在人数上要少得多，他们却是拥有社会和经济特权的群体，寄生于勤劳阶级的劳动中。在凡勃伦看来，这个压榨性的有闲阶级的成员并不生产任何对社会真正有益的东西。他们拥有的财富和特权来自驱动竞争和操纵工人，而唯

资本主义社会分化为两个阶级。

→

勤劳阶级生产消费品，**有闲阶级**靠勤劳阶级创造的利润而繁荣。

↓

有闲阶级成员通过购买**非必要的奢侈商品**来展现他们的**财富、权力和地位**。

←

贵重物品的炫耀性消费是有闲绅士取得名声的手段。

参见: 卡尔•马克思 28~31页, 查尔斯•怀特•米尔斯 26~49页, 皮埃尔•布迪厄 76~79页, 安东尼•吉登斯 148~149页, 赫伯特•马尔库塞 182~187页, 柯林•坎贝尔 234~235页, 赫伯特•斯宾塞 334页。

一的目标是增加他们的个人财富。更糟的是，通过蓄意对工业和社会整体的不当管理，特权阶级持续地妨碍着积极的社会进步。

社会认可

凡勃伦的“炫耀性消费”概念是他对经济学和社会学理论最著名的贡献。受达尔文主义影响，即生命是一个不断争夺资源的过程，以取得物种进步（这里是指个体所属的人类社会群体），凡勃伦认为，在资本主义社会中，大部分人类行为是由争夺社会认可、地位和权力所决定的。这在消费和休闲模式中表现得最明显。

炫耀性消费指的是，消费或者把钱花在不必要的奢侈品上，以向社会其他成员显示自己拥有的经济和物质财富。例如，现代商业大亨购买一艘昂贵的游艇用来招待朋友和客户。对这个大亨来说，重要的不是游艇的使用价值（即它是否是一种高效的交通工具），它的价值在于作为大亨所拥有财富的高度炫耀性标志，能给他带来崇拜和尊敬。

休闲和浪费

与凡勃伦的炫耀性消费概念密切相关的是炫耀性休闲的概念：

“凡勃伦商品”的概念，或象征高社会地位的奢侈品，出现在20世纪70年代的经济学理论中。与普通趋势相反，消费者对商品需求数量随着其价格的上升而上升。

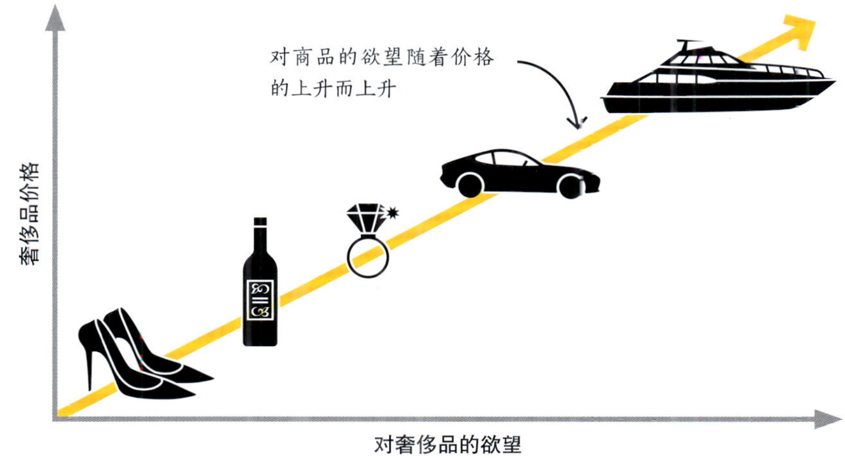

有闲阶级成员花费大量的时间追求经济和社会产出之外的活动。简言之，休闲意味着不工作。对于那些与经济需要（工作的需要）保持足够距离的特权阶级成员来说，非生产性的时间花费能够进一步提升他们的社会声望和阶级地位。在凡勃伦看来，去国外度假以及了解异国文化都是典型的炫耀性休闲。

炫耀性休闲和消费不可避免的后果是生产不必要的浪费。凡勃伦声称，炫耀性浪费来自炫耀性消费和炫耀性休闲的混合。这两种活动的最终结果是社会重要资源（生产消费品和服务所必需的原材料和人力）和时间的浪费。这种浪费文化的典型，诸如石油和矿物质之类的自然资源在奢侈品制造中的消耗，转而带来二氧化碳排放量的增加以及各种气候变化。

凡勃伦的炫耀性消费和炫耀

去国外旅行、学习外国语言以及掌握异国文化，这些是18和19世纪欧洲有钱人的重要身份象征。

某些中产阶级社区中的“雷同”式生活方式归因于试图模仿邻居们的消费方式以获得地位和声望的压力。

性休闲的概念含有一定的“政治性”，因为它们之中包含一种他对于其称之为掠夺性和寄生性休闲阶级的行为和生活方式的强烈道德立场。

财富竞赛

除了有闲阶级生活方式所必然带来的浪费，凡勃伦的财富竞赛概念抓住了它的另一个负面影响。这个概念指的是，来自下层社会阶级群体中的个体会自觉或不自觉地模仿有闲阶级成员的消费行为。这是在向他人显示自己属于社会中最具权势和统治群体的证明。

> 现在财富本质上是光荣的，给予其所有者的荣誉。
>
> ——托斯丹·凡勃伦

财富竞赛起因于所有权思想：一旦个体即时的物质需要获得满足，他们购买消费品就变成一种社会阶级地位的象征，表明自己从属于某一社会群体的身份和生活方式。在资本主义社会，社会阶级群体等级化分层，每一个阶级群体都被赋予一种特殊的社会地位。所有权、权力、地位和统治纠缠在一起，以至于地位之争主要表现在经济财富的展示和重视金钱方面。凡勃伦宣称，人们总是在不停地把自己以及自己所拥有的与他人相比较。他认为，这一现象会带来许多真实的、负面的、意料之外的后果。

在凡勃伦看来，个体和整个群体受到来自“可憎的”、不公正的相互攀比的压力。资本主义变得越来越有竞争性，可憎的攀比过程也在激增。评价他人的主要方式是“从值钱和价值方面对他们进行评价和排序”。但是除了产生更大的浪费之外，财富竞赛过程并不能保证社会尊重和声望的积聚。这里，凡勃伦使用“暴发户”一词，来描述那些进行炫耀性消费行为的人，例如购买豪华小汽车或设计师品牌的衣服。这可能会遭到一些人的反对——那些从上代那里继承财富、地位或低调但品位高雅的人。这可能会导致暴发户与他们想要模仿的主流社会群体的进一步疏远。购买炫耀性消费品可能会带来社会声望，但是不包括那些超出他们实际经济能力的消费。

凡勃伦的遗产

凡勃伦关于消费的炫耀性质的思想影响了社会学分析的发展，同时也吸引了各类反驳和争辩。

例如，法国理论家皮埃尔·布

迪厄的研究深受凡勃伦关于财富竞赛和炫耀性消费理论的影响，但是他修改了一些理论以适应自己的理论模型。布迪厄勾勒出个体和社会阶级群体是如何通过消费具有社会区分性的特定商品和服务，来实现持续的相互竞争和相互区分。

然而，英国出生的社会学家柯林·坎贝尔认为凡勃伦的研究过于简单。他指出，凡勃伦没有注意到消费品的获得具有重要且积极的作用：通过购买的商品以及从事的活动，人们能够建构一种自我认同和价值。

最近，社会学家们已经开始质疑，一个社会独特的有闲阶级是否真的存在。例如，英国社会学家迈克·萨维奇力证，现代阶级关系的变动本性意味着现代世界中并不存在贵族有闲阶级。这也意味着，在萨维奇看来，不再有一个清楚界定的、品位气质和消费活动被其他所有群体模仿的社会群体。

> **个人试图在财富地位上胜出，以此赢得同伴的尊重和嫉妒。**
>
> ——托斯丹·凡勃伦

美国社会学家理查德·彼得森将这一思想进一步发展，并发明了“文化杂食者”一词，指代一个新兴的社会群体，他们工作在新媒体产业和广告业中，他们受过教育，属于中产阶级，通过消费一些既高雅又低俗的消费品来积累声望。在彼得森看来，社会声望现在不再单单来自于奢侈品的炫耀性消费，而是来自非奢侈品的“会意的”和“讽刺的”消费，诸如复古服装、棒球帽、马丁靴等等。

凡勃伦的《有闲阶级论》对消费者消费行为的各种有意或无意的社会后果以及资本主义社会中的消费模式进行了详细考察，尽管受到各种批判和修正，这本书中的思想对经济学家、社会学家等仍有重要参考价值。■

托斯丹·凡勃伦

托斯丹·凡勃伦出生在美国威斯康星州的一个挪威移民家庭。1880年他在约翰·霍普金斯大学获得经济学学士学位；四年以后，他从耶鲁大学获得博士学位。

凡勃伦与学术机构格格不入。在19世纪末期，许多大学与教会关系密切，而凡勃伦对于宗教的怀疑主义以及他奇怪和据说乏味的教学风格，使他难以获得教职。结果，1884至1891年间，他依靠家里的接济生活。

1892年，他以前的导师，劳伦斯·劳克林（Laurence Laughlin）来到芝加哥大学，并把凡勃伦带去当一名助教。凡勃伦在那里写作并出版了《有闲阶级论》。很快，他被芝加哥大学开除了，随后，又因他臭名昭著的滥交行为而被斯坦福大学开除，这最终导致1911年他与妻子离婚。最后他搬到加利福尼亚，在抑郁的独居中度过余生。

主要作品

1899年 《有闲阶级论：关于制度的经济研究》

1904年 《营利企业论》

1914年 《劳作本能和工业技艺的本能》

清教徒是应“天职”而主动去工作；我们是被迫工作

马克斯·韦伯（1864—1920年）

背景介绍

聚焦

新教工作伦理

主要事件

1517年 德国神学家马丁·路德张贴他的《九十五条论纲》，催动了新教改革。

自19世纪40年代起 卡尔·马克思聚焦于经济，而不是宗教或文化，用以解释资本主义的崛起。

1882年 德国哲学家弗里德里希·尼采表达了一种敌对基督教的世界观，他宣布“上帝已死”。

1920年 马克斯·韦伯出版《宗教社会学》，对宗教的社会学理论具有重要影响。

作为社会学的创始人之一，马克斯·韦伯对于资本主义的兴起提出了一种与社会学其他两位创立之父卡尔·马克思和埃米尔·迪尔凯姆完全不同的解释。在韦伯最受赞誉的《新教伦理与资本主义精神》（1904—1905）中，他分析了宗教思想、信仰和价值观在现代资本主义兴起中的作用。

在韦伯看来，资本主义社会的标志特征是其独特的“工作伦理”或他所谓的“资本主义精神”，这

参见：埃米尔·迪尔凯姆 34～37页，齐格蒙特·鲍曼 136～143页，杰弗里·亚历山大 204～209页，柯林·坎贝尔 234～235页，卡尔·马克思 254～259页，布莱恩·威尔逊 278～279页。

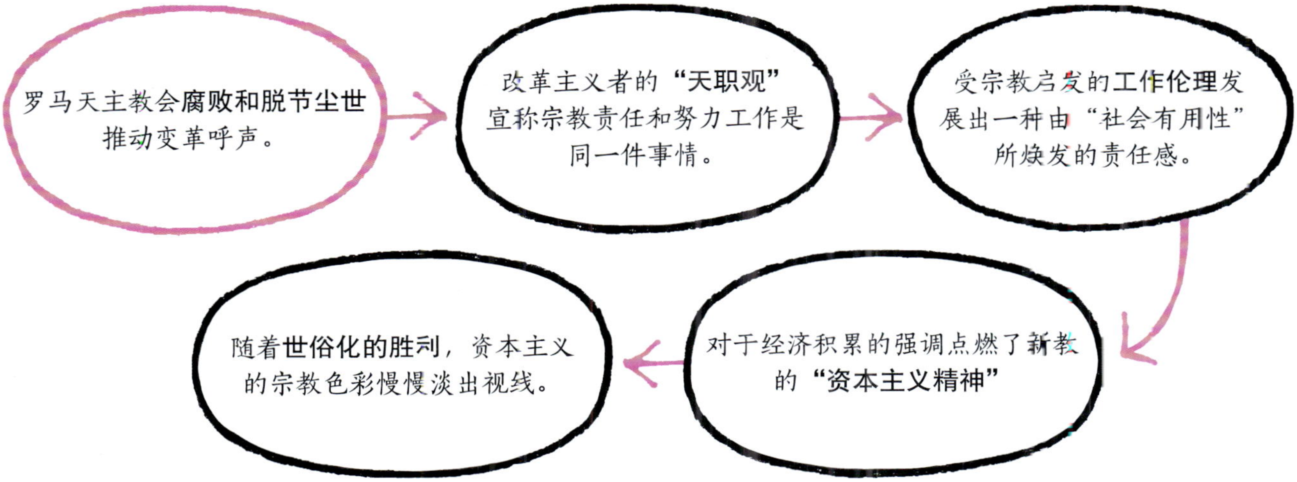

是现代经济以及追求财富和利润的驱动力。他宣称，这种“工作伦理”建立在理性主义、可计算性、自律和收益的价值观基础之上。

追求利润

韦伯对于文化因素的强调是为了回应马克思关于“资本主义的兴起是一个自然而然且不可避免的过程”的观点。韦伯反对人类历史由潜在的、不可阻挡的“法则”驱动，并决定社会发展的路径的观念。

韦伯指出，以超出本身价值的价格出售商品和服务并不是资本主义所特有的。从古至今，人们总是期望在相互买卖中获利。他认为，资本主义的独特之处在于，追求利润成为其终极目标。跨国银行集团汇丰银行就是当代的一个例子，它在2013年的税前利润为226亿美元。如果这一利润分配给公司所有的员工，他们将不用再工作，还能衣食无忧。相反，诸如“汇丰”之类的公司将这些利润重新投资在公司中，提高其效率，以追求更大的利润。韦伯想知道，这种资本主义核心的完美“工作伦理”——对于利润的不懈追求，或者为财富而财富——到底是从何而来的？

韦伯深信，要回答这个问题，我们不能从社会团结或技术的变迁入手，而是要回到人类社会的一个最古老特征——宗教。他回溯到16

美国零售巨头沃尔玛的员工认为，沃尔玛的巨大利润应该重新分配给员工，提高员工工资水平。2014年该公司因低工资水平而受到审查。

世纪欧洲的宗教发展时期，那时新教作为对罗马天主教会的日益腐败和堕落的一种回应而出现了。新兴的新教为上帝和子民的关系以及主宰它们的伦理提供了一种与众不同的视角。

新教的“天职”

韦伯特别界定了“呼唤”对于新教伦理系统的重要性，即上帝召唤子民在世界上承担的使命。鉴于罗马天主教会主张从世俗世界（如日常生活和工作）中抽离出来，新教则要求信徒完成他们现世的职责和义务。

在指出这两种宗教理想的差异之后，韦伯认为德国神学家马丁·路德（1483—1546年）及其神学思想对新教的发展具有重要影响力。路德第一个指出了，完成世俗生活责任同样也是敬畏上帝的表现。他宣称，“天职”的核心是相信努力工作和宗教责任是同一件事情。

路德的思想在随后的二十多年里盛行，并被具有争议的、最具影响力的宗教改革家约翰·加尔文（1509—1564年）进一步发展。然而，加尔文却提出另外一种明显不一致甚至对立的论题体系：如果上帝是无所不知、无所不晓的，那么我们个体的命运是已经预定的，因为上帝创造了世界和世界中的人。

加尔文的概念被称为“上帝的选民”。因为上帝已经知道我们命定的生活，他也知道他选取了哪些灵魂能得救，哪些灵魂会下地狱。然而，新教徒的问题在于，他们没有办法预知自己属于哪一类——被拯救或是被诅咒。在韦伯看来，这种未知带来“救赎焦虑”，导致新教徒中的心理恐惧。为了解决他们的不安，清教徒说服他们自己和其他人，一定存在某些明显迹象，能够揭示谁会在命定中获得拯救。

加尔文教堂美学强调简单：与天主教的宏伟和浮夸风格相反，新教强调苦行和节俭。

社会有用性

新教徒认为，他们是否被拯救的一个明显辨别方式是，获得成功，特别是在经济方面。他们相信，达成这一结果的关键是一种特殊的工作伦理——强调在经济活动中对于节俭、自我监督和自律的绝对需要。韦伯将其称为“资本主义精神”。

这一精神的进一步表现是：在经济活动领域趋向日益增加的合理化、控制以及可计算性。实现经济繁荣就是向自己和他人展示“天职”的观念：个体在行动中越努力工作、苦行和克己自律，他就会收

现代性和犹太人大屠杀

对于韦伯来说，定义新教工作伦理的那些可计算性、合理性以及自律价值的传播，对于现代性的发展来说也极为重要。

德裔波兰社会学家齐格蒙特·鲍曼力争，这种伦理的价值基础也可以用来解释纳粹大屠杀是如何发生的。与传统观点将大屠杀看作是非理性的胜利以及一种向原始的、前现代思维行动方式的倒退不同，鲍曼将其看作是一种高度理性化的事件。现代性的理性不仅使大屠杀成为可能，也是它的一个必要条件，因为这种灭绝是官僚化的、有组织的。鲍曼指出，大屠杀罪犯所展现的高度理性和自律与在整个新教欧洲所表现出的宗教文化和价值密不可分。

获越多的经济回报；他们积累的财富越多，这就越被看作是他们宗教纯洁和获得救赎的证据。

新教伦理的反面是逃避工作——犯懒散和怠惰的罪行，以及没能实现经济繁荣。

世俗化

随着自工业革命以来正式宗教（世俗化）的稳步衰退，支撑“资本主义精神”的新教伦理也已经削弱。当韦伯指出，早期新教徒是“应召唤而主动去工作”，但是今天“我们是被迫的”，他的意思是，尽管资本主义所建基的那些努力工作、自我控制和自律的价值还存在，并且被社会所认可，但似乎他们的宗教根基已经消失不见。

为了确定新教改革，特别是约翰·加尔文教义中工作伦理与资本主义精神之间的亲和性，韦伯注意到一个巨大的历史性讽刺。新教改革意图从罗马天主教会的腐败影响中挽回上帝的旨意。将近500年之后，正式宗教明显衰落。一项试图挽回“上帝”的努力带来了资本主义繁荣所必需的工作伦理。随着资本主义的发展，正式宗教对于我们行为的影响力已大大减弱。

韦伯关于新教伦理的理论在其德文第一版出版一百多年后，仍在当代社会学家和历史学家中引起热议。例如，意大利社会学家卢西亚诺·波利加尼（Luciano Pellicani）力争，资本主义精神的产生要比韦伯所提出的更早得多，它在中世纪社会就已经出现。

不同于韦伯，英国历史学家盖·奥克斯（Guy Oakes）指出这一事实：中世纪的资本主义是由贪婪而非由加尔文主义所提倡的那种冷静而世俗的责任感所驱动的。不管怎样，工业资本主义最先在诸如荷兰、英国和德国等欧洲新教国家巩固这一事实，证明了韦伯所看到的在新教和资本主义发展所必需的进取精神之间的联系。在《浪漫伦理与现代消费主义精神》（1987）一书中，柯林·坎贝尔使用韦伯的理论来解释欧洲和美国消费文化的兴起。韦伯思想的扩展证明，对于资本主义兴起的宗教性解释继续对社会学思想具有重要影响力。■

> **完成世俗的责任是获得上帝认可的唯一方式。**
>
> ——马克斯·韦伯

新教世界观主张，世俗的责任显示了对上帝的敬畏，并增加他的荣耀。物质上的成功被看作是上帝的认可——一种对于努力、节俭、节制以及其他“正确”生活方式的嘉奖。

技术，如同艺术，是人类想象力的翱翔

丹尼尔·贝尔（1919—2011年）

背景介绍

聚焦

后工业主义

主要事件

19世纪50～80年代　卡尔·马克思认为，资产阶级或资本家阶级的社会权力来自于对工业机器的所有权。

1904–1905年　在《新教伦理与资本主义精神》中，马克斯·韦伯指出现代文化中日益增长的理性方面。

20世纪70年代　杰出美国社会学家塔尔科特·帕森斯为现代工业社会的价值和进步而辩护。

1970–1972年　丹尼尔·贝尔预言互联网的崛起以及家用电脑的重要性。

自20世纪90年代起　后工业主义的概念影响全球化理论专家乌尔里希·贝克和曼纽尔·卡斯特尔。

后工业社会以科学和理论知识的激增为特征。

↓

科学进步带来**技术进步**和服务业的崛起。

大学和以工业为基础的研究是**创新和社会变迁**的主要动力。

技术官僚因他们的技术能力和专业知识而掌握权力。

↓

技术进步将社会推向富于想象的和不可预测的**新方向**。

20世纪60年代和70年代间，社会经济基础的深刻变革席卷了西欧国家和美国。在颇具影响力的《后工业社会的来临》（1973）一书中，政治记者和社会学家丹尼尔·贝尔提出“后工业主义”概念用来指代这些变迁。贝尔曾在纽约和芝加哥居住过，对于这些迅速发展的城市有第一手经验。

贝尔同意卡尔·马克思的观点，资产阶级占有生产资料——工厂和机器生产商品，满足广大群众的消费，是工业社会中最具权势的社会群体。然而，在贝尔的后工业社会中，最具有价值的社会“资源”是科学和理论知识，谁掌握了

参见：卡尔·马克思 28～31页，曼纽尔·卡斯特尔 152～155页，乌尔里希·贝克 156～161页，马克斯·韦伯 220～223页。

它，谁就掌握了权力。

他也指出，随着科学发展和技术进步相互渗透，科技正推动人类社会走向未来，社会正以一种前所未有的速度改变着。因此，他认为，后工业时代是一个科学技术进步和人类想象力一样不可预测和无边无界的历史阶段。

后工业社会

在贝尔看来，后工业社会与工业社会的区别表现在三个相互关联的方面：第一，“理论”知识的增长和进步超越消费商品的生产；第二，随着大学和工业主导型创新形成互相渗透且越来越紧密的关系，科学和技术进步也越来越相互交织；最后，随着大部分人进入和依赖日益增长的服务业，非熟练和半熟练工人的数量在下降。贝尔所称的服务业，是那些致力于管理和指导信息和知识的运用的人类活动领域。

根据贝尔的观点，后工业社会的另一个关键特征是“技术官僚”的权力的上升，或那些通过技术知识以及逻辑地解决问题而施展权威的人。技术官僚的社会权力是由他们在预测和指导新科学思想方面的能力决定的。

贝尔相信，技术鼓励想象力和实验——如此一来，他开启了一种思考世界的新方式。他指出在希腊语中“techne”的意思是“艺术”。对他而言，艺术和技术不应当被看作是不同的领域：他认为，技术是“一种连接文化和社会结构的艺术形式，并在这一过程中重塑二者”。■

现代城市不再由制造业所必需的工厂所主宰。在服务业的后工业世界中，未来派建筑拥有繁荣的空间。

丹尼尔·贝尔

丹尼尔·贝尔于1919年出生在美国纽约，是颇具影响力的社会思想家、作家和社会学家。他的父母是来自东欧的犹太移民。父亲在贝尔只有几个月大的时候就去世了；少年时期，他的姓氏由博洛茨基（Bolotsky）改为贝尔。

1938年贝尔从纽约城市学院获得学士学位。他作为一名政治记者工作了超过20年。作为《新领袖》杂志的主编和《幸福》杂志的编辑，他的写作涉猎各种社会议题。1959年，为了表彰他对政治新闻学的贡献，他被聘为哥伦比亚大学社会学教授；随后他又被该校授予博士学位。1969—1990年间，他在哈佛大学担任社会学教授。

主要作品

1969年 《意识形态的终结》
1973年 《后工业社会的来临》
1976年 《资本主义文化矛盾》

机器变得越精密，工人所需技艺就越少

哈里·布雷弗曼（1920—1976年）

背景介绍

聚焦

去技艺化

主要事件

1911年 美国机械工程师弗雷德里克·温斯洛·泰勒出版《科学管理原理》。

20世纪50年代 马克思异化论被翻译成英文，推动他的著作重回英语社会学界。

1958年 美国思想家詹姆斯·R.布莱特（James R. Bright）出版《自动化与管理》一书，警告自动化与去技艺化之间的联系。

20世纪60年代 机械化带来美国非熟练和半熟练工人中的大规模异化。

20世纪70年代 名为《在美国工作》的美国政府报告总结道，相当多的工人对他们的工作表示不满意。

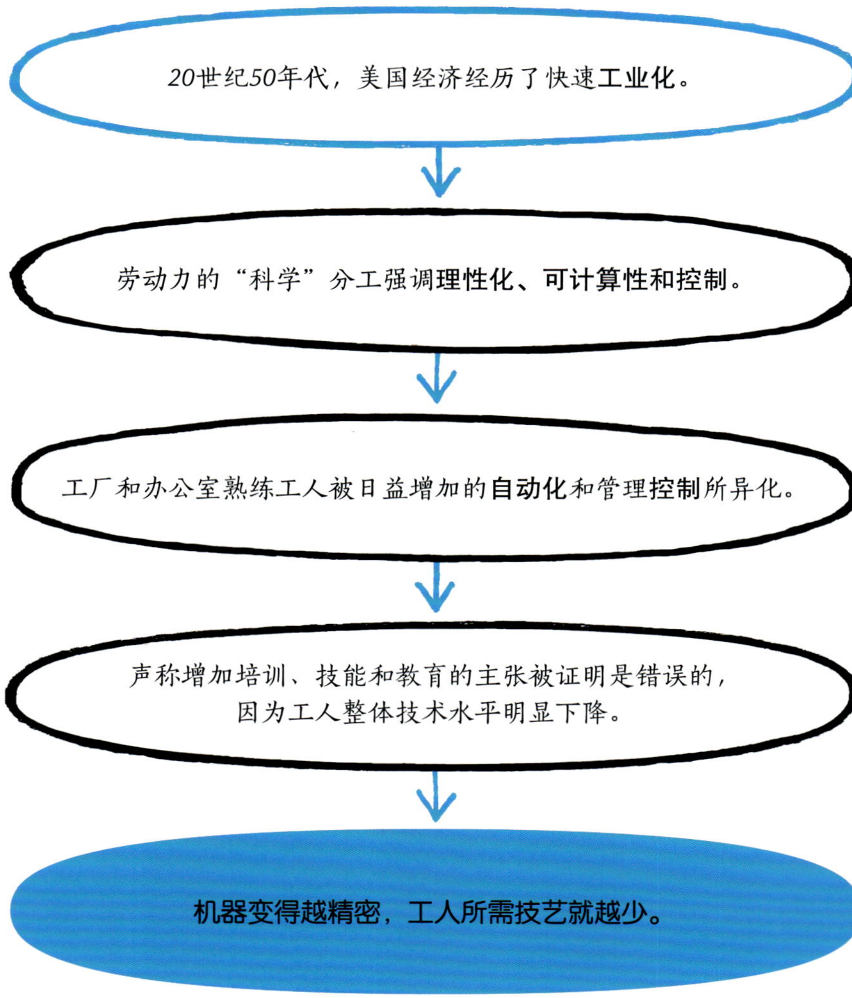

自20世纪50年代以来，卡尔·马克思的异化概念一直是北美和欧洲社会学家用来理解雇佣现代化及其对劳动力的影响的主流分析工具。

马克思和马克斯·韦伯都预测，伴随工业技术的崛起而来的将是对更高生产效率的追求，以及劳动力合理化之下的分工细化和专门化的加剧。哈里·弗雷弗曼明确承认自己是沿着这一思想传统进行研究，于1974年在其经典著作《劳动与垄断资本——20世纪劳动的退化》中，系统地探究了工业劳动的性质以及垄断资本主义之下工人阶级的构成变化。布雷弗曼的分析依据“去技艺化”的概念：即工业技术和机器生产的进步带来工人阶级和技工中熟练工人的异化和“解构”。他相信，工作的去技艺化和工业工人的退化是一个自第二次世界大战以来就开始不断推进的过程。他的焦点不仅集中在工厂工人，同时也讨论办公室职员，尽管不是那么详细。

熟练劳动力神话

布雷弗曼反驳那种“工厂作业的工业化会赋权于工人”的思想，发现它存在严重不足。基于他自己

参见: 卡尔·马克思 28~31页, 马克斯·韦伯 38~45页, 乔治·瑞泽尔 120~123页, 曼纽尔·卡斯特尔 152~155页, 埃里希·弗罗姆 188页, 丹尼尔·贝尔 224~225页, 罗伯特·布劳纳 232~233页。

> **工业程序和组织已经掠夺了工人的技艺及其遗产。**
>
> ——哈里·布雷弗曼

的工厂作业经历，布雷弗曼挑战了关于工人的官方统计和政府分类，展示了美国工人阶级中渐进的和持续的“去技艺化”。

他指出，工厂中技术的提升需要工人技术熟练度和受教育水平的提升，这种观点是错误的。诸如“培训”、“技能”、“学习”这类术语是模糊的，可以有不同的解读；而操作工厂和办公室机器所需的训练往往只需要花费几分钟，或者至多几个星期。仅仅是工人能操作机器的这一事实，并不意味着他们的技能水平也显著提高。熟悉机器以及知道如何操控它——例如学习如何使用复印机——并不意味着一个工人就能因此被归为“熟练”类型。

另外，布雷弗曼发现，虽然工人中总体受教育水平已经提升，通常这对有偿雇佣劳动中的个人反而会带来不良的且意外的后果。

在布雷弗曼做调查和访谈的过程中，他经常发现，好的教育资历往往使工人在工厂和办公室中更沮丧而没有成就感，因为个人可以利用和运用的他们在学校中学得知识的机会少之又少。教育成就越大，就越可能导致一种更强烈的异化感。

渐进的技术侵蚀

在工业革命以前，布雷弗曼指出，物质产品由熟练和半熟练工匠和技工生产。技术进步使得工业生产规模达到一种前所未有的水平。机器能够完成许多以前由熟练工人手工完成的任务，这意味着某些技能和技术知识不再需要，而取代它们的是一些新能力和专门知识。

以此类推，布雷弗曼指出，自动化在取消某些技能需要的同时，还创造了一种对不同的新技能的需要。单单是技术进步并不必然导致工人技术水平的下降。异化也不会是它的一个直接后果。

布雷弗曼并不是在缅怀过去，要求重回手工工人的前工业模式；相反，他承认自动化可以是一种积极的发展。他指出，当工作场所的自动化伴随着生产的社会关系（即整个劳动力过程组织、管理和操纵的方式）剧烈变迁的时候，后果才会变得完全负面。他强调一方面区分科学和技术进步以及它们是如何在工厂中被实施的，另一方面这给生产的社会关系所带来的变化——寻求更高效的劳动力组织和分配方式。

正如机器的发明是为了以一种最高效的方式完成工作，劳动力的结构化是为了提高生产率和利润。布雷弗曼的目标是，证明熟练工人的具体知识和技术能力已经被削弱和遗忘。布雷弗曼的工作退化指的是需要工人进行概念化和执行任务的工作数量的减少。他指出，劳动

20世纪50年代位于西德的欧宝生产线。劳动力的细分是为了提高效率，但是，布雷弗曼声称，这一过程使工人去技艺化，从而使其退化。

力已经被重构成一个工作中需要较少概念化的庞大工人群体和一个为数不多的管理者群体。

管理的崛起

美国工程师、工业主义者弗雷德里克·泰勒提出了一种科学管理和工作流程的理论，受他的影响，布雷弗曼指出，三种全新而显著的发展加速并突出了劳动力的去技艺化。

第一，整个劳动过程的知识和信息牢牢掌握在管理层而非工人的手中。第二，作为第一种发展的直接后果，工人在整个劳动力分工中是在“需知”的基础上履行自己指定的任务。对于他们所从事工作的影响，以及这些工作在整个劳动过程中的角色，工人们完全一无所知。第三，管理层拥有整个劳动过程的知识，能够精确地掌握每个个体劳动者的工作。认真监控和管理生产力水平意味着，当生产力出现下降或者当工人表现不佳的时候，管理层能够随时干预。

> **工人的异化在管理层看来只是成本和控制的问题。**
>
> ——哈里·布雷弗曼

布雷弗曼指出，以突出强调效率、可计算性以及生产率的方式来组织工作所带来的终极负面后果是，从“执行”中区分出“构思”。援引一个生物学的比喻，工人就好比是手，他的每一步都受到遥远的大脑的控制、监督和更正。

资本主义的冰冷逻辑

工人所拥有的技能范围随着时间的推移在不断缩减，相应地，他们的价值也在减少。工人可以被支付较少工资，因为他们从事的工作正日益琐碎和无需特别技能。被剥去了他们的专业技能之后，工人们变得更加可有可无，关键是，可替代性增强。对于布雷弗曼而言，资本主义体系的残酷无情不可避免地将他的分析与社会阶级概念联系在一起。劳动力中技能的解构能够确保防止整个人口在社会等级中向上攀爬。

布雷弗曼的研究主要集中于工业工厂劳动，同时，他的关注点也转向办公室工人的去技艺化。他注意到，对行政工作中日常活动的控制——包括记账、定计划以及由此衍生的其他责任——已经被降解为无尽的文档、复印以及其他枯燥事

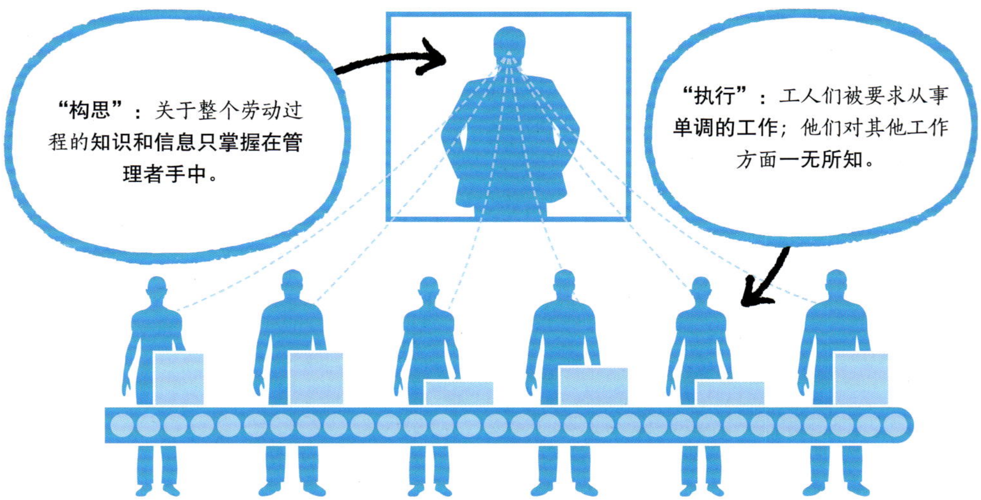

在布雷弗曼的比喻中，管理者是大脑，而工人是工作场所内全景管理中的手。当劳动力的组织是基于效率、生产力和利润的最大化时，对工人来说就存在一种负面结果。弗雷弗曼将这归咎于管理的崛起，它如今观察、监控、控制以及调节工作场所中的每一个行为。技术的这一后果最先出现在工厂中；如今，甚至零售折扣店也受到来自遥远的、集中化的总办公室的监督。

1912年一家邮购公司的女性打字员。到20世纪初期，书记员的职业已经让位于大规模的、有效组织的以及科学管理的办公室。

务。他还观察到，英国和美国的办公室人员几乎都是女性，她们的工资较低，这反过来降低了成本，同时使利益最大化。

专门技术的消减

《劳动与垄断资本》被看作是对社会学学科的一项经典贡献，这是布雷弗曼写过的唯一一本学术著作。该书在将批判性的马克思主义思想运用到对工业劳动的经验研究上影响非常深远。与马克思一样，布雷弗曼从未获得过大学教职，可能也正是出于这一特殊原因，他不用担心被审查，而能够写出这样一本犀利而又辛辣的作品，批评工业资本主义的不公正以及他们对于大多数劳动力的影响。尽管布雷弗曼不是第一个或唯一一个界定和谴责自动化和去技能化之间关系的思想家，他的研究对于复兴不同学科领域中的劳动分析却至关重要，包括历史、经济学以及政治科学。自《劳动与垄断资本》出版以来，布雷弗曼的思想持续在劳动社会学家中引起争论。美国社会学家麦克·布洛维在其1979年的著作中强烈支持布雷弗曼的观点，此外，同样还有美国社会学家麦克·库利及其关于计算机辅助设计的研究。

虽然布雷弗曼展示的论断已经招来某些批评（例如，罗伯特·布劳纳的研究），他的核心思想仍旧经历住了考验，并在来自西班牙的极具影响力的全球化和网络社会学家曼纽尔·卡斯特的推动下进一步发展。■

哈里·布雷弗曼

哈里·布雷弗曼1920年出生在美国纽约一个波兰犹太流亡家庭。他进入大学学习1年后因经济困难而退学。随后，他在布鲁克林当铜匠学徒，在那里深刻地洞察到科学技术对于工人阶级“去技能化”的影响。

深受其经历的影响，布雷弗曼加入社会主义工人党（SWP），大量阅读马克思以及那一时期其他社会主义思想家的作品。1953年，他被社会主义工人党开除，接着成立社会主义者联盟，并担任《美国社会主义者》杂志编辑。1963年，布雷弗曼终于从社会研究新学院获得学士学位。

主要作品

1974年　《劳动与垄断资本——20世纪中劳动的退化》

> **马克思主义敌视的不是科学和技术，而是它们如何被用作统治的武器。**
>
> ——哈里·布雷弗曼

自动化增加了工人对劳动过程的控制

罗伯特·布劳纳（1929年—）

背景介绍

聚焦

异化

主要事件

1844年 卡尔·马克思在《1844年经济学哲学手稿》中提出同世界的疏远或异化概念。

1950–1960年 美国经济日益增长的工业化带来了社会中显著的职业重构。

1960年 “法兰克福学派”的新马克思主义理论家将异化概念引入美国社会学。

1964年 罗伯特·布劳纳的研究将美国、法国和英国社会学家的关注焦点重新引向异化和自动化。

2000–至今 诸如“苹果”和“微软”之类的商业组织通过自动化的劳动过程赋权于工人。

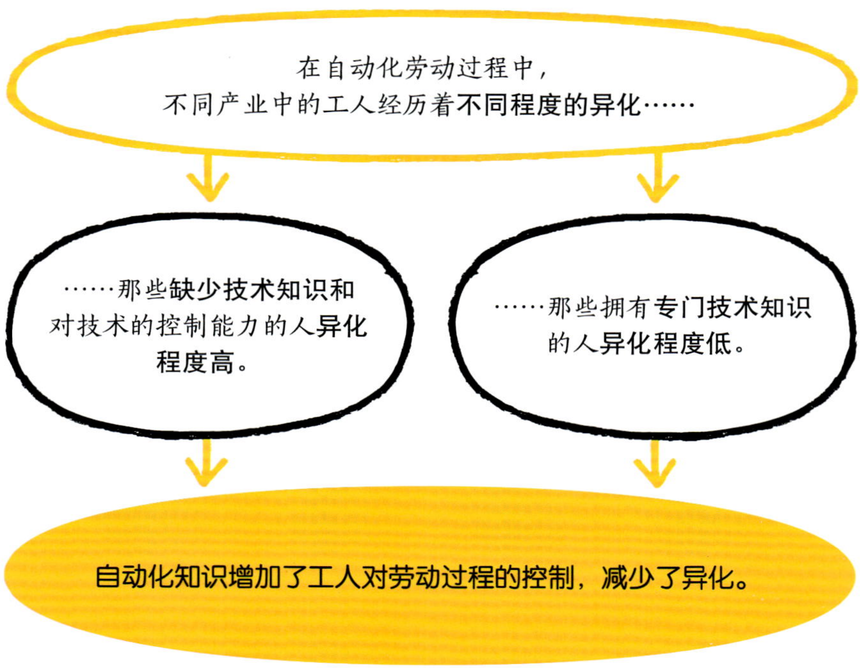

在卡尔·马克思看来，当工人与他们的劳动相分离或缺少对劳动的控制时，异化就会产生。在那本关于工业社会的重要著作《异化和自由：工厂工人与其劳作》（1964）中，美国社会学家罗伯特·布劳纳很大程度上借用马克思的异化概念，来考察在工作场所中技术的有效运用对于显著减少异化的可能性。

布劳纳指出，异化是理解工业革命期间及之后自动化所带给工人的负面影响的关键。他的研究批判性地评估了马克思关于“劳动中增

参见： 卡尔·马克思 28～31页，埃里希·弗罗姆 188页，丹尼尔·贝尔 224～225页，哈里·布雷弗曼 226～231页，阿利·霍克希尔德 236～243页，麦克·布洛维 244～245页。

长的自动化必然带来工人的异化”的观点。相反，布劳纳认为，事实上自动化能够促进、赋权以及解放工人。

利用大量资料（包括统计数据、与工人的访谈以及态度调查），布劳纳考察了四种类型的工业：工艺印刷、汽车装配线、纺织机器维护、化学加工业。异化水平的衡量基于四个标准：工作控制、社会隔离、自我异化感以及工作的意义。

技术和异化

布劳纳将他的结论描述为与“倒U型曲线”相一致。根据他的研究，异化尤其在印刷工人中非常低。他指出，机器的使用对这些雇佣工人来说是增权，因为它给他们带来了更大的控制力和自主性。对于化学加工厂的工人也是如此，他认为，工人们被赋权，是因为他

> **当工人不能够控制他们的劳动过程时，就产生了异化。**
> ——罗伯特·布劳纳

汽车装配线中的**自动化技术**，应该以一种能够促使产业工人重获对其环境控制感的方式进行组织和配置。

们拥有相关专业技术知识，这反过来，通过增强对自己工作经历和工作环境的控制能力，能给他们带来意义和满足。

相反，汽车生产和纺织厂中的自动化技术带来了一种相对较高的异化。这些发现似乎跟布劳纳所宣称的“自动化的增长减少异化”相矛盾。然而，他对此解释道，不是技术本身带来了工人的异化，异化产生于对技术的使用方式缺乏控制，对劳动的组织以及工人和管理层之间的关系性质缺乏控制。

布劳纳总结到，在正确的组织条件下，自动化能增加工人对于其劳动过程的控制，并相应地消除其异化感。

布劳纳的研究对于劳动社会学影响巨大，并在20世纪七八十年代，被来自美国、英国以及法国的社会学家们不断地研究和验证。另外，布劳纳研究中的“政治”色彩意味着，关于异化劳动环境的研究已经深深影响着商业运作的方向和政策。例如，全球科技公司‘苹果”公司以其对员工的人力资本投入而著称，它倡导培训，运用‘苹果”的技术来提升员工的工作体验以及他们的个人生活。■

罗伯特·布劳纳

罗伯特·布劳纳是美国加州大学伯克利分校社会学荣休教授。他于1948年在芝加哥大学获得学士学位。

布劳纳是一名坚定的社会主义者；本科毕业之后，他在工厂工作了5年，致力于激发一场工人阶级革命。这些努力失败之后，他来到伯克利继续攻读硕士学位，并于1962年获得博士学位。他的博士论文于1964年出版为《异化和自由》，为他的声望奠定了基础。除了对于异化和劳动研究的贡献，布劳纳对于美国的种族关系也有深刻的分析。

主要作品

1964年　《异化和自由：工厂工人与其劳作》
1972年　《美国的种族压迫》
1989年　《黑人生活，白人生活：美国种族关系三十年》

浪漫伦理促进了消费主义精神

柯林·坎贝尔（1940年—）

背景介绍

聚焦

浪漫伦理

主要事件

1780–1850年 欧洲浪漫主义运动是对启蒙时代过度的理性主义和抽象理想的回应。

1899年 在《有闲阶级论》中，美国社会和经济思想家托斯丹·凡勃伦指出，消费是由为获得社会地位而相互“竞赛”的群体所驱动的。

1904–1905年 马克斯·韦伯研究了“新教工作伦理”与资本主义兴起之间的关联。

当今 学者们诸如美国社会学家丹尼尔·贝尔和意大利社会学家罗伯塔·萨萨泰利（Roberta Sassatelli），在其关于消费的研究中很大程度上借用了柯林·坎贝尔的思想。

为什么西欧和美国能发展出一种消费文化？约克大学荣休教授、英国社会学家柯林·坎贝尔在他著名的《浪漫伦理与现代消费主义精神》（1987）中讨论了这一问题，以期能作为马克斯·韦伯的具有类似命名且具有巨大影响力的《新教伦理与资本主义精神》（1904）一书的续篇。

韦伯宣称，现代资本主义社会的核心内涵，即自律和勤奋工作的价值观，是以16和17世纪的新教工

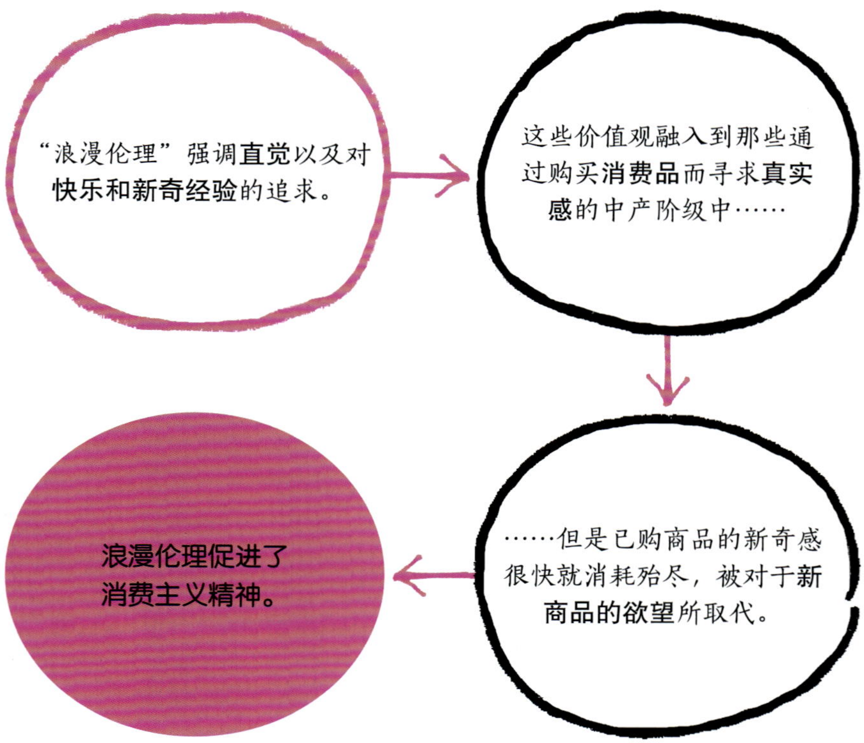

参见: 卡尔·马克思 28~31页, 马克斯·韦伯 38~45页, 赫伯特·马尔库塞 182~187页, 让·鲍德里亚 196~199页, 托斯丹·凡勃伦 214~219页, 丹尼尔·贝尔 224~225页。

品牌商品刺激了人们购买和拥有的欲望，以及一种对远离世俗的存在现实的渴望。但是，欲望，就其本质而言，是贪得无厌的。

作伦理为基础的。受韦伯思想的影响，坎贝尔提出了自己的理论：驱动消费文化的情感和享乐欲望深深地植根于19世纪浪漫主义理想中，这种浪漫主义紧随启蒙运动和工业革命而来。

欲望、幻象和现实

启蒙运动认为个人应该是理性的、勤奋工作的以及自律的。然而浪漫派将这看作是对人性本质的一种否定。他们强调直觉高于理性，相信个人应该自由地去追求享乐的快感，以及新奇而激动人心的感觉。

坎贝尔指出，浪漫伦理灌输到迅速成长的中产阶级中，特别是女性中，并由他们推动。在消费文化中，这一伦理被表述成一个自我持续的循环：个体将他们对于快感和新奇的渴求投射到消费品上；他们购买和使用这些商品；随着新鲜感和最初兴奋感的消退，这一物品的吸引力也很快消失；接着，对于兴奋、满足和新奇的欲望再次投射到新的消费品上，并再次获得刺激。因此，消费→短暂的满足→最终幻灭，不断重复着这一循环。

资本主义的引擎

坎贝尔所描述的这个循环对消费者来说是一种起起伏伏。消费者的欲望是资本主义的引擎，因为它刺激个人在新商品的无尽浪潮中找寻触不可及但令人激动的经历。这一过程对于那种基于消费的经济影响巨大，因为消费者总是在不断地追求最新的商品。

坎贝尔的浪漫伦理概念对社会学和人类学影响巨大。他的研究不仅驱散了那种将人类看作是因生存需要而获取物品的那种过于简单的观点，还试图阐明消费社会中的积极面向。

在坎贝尔看来，不应该将消费主义看作是一种本质上的坏东西。相反，追求我们内心最深的渴望，把它投射到消费品上，形成了现代社会中的自我实现的基础。

坎贝尔对那种消费主义经济还原论和讽刺看法的高度原创性的、有力的更正，为当代思想家提供了丰富的养分，使他们能够对现代消费社会提出更积极的、更有远见的评价。■

欺瞒大众的消费主义

坎贝尔那种将浪漫伦理看作现代消费主义之关键的观点其独特之处在于，它包含了长期的历史进程。他的思想与十年左右或更早之前的具有重要影响力的法国后结构主义和后现代思想家诸如罗兰·巴特和让·鲍德里亚的观点有很大不同。

与坎贝尔不同，对于他们来说，应该不惜一切代价地抵制消费文化的胜利。他们将20世纪60年代末社会和政治革命的失败看作“马克思主义之死”的象征，以及资本主义的胜利。巴特对于符号语言学的研究认为，广告业在遮蔽消费者、使他们看不到自己真正的需求和欲望方面扮演了重要角色。而在鲍德里亚看来，媒体造就了庞大的消费者群体，掩盖了现代资本主义社会的空虚性质。

对人进行加工，产品是一种精神状态

阿利·拉塞尔·霍克希尔德（1940年—）

背景介绍

聚焦

情感劳动

主要事件

1867年 卡尔·马克思完成了《资本论》第一卷，它启发了霍克希尔德的情感劳动概念。

1959年 加拿大社会学家欧文·戈夫曼出版《日常生活中的自我呈现》。

20世纪60年代 欧洲和北美迅速发展的服务业开始出现性别化，偏重于女性劳动力。

20世纪70年代 女权主义思想家开始将他们的注意力转向资本主义给女性带来的负面影响。

2011年 社会学家安·布鲁克斯（Ann Brooks）和特丽萨·德维萨哈亚姆（Theresa Devasahayam）出版《性别、情感和劳动力市场》，将霍克希尔德的思想与全球化理论结合起来。

当卡尔·马克思在《资本论》中表达出对于流水线工厂工人以及劳动力的“人力成本”的关注时，他指出，他们已经变成劳动力的“工具”。这一洞见，以及残酷的物理工作环境，导致了他的异化概念，缺少满足感和控制力使得工人感到隔离和疏远。

伴随着马克思的洞见，19世纪末期和20世纪早期出现了两种情感模式。受查尔斯·达尔文、威廉·詹姆斯以及西格蒙特·弗洛伊德的影响，“有机体”模式将情感主要看作是一个生物过程：外部刺激引发人们以相似方式表现的本能反应。自20世纪20年代起，约翰·杜威、汉斯·格斯、查尔斯·怀特·米尔斯以及欧文·戈夫曼创造了一种“互动”模式，他们认同情感包含一种生物成分，但是坚持认为它更具有互动性，由一系列社会因素所区分：文化影响情感的形成，

> **‘真诚’对一个人的工作是有害的，除非销售和商业中的规则变成了一个人的‘真正的’面向。**
>
> ——查尔斯·怀特·米尔斯

人们主观地管理感情。20世纪60年代，马克思的著作被翻译成英文之后，异化成了社会学家们试图理解北美和西欧当时所发生的劳动条件变化的有力分析工具。

精神状态

受这些不同思想的启发，以及吸收女性思想家诸如西蒙娜·德·波伏娃的思想，美国女权主义者、社会学家阿利·霍克希尔德在她一

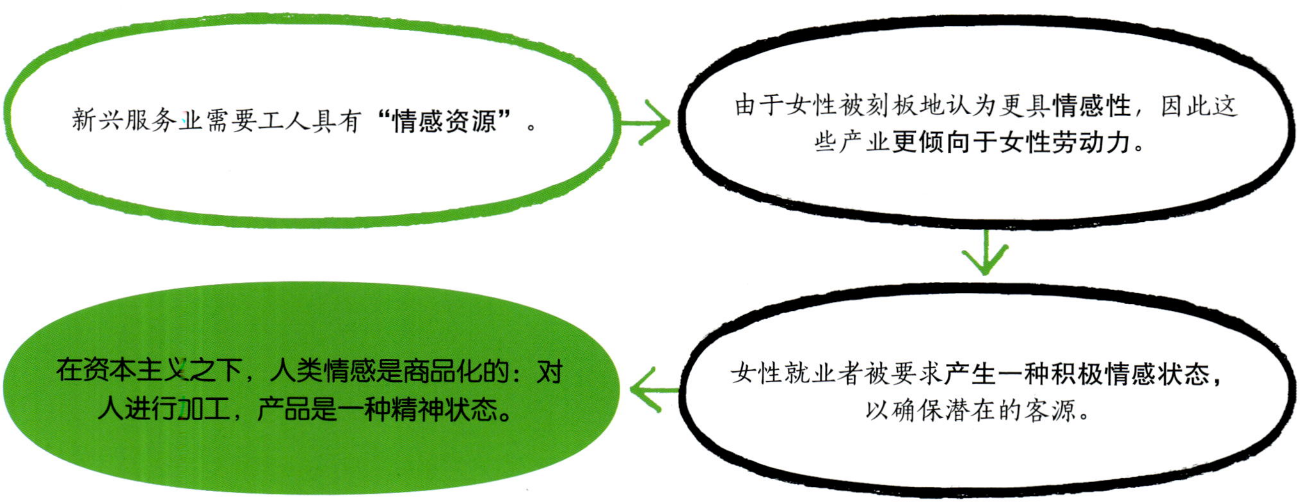

参见：卡尔·马克思 28~31页，乔治·赫伯特·米德 176~177页，尔文·戈夫曼 190~195页，哈里·布雷弗曼 226~231页，克里斯汀·德尔菲 312~317页，安·奥克利 318~319页。

生的研究中分析人类互动的情感维度。特别地，她专注于分析资本主义社会中，社会和文化因素是如何决定情感体验和表现的。

她的研究绘制了自20世纪60年代以来北美服务业的兴起，以及新的雇佣形式的出现：工人的情感成为市场化的商品被出售以换取工资，她将其称之为“情感劳动”。

霍克希尔德说，她对于“人们是如何恰当地管理情感”的兴趣可能开始于她成长的家庭。她的外交官父母经常在家里招待外国大使馆的工作人员，她总是好奇，这个人何时告辞，行动从哪里开始？后来，作为一名研究生，她受到怀特·米尔斯《白领》一书中“巨大的售货场”一章的启发：我们在出售商品和服务的同时，也在出售我们的人格。

霍克希尔德感到，这一观点是正确的，但是它忽视了销售过程中包含的积极情感劳动。与19世纪的工厂劳动不同，在工厂里，产出可以量化，而你是否喜欢或讨厌你所生产的产品并不重要，而服务业中的雇佣则存在质的不同。它意味着“提供服务过程中的情感状况是服务本身的一部分”，这使得工人有必要保持某种外表以给他人创造一种合适的心境。对马克思来说，工厂中的个体与他们所生产的产品相异化，而霍克希尔德则认为，在以服务业为基础的经济中，“产品是一种精神状态”。

在霍克希尔德看来，越来越多的情感劳动而非体力劳动的使用对于女性的影响相较于男性要更大，因为女性自儿童时期就习惯于提供情感。但是她相信，这可能会给个人带来损害，他们可能会变得异化于他们自己的情感，感到他们是属于工作而非他们自己的。

霍克希尔德指出，人们在儿童时期就应接受“心灵的童年训练”——女孩学习关怀别人、控制攻击性和愤怒，而男孩则学习隐藏恐惧和弱点。

管理互动

对霍克希尔德产生主要影响的是符号互动论者欧文·戈夫曼。他的研究的基本观点是自我是在社会互动中创造的。只有通过与他人互动，以及管理我们呈现自我的方式，个人才能够获得一种自我认同感。本质上，我们内心的自我感不可避免地与我们所牵涉的社会情景联系在一起。

霍克希尔德以一种批判的方式拓展了这一思想，指出情感作为某种外在的东西——存在于个体和群体的互动中——服从于自我管理。情感和感觉同样也直接与行为相连，在准备行动和与他人互动的过程中被个体所体验。

霍克希尔德指出，与听觉感官类似，“情感可以沟通信息”。她把情感与弗洛伊德的“信号功能”联系在一起，诸如害怕或焦虑的信息能够转告给大脑，指出危险的存在等等。霍克希尔德说，“从感觉中，我们发现自己对于世界的看法。”情感产生一种精神元素，协调过往事件和我们所处的实际情境。

除了将情感维度放在社会互动的核心之中，霍克希尔德还强调更广泛的过程对于情感的众多调解和塑造方式。社会和文化通过社会化干预个体的情感经济。例如，在初级社会化过程中，人们学会解读自己的情绪，并在不同程度上成功操控和管理它们。霍克希尔德强调，情感不是人类简单的被动行为，相反，个体积极参与产生和创造他们自己的感觉和情感。

情感工作和规则

霍克希尔德指出，作为个体，我们可以“做出”情绪。感情用事或用情绪化的方式行动，是可以刻意为之的。她把这一过程称为“情感工作”，并用它来描述人们是如何改变和加强某种特殊感情，以及试图克服令人不愉快的情绪的。她界定了人们产生情感的三种主要方式：认知情感工作、肢体情感工作以及表达情感工作。

> **行动是在身体语言中，伪装的冷笑，装腔作势的耸肩，可控的叹息，这就是表层行为。**
>
> ——阿利·拉塞尔·霍克希尔德

在认知情感工作中，个体利用影像、观念或想法来唤起或抑制各种与之相联系的情感。肢体情感工作指的是，试图控制与某种特定情感状态相连的身体反应的努力，例如紧张时流汗，或生气时发抖。表达情感工作包括为了实现某一特定情感或情感集合而试图管理特定情感的公共表现。

霍克希尔德的情感类型学，强调了个体能在多大程度上积极参与塑造和管理他们的内在情感状态以唤起某种感知。这一领域的早期研究聚集于外在表现：我们用来沟通情绪的身体行为和语言信号，霍克希尔德称之为“表层行为”。她将她的分析扩展到对“深度行为”的关注上，并将它解释为“表演方法”：“这里，展示是调动感知的一个自然结果；行动者并不是努力看起来高兴或悲伤，而是自发地表达出来的，正如俄国戏剧导演康斯坦丁·斯坦尼拉夫斯基说的，那种自我诱发的真实情感。”

霍克希尔德的目的并不是暗示人们有意地相互操控或欺骗，尽管这总是有可能。她试图展示，人们

许多女性在服务业中工作，雇主要求她们散发出真实情感以满足顾客。如同霍克希尔德所说，这就是“友好”。

是如何以及在何种程度上互动和合作以定义某一特殊社会情境的，反过来，这又是如何反馈到以及紧密地塑造他们的情感状态的。

霍克希尔德主张，理性以及人类行为中更多情感方面的边缘化，意味着支撑个人互动的那些隐性规则已经开始朝着新的方向发展。为了解释这一点，她引入了“感觉规则”的概念，它们是社会习得的特殊文化规范，个体用以沟通和指导情感和感觉的展现和经历。在现代资本主义社会，存在两种类型：展示规则和情绪规则。展示规则，就如同“表层行为”，是人们相互沟通的外在语言和非语言信号。情感规则，指的是人们的情感水平、选取的方向以及维持的时间。例如，

如果一个深爱的人死了，那么存在一种强烈的社会预期：悼念过程将会花上一些时间。本质上，情感规则影响着对死亡的合适反应，这种反应的力度如何，以及它应该持续多长时间。

达美航空

在霍克希尔德最有名的《被管理的心灵：人类情感的商业化》（1983）一书中，她探究了情感劳动和情感工作的相互关系。她的研究主要针对美国达美航空公司。她发现，航空公司一直雇佣那些他们认为能够被身体控制（在他们的个人外形方面）和情感控制的人。为了增加乘客数量，达美专门雇佣那些年轻、漂亮、单身的女性，尽管也有少量男性被雇佣。女性的吸引力在于，她们被打造成公司想要投射给客户的某种特定理想和形象。尤其重要的是，当空乘人员展示情感时，她们不使用表层行为。为了确保乘客感到他们所收到的情感体验是真诚的，通过在其内心产生诚挚和真诚的情感展示，空乘人员被教导如何践行“深层行为”。航空公司认为，“当感情被真实呈现时”，情绪和情感表现的真实展现会更容易完成和维持。例如发布培训手册和指南，空乘人员能够表现情感劳动并产生真诚的表现。手册教授一系列精巧的策略，以体现出集体精心策划的情感状态和感情剧目。如果他们是真诚的，乘客将会感到安心、愉悦和放松。通过唤起乘客正面的情绪状态和舒适安全感，达美相信它能获取乘客的忠诚度并再次惠顾。

> **就空乘人员而言，情感风格就是服务。**
>
> ——阿利·拉塞尔·霍克希尔德

霍克希尔德指出，虽然这一公司哲学可能第一眼看起来巧妙而又创新，但对空乘人员深层行为和情感劳动的要求，最终将会损害他们

在霍克希尔德看来，**情感劳动**是“人类情感的商业化”。她指出，达美航空训练新人，使他们能够超越“表层行为”，这种姿势和表情是骗人的，让人感到很假。公司敦促受训者将客舱想象成他们的家，欢迎乘客就如同迎接“私人贵客”。一旦员工掌握了“深层行为”的真谛，真诚就不再需要假装，因为真实的情感是自我激发的。

的心理健康。不停地去控制、管理和颠覆他们自己的感觉的同时，还要产生和展示一系列积极的真诚情感，这被证明是有害的。

霍克希尔德界定了长期情感劳动所产生的两种特殊负面后果。第一，空乘人员的私下自我感与其公共自我（她们所扮演的乘务人员角色）的融合容易导致情感和心理的倦怠。第二，往往产生一种自我异化感：试图管理她们的个人感觉与她们努力在乘客中唤起的情感状态二者之间存在的不一致，往往导致两种不同的结果——要么她们开始情绪性地厌恶自己，要么她们形成对工作的愤恨。

霍克希尔德宣称，即使个体积极参与那些致力于自我保存的策略，其最终结果仍然是一样的，仍会愤恨工作、敌视工作。个体的情绪和心理健康受到伤害，导致他们越来越感到与其内在的自我以及他们的情感相异化。

性别不平等

作为一名女权主义社会学家，霍克希尔德对达美航空的研究也为理解美国社会中性别不平等打开了一扇窗户。自20世纪60年代起，越来越多的女性进入职场，其中有许多人投入到迅速发展的服务业中。对霍克希尔德来说，这并不必然是一种积极的进步，因为它使得现代资本主义社会中的情感劳动的极度不平等分工更加朝着不利于女性的方向发展。为了论证这一观点，霍克希尔德宣称，女性更倾向于情感生产，她们随之又把它出售给男性。尽管职业女性数量的增加似乎证实了现代社会中女性职业地位的转变，但对统计数据的仔细分析则表明，女性远远比男性更可能在服务业中工作——大多数营业员、电话服务中心接线员以及宾馆和酒吧职员都是女性。

> 女性从事情感生产，并把产品提供给男性。
>
> ——阿利·拉塞尔·霍克希尔德

在现代资本主义社会中，整个情感劳动中绝大部分工作都落在了女性头上。从长期来看，这是资本主义的一个负面和所料未及的后果，因为它使得女性在情感上更容易筋疲力尽，而心理上和社交上容易感到自我疏离和异化。

永不满足的资本主义

霍克希尔德的情感工作概念以及其对航空空乘人员所表现的情感劳动的分析，标志着社会学思想历史中的一个关键时刻。对马克思而言，资本主义带来工人身体和精神

许多护士声称，一些同事无视他们的情感劳动。他们付出爱心，每日照顾病人，往往是在努力试图弥补更资深员工的麻木。

的恶化，因为工作的性质变得日益重复、枯燥和专业。社会思想家哈里·布雷弗曼指出，工作场所的自动化导致一个曾经高度熟练的劳动力的稳步解构。沿着马克思主义传统，霍克希尔德认为，即使个体自我中最个性的方面——我们的情感、感觉以及情感生活——都转变成商品，也仍然受资本主义的剥削，以获得利润。霍克希尔德的思想被许多与其他劳动和情感社会学的相关学者进一步发展，并被运用到许多职业中，从护士和看护者，到女服务员、电话行销员以及电话服务中心接线员。

霍克希尔德特别称赞一项日本和美国之间关于情感管理的跨文化研究，这一研究记录在艾维尔德·拉兹（Aviad Raz）2002年出版的《工作中的情感》一书中。在其中，日本东京巨蛋公司经理们对于那种“无力的、淡漠的、外部强加的微笑”感到不满意，他们认为那

> 当一个工人抛弃了他的工作微笑，在她的微笑和她自己之间还剩下怎样的联系呢？
>
> ——阿利·拉塞尔·霍克希尔德

荷兰社会学家丹尼尔·范·亚斯维尔德（*Danielle van Jaarsveld*）研究发现，由情绪劳动所致，**电话服务中心接线员**经历着高度的情绪衰竭和痛苦。

是美国经理们可能会接受的。相反，日本人认为有必要提升工人潜在的精神，他们通过关于羞耻的文化性强大力量将其从雇员中激发出来。摄像头被安放在不友好的售货员的收银台处，他们的行为会被录影，随后将会播放给其同事观看。

“微笑”可能现在是一种全球时尚，但是拉兹证实了霍克希尔德的洞见，即资本主义利用了文化的情感面向。■

阿利·拉塞尔·霍克希尔德

阿利·拉塞尔·霍克希尔德出生于1940年，是一位美国女权主义者，劳动和情感社会学家。她的父母都是美国外交官。霍克希尔德声称，在她的成长环境中，人们总是微妙而有力地控制和管理着自己的情绪，这启发了她对于现代社会生活中的情感维度的思考。

霍克希尔德在加州大学伯克利分校获得硕士和博士学位。在这期间，她成为一名女权主义者对资本主义社会中女性作为劳动者和主要照顾者的双重角色产生持续兴趣。

霍克希尔德著作中明显的政治立场深深影响了美国和西欧的女权主义思想家。它也带来业界巨头和高级政治家之间的不断对话。

霍克希尔德的研究不同程度地影响着社会政策，包括美国加州儿童发展政策委员会以及前美国副总统艾伯特·戈尔的工薪家庭政策方针。

主要作品

1983年 《被管理的心灵：人类情感的商业化》

2003年 《私人生活的商业化：家庭和工作札记》

2012年 《外包的自己：市场主导型时代下的私人生活》

自发的同意中包含强制

麦克·布洛维（1947年—）

背景介绍

聚焦

制造同意

主要事件

1979年 全球石油危机影响美国制造业，导致工人和管理层之间的紧张。

1981年 英国社会学家安东尼·吉登斯把麦克·布洛维的著作《制造同意：垄断资本主义劳动过程的变迁》称为“对工业社会学最重要的贡献之一”。

1998年 在“制造不同意？布洛维在法国日本车间中”一文中，法国社会学家金-皮埃尔·杜兰德（Jean-Pierre Durand）和英国社会学家保罗·斯图尔特（Paul Stewart）将布洛维的制造同意概念运用到一个“日产”汽车工厂。

通过玩**职场“游戏”**，管理层用**选择的错觉**安抚工人，诸如……

……“集体谈判”**拉拢而非离间工人**。

……内部就业市场，通过允许流动**以减少冲突**。

……“计件工资制”，**促使工人竞争**，以提高生产。

工人们参与这些“游戏”，以建立**共识型职场关系**。

同意和强制一起，确保对工人的控制。

为什么资本主义社会中的工人会努力工作，工人和管理层的利益是如何协商的，英裔美国社会学家麦克·布洛维站在马克思主义的理论框架内对这些问题进行了分析。从这一视角出发，劳动力和资本的利益被认为是处于基本对立两方。布洛维认为，现代管理

参见：卡尔·马克思 28~31页，米歇尔·福柯 52~55页，皮埃尔·布迪厄 76~79页，安东尼·吉登斯 148~149页，哈里·布雷弗曼 226~231页，罗伯特·布劳纳 232~233页。

如今正引导工人同意更加努力地工作。

他拒绝马克思那种“工人只不过是在剥削和压迫之下尽力工作”的观点。工会和工人集体的权力崛起对限制管理阶层的权力具有很大的作用，以前管理层的权力是通过恐吓工人而得以施展。布洛维承认，在任何一个组织中都存在着强制和同意，但是它们的构成比例和表达方式已经发生了变化。

他认为，管理，正努力通过创造限制性的社会关系和组织结构来控制工人，它能给工人带来一种“选择错觉”，但最终是为了掩盖和维持不平等的权力关系。

工厂“游戏”

布洛维研究了一家叫联合股份公司（Allied Corporation）的工厂，在那里他考察工作场所中的“游戏”，例如集体谈判（协商工资和工作条件），确保工人的内部职业流动，工人能多干多得的计件工资制。他指出，这一体系让人产生一种“工作是一个游戏”的错觉；工人是玩家，在相互竞争中追求“超额”——超出他们预期的生产量。通过掌握不同生产条件下工人所使用的那些复杂而往往狡猾和非正式的“超额”策略，从而实现工作满意。布洛维宣称，工人玩游戏的目的并非是试图减少工作不满意或反对管理层，因为参与游戏和执行游戏规则的往往是基层管理者。玩游戏在工人中制造出一种共识，一种关于工厂游戏规则的共识——以及更重要的，制定这些游戏规则的社会关系格局（老板—管理者—工人）的共识。

另外，由于管理者和工人都参与了游戏，定义两者之间社会关系的众多对立利益变得模糊，以确保管理者与工人冲突的最小化。布洛维指出，这种制造和培育合作与共识的方法要比早期资本主义中的强制方法有效得多。

布洛维的研究对劳资关系社会学具有重大贡献，对于英国社会思想家保罗·布莱顿（Paul Blyton）和史蒂芬·阿珂罗伊德（Stephen Ackroyd）关于工厂中抵制与强制的研究有重要启发。■

> **冲突和共识不是工作组织的原始条件，而是其产物。**
>
> ——麦克·布洛维

麦克·布洛维

麦克·布洛维是美国加州大学伯克利分校的一位英裔美国马克思主义社会学家。他于1968年在英国剑桥大学获得数学学士学位，之后来到芝加哥大学，并于1976年获得社会学博士学位。

布洛维的学术生涯一直在不停改变方向和兴趣。他早期的研究包括一系列对于美国、匈牙利以及苏联工业工厂的民族志研究。在他学术生涯后期，他的研究方向从车间转向运用社会学理论分析突出的社会问题，以此提升社会学的公共形象。

2010年，为表彰他对这一学科的重要贡献，特别是在将社会学推向更广大公众方面，布洛维在第17届ISA世界社会学大会上当选为国际社会学协会（ISA）主席。他是国际社会学协会杂志《全球对话》的编辑。

主要作品

1979年 《制造同意：垄断资本主义劳动过程的变迁》

1985年 《生产的政治：资本主义和社会主义体制下的工厂政体》

2010年 《马克思主义碰上布迪厄》

事物塑造我们，就如同我们制造它们一般

丹尼尔·米勒（1954年—）

背景介绍

聚焦

物质文化

主要事件

1807年 在《精神现象学》中，德国哲学家格奥尔格·黑格尔阐述了其“客体化”理论，描述人们是如何将他们的劳动转化为物质客体的（例如，房子是集体劳动的结果）。

1867年 卡尔·马克思在《资本论》中介绍了其商品拜物教的观点。

1972年 法国社会学家皮埃尔·布迪厄出版《实践理论大纲》，考察阿尔及利亚的柏柏尔卡拜尔人（Kabyle Berber）的生活和物质文化。

2004年 芬兰社会学家卡吉·埃蒙纳（Kaj Ilmonen）考察人们如何将自我的一部分外化于他们所拥有的物质物品中。

现代社会是物质的和消费主义的。

↓

消费主义常常被看作是消极的——例如，作为浪费和肤浅的一个标志。

↓

然而物质物品和所有物有助于塑造和加强人们的自我认同，以及其与他人的互动和关系。

↓

事物塑造我们就如同我们制造它们一般。

在吸收19世纪末期托斯丹·凡勃伦的开创性研究的基础上，社会学家们传统地认为消费品是符号性的，是人们借以相互传达特定意义的东西——例如，他们的生活方式以及他们所拥有的社会地位。

然而，英国社会学家丹尼尔·米勒在其2010年出版的《材料》一书中指出，消费品展示个人身份、自我以及与他人互动的各种方式一直被看作是负面的。他认为，大多数评论者都认为消费主义是浪费的和糟糕的；对消费品的渴求被看作是肤浅的和应受到谴责的；消费主义是一种异化和社会分裂——它区分了“富人”和“穷人”，可能带来严重的社会问题，包括盗窃。

米勒从一个完全不同的视角来看待这一问题，强调物质物品以各种积极的方式帮助我们成就自己，并调和与他人的关系和互动。

参见：卡尔·马克思 28～31页，皮埃尔·布迪厄 76～79页，赫伯特·马尔库塞 182～187页，托斯丹·凡勃伦 214～219页，柯林·坎贝尔 234～235页，西奥多·阿多诺 335页。

对房屋的再思考

米勒以他自己的住宅为例来进行说明。他说，建筑风格和外形设计注入和塑造了他关于这一财产的认同，但是，它们也影响与家庭成员以及成员之间的互动。

他说，他的房子保留了“许多原始特色”，包括橡木楼梯、壁炉以及窗棂，这些物理的和审美的特色透露着他对房屋的体验以及与房屋的关系。例如，他对流行的瑞典家居品牌IKEA（宜家）的家具和设计的偏爱给他带来内在的紧张：他感到他对于这一品牌的时尚、冷静和流线型特色的喜爱意味着他已经“贬低”和“背叛”了这个房子，它配得上一个拥有“更好品位”的人。为了解决这一紧张，他描述了他是如何不断地与家庭成员讨论，以及如何在布置家居和装潢方面达成妥协的。

米勒说，他和家人将房子想象成一名家庭成员，拥有特殊的认同和其自己的需求。他的论点是，房子的物质性并不必然是压迫的、异化的或分裂的；相反，它不仅积极地塑造家庭与它的关系，还有利于家庭成员间的互动和增强团结。

一种平衡

米勒的研究提供了一种不同于法兰克福学派思想家诸如赫伯特·马尔库塞和西奥多·阿多诺关于消费主义的解释，后者将大众消费文化看作是“世界丧失深度的一个症状”。每当全球经济和环境危机给物质主义的消费文化的可持续性带来重大怀疑时，米勒的研究被许多人——包括社会学家费尔南多·多明戈斯（Fernando Dominguez）和伊丽莎白·席尔瓦（Elizabeth B. Silva）——看作是对那种贬低社会物质文化的观点的挑衅性反驳。米勒的思想弥漫在社会学分析中，并在一定程度上昭示着日益增长的、对由法国社会学家布鲁诺·拉图尔（Bruno Latour）所开创的物质对象研究（“文化形式的物质性”）的兴趣。■

> 材料实现了它对于我们的精确掌控，因为我们一直没能留意它到底做了什么。
>
> ——丹尼尔·米勒

紧身蓝色牛仔裤在巴西受到欢迎，因为它们被认为能提升女性臀部的自然线条。

牛仔裤现象

自2007年，英国社会学家索菲·伍德沃德（Sophie Woodward），与米勒及其他社会学家合作，对蓝色牛仔裤作为消费主义的一个现象而产生兴趣。她指出，尽管牛仔服装到处都有，但它们往往被视为高度私人的物品，它们的所有者与其有着亲密关系——例如，一件喜爱的牛仔夹克或一条牛仔裤。

基于对牛仔裤作为全世界一种时尚元素的民族志研究，伍德沃德发现，牛仔裤的吸引力不可避免地与特定地方的文化风俗和意义框架联系在一起。例如，在英国伦敦，许多不同类型的人通常使用牛仔裤来解决关于穿什么的焦虑——它们的匿名性和普遍性可以保护穿着者免受负面评价。而在巴西，女性通常穿着牛仔裤以突出她们的性感。

女性化在减少性别不平等方面只带来有限的影响

泰瑞·琳·凯拉韦

背景介绍

聚焦

工作的女性化

主要事件

自20世纪60年代 发展中国家中全球化和工业化的兴起吸引了劳动女权主义学者的兴趣。

1976年 米歇尔·福柯在《性史，第一卷：引言》中宣称，性别角色和关系是社会性地建构的话语。

1986年 希尔维亚·沃尔比出版《工作中的父权制：雇佣中的父权和资本主义关系》一书。

1995年 在《男性气质》一书中，R.W.康奈尔表达了性别类型的流动概念，认为它具有灵活性，并可以被改变。

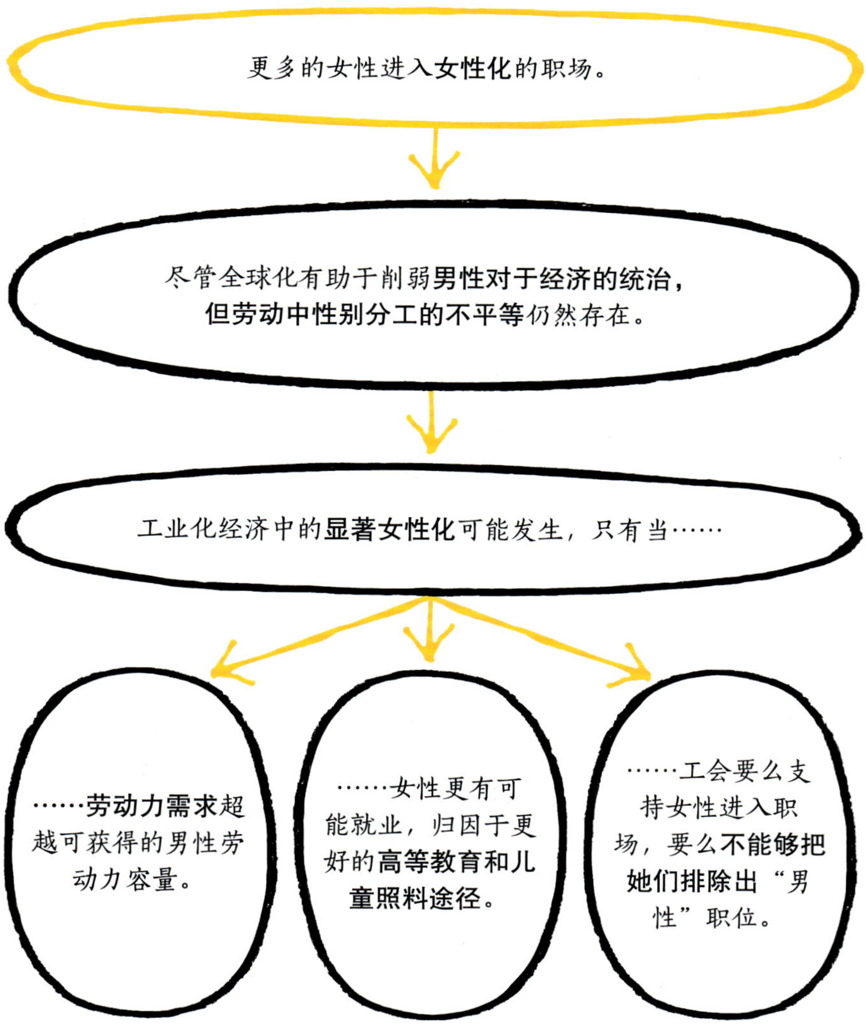

参见：卡尔·马克思 28～31页，米歇尔·福柯 52～55页，R.W.康奈尔 88～89页，罗兰·罗伯逊 146～149页，罗伯特·布劳纳 232～233南，杰弗瑞·威克斯 324～325页。

近几十年来，东南亚劳动力市场见证了女性参与度的大大提高，劳动力的性别分工已经被重新划分，而不是消除。美国女权主义者、社会学家泰瑞·琳·凯拉韦在其《集合女性：全球制造的女性化》一书中，研究了印度尼西亚的工业。受米歇尔·福柯思想的影响，她认为，职场中的性别是流动的、并不断被重新商议的，它甚至受到工厂经理人所持有的女性气质和男性气质思想的影响，这些人可能决定机器操作是适合男性还是女性工人。

凯拉韦拒绝主流经济学理论，因为它将个人看作是理性的、无性别的，反映了提出这一理论的那些人的男性、中产阶级特质。她也驳回马克思主义者的分析，因为他们优先考虑社会阶级而不是性别。尽管传统观点认为，雇主付给女性较低的工资，这导致更多的女性进入全球劳动力，凯拉韦认为，这低估了劳动力市场中性别的力量。相反，提供不同劳动力形式的关于男性和女性的思想和实践——她称之为“性别化话语”——在女性化过程中扮演了重要角色。

印度尼西亚的女性工厂工人，跟那些苏科哈蕉（Sukoharjo）的制衣工人一样，与男性同酬。根据凯拉韦的研究，在东亚地区，情况并非如此。

女性化的条件

凯拉韦指出，工业劳动力女性化的产生需要三个条件。第一，当劳动力的需求超过供给时（例如，当男性工人不足时），工业转向女性。第二，只有当家庭计划和大众教育普及时，女性才能进入劳动力市场。第三，当诸如工会之类的障碍——它保护男性主宰的职场不受廉价女性劳动力的冲击——不再有效时，工作对女性才变得可能。在印度尼西亚，当政府削弱伊斯兰组织和工会时，它才变成现实；后两者都是女性劳动力的潜在对立者。

凯拉韦注意到那些基本假设，即一些雇主付给男性更高工资，因为他们认为男性的工作更优越，而其他人认为从长期来看，女性是不可靠的（归咎于生育或结婚）。事实上，凯拉韦力争，两者都是复杂“性别化的成本收益分析”的例证；女性工人被如何看待和对待，以及为什么女性会被看作更适合某些特定劳动力类型，这些能够通过关于某一社会中性别角色的更广泛的文化理想型、价值观和信仰来加以解释。■

全球化和性别健康

全球化带来的经济变化以及劳动力市场中新的、弹性需求被认为是有益于女性的。正如泰瑞·琳·凯拉韦所说，尽管女性化“为女性打开就业机会之门”，但结果是混杂的。凯拉韦、希尔维亚·沃尔比以及瓦伦蒂娜·穆哈丹（Valentine Moghadam）都表示，女性工人更有可能生病。再者，女性在家务劳动中的超负荷意味着，家庭之外就业给她们带来巨大压力。

德国社会学家克里斯塔·维奇特里奇（Christa Wichterich）在《全球化的女性》（2007）一书中主张，全球化孕育了一个新的下层阶级，而不是将女性解放到职场中。她展示了，从金边到纽约，在不得不回应跨国公司的要求、从低薪岗位中设法生存，以及应对公共服务的流失的过程中，女性的生活是如何被摧毁的。

“只有当雇主认为女性比男性更具生产力时，他们才会将其劳动力女性化。”

——泰瑞·琳·凯拉韦

THE ROLE OF INSTITUTIONS

制度的角色

1844年

在"《黑格尔法哲学批判》导言"一文中，卡尔·马克思指出，宗教是"被压迫生灵的叹息……人类的鸦片"。

1897年

在《自杀论》中，埃米尔·迪尔凯姆引入"失范"概念来解释不同的自杀率，揭示这一个体行为是一种社会现象。

1904–1905年

在《新教伦理与资本主义精神》中，马克斯·韦伯解释了现代社会的世俗化和理性化过程。

1911年

在《政党》中，罗伯特·米歇尔斯指出官僚制使得**民主政府难以实现。**

20世纪30年代

安东尼奥·葛兰西使用"**霸权**"概念来解释统治阶级的观念是如何被社会其他成员看作是"**常识**"而不容置疑的。

1949年

在《社会理论与社会结构》中，罗伯特·默顿提出"**失范**"**是越轨行为的根源。**

1961年

在《避难所》中，欧文·戈夫曼描述了"**总体机构**"是如何重新打造人们**的个性和认同。**

1963年

在《局外人》中，霍华德·贝克尔提出，如果社会对之加以标签，**任何行为都可能被看作是越轨。**

几个世纪以来，欧洲的统治机构是教会以及作为统治阶级的君主和贵族。直到文艺复兴，教会的权威受到人文主义思想和科学发现的挑战，共和民主开始威胁君权神授的主张。启蒙运动思想进一步削弱了这些制度，到18世纪，美国和法国的政治革命推翻了旧秩序，工业革命开始从英国传播开来。

世俗化和理性化

受启蒙运动理性思想和工业经济需求的影响，一个显著的现代社会迅速形成。基于集体价值和共同信仰的社会聚合让位于新的世俗制度，政府转变成公民的代表。伴随世俗化过程而来的是适合现代社会日益增长的物质本性的理性化。工业化，以及其伴生的资本主义，需要更高层次的行政体系，同时官僚制思想也从商业领域扩散到政府。

现代社会的制度从下面这些官僚体系中演化而来：金融和商业机构、政府部门、医院、教育、媒体、警察、军队等等。这些新机构构成了现代社会结构的重要部分，而社会学家们一直致力于界定它们在创造和维持社会秩序方面的作用。

然而，官僚制以效率为组织原则，相应地往往也带来一种等级制度。正如罗伯特·米歇尔斯所指出，这导致少数精英的统治，即寡头，它与遏制寡头统治的民主政府背道而驰。结果，人们处于这些新制度的控制之下，无异于以前宗教和君主的统治。米歇尔·福柯随后考察了制度的权力（往往是隐形的）在塑造社会和个体行为中的作用——强加社会规范，扼杀个体性。尤尔根·哈贝马斯同样对制度权力持批判态度，但是主张只有当人们信任这些制度时，权力才能获得行使。最近（有争议地），米歇

1966年

在《世俗社会中的宗教》中，布莱恩·威尔逊讨论了**宗教正在衰减的社会角色**。

1970–1984年

米歇尔·福柯讨论政府是如何使用政策来**塑造公民和社会的**。

1972年

在《民间恶魔与道德恐慌》中，斯坦利·科恩受到关于1964年摩登派和摇滚派之间暴力冲突的**媒体报道**的启发。

1973年

在《合法性危机》中，尤尔根·哈贝马斯解释了如果没有公众的信心，制度是如何**丧失其社会控制权力的**。

1975年

在《医学的范畴：征用健康》中，伊凡·伊里奇宣称，医疗体系的建立构成了**"对健康的主要威胁"**。

1976年

在《资本主义美国的学校教育》，塞缪尔·鲍尔斯和赫伯特·金蒂斯指出教育通过**"隐性课程"**灌输态度和性格。

1977年

在《学做工》中，保罗·威利斯描述了**教育**是如何再生产和延续**阶级差异**的。

1988年

在《部落时代》中，米歇尔·马费索利指出，随着人们试图创造**新社会群体**，个体主义正日渐衰落。

尔·马费索利指出，随着人们对制度的幻灭，他们按照部落形成新的社会群体和相应的新制度。

宗教制度的社会影响，以卡尔·马克思将其描述为"人类的鸦片"而著名，也随着官僚制的增长而衰落；到20世纪，大多数国家已经（至少在名义上）建立世俗政府。然而，现今大约世界上75%的人口仍然认为他们自己属于某一信仰群体，而许多地方宗教正日渐成为一种社会力量。

个体主义和社会

除了研究社会中制度的性质和范围，社会学家们在20世纪后半部分更多地采用一种解释的路径，考察这些制度对于社会中个体成员的影响。马克斯·韦伯已经警告了官僚制的矛盾作用，把人们困在理性化的"铁笼"中；随后，欧文·戈夫曼描绘了制度化的后果，当个体已经习惯于某种制度时，他们再也离不开这种制度。正如伊凡·伊里奇所描述的，一个典型的例子就是作为一种治愈所有情况的基本方式，我们越来越依赖药物。同样，教育作为一种培育社会态度和维持某种预定社会秩序的制度手段，受到的人们密切关注。

然而，埃米尔·迪尔凯姆注意到了个体主义和遵从的制度期望之间的冲突。他的"失范"概念，作为一种个体与社会之间在信仰和欲求上的不符，被罗伯特·默顿所采用，以解释那些越轨行为。霍华德·贝克尔将其进一步发展，指出在制度的标签之下，任何行为都有可能被看作是越轨；根据斯坦利·科恩的观点，现代媒体就是这样将事情妖魔化的。■

宗教是被压迫生灵的叹息

卡尔·马克思（1818—1883年）

背景介绍

聚焦

宗教

主要事件

1807年 德国哲学家格奥尔格·黑格尔在《精神现象学》中介绍了异化的概念。

1841年 在《基督教的本质》中，德国哲学家路德维希·费尔巴哈借用黑格尔的异化思想，并将它批判性地应用到基督教中。

1966年 英国社会学家布莱恩·威尔逊在《世俗社会的宗教》中认为，宗教已经丧失其权威。

2010年 德国社会学家尤尔根·哈贝马斯在《缺失的意识：后世俗时代中的信仰与理性》中思考宗教为什么没有消失。

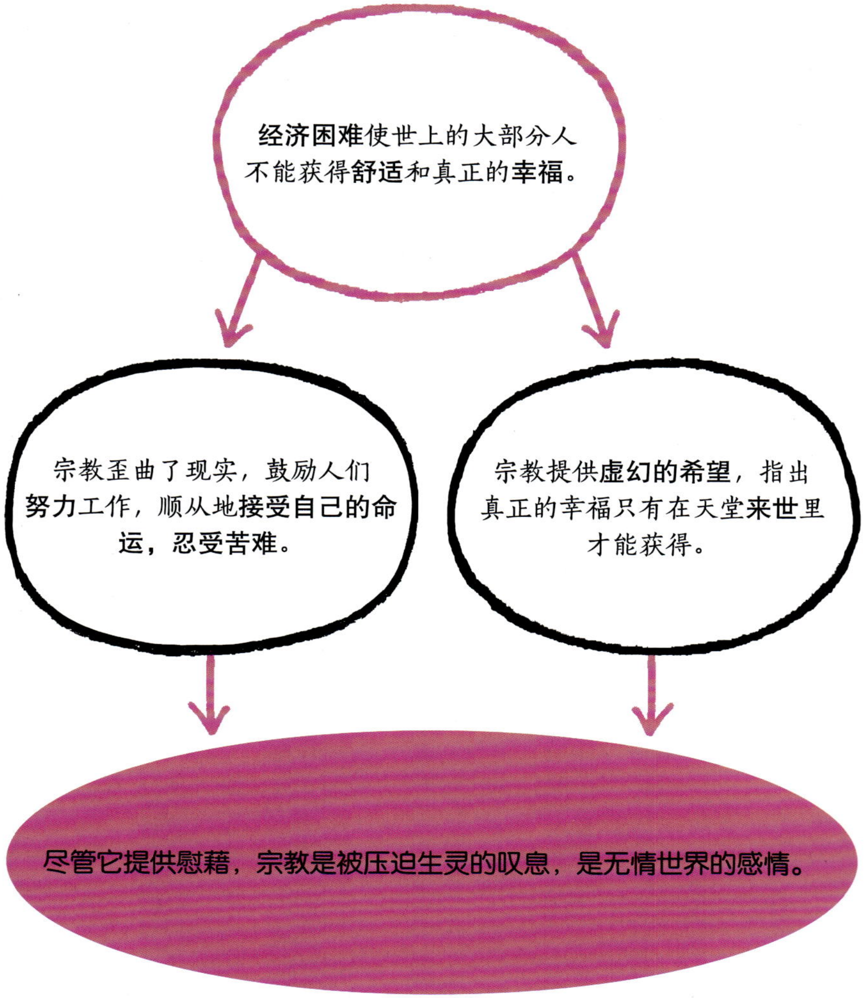

在德国哲学家格奥尔格·黑格尔看来，完全意义上的自由应该与某种伦理制度联系起来。更令人诟病的是，他还认为，只有在国家之中“人才能成为理性的存在”。他相信，基督教是现代性萌芽时期的完美（“consummate”）宗教，因为它反映了它的灵魂或精神（geist）——信仰理性和真理。然而，由于那种被称为“辩证法”的矛盾过程（即，由于其本身的性质，事物可以包含它的对立面），人们为服务自身而创造的社会结构和制度到头来反而会控制甚至奴役他们。这种理性的自我发现的过程可能带来“异化”——持续对社会科学产生深远影响的“疏远”概念。

德国哲学家黑格尔从前的学生路德维希·费尔巴哈使用异化的概念来批评宗教。费尔巴哈争辩道，人赋予上帝人性，并因这些人性而崇拜他，因此他们是在不自觉地崇拜他们自己。这使他们不能完全意识到自己的潜力，神不过是异化了的人类意识的投射。卡尔·马克思的亲密战友、弗里德里希·恩格斯承认，他们两个在19世纪40年代的思想都受费尔巴哈的《基督教的本质》的影响。

人创造宗教

卡尔·马克思的父亲从犹太教转向基督教，仅仅是出于保住工作饭碗的需要，但是他给自己的儿子灌输一种思想，即宗教对道德来说

参见：奥古斯特•孔德 22～25页，卡尔•马克思 28～31页，弗里德里希•恩格斯 66～67页，希尔维亚•沃尔比 96～99页，马克斯•韦伯 220～223页，布莱恩•威尔逊 278～279页，尤尔根•哈贝马斯 286～287页。

宗教被那些掌管世俗权力的人用来增加自己的权威性。

——克里斯托弗•希钦斯

英裔美国作家（1949–2011）

是非常重要的。然而，卡尔•马克思年轻时就批判那种认为社会秩序的维持需要精神支柱的观点。他后来坚信，世俗化（宗教社会意义的衰落）将把人从社会压迫的神秘形式中解放出来。在“《黑格尔法哲学批判》导言”（1844）中，他概述了其主要宗教思想。

在异化思想的基础上，马克思认为，“人创造了宗教，而不是宗教创造了人”。他指出，人类已经忘记了是他们创造了上帝，而上帝在开始有了生命之后，反过来控制人类。人类创造事物，也能摧毁它们。他相信，革命工人阶级将会意识到那些奴役他们的资本主义社会的意识形态和制度，并不是天生的或必然的，是能够被推翻的。到那时，宗教将成为物质剥削和人类异化所带来的病症；人类在这一过程中饱受苦难，以至于他们需要宗教的慰藉。

与法国哲学家奥古斯特•孔德认为宗教信仰是理性的婴儿期一样，马克思相信社会正科学地走向世俗主义。然而，马克思更批判性地将宗教看作是社会的反映，而不是一套信仰体系。他的目标是把工人从资本主义压迫中解放出来，他指出，统治阶级的意识形态主宰着社会——传播这些思想的机构之一就是教会。

教会和国家

在18世纪的英格兰，有一个不知名的智者把英格兰教会描述成“祷告”的政党。对马克思来说，任何服务于资本主义利益的制度，包括宗教，都必须接受考验，并最终被淘汰掉。取而代之的将是一个基于社会主义和共产主义的人性社会。

在马克思看来，宗教是对现存国家和社会的“慰藉和修正”。教会宣称，统治阶级的权威是由超自然的权威所授予的，因此，工人阶级的低等地位是不可避免的和合理的。当社会因不平等而分裂时，不公正就会永远存在而不是消除。马克思宣称：“因此，反抗宗教就是间接反抗那个以宗教为精神食粮的世界”。这些看法在20世纪60年代英国社会学家布莱恩•威尔逊那里得到回应，后者宣称教会的作用在于教化每一代人接受他们自己的命运。

马克思旨在揭露宗教的幻象性质，揭示其为统治阶级意识形态工具。由于对来世的信念成为穷人和被压迫者的一个安慰，马克思将宗教描述为“人类的鸦片”。我国革

天主教会的财富历来被许多人所诟病。在马克思看来，宗教为资本主义利益服务，是富有的精英用来控制和压迫工人阶级的工具。

马克思主张，宗教是统治阶级维持当下权力的一种信仰体系，他们向工人阶级许诺，来世将会更好。工人阶级则在这种道德教化中找到安慰，因为他们相信，最终他们的苦难将会换来回报；宗教通过稳定社会、维持现状，防止了社会变迁。

命家弗拉基米尔·伊里奇·列宁说，它是一种“精神烈酒”：宗教缓解工人阶级生活的残酷现实，人类被裹挟着接受现世的卑微生活，以换取一个更好的来世。事实上，宗教可以被看作是一种有效的社会控制形式，让穷人安于现状，阻碍社会变迁。

宗教和激进主义

马克思没有忽视，基督教是从压迫中成长起来的，它支撑和安慰了那些悲惨的、没有希望的人。宗教里的苦难既是“现实苦难的表现，又是对现实苦难的抗议”——它是被压迫者的“叹息”，这表明宗教有激进或者潜在革命性方面。例如，在17世纪的英格兰，清教运动导致国王被处决和一个共和政体的建立。然而，马克思指出，面对现实快乐的要求，宗教就是“人类虚幻的幸福”：“号召他们放弃对现状的幻想就是号召他们打破一种需要虚幻的条件”。他认为，历史和哲学的任务，是“在人类自我疏远的神圣形式被揭露后去揭露自我疏远的非神圣形式”。

马克思赞同德国社会学家马克斯·韦伯的假设，即新教运动在资本主义建立中扮演了重要角色，因为它更好地满足了16世纪商人以及后来工业家们的商业需求。努力工作以换取回报是新教哲学的核心，而加尔文教尤其将物质成功视作上帝宠儿的标志。

马克思将宗教改革描述为德国革命历史——一个在修道士大脑中开始的革命。他指出，路德“克服了忠诚的束缚，却用信念的束缚取而代之”；他把教士变成了俗人，是因为他把俗人变成了教士。在马克思看来，新教运动没能提供真正的解决出路，但是它却提供了一种“真实环境”，人们现在不再与外部神职人员做斗争，而是与其内在的“神职本性”较量。

同时，社会现状为真正的人类解放设置了进一步障碍。尽管地主和资本家变得更加富有，对于那些

女权主义和宗教

19世纪美国作家，《女人的圣经》的作者伊丽莎白·卡迪·斯坦顿（Elizabeth Cady Stanton）认为，上帝的话就是男性的话，被用来征服女性。从那以后，宗教的女权主义理论一直都在回应这一关于性别主义和性别不平等的主题。

女性往往比男性更倾向于参加教会活动，但是她们通常是被边缘化和受到歧视的，权利较少、惩罚更多。埃及作家纳瓦尔·艾·沙达威（Nawal EI Saadawi）指出，宗教可以被用来实现压迫女性，但是根源在于社会的父权制结构，它重塑了宗教。英国社会学家琳达·伍德海德（Linda Woodhead）指出，许多穆斯林女性用宗教和服装来象征他们的自由。

在一些宗教内部，女性的地位发生了显著变化；自从1992年英国国教允许授予女性神职之后，如今女性占神职人员五分之一的比例。

长时间辛苦工作而收入微廉的工人阶级来说，回报他们的只是天堂里的一席之地；忍受苦难变成一种美德。马克思关注19世纪教会作为地主和雇主的角色，并将其视为进一步的证据，证明宗教是统治阶级用来控制工人的意识形态工具。

无宗教的工作场所

在英国，既得利益者害怕工人日益与组织化的宗教失去联系，而转向其他基督教宗教群体或工人阶级政治运动，如宪章运动。基于这个原因，1851年进行了一项宗教崇拜普查。它反映了工人阶级在社会中的冷漠，以及保守的、既有的英格兰教会与诸如贵格会、唯一神教派主义之类的新型、大众宗教教徒聚会的礼拜堂或教堂之间的分化。

卫理公会——一个致力于帮助穷人的新教教派——在英国制造业聚集的工人阶级地区特别流行。它也吸引了新兴工厂主，他们既对工人明显的无宗教性感到不安，也对他们的堕落感到震惊，诸如酗酒。一些工厂主强制工人参加教会奉献、圣经学习班、对谈以及兴趣小组，以试图“教育”他们成为“体面”、冷静的人，这能促使他们更有效地工作。这也再一次佐证了马克思主义者那种将宗教看作是统治阶级的意识形态工具的观点。以这

> **现代宗教深深植根于对工人阶级大众的社会压迫中。**
>
> ——弗拉基米尔·伊里奇·列宁
> 俄国政治理论家（1870–1924）

种方式消解他们的能量，能够挫败他们起来革命的可能性，从而确保他们成为工厂听话的“老黄牛”。

西方知识分子或者称为“新无神论者”，诸如A.C.格莱林（A. C. Grayling）、克里斯托弗·希钦斯（Christopher Hitchens）和理查德·道金斯（Richard Dawkins），非常认同马克思关于宗教的看法。也就是说，正如最初在哲学中所争议的，宗教很有意思，但是在情感上和理智上都是一种异化形式，是对社会公正和幸福的低级替代品。然而，马克思在他对宗教改革的观察中，承认了宗教在激进思想和社会行动方面的潜力，英国后来一个多世纪的社会改革进程中的非国教教派就证明了这一点。为了解答为什么到了21世纪宗教还没有消失，尤尔根·哈贝马斯承认在世界许多地方宗教团体所扮演的重要公共角色。今天，尽管世俗化无处不在，但没人认为宗教或宗教人士会消失。■

某些基督教组织如贵格会教徒被看作是对宗教–政治现状的一种威胁。反对战争和奴隶制，拒绝向他人宣誓，他们反对教会中的等级制思想。

寡头统治铁律

罗伯特·米歇尔斯（1876—1936年）

背景介绍

聚焦

寡头统治

主要事件

1904–1905年 马克斯·韦伯在《新教伦理与资本主义精神》中，将科层制带来的合理性看作是现代性不可避免的一个特色。

1911年 在《政党》中，德国社会和政治理论家罗伯特·米歇尔斯主张，组织内的民主是不可能的。

1916年 意大利社会学家维弗雷多·帕累托指出，民主是一种幻想，精英只会为自己服务。

2009年 就英国2003年入侵伊拉克而发起的柴考特调查（Chilcot Inquiry）表明，政府官员，诸如前首相托尼·布莱尔，是如何免于为他们的行为被公开问责的。许多人认为布莱尔应该为战争罪行而受到审判。

在罗伯特·米歇尔斯看来，官僚制是个人自由的敌人。在20世纪早期，他就指出了官僚制与政治寡头（少数人对多数人的统治）之间的联系。在对政党和工会的观察中，他发现民主的规模和复杂性需要等级制。拥有一套清晰的控制链、与大众相分离的领导权很重要，这会带来一种金字塔式的结构，少数领导掌握着巨大而重要的组织。

米歇尔斯采纳了马克斯·韦伯关于责任等级有助于提高效率的思想，但同时指出，这也带来了权力集中，有害于民主。尽管标榜民主的理想，事实上占据核心地位的往往是组织精英的利益，而非普通大众的需求。

维护他们的权力地位变成了诸如政党之类的官僚机构的重要任务；通过复杂的选举制度维持一种神秘而优越的氛围，使用晦涩的语言以及通过下设机构来确保这一目标的实现。官员往往不受他们决策后果的影响——官僚制保护他们免受公共问责。寡头统治在官僚制的等级结构中得以兴盛，并往往会削弱人们左右其所选领导的能力。■

> 言组织，必言寡头统治
>
> ——罗伯特·米歇尔斯

参见：卡尔·马克思 28～31页，马克斯·韦伯 38～45页，弗里德里希·恩格斯 66～67页，米歇尔·福柯 270～277页，尤尔根·哈贝马斯 286～287页。

健康的人不需要官僚机构来结婚、生育和死亡

伊凡·伊里奇（1926—2002年）

背景介绍

聚焦

医源性疾病

主要事件

约公元前460–370年 希波克拉底，一位古希腊医师，相信医护人员不应该对病人带来损害；医源性疾病成为一种应受到惩处的罪行。

1847年 匈牙利医学家伊格纳斯·塞麦尔维斯（Ignaz Semmelweis）建议外科医生洗手，以减少感染带来的死亡。

1975年 伊凡·伊里奇在《医学的范畴》一书中宣称，医疗机构构成了对人类健康最主要的危险。

2002年 医学社会学教授戴维·克拉克（David Clark）认为，以人为本的治疗技术提供了虚假的希望，带来的结果是晚期癌症病人接受了杀伤力极大的化疗治疗。

社会已经深深地意识到医学所带来的危害。例如怀孕期间对诊断性X射线的过度使用可能带来儿童癌症，以及有害的处方药——药物相互作用。希腊词语“医源性疾病”——由治疗者所带来的疾病”——被用来描述这些问题。激进奥地利思想家伊凡·伊里奇指出，医疗机构已经成为人类健康的一个严重威胁，因为在与资本主义的结合中，它已成为一个利己的制度，创造了比治愈者更多的病人。

伊利奇认为存在以下三种主要的医源性疾病。临床型医源性疾病，是指由医疗干预所带来的损害；例如，抗生素类药物的过度使用导致的对细菌抵抗力的下降。社会型医源性疾病，是指生活的医疗化：随着对非疾病的昂贵治疗技术的发展，越来越多的问题被认为适合于进行医疗干预。例如，轻度抑郁症经常使用依赖性的药物治疗。

医院分娩，20世纪之前是罕见的，现在被一些人认为是社会型医源性疾病的例证——日益增长的、不必要的生活医疗化。

其中涉及的行动方，如医药公司，在这一治疗过程中获得了巨大利润。

在伊利奇看来，更糟糕的是文化型医源性疾病——对待疾病、痛苦和死亡的传统方式的瓦解。我们生活的过度医疗化意味着我们已经变得越来越不愿意面对死亡和疾病的现实：医生扮演着神父的角色。■

参见：乔治·瑞泽尔 120～123页，罗伯特·普特南 124～125页，乌尔里希·贝克 156～161页，尔文·戈夫曼 264～269页，米歇尔·福柯 270～277页，302～303页。

有些人犯罪是他们对某种社会情境的反应

罗伯特·K.默顿（1910—2003年）

背景介绍

聚焦

失范或紧张理论

主要事件

1897年　在《自杀论》中，埃米尔·迪尔凯姆使用失范的概念来解释清教徒和天主教徒之间不同的自杀率。

1955年　美国犯罪学家塔尔科特·帕森斯从前的学生艾伯特·科恩（Albert Cohen）指出，下等阶层所面临的窘境导致身份挫折，或紧张，带来越轨，后者被看作是寻求尊重的一种方式。

1983年　英国犯罪学家史蒂文·博克斯（Steven Box）指出，一些对于越轨的解释，诸如来自艾伯特·科恩的观点，没能解释社会中有权者的犯罪。

1992年　美国社会学家罗伯特·阿格纽（Robert Agnew）坚持认为，失范或紧张理论能够被用来解释犯罪和越轨，但是不应该与阶级联系在一起。

社会为人们提供清晰的生活目标。

↓

并不是所有人都有途径实现这些目标。

↓

顺应和“成功”的压力带来越轨行为。

↓

有些人犯罪是他们对某种社会情境的反应。

在法国理论家埃米尔·迪尔凯姆看来，越轨是普遍的、正常的和功能性的。他指出，一旦人们不再觉得被融进社会之中，对它的规范和规则不再确信时——例如，在迅速社会变迁时代——他们更有可能采取越轨行为或自杀。这一状况被称作失范，希腊语的意思是“缺少法律”。在1938年发表的“社会结构与失范”一文中，美国社会学家罗伯特·K.默顿接受迪尔凯姆关于越轨的分析，并将它运用到当代美国社会，指出此类行为的发生是紧张所带来的一个直接后果。

美国梦

默顿指出，在美国，与个人“成功”联系在一起的理想和抱负——例如，物质富裕、有房有车的“美国梦”——是社会建构的。并非每个人都能够通过合法途径实现这些目标，因为，一些限制，诸如社会阶层，阻碍了它们的实现。

参见: 理查德·桑内特 84～87页, 罗伯特·普特南 124～125页, 马克斯·韦伯 220～223页, 霍华德·贝克尔 280～285页, 塔尔科特·帕森斯 300～301页。

对许多人来说，一生顺遂、有房有车有存款的美国梦仅仅是一个梦想，特别是对于那些陷入贫困和失业中的人。

在默顿看来，越轨（同样也是社会性地建构的）容易发生在社会期望和实现它们的能力或欲望之间存在明显紧张或不一致情况下。对默顿来说，这一“紧张理论”解释了失业和犯罪之间的直接关联：例如，没钱意味着没法通过合法的方式购买汽车、住房或其他物品，但是符合期望的压力能把人们引向盗窃。

反叛论者或遵从论者?

默顿扩展了其理论，根据个体与文化接受的目标以及实现它们的手段的关系，将人们划分为五种类型。他指出，遵从论者，全身心投入到美国梦中，并且通过教育和就业能够实现这一目标。“仪式论者”并不认可社会的文化目标，但是他们尊重实现那些目标的规则。例如，他们可能每天去上班，认真地履行自己的职责，但是他们没有更为远大的目标，不打算攀登“成功”的阶梯。

革新论者（往往指罪犯）深信社会目标，但是选择非法的或非传统的方式实现它们。“退却论者”是社会的脱节者——他们不仅拒绝传统社会目标，也不接受社会认可的实现这些目标的手段。最后，“反叛论者”与退却论者相似，但是他们创造替代性的目标以及实现这些目标的替代性手段，并致力于倡导一种反文化。在默顿看来，正是这一群体（往往包括恐怖分子和革命者）能带来社会变迁。

默顿的紧张理论一直被批判聚焦于个体越轨，而忽视了群体或帮派行为。也有批评指出这一理论过于依赖官方的犯罪统计，后者往往掩盖了中产阶级的犯罪。■

罗伯特·K.默顿

罗伯特·K.默顿1910年出生在美国费城，当时叫迈耶尔·斯科尔尼克(Meyer Schkolnick)。他的父母属于俄国犹太移民工人阶级；他人生的最初几年生活在他们小卖店的阁楼上(后来被烧毁了)。14岁时，他取罗伯特·梅林（Robert Merlin）为其艺名开始魔术登台表演，但是当他获得坦普尔大学(TempleUniversity)奖学金之后，他改名为罗伯特·K.默顿。

默顿创造了“自证预言”和“角色榜样”两个术语，从而被认为引领了焦点群体研究方法。他于1957年当选为美国社会学协会主席。

主要作品

1938年 “社会结构与失范”
1949年 《社会理论与社会结构》
1985年 《站在巨人的肩上》

当获取合法追求文化目标的被认可的机会存有差别时，就会招致反社会行为。

——罗伯特·K.默顿

总体机构剥夺了人们的社会支持系统以及他们的自我感

尔文·戈夫曼（1922—1982年）

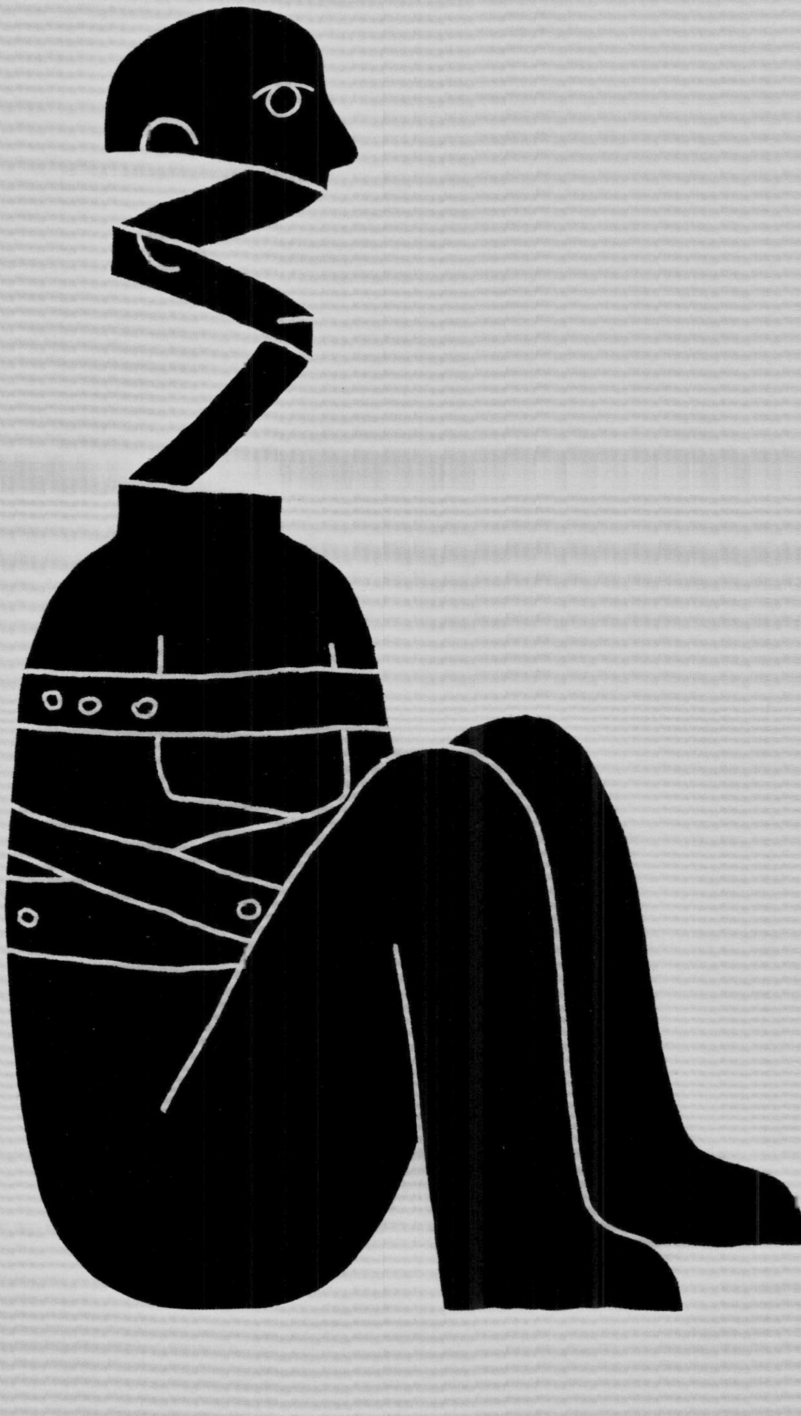

背景介绍

聚焦

制度化

主要事件

1871年 英国精神病学家亨利·莫兹利，认为精神病院不利于个体的自我感。

1972年 《心理幸存者》中，斯坦利·科恩和劳里·泰勒关于英国达勒姆市男子监狱的一项研究，揭示了囚犯调节其行为和认同以获得生存。

1975年 法国思想家米歇尔·福柯在《规训与惩罚：监狱的诞生》中，探讨了监狱和精神病院维持社会秩序和遵从的方式。

1977年 在《取消监禁》中，美国社会学家安德鲁·斯卡尔（Andrew Scull）认为，减少针对精神病人和囚犯的机构数量会带来一种更大的照料缺失。

当应对现代社会典型的官僚程序以及它们所产生的挫败时，我们中的大多数人能够逃避到私人生活中，以维持一种平衡感。然而，对有一些人来说，这不是一个选择，因为他们终其一生都在结构化的机构中，诸如监狱或精神病院。

美国社会学家欧文·戈夫曼想知道当人们无法逃避日常生活中的规则和管理时，他们是如何应对的。在他开创性的研究《避难所》（出版于1961年）中，戈夫曼考察了“自我”是如何进行调试，以生活在一个永久的、无处不在的官僚体系中的。他认为，对精神医院的病人来说，最重要的因素不是疾病而是机构——受影响者所做的反应和调适也同样在其他类型机构的被收容者中出现过。

> **这些机构是改变我们社会中个体的温床。其中每一个都是一个自然实验，在对于如何塑造自我方面，特别苛刻。**
>
> ——尔文·戈夫曼

总体机构

那些与外部世界相隔离的机构——通常物质性地通过墙、围栏以及锁上的门来实现——就是戈夫曼所称的“总体机构”。避难所、监狱和集中营，甚至是寄宿学校和修道院，是这种组织的极端形式的典范。

在“总体机构”中，居住者不仅在身体上处于与外界隔离的状态，他们往往还被孤立相当长的一段时间，有时是身不由己地。由于

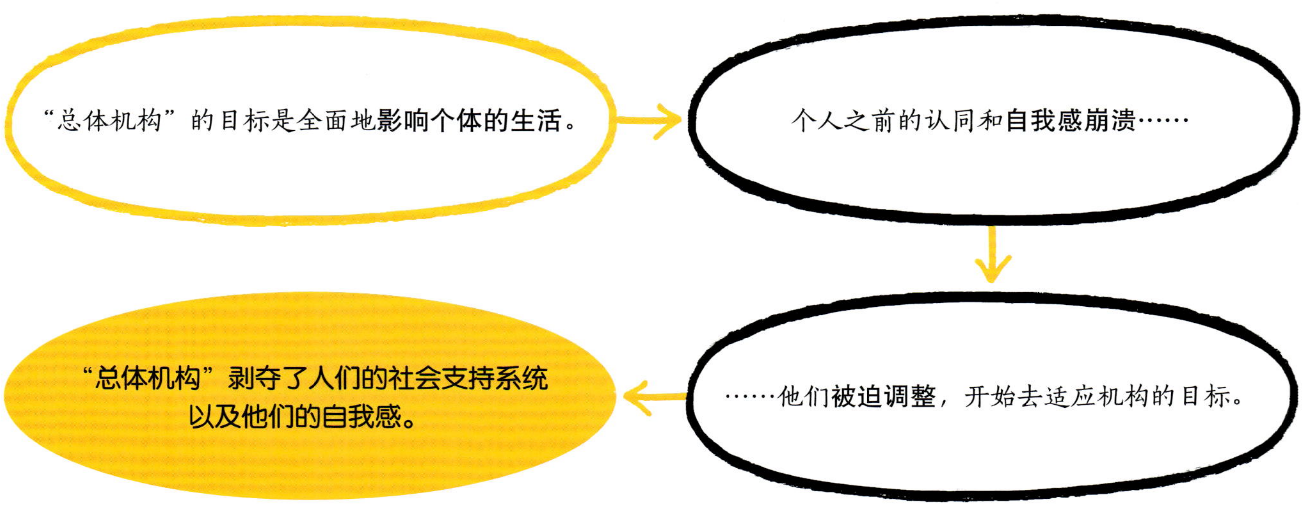

参见：埃米尔•迪尔凯姆 34～37页，米歇尔•福柯 52～55页，270～277页，乔治•赫伯特•米德 176～177页，伊万•伊里奇 261页，霍华德•贝克尔 280～285页。

这些特殊情况，这些组织发展出特殊方式进行运作。戈夫曼指出，在这些地方内，相对人数较少的工作人员监视着一个较大的居住者群体。他们通过使用监视技术以达到服从——来自米歇尔·福柯在其1975年的研究发现，将监狱描述成一个全景式的、万能的机器。戈夫曼的补充看法是，居住者通过塑造一种新的生活方式来回应“总体机构”。

美国恶魔岛监狱，是机构统治的有力象征。福柯将监狱看作是万能的，而戈夫曼认为，机构中的犯人试图改变生活以满足自己的需要。

功能主义理论认为，社会是由社会共识黏合在一起的——一种共同的目标感。一个“总体机构”得以运作是因为它有目标，它内部的一切都是取向这些目标的。戈夫曼曾经于1955—1956年间在美国一所精神病院工作，他指出在这一组织的官方目标之外，还存在着其他隐形的目标和实践，构成了机构运作的关键部分。他称之为“公共机构的私生活”，他集中考察了精神病人的世界以期理解这种“私生活”。

贝斯莱姆皇家医院，伦敦臭名昭著的精神病院，成立于1247年，“疯人屋”（Bedlam）一词就是由此而来。它现在是一家现代精神病机构。

基于自己的观察资料，以及大量出版物，例如关于相似机构的自传文学、小说，戈夫曼得出结论：认同是在与他人的互动中塑造和调适的。他指出，如果要实现机构的主要目标，有时候有必要将官方的活动和理想暂放一下，以给人一种“正在维护他们”的印象。

戈夫曼认为，病人进入精神病机构之前所拥有的社会关系和认同让位于他们在适应新的机构生活的过程中所树立的全新认同。

瓦解自我

这一过程开始于旧的自我的瓦解。病人往往是被家庭成员和医护专业人员强制或者哄骗进入机构中，发现还是这帮人正在剥夺他们的权利。这样一来，他们丧失了自主性，自身的行为和心智受到质疑，经历羞辱以及对自我认同的挑战。

医院的准入程序继续了这一瓦解过程：被拍照，个人物品被没收，采集指纹，以及扒光衣服——所有这些程序击垮了“旧我”。戈夫曼指出，我们的自我感部分地被投射到我们的外形、我们拥有的东西以及我们所穿的衣服上；如果这些改变了或者被夺去了，这就给人们传达一种信息：他们不再是原来的自己。一旦承认了这一点，这种感觉持续得到强化：例如，获得允

“自我的屈辱”是戈夫曼的用语，描述个体被剥去自我感的一种机构过程。个人认同转化为机构认同——作为“病人”或“犯人”。一开始，“旧我”是部分地构陷的，诸如财产和服饰。在机构的迷宫中，成为其中一员，剪去头发或穿上制服，身体受到限制进而自由被剥夺。规则，或者可能是药品，改变着人的行为，一个顺从的“新我”被打造出来。

许才能去上厕所。这验证了戈夫曼所称的“自我的屈辱”，它是由生活中的羞辱和堕落带来的。

应对这种情景的常规的保全面子的做法，例如讽刺或亵渎，在“总体机构”中不可能发生，因为一定会带来惩罚。患者不得不对这一组织要求做出重大调适，往往以一种平和的状态结束：他们被轻易控制住，使得机构得以有效运作。机构所用的特权和奖赏体系，作为对在厨房或其他地方工作的回报，在保持他们顺从的同时，还能有助于集中患者的精力和注意力，产生一种新的目的感的意义感。

有时候，机构能够征服患者，带来“转换”或“殖民化”。在精神病院中，转换是指病人接受医院对他们的定义，例如，情绪混乱，接着，努力遵照理想病人的行为模式行动。在戈夫曼看来，殖民化是指机构制度淹没了患者，机构之内的世界看起来比外面的更好，患者将没有能力在机构之外的世界中生存。

拯救认同

精神病患者进入的第二个阶段是拯救某种意义上的个性。尽管“总体机构”致力于生产标准化行为，但许多患者都能找到调适的方式。戈夫曼指出，面对这些机构的不同自我需求种类，人类可以发展出复杂的应对方式。他认为，二级调适过程使个体能够创造出一种以组织为中心的新的自我，它居住于那种不是由规则和制度充斥的空间之中。

> **许多总体机构看起来好像仅仅是堆积病人的储藏所，但是往往以理性组织的面目出现在公众的视野里。**
>
> ——尔文·戈夫曼

这些二级调适组成了机构的“私生活”，是患者基于日常基础之上的权宜手段，从而使患者产生一定的自主性，保持某种个性。在戈夫曼看来，最普遍的方式是“耍酷”；大致与工作人员交好的同时，分割出一种认同，保持系统“运作”而不公开与规则发生冲突。病人能够发现和利用组织中他所称之为“潮湿角落”——诸如厨房、手工场、医务室之类的场所——为实现对自我和处境的控制提供机会。在这些地方，患者可以创造新的货币——例如，用烟草或糖果交易——或者通过创造性地使用语言，来发展出沟通的特殊方式。通过悄悄地把尿撒在散热器上而不是请示获批后去上厕所，一些人试着以此维系一种自主的反叛感；因为加热器能蒸发掉所谓不当行为的所有痕迹。机构往往对这些小动作睁一只眼闭一只眼，因为他们知道这些行为在大多数情况下反而使患者易于管教。

并不是所有的人都能够在"总体机构"的规范中成功地实现社会化。尽管戈夫曼并没有详细论述这一点，一些病人可能保持一种抵抗和反叛精神，例如通过蓄意破坏水管、集体拒绝某些特定的食物，闹事，或者甚至给某个工作人员制造点"小意外"。

自利的机构

尽管戈夫曼一直用一种冷静、客观的写作语调，但一些人仍旧指责戈夫曼在他的研究中过度认同病人。还有一些人，诸如美国社会学家、犯罪学家约翰·埃尔文（John Irwin）曾指出，戈夫曼的研究在范围上有点窄，并且只关注机构中的病人是有局限的。

然而，将"总体机构"看作是一个并非以患者的最大利益为运作原则、而是有效地侮辱他们的场所，戈夫曼的研究被引用在促成精神健康病人的治疗变化中。他揭露了"总体机构"的自我合法化的组织方式——通过定义他们的目标使其活动获得合法性，反过来又将他们为实现这些目标所采取的措施合法化。

他的研究同时也对认同社会学具有重要影响，因为他认为名字、财产以及服饰是灌注了意义的符号，对认同的形成很重要。他强调自我的官方定义与个人所试图呈现的自我之间的显著差异。

戈夫曼的研究仍然具有社会意义。尽管事实上，在英国，许多精神健康机构自20世纪60年代以来在去机构化和支持本地照料（"在社区中"）的过程中都已经关闭，仍有相当一部分人将会在机构中度过晚年。人口老龄化意味着许多人可能不能够生活自理，因此不得不选择护理或照料之家，这些可能印证了"总体机构"的某些负面特征。■

肯·克西的小说《飞越疯人院》，场景设定在精神病院。它描述了病人采用应对策略，以及机构如何摧毁对于其权威的挑战。

美国城市监狱，关押着那些被逮捕但还没有提出诉讼和判决的人。有人认为，这种机构将囚犯文化暴露给正常市民。

监禁危机

约翰·基思·埃尔文（John Keith Irwin）与戈夫曼相比，拥有一种完全不同的第一手"总体机构"经历：1952年，他因为抢劫罪而被判入狱5年。他利用那段时间学习，后来获得社会学博士学位，成为美国监狱系统和社会需要的社会控制形式方面的专家。

基于他自己的观察和对囚犯的访谈，埃尔文出版了《监狱：管理美国社会中的下层阶级》一书，以向欧文·戈夫曼致敬。他指出，城市监狱关押着那些被逮捕但还没有提出诉讼和判决的人，在那里，他们被侮辱，甚至丧失人权。他们给犯人灌输特殊的行为方式，而不是控制声名狼藉的人。

他宣称，这些监狱是为了管理那些被看作是对中产阶级具有价值威胁的"下层阶级"或"下层民众"。监狱被看作是小偷、瘾君子以及性向异常者的收留罐，这证实了他们的局外人地位。

治理是对事物的正确处理

米歇尔·福柯（1926—1984年）

背景介绍

聚焦

治理术

主要事件

1513年 在《君主论》中，佛罗伦萨政治理论家尼可罗·马基雅维利建议如何维持权力。

1567年 法国作家纪尧姆·德·拉·佩里埃（Guillaume de la Perrière）在《政治之镜》中指出，“统治者”一词可以运用到更广的人或群体中。

1979年 米歇尔·福柯发表一篇题为“治理术”的文章。

1996年 英国社会学家尼古拉斯·罗斯考察诸如监狱和学校之类的社会制度如何塑造公民的行为。

2002年 德国社会学家托马斯·莱姆克（Thomas Lemke）将福柯的治理术概念运用到现代新自由主义社会中。

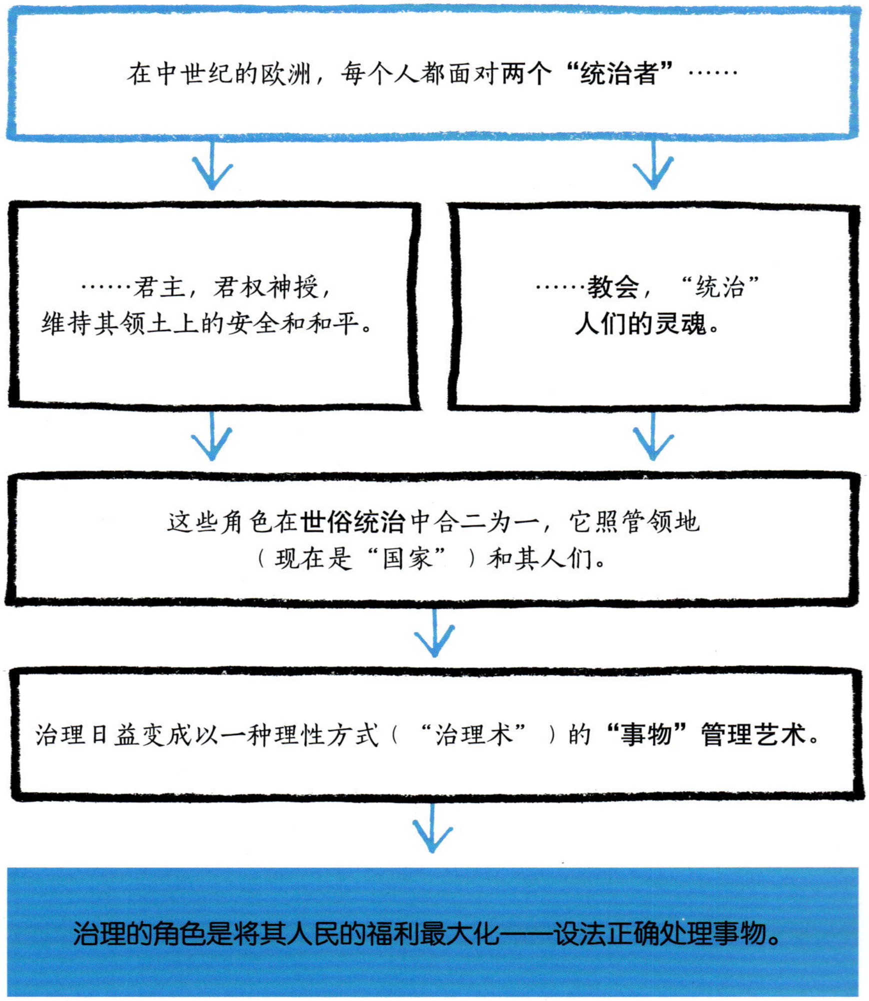

从古至今，人们一直都在关注治理的性质，何时以及何地需要它，以及谁有权利去统治他人的问题。法国哲学家米歇尔·福柯将其研究焦点集中于权力的运作，特别对16世纪至20世纪西欧社会中治理的过程和合法性问题感兴趣。

1970至1975年间，福柯走进了巴黎法兰西学院的圣殿，成为那里的一名教授；在此期间，他教授一系列课程，奠定了他重要的思想特色。其中一讲后来在1979年以“治理术”的名字发表在颇具影响力的杂志《思想和意识》上。在这篇文章里，福柯指出只考察权力的形成而不考虑其统治人民的实践——各种技术和合理性——是行不通的。这种合理性不是以往大多数哲学家所宣称的那种能够通过纯粹理性而获得的绝对理性，它是一种随时间和地点而发生变化的东西。在某一地点和时间被认为是“理性的”，可能在其他时空中则被看作是非理性的。为了总结这一概念，福柯结合法语单词“governeur”（总督）和“mentalité”（思想）而创造出一个新词——governmentality（治理术），用以描述政府看待自己及其角色的方式（它的“合理性”）。

福柯的哲学分析方式集中在“主体的系谱”上，而非依赖传统的

参见：米歇尔·福柯 52～55页，302～303页，戴维·麦克隆 163页，诺贝特·埃利亚斯 180～181页，马克斯·韦伯 220～223页，罗伯特·米歇尔斯 260页。

考察方式。其他哲学家寻找知识的普遍和不变基础，而福柯则探究主体是如何在历史中构成的，以及这如何引致了它的现代形式。

福柯关于治理术的系列讲座考察了自主、独立的自我概念是如何与民族国家的思想相协调的。他特别的兴趣点在于，这两个概念是如何相互决定彼此的存在，并随着当时的政治合理性而变化。

中世纪统治

福柯的考察追踪了不同时代、不同地点所发生的统治方式的变化。回溯到中世纪（约500—1500年）的欧洲，他指出，在那时，我们现在所熟知的民族国家是不存在的，治理术也不存在。人们生活在一种“公正状态”中，通过直白的法律和习俗（如将犯人集中起来），而把人民整合到其群体中。那是封建主义时代，君主作为尘世上上帝的神圣代表，依赖不同领主们来维持对其臣民的控制。由忠诚于国王的领主组成的领主网络是在广阔领土上维持统治秩序的一种方式。

> **我想去研究统治的艺术，也就是最佳统治的合理方式，同时，也去反思统治的最佳可能方式。**
>
> ——米歇尔·福柯

通过向君主提供武力服务以及支持，领主们赢得他们的封号、城堡以及土地权。最终这些特权变成世袭。农民或农奴有义务耕作土地，为他们的统治者创造丰厚利润。这种拥有清晰明确个人权力运作的体系，意味着集权统治是没有意义的：不同的贵族有不同的统治方式。冲突和内战同样也是家常便饭。君主的臣民并不认同他们的民族身份，相反，他们向其封建领主效忠，与他们站在一起。

中世纪期间，农民在土地上耕作，为他们的领主创造了巨大财富。封建体系控制着人们，而非大一统的政府。

统治的新方式

在福柯看来，在16世纪中期封建主义开始衰落的时候，统治开始变成一个重要问题。随着帝国和领土的扩张，如何统治个体、家庭以及国家变成一个核心问题，从而，治理术诞生了。

与封建制度的决裂，同时也增多了国家间的冲突；二是，对于一个国家来说，知己知彼，知道自己和对手的能力和实力变得日益重要。福柯宣称，这是为什么16世纪会出现“警察”的原因。这些力量不仅给政府提供安全，也能够测量和评估国家的实力。警察的出现使得对于市民的治理变得容易，从而确保处在监视下的个人保持持续的生产力和服从。

16世纪同样也见证了欧洲宗教实践的巨大转变。始于1517年的宗

德国牧师马丁·路德发起宗教改革，挑战天主教教会的权威；福柯指出，这标志着治理转变的开始。

教改革是对天主教会及其权力的重要挑战。在福柯看来，伴随着领土国家的崛起以及新教和天主教会之间的矛盾，使得早期现代政治理论家将两种截然不同的思维方式结合在一起。神学家一直以来从精神的路径入手考察统治：牧师的终极责任是拯救灵魂，像牧羊人守护羊群一般地守护着他自己的“羊群”。世俗政治家则是以一种更世俗化的方式看待统治的艺术——认为他们的角色是管理冲突、保护领土和维护和平。福柯指出，这两种思维方式在16世纪后期和17世纪融合在一起，形成了一种新的统治艺术的混合型。

君主之死

公民和他们的统治者首次有可能在一个互益的系统中走到一起。统治者的个人利益不再是统治的唯一指导原则；在这一转变下，“统治”的思想转变为“管治”。通过考察佛罗伦萨外交官尼可罗·马基雅维利的《君主论》（1513年）中的政治思想，福柯追踪从至高无上的权力到作为有效运作方式的政府的这一转变。在这部短篇著作中，君主主要关注其领土的维持和扩张，对生活在其土地上的臣民不感兴趣，只要他们安分守己。君主保持与其领土的道德疏离感——他不欠任何人的恩情。随着君主丧失他们至高无上的权力，以及教会权力的丧失，这种思维方式逐渐走到末路，新技术（诸如印刷术）使得革命思想的传播成为可能。

从中世纪末期到17世纪，文艺复兴引领一股重回自由和民主古典主义的思潮，带来了更革命性的思想，威胁到君主的人身安全以及他们的统治权力。例如，在英格兰，国王查理一世对自己神圣统治权力的深信不疑，导致他在英国内战期间与议会力量产生冲突。1649年查理以叛国罪被处死。

仁慈的统治？

福柯高度赞扬法国文艺复兴时期作家纪尧姆·德·拉·佩里埃在1567年对于统治的定义，其特殊之处在于没有提到“领土”。相反，在这里统治被描述成对事物的正确处理，以达成一种适当的目的。在仁慈的理念下，统治的责任被扩展到包括其公民的福利，尽管在现实中，这种统治形式实际上关注的是管理人的生命——以及他们奋斗而来的物质成果——以实现国家力量的最大化。确保财富的增长被认为是统治中的关键，但是如果统治者想确保长久的繁荣和生产力，那么拥有健康繁衍的民众也很重要。福柯指出，在这一点的基础之上，“人和事物”（人们与财富、环境、饥饿、繁衍、气候等等的关系），而不是领土，需要以一种有效的方式进行管理。统治现在是一种“艺术”。

公民或者臣民?

福柯认为，早期诸如18世纪约翰·洛克和亚当·弗格森所揭示的那种自由主义公民社会观，使得一种社会统治成为可能。这种自由主义统治艺术依着“小政府的合理性”组织原则；换句话说，它倡导最少的政府干预以及更多地关注公众的作用。这里，“公众”的概念以及对政府成功的重要性变得至关重要，这带来了将“公众中的个体成员”看作是生活、工作以及社会存在的观点。这种自主个体的新观点将会带来许多新的政治问题，包括个体和国家的权力和责任。如果一个人是在政府的统治之下，那么他将如何获得自由呢？“自主的”的个体的自我控制与政治控制之间的联系成为一个重要问题，就如同统治的可能性与经济剥削之间的联系。

为了探讨这一阶段，福柯再次回到了他关于“被动的身体”的讨论。在《规训与惩罚》中，他回溯了在17、18世纪，身体是如何被那些掌权的人看作是一个（被使用和改造的）目标。他同时还考察了寺院和军队中产生的监视技术是如何被用来控制人们的身体，生产出那些没有反抗能力的被动主体。

在《规训与惩罚》这一早期著作中，福柯坚持认为，规训产生顺从；但是当谈及治理术时，他则认为这过于重视统治，论辩过于简单。他现在指出，个体比他以前所认为的要拥有更多的机会去改变和建构他们自己。治理术指的是社会去中心化的方式以及公民在自我治理方面所扮演的积极角色；而这其中的核心问题是公共权力与个体自由之间的关系。

统治的艺术

福柯认为，治理术之所以重要，是因为它在他所称的“自我的技术”（个体主体的创造）与“统治的技术”（国家的形式）之间提供了一种联系。在福柯看来，这是由于“统治”没有一个纯粹的政治意义。从18世纪直到较为近期，统治是一个广泛的概念，包括引导家庭、家庭管理、心灵手则以及传统政治。福柯将这种全包式的治理

“让我们不要质疑为什么一些人想要统治，相反，让我们问一问，我们的身体是如何被支配的，我们的姿势是如何被控制的，以及我们的行为是如何接受命令的。”

——米歇尔·福柯

减肥者 根据大众标准和文化要求来管理和规训他们自己，而不是基于个人选择。

管理身体

减肥机构，诸如减肥中心或纤体中心，反映了福柯的自我治理概念与当今时代所标榜的“正常”理念相一致。当这些组织帮助个人发展出一种自我和价值感时，他们同时也将这些人裹挟在一个最终会使许多公司获益的权力网络中。

许多女权主义者，诸如美国作家金·彻宁（Kim Chernin）力争，通过节食而获得完美身体的追求将女性放在了一个“纤细暴政”中。纤体公司和膳食组成规训时间，许诺了一个“改善的自我”，但是他们也将女性置于父权制（男性主宰的）关于女性“应该”是什么样，以及她们应该如何举止的思想之下。这种遵守“正常”的当前标准的必要性，将节食从一种饮食行为转变为道德命令。美国女权主义者桑德拉·巴特基（Sandra Bartky）和苏珊·博尔多（Susan Bordo）认为，这是一个暗示过程，其中女性同时既是主体又是服从者。

> 如果想要分析西方文明中的主体系谱，就不能只考虑统治的技术，还要将自我的技术纳入考虑范围。
>
> ——米歇尔·福柯

形式描述为“行为引导”。福柯认为，在现代世界中，治理不仅仅是一种简单的从上而下的权力关系，它基于一个多层网络。那些曾经基于暴力——或暴力维系的治理，现在只是控制的一个元素。在现在的治理形式中，掌握主导的其他体系包括强制策略，以及那些建构和塑造公民可能采取的行动形式的策略。与通过恐惧和暴力的治理相比，那些运用更为隐秘的控制形式要有效得多，诸如给定有限的选择或者使用诸如学校之类的规训制度来指导个体的行为。这样一来，自我控制就与政治规则和经济剥削联系起来。看起来好像是个人选择的结果，但这也“恰好是”符合国家利益。因此，福柯指出，现代民族国家与现代自主性个人相互依赖而存在。

行动中的治理术

许多当代学者进一步发展了福柯的观点，将治理术看作是一种塑造和指导群体及个体的选择和生活方式的努力。例如，美国人类学家马修·科曼将治理术运用于考察中国医生的吸烟情况。在2008年“医生中的吸烟：当代中国社会中的治理术、具体化以及过失转移”一文中，他考察了医护专业人员的吸烟状况是如何被看作是公共人群中高吸烟率人群的。公共健康运动以这些医生为目标，谴责他们应对中国的烟草相关疾病负责，呼吁他们管理自己的身体并且停止吸烟。

> 由国家这头‘冰冷的怪兽’……为人们所规划的美梦或噩梦远不足以解释生活在其中的人们所被统治的方式。
>
> ——尼古拉斯·罗斯 英国社会学家（1947–）

福柯关于将现代民族国家看作是一个治理化的整体的观点也遭到批评。例如，他被指责在定义治理术时概念模糊和前后矛盾。哲学家德里克·科尔（Derek Kerr）指出，通过消灭自由的、主观的选择，福柯的定义“砍掉了社会主体性”。加拿大社会学家丹妮卡·杜

个体与国家

福柯认为，当君主的神圣权力和天主教教会的至高无上遭到挑战时，**个体**被看作是政治的重要部分。政府的任务变成，如何寻找一种一方面明显是在为公众服务，而另一方面又能继续巩固其力量的方式。

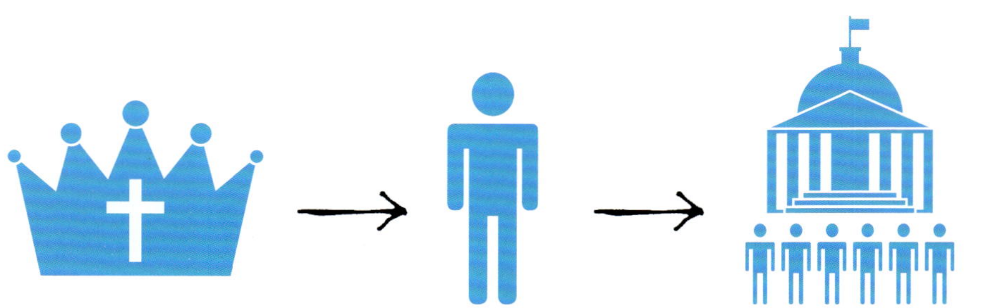

由君主和教会所统治（大约6～16世纪）

个体的崛起（16世纪晚期～17世纪）

公民参与到他们自己的治理中（18世纪以来）

邦（Danica Dupont）和弗兰克·皮尔斯（Frank Pearce）指责福柯过于简单化和理想化地理解西方政治历史，将它看作是“由种子而生长成的植物”，应当克服障碍，实现它真正的潜力（在某种程度上，好像它总是隐含的）。

新自由主义

然而，福柯的治理术思想仍然是改变和批判新自由主义的一个有力工具。第二次世界大战后，以及20世纪末期的后福利政治和经济时期，政府在许多方面将其责任转嫁给其公民。在他的讲座中，福柯讨论了三个战后国家的新自由主义：西德、法国和美国。这种治理形式被描述成是资本主义战胜国家，或是“反人道主义”，强调个体以及集体纽带的摧毁。在新自由主义看来，工人被看作是一个自我拥有的单位，需要具有竞争性。

新自由主义依赖负责任、理性的个体，能够对他们自己、他们的生活以及他们的环境负责，特别是通过“技术的常规化”——社会中一致认可的目标和程序是如此的“一目了然”，以至于它们被看作是“常规的”。在21世纪，它包括诸如废物回收、减肥、参加“邻里守望计划”以及戒烟等行为。

福柯认为，我们关于健康、工作、家庭等等的思考和谈论方式鼓励我们以特殊的方式行动。人们根

在2008年的美国总统竞选中，巴拉克·奥巴马的支持者高呼“我们一定能！”，暗示着民治政府。这一策略回应了福柯的自我治理概念。

据自己信以为真的东西管理自己和他人。例如，许多社会认为一夫一妻制的异性婚姻是养育孩子的“正确”环境，并通过许多方式树立这一“真理”，从文化作品到关于家庭价值的政府话语。政治政策同样也可以被用来支持某一特定理念，例如通过减税政策来影响家庭。

英国学者尼古拉斯·罗斯吸收了福柯的主要思想，围绕“社会之死”撰写作品，试图解释新自由主义国家中的个体是如何在几乎没有任何帮助的情况下去探索通往公共服务之路的。福柯认为，只有通过这种视角，我们才能发现权力是压迫性的，即使它看起来好像是为着每个个体的利益服务。福柯力争，当“自由选择”掩盖一切行为时，政治控制——治理的艺术最为有效。现代新自由主义者政府已经发现了或许最危险的统治方式——让人根本觉察不到统治的存在。■

> **福柯的研究永久地改变了人们对于现代社会中人是如何被治理的理解。**
>
> ——布伦特·皮克特（Brent Pickett）
> 美国政治科学家

宗教已经丧失了其合理性和社会意义

布莱恩·威尔逊（1926—2004年）

内容提要

聚焦

世俗化

主要事件

1904–1905年 马克斯·韦伯宣称，合理化和世俗化之间存在着密切关系。

1966年 奥地利裔美国社会学家皮特·伯格（Peter Berger）和托马斯·卢克曼（Thomas Luckmann）指出，宗教权威的丧失已经带来一种合法性危机。

1978年 英国社会学家戴维·马丁（David Martin）争辩到，所谓宗教的衰落不能以数字统计的方法来测量。

1985年 美国社会学家家罗德尼·斯达克（Rodney Stark）和威廉姆·本布里奇（William Bainbridge）宣称，宗教是不变的永恒，因为人类需要超自然力的慰藉。

1992年 在英国社会学家史蒂夫·布鲁斯（Steve Bruce）看来，传统宗教不得不进行适当的调整，变得不那么“宗教”，以便生存下去。

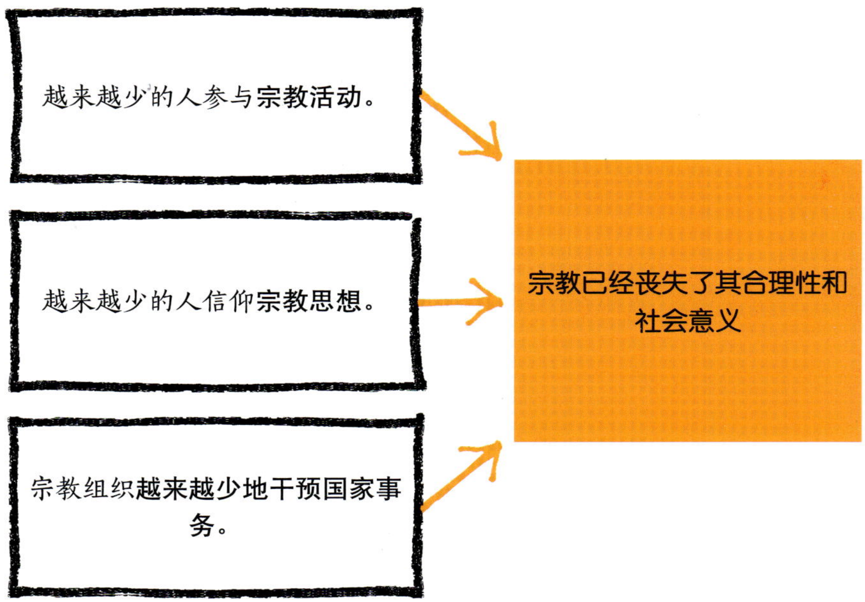

在英国许多小镇和城市中，曾经的教堂和礼拜堂都已经变成了酒吧、展示厅和公寓。英国社会学家布莱恩·威尔逊指出，世俗化过程正在发生。在他看来，宗教超自然和神圣的重要性正在下降，它对社会生活、制度以及个体的影响力越来越小。在研究了关于宗教生活的不同方面的统计数据之后，他注意到，从调查结果来看，越来越少的儿童在英国教会受洗，越来越少的人参加复活节活动，而越来越多的人承认他们不信仰上帝。

威尔逊指出，现代性——工业化、国家的发展以及伴随而来的科学和技术的进步——是导致社会中宗教思想重要性下降的原因。

他指出，起初，宗教在现代世

参见： 奥古斯特·孔德 22～25页，卡尔·马克思 28～31页，254～259页，埃米尔·迪尔凯姆 34～37页，马克斯·韦伯 38～45页，220～223页，尤尔根·哈贝马斯 286～287页，米歇尔·马费索利 291页，米歇尔·福柯 302～303页。

界中并未被完全打败，但是不得不与其他真理主张相竞争。但是最终，科学战胜了其他对手。与中世纪的紧密关系相反，国家和教会逐渐分道扬镳，愈行愈远，成为相互独立的领域。学校中宗教的重要性微不足道，就如同职场中一般，在那里，组织原则并未给宗教神话留下太多空间。

上帝已死？

和卡尔·马克思一样，威尔逊相信，诸如基督教、犹太教之类的世界宗教通过对下一代进行社会化，让他们接受社会分化，从而在维持现状方面发挥作用。但是，伴随着现代性的到来，宗教在教化人们相信什么以及如何行动方面已经丧失权威。他指出，教会意识到它们的边缘地位，不得不进行调整，以适应变化中的道德价值。随着旧秩序的崩溃，人们转而寻求新的支撑。

社会碎片化带来了文化多元主义：替代性信仰相互竞争，宗教变得更加私人化。在这种意义上，对威尔逊而言，世俗化与社区的衰落联系在一起。他将诸如科学教派之类的新宗教运动（NRM)看作是“反文化的”，而不是宗教延续的一种表现：它们象征着社会的解体，对控制和维持社会秩序毫无帮助。它们无法将其宗教表达转化为一种在现代社会中具有显著反响的形式。

19世纪的许多主要思想家，诸如马克思、迪尔凯姆和孔德，相信随着工业化的到来，宗教将会丧失其重要性。但是近年来，这种尽管拥有一些支持者，例如英国社会学家史蒂夫·布鲁斯，但这种观点受到了尖锐的批评。例如，英国记者迈克尔·普劳斯（Michael Prowse）指出，这一观点已经过时了，有证据表明宗教仍然充满活力。在美国，上教堂做礼拜的流行以及英国非基督教重要的增长，特别是伊斯兰教的增长，无疑是这一观点的有力证明。■

根据威尔逊的观点，统一教是几种新宗教运动中的一种，反映了现代世界中的碎片化和世俗化。

> 教会试图宣扬的教义内容，以及它试图倡导的态度和价值，不再体现我们的国家生活。
>
> ——布莱恩·威尔逊

布莱恩·威尔逊

布莱恩·罗纳德·威尔逊1926年出生在英国利兹。他在伦敦政治经济学院获得博士学位之后，成为利兹大学的一名讲师，并在那里工作了7年。随后他来到牛津大学，在那里待了30年，直至1993年退休。威尔逊是1971—1975年国际宗教社会学会的主席。尽管是一位不可知论者，他一生都热衷于新宗教运动和教派，并且是自由宗教信仰的忠实倡导者。除了对宗教的着迷，他在青年文化和教育方面也广泛著书。威尔逊饱受帕金森症若干年。他与2004年辞世，终年78岁。

主要著作

1966年 《世俗社会中的宗教》
1979年 《魔法与千禧年》
1990年 《教派主义的社会维度》

我们的身份和行为是由他人对我们的描述和分类来决定的

霍华德·贝克尔（1928年—）

背景介绍

聚焦
标签理论

主要事件

1938年 奥地利裔美国人弗兰克·坦南鲍姆（Frank Tannenbaum）指出，犯罪行为是群体与周围社区之间冲突的结果。

1951年 爱德华·拉默出版《社会病理学》，引入初级越轨和二级越轨的概念。

1969年 大卫·马察（David Matza）在《走向越轨》一书中指出，权威创造偏差身份。

1976年 美国社会学家阿隆·西库雷尔（Aaron Cicourel）指出，警察有一种将越轨者等同于工人阶级年轻男性的刻板印象；因此相较于犯罪的中产阶级年轻人，这些青年更容易被判获罪。

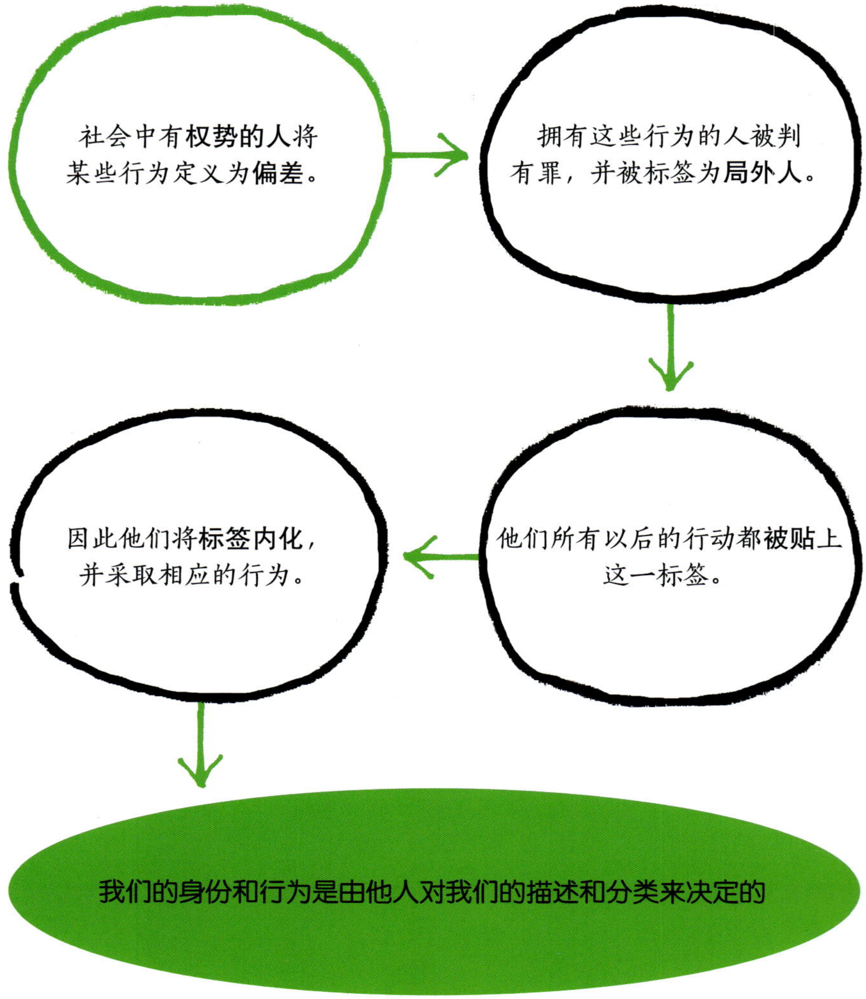

尽管社会中许多人违反法律——例如，超速或偷拿办公文具，但只有一部分人被看作是真正的犯人。于20世纪六七十年代战后英国和美国社会中对于政府权力的不信任环境中产生的标签理论考察了这一现象的原因。

标签理论的支持者认为，犯罪学家曾经试图将罪犯概念化为人口类型，考察为什么特定个人或人群会犯罪。相反，标签理论回答为什么一些行为被看作是越轨，以及谁有权将他人的行为标签为越轨；它还考察了这种标签行为对社会和个体的影响。

看看下面的案例。如果一群中产阶级青年男性在一个单身汉派对上醉醺醺地出现在闹市区，警察往往会将他们的行为看作是年轻人精力充沛而已。但是，如果同样的混乱出现在工人阶级青年人中，他们更有可能被标签为小流氓或罪犯。

在标签理论家看来，这是由于规则的制定者，诸如法官或政治家们，往往都是中产或上层阶级，对待他们同类的偏差行为要比对待工人阶级的越轨行为更加宽容。这些理论家指出，我们的越轨概念多半不是来自于人们做了什么，而是其他人是如何对此回应的——标签是一种政治行动。这一学派——与埃米尔·迪尔凯姆、乔治·赫伯特·米德以及美国芝加哥学派颇有渊源，这一思想流派的代表人物是美国社会学家霍华德·贝克尔以及爱德华·拉默。

参见：埃米尔·迪尔凯姆 34～37页，费迪南·滕尼斯 32～33页，爱德华·萨义德 80～88页，以利亚·安德森；乔治·赫伯特·米德 176～177页，尔文·戈夫曼 190～195页，萨谬尔·鲍尔斯和赫伯特·金蒂斯 288～289页，斯坦利·科恩 290页。

> **偏差行为就是人们被标签的行为。**
>
> ——霍华德·s.贝克尔

越轨的类型

拉默区分了“初级”和“二级”越轨的思想。在他看来，初级越轨是指犯罪或其他行为发生时，并没有被正式地定义为越轨，要么是因为它没被注意到，要么是因为被认为是肇事者的性格使然。不管是哪一种，它都没有给个体贴上“越轨”的标签。二级越轨指的是社会反映对个体的影响。如果一个人犯了某种罪行，被逮住并标签为犯罪或越轨，他们可能会在未来改变自己的行为，以迎合这一标签。

在《局外人》（1963）中，贝克进一步发展了拉默的许多观点，奠定了所谓“标签理论”的基础。他指出，不存在那种叫作偏差行为的东西：我们如何回应行动取决于某种特定的行为是否能够在既定的社会中被认可。例如，“恐怖分子”被指控为谋杀，但是军队有合法权力杀死恐怖分子。20世纪90年代以来，在西方国家中，根据法律，丈夫的婚内强迫性交并不算强奸罪。贝克尔指出，越轨的不是行为本身；社会的反映塑造了现状；更重要的是，权势阶层的回应决定了社会将如何看待这些行为。只有那些有权的人才能够贴标签，诸如刑事司法系统之类的制度能够确保某一越轨标签与个体如影随形。越轨是相对的，而不是普遍的——它取决于当事人以及它是如何被回应的。

道德企业家

在创造了“标签”这一社会科学中极其重要的概念之后，贝克尔称那些在社会中有权力标签他人的人是“道德企业家”。他们认为自己有责任说服他人按照适合自己的道德信仰看待世界。他们有两种

一群有特权的大学生在餐馆里捣乱，饮酒纵火，可能被控诉大学生的狂欢作乐，而一群工人阶级男孩如果采取同样的作为，可能会被标签为越轨者。

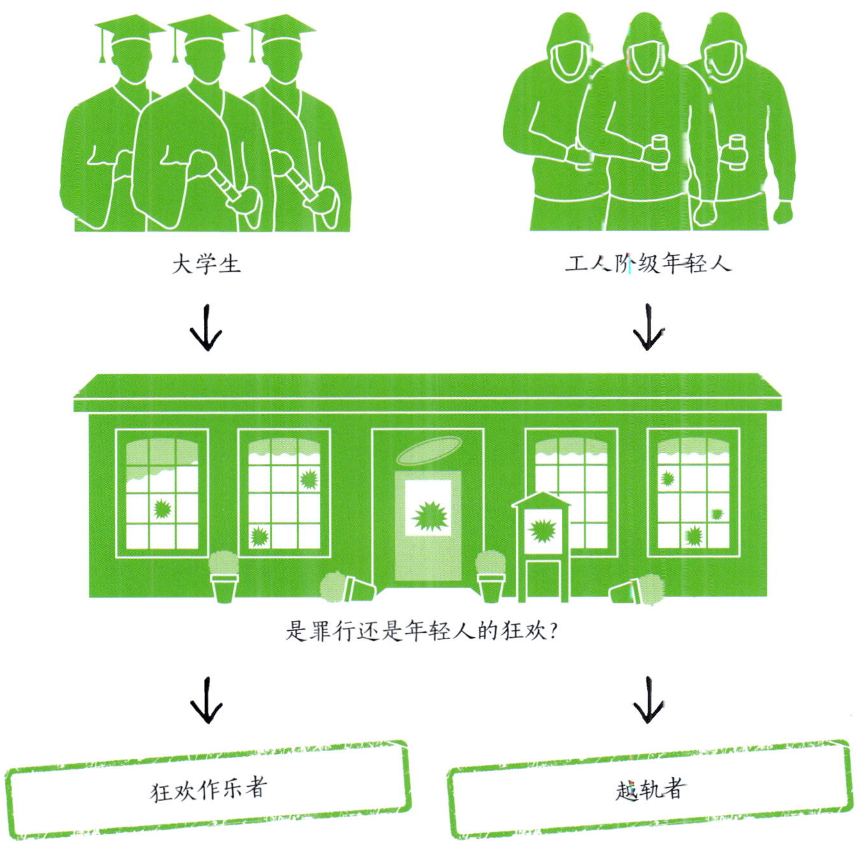

电影《大麻狂热》（1936）就是一种不加掩饰的宣传，影片描述了一群高中生因为吸食大麻而导致的堕落。

类型：规则的制定者和规则的执行者。不同社会中道德企业家的地位和身份各不相同，但是他们总是社会中拥有相对权力的那些人；他们使用权力实现自己的方式，要么是通过将自己的意愿强加给他人，要么通过与他们协商。

> 犯罪的过程是一个贴标签、下定义、做识别、相隔离的过程。
>
> ——弗兰克·坦南鲍尔（Frank Tannenbaum）
> 奥地利籍美国历史学家（1893–1969）

贝克尔通过1937年美国联邦调查局（FBI）所进行的一项宣传活动的个案研究，展示了道德企业家的行动。它的目的在于禁止大麻的娱乐性使用。道德企业家对愉悦或狂喜的公众展示的厌恶，以及新教徒对名声和自制的关注，推动了法律变革。在贝克尔看来，联邦调查局采取各种不同策略以实现他们的目标；包括诸如电影《大麻狂热》的宣传，以及公共讨论和政治游说。

越轨“生涯”

贝克尔尤其对那些将越轨标签内化的人感兴趣，这些人使这一标签成为他们的标志性特征，并坚持以越轨作为他们的主要生活方式。他研究大麻吸食者，调查他们是如何经历越轨“生涯”的不同阶段的，并发现大麻的首次吸食者们不得不学习如何理解并进而享受毒品的影响。他指出，离开了这一学习过程，吸毒可能并不是令人愉快的，或者明显不可能那么有效果。学习是偏差行为意义的重点——人们只愿意学习那些对他们有用的事物，只有当个体学会如何向“正统”或“规矩”世界隐瞒这种习惯时，他们才变成合格的“瘾君子”。如果瘾君子被抓住、指控或逮捕，他们的越轨身份很可能就被坐实了。贝克尔推论到，伴随越轨生涯而来的是它的奖励，尽管它们并非来自于外部的社会；相反，它们来自于一种从属于某一群体的归属感，通过对整个世界的对抗而获得团结。

对标签的批评

尽管它收获了的影响力和持续好评，许多批评也对准了标签理论。例如，英国社会学家乔克·杨指出，大部分标签理论聚焦于边缘越轨行为而非那些更加“严重”的罪行，因此，它忽视了这样一个事

> 规则破坏者可能觉得他的裁判是局外人。
>
> ——霍华德·S.贝克尔

> 社会群体通过规定谁的违规组成了越轨，从而创造了越轨。
>
> ——霍华德·S.贝克尔

实：一些诸如谋杀之类的罪行几乎是无一例外受到谴责的，不受到偏差的其他定义的影响。美国社会学家阿尔文·古尔德纳（Alvin Gouldner）就曾抱怨到，贝克尔的越轨者被动地接受了那些强加给他们的标签，而不是努力反抗。古尔德纳挑战贝克尔的理论，认为人们经常出于自卫而反击：自由意志要远比贝克尔的研究发现要强大得多。

贝克尔之类的学者往往被指责将弱者浪漫化；作为回应，贝克尔声明，“非常规的多愁善感不是最邪恶的”。贝克尔的研究迫使我们探究关于权力关系和社会公正中的重要问题，对研究越轨的众多社会学家们具有重要意义。例如，美国社会学家戴维·马茨阿（David Matza），通过论证犯罪之所以为犯罪是政府和政府行动做决定和采取行动的结果，发展了贝克尔的许多思想。在这一过程中，罪犯和他们的行动都被看作是异常的，而站在越轨者的立场上，越轨是完全正常的行为。■

在对爵士音乐家的一项研究中，贝克尔指出，他们的“越轨”生活方式使他们与社会相脱离，发展出一种强化了其偏差行为的价值观。

霍华德·S.贝克尔

社会学家霍华德·S.贝克尔1928年出生在美国芝加哥，在幼年时期就混迹在音乐界。15岁时，他就作为准职业的钢琴师在酒吧喝俱乐部工作，经常接触到毒品文化，这成为他后来的研究主题。在芝加哥大学攻读社会学之后，他的大部分学术生涯都是在西北大学度过的。在其职业生涯中，贝克尔获得了众多奖项，包括1998年获得美国社会学学会的学术成就卓著奖。贝克尔以其学术慷慨而著称，尽管已经退休了，他仍继续帮助博士生学习，指导他们如何发表论文。音乐，特别是爵士乐，一直是他个人和研究兴趣的一个主题。

主要作品

1963年 《局外人：越轨社会学研究》
1982年 《艺术世界》
1998年 《行业秘诀》

经济危机随即转化为社会危机

尤尔根·哈贝马斯（1929年—）

内容提要

聚焦

合法性危机

主要事件

1867年　在《资本论》中，卡尔·马克思指出，资本主义易于发生经济危机。

1929年　美国纽约华尔街的证券交易危机引发了一场影响整个西方经济的、为期十年的经济衰退。

1950—1960年　塔尔科特·帕森斯讨论合法性和社会秩序，宣称社会化能使人们习得价值观，促使他们遵守社会规范。

2007年　全球经济衰退带来欧洲向政治右翼政党的摇摆。

2009年　智利社会学家罗德里戈·科尔德罗·维加（Rodrigo Cordero Vega）指出，与哈贝马斯的观点相反，马克思对当代社会仍有影响。

晚期资本主义社会经历周期性经济衰退。

↓

应对这一状况的政策对大多数选民来说似乎是不公平的。

↓

遇到这种情况时，公民质疑政府的权威。

↓

抗议和示威威胁政府的合法性。

↓

经济危机随即转化为社会危机。

卡尔·马克思认为，资本主义社会易于发生经济危机，并随着频率的增加而不断恶化，最终带来工人革命。但是，为什么当一个社会发生这种危机时，往往会带来不同程度的政治气候的变化呢？

这是德国社会学家尤尔根·哈贝马斯在20世纪70年代早期提出的问题。他对资本主义与危机之间的关系很感兴趣，见证了这一体系在一系列重大事件之后仍能幸存，诸如美国1929年华尔街股灾，随之而来的大萧条，欧洲法西斯主义运动的起落，以及第二次世界大战和冷战。

哈贝马斯指出，传统马克思主义关于危机及其趋势的理论并不适合西方晚期资本主义社会。这是因为这些社会已经变得更加民主，并且在福利国家政策的影响下已经发生了翻天覆地的变化，例如提供免费医疗服务，用以弥补经济不平等。另外，他指出，集体认同已经碎片化，个人主义增加，以阶级为

参见：亚当•弗格森 21页，卡尔•马克思 28～31页，赫伯特•马尔库塞 182～187页，丹尼尔•贝尔 224～225页，米歇尔•福柯 270～277页，斯坦利•科恩 290页。

基础的冲突不断减少。

合法性危机

尽管经济繁荣和衰退的交替仍在继续，民族国家的政策措施已经能够使他们避开主要危机。与早期资本主义社会不同，在国家治理的晚期资本主义社会中，危机和冲突主要发生在文化和政治领域。

在哈贝马斯看来，现代西方社会的危机之一是合法性。合法性已经变成关注的焦点，因为国家作为“自由市场”经济的管理者，同时也在解决经济问题，确保民主制度以及取悦选民。如果公众感到政府政策是不公平的，他们就不会支持政府。因此，政府的一大难题就是要在追求资本和维持公众支持之间取得平衡。换句话说，国家政策必须一方面迎合商业和资本家，同时也要看起来像是代表所有人的利益。这意味着政府机构的存在条件承受着合法性的大范围丧失。

如果公民认为政府是公正的和仁慈的，他们就会支持它。然而，如果他们觉得政策有悖他们的利益，人们就会表现出政治冷漠，或者甚至是大规模地不满和抗议。如果出现对现状的威胁，政府可能采取短期的社会福利措施以取悦其公民。

哈贝马斯指出，民主资本主义是一项“未竟的事业”，意味着社会系统有望被进一步改造。自2007年全球金融危机以来的西方政府行动，已经展示了狭隘的资本主义利益与公众利益、大众民主之间的紧张关系，以及确保制度合法性的必要。■

2011年，希腊雅典防暴警察与示威者的对峙，表明政府应对国家债务的财政紧缩政策是以牺牲大部分人的利益为代价而迎合极少数人。

尤尔根•哈贝马斯

尤尔根•哈贝马斯1929年出生于德国杜塞尔多夫，他的政治觉悟来自于其青少年时期在希特勒青年团中的经历，他目睹了第二次世界大战的创伤和犹太人大屠杀——这影响了他大部分的作品。

哈贝马斯是最重要的当代社会思想家之一。他的许多作品关注知识沟通和公共及私人领域的变迁性质。他生来就有腭裂，这影响了他的演讲，同时也使得他在青年阶段处于社会孤立中。这一经历影响了他的沟通理论。

他在法兰克福社会研究所学习社会学和哲学，师从马克斯•霍克海默和西奥多•阿多诺，二者共同开创了批评理论，20世纪60年代后期他成为社会研究所所长。

主要作品

1968年《知识和人类旨趣》
1973年《合法性危机》
1981年《交往行为理论》

学校教育已经沦为一种面向穷人和为穷人服务的制度

塞缪尔·鲍尔斯（1939年—），赫伯特·金蒂斯（1940年—）

内容提要

聚焦

隐性课程

主要事件

1968年 在《课堂生活》（Life in Classrooms）中，美国社会学家菲利普·杰克森(Philip W Jackson)指出，儿童在课堂中通过“隐性课程”实现社会化。

1973年 在皮埃尔·布迪厄看来，“文化资本”（认识文化参考的能力，知道如何在不同社会情境下做出合适的行动，等等）的再生产解释了中产阶级的成功。

1978年 凯瑟琳·克莱里柯蒂斯（Kathleen Clarricoates）的英国研究表明，性别不平等，不利于女孩，构成了隐性课程的一部分。

1983年 美国文化评论员亨利·吉鲁（Henry Giroux）指出，隐性课程是多元的，沿着性别、种族以及社会阶层而运作。

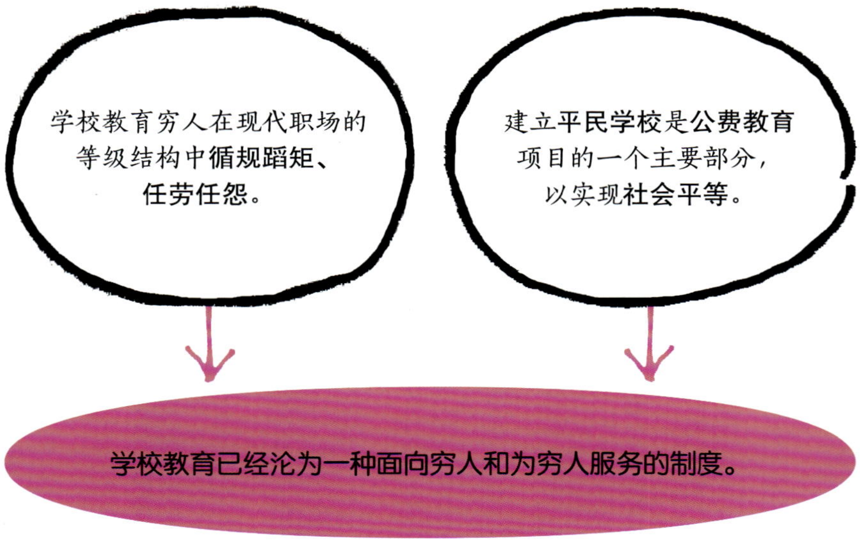

学校的存在是为了教育儿童以适应成年和社会，但是在20世纪60年代，关于现代生活的这一美好共识开始瓦解。到60年代末期，菲利普·杰克森创造了“隐性课程”一词，宣称社会化的基本元素并非发生在学校的正式教育课程之中。尽管埃米尔·迪尔凯姆早在几十年前就已经观察到这一点，直到现在才给出了一个不太受欢迎的解释，并由此发展出若干社会学的解释路径。

最激进的视角来自于美国经济学家塞缪尔·鲍尔斯和赫伯特·金蒂斯，他们在《资本主义美国的学校教育》（1976）一书中指出，教育不是一个中立的领域，而是一个资本主义需求的再生产领域，通过隐性地培育青年人的态度，使他们在未来的生活中能适应那些异化他们的工作。在鲍尔斯和金蒂斯看来，学校教育的存在是为了再生

参见：埃米尔·迪尔凯姆 34～37页，皮埃尔·布迪厄 76～79页，尔文·戈夫曼 264～269页，保罗·威利斯 292～293页，塔尔科特·帕森斯 300～301页。

产社会不平等。因此，对儿童未来最好的预测是其父母的经济地位，而非他的学业成就或智力。尽管显性的课程内容是关于机会的平等，教育的主要功能不是教授职场中所需的技能，而是给儿童灌输“隐性课程”。

工人阶级孩子习得他们的社会地位，知道诸如努力工作、遵从、守时以及服从命令之类的品质是值得嘉奖的。这些特质值得赞赏，而创造性和独立思想是不受重视的。这维持了经济现状，它需要的是勤奋而无批判精神的雇佣者。

鲍尔斯和金蒂斯宣称，美国19世纪早期的学校教育的建立是本着将移民者同化到“美国人”的工作伦理中的理念。更重要的是，学校体系内的等级社会关系与经济体系内的等级关系之间存在某种“类似”。工作的性质也有相似之处：学生对于学习什么以及是否学习知识的内在价值毫无发言权；与工人一样，他们是“异化的”。学校教化学生，让他们知道社会不平等是公正的和不可避免的，因此教育可以被看作是一种社会控制形式。

阶层的重要性

在法国，皮埃尔·布迪厄具有不同的观点，认为隐性课程是通过知识的文化再生产而实现的。主流阶层有能力将其文化和价值定义为优越的，这造就了学校中教什么，因此人们学会尊重那些被看作是上层阶级的东西，鄙视工人阶级的所有。例如，工人阶级孩子可能会被教导认为，古典音乐优于流行音乐，对他们来说要欣赏前者太难了，而中产阶级孩子则会被教导如何欣赏它。类似地，中产阶级孩子被教导那些如何成为一个领导者的品质。因此，下层阶级孩子在这一体系中面临着一种针对他们的系统偏见。

> **教育中的社会关系结构有助于学生适应职场中的纪律。**
>
> ——塞缪尔·鲍尔斯&赫伯特·金蒂斯

许多社会学家，诸如英国学者戴恩·雷（Diane Reay）主张，学校并没有沦为经济机会的工具。鲍尔斯和金蒂斯的著作仍然拥有很多共鸣，因为在过去的一个世纪中，工人阶级境况基本没有得到改善。穷人只是比过去获得了更好的教育。在整个西方社会中，最贫困者的“真正”收入一直在减少，不平等正逐渐加大，低收入工作中的大学毕业生随处可见。■

塞缪尔·鲍尔斯和赫伯特·金蒂斯

塞缪尔·鲍尔斯出生在美国康涅狄克特州的纽黑文，赫伯特·金蒂斯出生在宾夕法尼亚州的费城，他们都从哈佛大学获得博士学位，并一起密切合作多年。他们受美国民权运动领袖马丁·路德·金的邀请，为1958年“穷人进军”撰写教育背景论文。他们的大多数作品被看作是马克思主义的，认为许多社会制度，诸如学校，反映了权力的运作。

1973年，他们俩都加入了马萨诸塞大学的经济系。金蒂斯至今仍然在那里工作，而鲍尔斯则于2001年离开，加入圣菲研究所，成为研究教授和行为科学主任，他同时也是锡耶纳大学经济学教授。二人近期的合作主要集中在文化和基因演变，讨论为什么一大群毫不相干的个体聚集起来、相互合作。

主要作品

1976年《资本主义美国的学校教育：教育改革与经济生活的矛盾》

1986年《民主与资本主义：财产、共同体以及现代社会思想的矛盾》

2005年《不平等的机会：家庭背景与经济成功》（主编）

社会时不时地遭遇道德恐慌

斯坦利·科恩（1942—2013年）

背景介绍

聚焦

道德恐慌

主要事件

1963年　在《局外人：越轨社会学研究》一书中，通过讨论人们的行为是如何与社会规范发生冲突的，霍华德·贝克尔的标签理论为道德恐慌理论奠定了基础。

1964年　媒体渲染的“摩登派”和“摇滚派”青年亚文化之间的冲突引发一场道德恐慌。

1971年　在《吸毒者：毒品使用的社会意义》一书中，苏格兰学者、斯坦利·科恩的朋友乔克·杨（Jock Young）讨论道德恐慌思想和吸毒的社会意义的关系。

1994年　美国社会学家埃里希·古德（ErichGoode）和以色列学者纳赫曼·本-耶胡达（Nachman Ben-Yehuda）在其《道德恐慌：越轨的社会建构》一书中发展了科恩的思想。

“道德恐慌”这一社会学概念如此重要，以至于它如今被记者和政治家们所广泛运用。这一思想产生于20世纪70年代，部分地出自南非出生的社会学家斯坦利·科恩所著的《民间恶魔与道德恐慌》（1972）一书，其灵感来自于被媒体所夸大渲染的英国1964年摩登派和摇滚派青年群体之间的冲突。

科恩考察了群体和个人是如何被定义为是主流社会价值观的一种威胁，以及媒体在放大它的过程中如何扮演了重要角色，以一种负面或刻板印象的方式呈现它们，并由此创造了一种国家恐慌。媒体是一种具有重要影响的机构，往往反映权势者的价值观，呈现问题以引导公众在问题的最佳解决上迎合“专家”（例如，政治家和警察）。

那些备受指责的人变成了替罪羊，或者是科恩所称的“民间恶魔”，因为问题往往取决于政府；道德恐慌反映了一种根深蒂固的紧张。通过鼓励它所报道的行为，媒体关注可能创造出一种“自我实现的预言”。道德恐慌可能是短暂的，在被解决的过程中逐渐消失，它们也可能成为一种更大的、持续恐慌的一部分。

道德恐慌的概念继续被诸如英国社会学家安吉拉·麦克罗比之类的学者使用，用以描述在创造越轨行为和为加强对边缘群体的社会控制而辩护的过程中，媒体所扮演的角色。■

美国纽约的“9·11”袭击，激起了对“恐怖主义”的道德恐慌，导致普遍的“伊斯兰恐惧症”——对穆斯林或被当作穆斯林人的偏见。

参见：哈罗德·加芬克尔 50～51页，爱德华·萨义德 80～81页，赫伯特·马尔库塞 182～187页，斯图尔特·霍尔 200～201页，霍华德·S.贝克尔 280～285页。

部落时代

米歇尔·马费索利（1944年—）

背景介绍

聚焦

新部落主义

主要事件

1887年 费迪南·滕尼斯界定了一种从共同体到社会的社会联结的重要转变。

20世纪70年代和80年代 基于美国社会学家罗伯特·默顿的研究，亚文化理论家们指出，年轻人基于阶级和性别形成联结。

1972年 法国社会学家皮埃尔·布迪厄出版《实践理论大纲》，考察阿尔及利亚的柏柏尔卡拜尔人（Kabyle Berber）的生活和物质文化。

1988年 法国社会学家米歇尔·马费索利出版《部落时代：大众社会中个人主义的衰落》一书。

1998年 英国社会学家凯文·贺瑟林登（Kevin Hetherington）扩展了马费索利的概念，指出新部落作为一种对后现代社会中碎片化的回应，是感觉的共同体。

在法国社会学家米歇尔·马费索利看来，我们生活在“部落时代”。在一个迅速变迁、充满风险和不确定性的世界中，个体需要新的方式以发现他们生活的意义。马费索利指出，新的集合体或部落已经出现：它们是动态的、短暂的，以及“狂欢的”（以希腊之神狄俄尼索斯命名：感性的、自发的）。一种共同的社会经历或集体审美感对部落要比对个人重要得多，共同仪式的重复是打造强烈集体团结的一种方式。

> **部落隐喻使我们能够解释每个人在部落中所被要求扮演的角色。**
>
> ——米歇尔·马费索利

20世纪80年代和90年代早期的锐舞运动，以“锐舞”（具有节奏性的音乐和独特舞蹈方式）为特色，更多地是以一种共同的意识（对狂野舞蹈和音乐的热爱）为特征，而不是一种共同身份。不像以阶级为基础的诸如朋克之类的亚文化那般固定，这一运动丰富了马费索利所描述的团结的部落形式。与传统的制度和纽带不同，这些归属和共同体的新形式是后天积极获得的，而不是某种先赋的。

马费索利认为现代部落是短暂的、多变的以及流动的，而不是固定的，因此一个人能在日常生活中在不同群体之间流动，实现多样化的存在。马费索利指出，部落成员必须需要一种共享的信仰或意识来维持聚合。■

参见：费迪南·滕尼斯 32～33页，皮埃尔·布迪厄 76～79页，齐格蒙特·鲍曼 136～143页，本尼迪克特·安德森 202～203页。

工人阶级子弟为何继承父业

保罗·威利斯（1950年—）

背景介绍

聚焦

文化再生产和教育

主要事件

1971年 英国社会学家巴兹尔·伯恩斯坦在其颇有影响力的研究中指出，工人阶级子女在教育体系中处于劣势。

1976年 美国学者萨谬尔·鲍尔斯和赫伯特·金蒂斯指出，学校是灌输给人们他们的社会地位的制度。

1979年 英国记者保罗·科里根（Paul Corrigan）在《教育街头男孩》一书中指出，工人阶级拒绝那种“努力工作取得成功”的中产阶级价值观。

1994年 英国社会学家马丁·麦克·安·盖尔（Mairtin Mac an Ghaill）在《制造男性》一书中，部分地回应了保罗·威利斯的发现，展示了“男子汉”是如何抵制学校的。

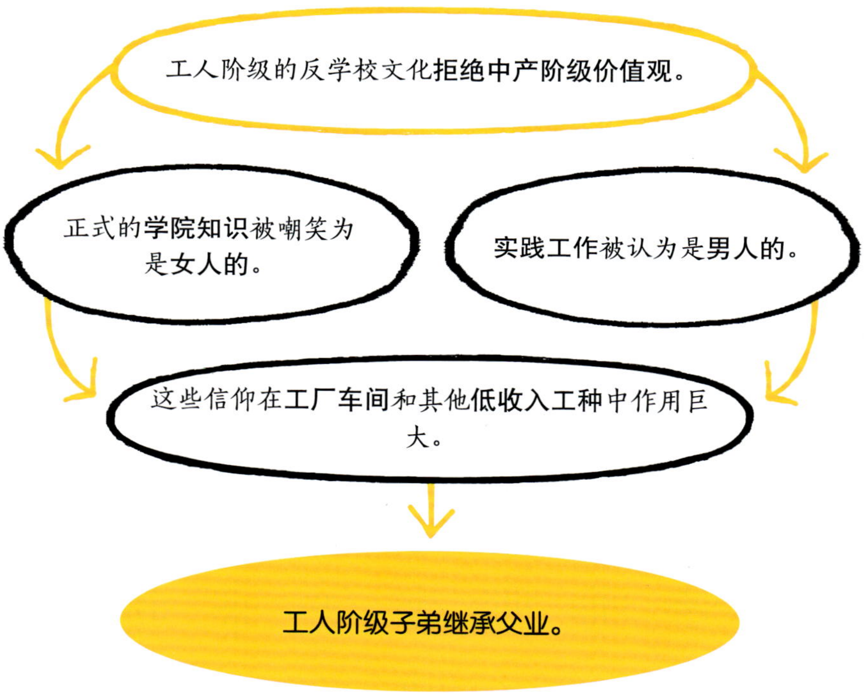

一个不断重复的论调是，社会遵守精英制度：人们有多大本事，就能站多高。但是，保罗·威利斯通过对20世纪70年代英国一个工业城镇中工人阶级青年人的研究，提出为什么工人阶级子弟还会子承父业。通过对12个男孩在学校最后两年以及就业的第一年的追踪研究，威利斯发现，是这些年轻人周围的文化和价值影响了他们的生活选择。他们发展出一种反文化，它抵制用功读书能够获得成功的学校哲学。通过语言、穿着和诸如吸烟喝酒之类的行动，他们明确其对

参见：米歇尔·福柯 52～55页，弗里德里希·恩格斯 66～67页，皮埃尔·布迪厄 76～79页，R.W.康奈尔 88～89页，斯图尔特·霍尔 200～201页，塞缪尔·鲍尔斯和赫伯特·金蒂斯 288～289页。

中产阶级典范的拒绝，相反，强调他们对于实践技能和生活经验的信仰，形成一种威利斯认为是沙文主义或父权制的态度。

学校出局

男孩们认为学院知识是"女人的"，那些努力学习的学生——呆瓜（遵从者）——是"娘娘腔"和低人一等。威利斯指出，工厂工作以及类似职业被认为是适合男人的。许多男孩兼职工作，例如上货员或车间工人，习得这种工作的价值以及与之相关的文化。

他们对待女孩的态度是剥削性的和伪善的（渴望"性感"女孩，但同时也蔑视她们），威利斯指出，这是基于劳动的性别分工观念。他们文化的另一个挑战性方面是种族主义，这被用来区分他们的白种、工人阶级群体身份。工厂或车间文化影射了男孩的学校经历——这两个地方都强调开开玩笑以及反对过多的工作。

只能到工厂干活？

威利斯争辩到，事实上，通过提供低收入（男性）职位，男孩的工人阶级男子气概"表现"支持了父权制。然而，这些小伙子在就业的过程中认为这是他们自由选择的结果，而非剥削。威利斯指出，这不是简单的弗里德里希·恩格斯所称的"虚假意识"，从马克思主义视角看，更重要的是支持了资本主义，凭借后者，主流意识形态得以自上而下地强加下去。相反，关于阶级、性别以及种族的思想也产生于他们文化内部；他们明确意识到为了在社会阶梯上向上移动，他们将会牺牲自己的阶级身份。而老师们往往对这些男孩不抱有太高的期望，以至于他们逐渐放弃了教育他们的想法。学校因此在复制文化价值、经济分工以及工人阶级轨迹方面扮演了至关重要的角色。

新问题

威利斯的研究一度被批评为没有基于足够的样本，例如英国社会学家戴维·布莱基（David Blackledge）和巴里·亨特（Barry Hunt）就对其持批判态度。然而，20世纪90年代，英国社会学家英格·贝茨（Inge Bates）重新界定了威利斯的问题，探究为什么工人阶级女孩最终从事工人阶级和女性化的工作。她的其中一项研究表明，想要从事儿童照料方面工作的女孩选择接受照顾老人的培训。另一项研究聚焦于那些想要进入女性化的时尚世界的女孩。贝茨指出，这些理想抱负证明工人阶级女孩的视野有限。总之，贝茨指出，受约束的劳动力市场、有限的资历以及朝着"选择"性别化工作而努力的社会化，意味着社会流动几乎不存在。■

在英国，工人阶级子弟所展现的对学校的强烈反抗，用威利斯的观点，明确体现在他们"努力在规则之下赢得象征性和实质性空间"中。

保罗·威利斯

作为一名文化理论家、社会学家以及民族志学者，保罗·威利斯出生在英国伍尔弗汉普顿（Wolverhampton）。在剑桥大学毕业获得文艺批判学位之后，他来到位于伯明翰大学的当代文化研究中心攻读博士学位。

1989—1990年，威利斯是工党青年政策工作小组成员。他近期的大多数研究都聚焦于文化的民主志研究；2000年，保罗·威利斯与他人共同创立了杂志《民族志》。曾经一度是基尔大学（Keele University）社会和文化民族志教授，他现在是美国普林斯顿大学社会学系教授。

主要作品

1977年 《学做工：工人阶级子弟为何继承父业》

1978年 《世俗文化》

2000年 《民族志的想象》

FAMILIES AND INTIMACIES

家庭与
亲密关系

20世纪30年代和40年代

玛格丽特·米德的跨文化研究挑战了关于**性别角色和性**的传统西方**概念**。

1955年

在《家庭、社会化和互动历程》中，塔尔科特·帕森斯指出，家庭承担着向子女**灌输社会的文化规范**的社会功能。

1974年

在《家务社会学》中，安·奥克利描绘了**女性**是如何**被家务**劳动异化的。

1976年

在《性史》第一卷中，米歇尔·福柯考察了**控制社会规范的权力关系**。

1980年

在"强迫性异性恋与女同性恋的存在"一文中，艾德里安娜·里奇描述在**异性恋被看作是正常**的社会中存在的**女性压迫**。

1984年

在《家里家外：对女性压迫的唯物主义分析》中，克里斯汀·德尔菲考察了在女性被作为**二等公民**来对待的过程中**资本主义扮演的角色**。

长久以来，社会学家们一直使用科学的方法来研究社会制度和社会结构。然而，20世纪中期见证了一场向理解个体的社会行动的重心转变——研究理由和意义，而非数量和相关度。这被社会学家称为解释范式。

自20世纪50年代以来，这一解释方法的范围进一步扩大到对于家庭的研究，后者或许可以被看作是介于个体和制度之间的社会单位。如此一来，这不仅可以界定个体和其家庭之间的关系，也可以找寻家庭和更大社会之间的联系。研究领域拓展到考察人际关系以及它们是如何被社会形塑的。

家庭角色

第一批研究家庭的社会学家中包括美国学者塔尔科特·帕森斯，他将德国社会理论家马克斯·韦伯的解释范式与功能主义的概念联系起来。对帕森斯而言，家庭是社会的"基石"之一，对于社会的整体运作具有特殊的功能。他指出，家庭的主要功能是通过灌输给儿童社会规则和社会规范，为他们习得将来的社会角色提供一种环境。成年人也同样从家庭单位的另一个功能中获益——提供一种他们可以发展稳定关系的框架。

其他人对传统家庭概念持更加批判的态度。传统上，家庭反映了更广阔社会中的规范——拥有父权制结构，男人负责养家糊口，女人负责照料孩子和做家务。但是，第二次世界大战以后，社会态度发生了迅速转变。居家主妇的观念越来越多地被看作是一种压迫形式，女性主义社会学家诸如安·奥克利和克里斯汀·德尔菲描述了这些女性所经历的异化。

家庭中的性别角色以及社会整体中的性别角色，开始受到挑战，同样，那种认为存在一种所谓"典型"或"正常"家庭的观念也受到挑战。传统父权制家庭模式的衰落带来的一个结果是，家庭和职场中

1989年

在《性别，政治和社会》中，杰弗瑞·威克斯提出，性别是**社会建构**的，就如同它是生物决定的一般。

1990年

在《性别麻烦：女权主义与身份的颠覆》中，朱迪斯·巴特勒通过挑战关于**稳定性别和性别身份**的传统观念引领了酷儿理论。

20世纪90年代

朱迪斯·斯泰西的研究展现了对于老套的**“正常”家庭**的传统西方理解的激进替代物。

1995年

在《爱情的正常混乱》中，乌尔里希·贝克和伊丽莎白·贝克-格恩斯海姆考察了现代社会中**维持亲密关系的问题**。

1997年

《区分麻烦：酷儿社会理论和性政治》中，史蒂文·赛德曼拒绝**“正常”行为和性别认同**的观念。

的矛盾性压力如今同时影响着夫妻双方，给他们的关系带来紧张。在斯泰西看来，家庭的性质处在不断的变动中，以迎合时代的需求，并响应和塑造社会规范，如今，单亲家庭和同性家庭在西方社会中不再被看作是异常的。

人际关系

然而，西方关于性关系和性向的认知解放进展缓慢。在20世纪三四十年代，人类学家玛格丽特·米德用她关于世界各地不同文化中的性别角色和性向研究，指出性行为更多是一种社会建构而非生物性的客观事实。在西方，尽管世俗化不断增加，但宗教道德仍继续影响着婚姻中异性关系的社会规范。

20世纪60年代期间，对于关系的态度发生了显著改变。一种反制度青年文化打破了围绕性别的禁忌，它倡导享乐主义自由恋爱和一种轻松的同性恋观。这种文化上的变迁在学术著作中得到法国学者米歇尔·福柯以及其他人的回应。

福柯相信，对各种亲密关系的开放态度是对社会强加的性别规范的一种挑战，他的思想为对性别的社会学研究铺平了道路。

20世纪80年代，杰弗瑞·威克斯将性别规范的社会建构观应用到他对于性向的研究中，尤其是同性恋；而克里斯汀·德尔菲描述了在一个异性恋主宰的社会中，女同性恋的经历。然而，在这一研究领域中最具影响力的社会学家或许是朱迪斯·巴特勒，她倡导不仅要挑战性向观念，还包括整个性别和性别身份概念，开创了一个被称为酷儿理论的全新的、激进的研究领域，质疑关于正常性别行为的传统思想。■

性别差异是文化的产物

玛格丽特·米德（1901—1978年）

背景介绍

聚焦

不同文化之间的性别角色的差异

主要事件

1820年 美国妇女被赋予选举权。

1939–1945年 二战期间，英国以及美国社会中的妇女陆续证明她们能胜任"男人的工作"；"柳丁工人罗西"是美国女性能力和经济潜力的一个象征。

1972年 英国社会学家安·奥克利（Ann Oakley）在《性别、性属与社会》一书中，指出性属是文化性的。

1975年 在"女人交易：性的'政治经济学'初探"一文中，美国文化人类学家盖尔·卢宾（Gayle Rubin）指出，异性恋家庭制度给予男人权力并压迫女人。

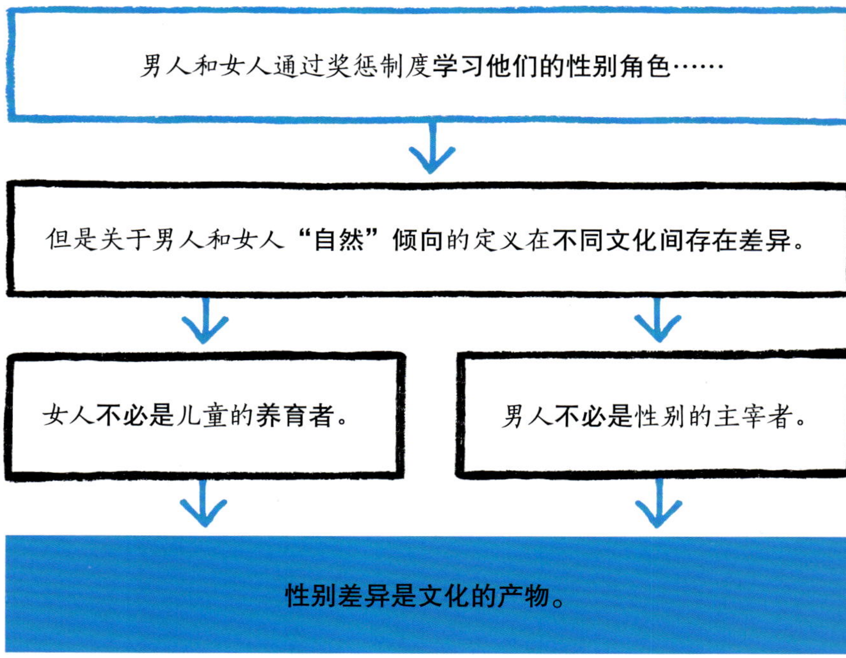

在20世纪早期美国社会中，男人的角色是挣钱养家，而女人被限制在私人领域，负责照料儿童和做家务，因为她们被认为天生适合这些角色。然而，玛格丽特·米德相信，性别不是基于性的生物学差异之上的，而是反映了不同社会中的文化条件。

米德在20世纪三四十年代对非西方社会中的亲属生活的调查，明确了她对其自身社会的批判。她宣称，美国社会表达性别和性向的方式限制了男性和女性的可能性。米德指出，女性和男性通过奖励和惩

参见：朱迪斯·巴特勒 56～61页，R.W.康奈尔 88～89页，塔尔科特·帕森斯 300～301页，安·奥克利 318～319页，杰弗瑞·威克斯 324～325页。

罚实现着性别遵从，那些看作是男子气概的处于支配地位。

比较不同文化

米德采用比较研究的方式考察了新几内亚三个部落的性别。她的发现挑战了关于人类行为决定论的传统西方观点。阿拉佩什的男人和女人是"温柔的、负责任的和合作的"，他们都承担照料儿童的职责——这些特性在西方则被看作是"阴性的"。

同样，蒙杜古马的女人以一种"阳刚的"方式行事，她们像男人一样富有暴力性和攻击性。而对传统西方性别角色的更进一步反转是在德昌布利社会中，女性处于主导地位，而男性则是依赖者。

某种行为在一个社会中被定义为阳刚的，而在另一个社会中则可能被看作是阴柔的，这一事实促使米德主张，气质态度并不必然与性别联系在一起。

她的理论主张性别角色不是天生的，而是由社会创造的，从而将性别作为一个关键概念；它使得我们能够考察男性气质、女性气质以及性向的历史的和跨文化的观念建构方式。

改变的发生

米德的研究为妇女解放奠定了基础，并启发了20世纪60年代之后的所谓"性革命"。她的思想就性别角色和性向的严格的社会理解提出了挑战。

自米德之后，女权主义者诸如美国文化人类学家盖尔·卢宾指出，如果社会性别不同于性别，而是一种社会建构，那么女性仍然受到不平等的对待就没有理由了。这种社会性别的文化决定论使我们能够意识到、并进而挑战那些诸如法律、婚姻以及媒体之类的社会结构因素所鼓吹的践行亲密关系的行为方式。

在米德看来，性别角色是文化的产物。没有证据表明女性在做家务或照料儿童方面天生比男性具有优势。

与20世纪早期相比，21世纪的男性和女性性别角色都已经变得具有较少限制性，女性更多地参与公共领域。■

玛格丽特·米德

玛格丽特·米德1901年出生于美国费城。她的父亲是一名金融教授，母亲是社会学家，她自己则成为纽约美国自然历史博物馆荣誉馆长。

1929年米德在哥伦比亚大学获得博士学位，继续成为一名杰出文化人类学家，以其对大洋洲部落的研究而著称。她关于性别和性向的早期研究被标签为"可耻的"，她则被谴责为一个"肮脏的老女人"。然而她成为一名公众人物，就诸如妇女权利、性别行为以及家庭之类的关键社会议题广泛发表意见。米德撰写了20多部著作，其中许多致力于将人类学推向公众。她于1978年卒于纽约。

主要作品

1928年《萨摩亚人的成年》
1935年《三个原始部落的性别与气质》
1949年《两性之间》

家庭是生产人的性格的工厂

塔尔科特·帕森斯（1902—1979年）

背景介绍

聚焦

儿童的社会化和成人的稳定化

主要事件

1893年 在《社会分工论》中，社会学家埃米尔·迪尔凯姆指出，劳动分工对维持经济、道德和社会秩序至关重要。

1938年 美国社会学家路易斯·沃思（Louis Wirth）宣称，工业化正在破坏扩展的家庭和社区。

1975年 受女权主义理论影响，英国社会学家戴维·摩根（David Morgan）在《社会理论与家庭》一书中指出，重视核心家庭具有潜在的危害性。

1988年 在《性契约》一书中，英国政治科学家卡罗尔·帕特曼（Carole Pateman）揭示出，“分离但平等”的概念隐藏了男性在私人和公共领域中的权力。

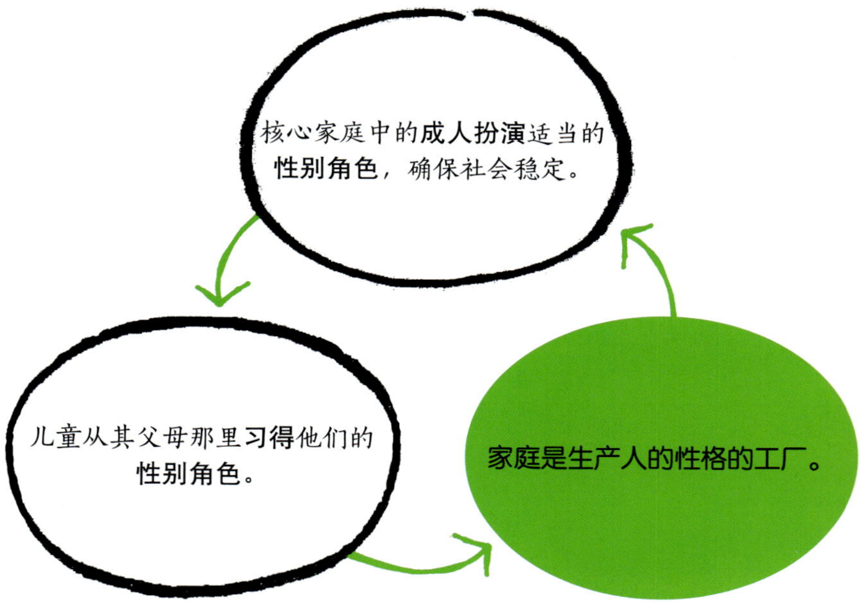

社会学家塔尔科特·帕森斯的许多作品聚焦于20世纪四五十年代的美国社会。帕森斯（受埃米尔·迪尔凯姆和马克斯·韦伯思想的影响）宣称，美国经济秩序需要一个更小的家庭单位。帕森斯相信，家庭与教育体系和法律一样，是诸多制度的一种，能够相互支撑，使社会作为一个整体稳定运行。

从帕森斯的视角，现代核心家庭——丈夫、妻子和他们的孩子生活在一起，相对远离他们的扩展家庭和社区——是社会化的主要场所。人们从他们在家庭中的不同位置推论出地位和角色。尽管在二战期间，妇女展示出她们完全能够胜任那些以前被看作是“男人的工

参见：埃米尔·迪尔凯姆 34～37页，马克斯·韦伯 38～45页，玛格丽特·米德 298～299页，朱迪斯·斯泰西 310～311页，乌尔里希·贝克和伊丽莎白·贝克-格恩斯海姆 320～323页。

作”，许多非女权主义作家仍典型地假设男人和女人之间天生的劳动分工，帕森斯也不例外。

快乐家庭

在帕森斯看来，家庭生活和雇佣劳动应该分离，而女人待在家里是天经地义的，因为女人是天生的照顾者。男人在承担养家糊口方面责无旁贷。这一分工相当有效，因为这样在家庭工资方面竞争性较小。远离雇佣劳动使得女人能够专注于她们的照料角色：养育儿童和成人性格的稳定化。

除了做饭和打扫，这一角色要求心理管理以确保有一个快乐家庭。帕森斯坚信这一观点，认为性格不是天生的，而是造就的，而家庭就是人们性格形成的首要场所。他指出，女性能够利用她们与儿童的情感纽带来引导他们慢慢成为社会化的人。例如，通过认同同性父母，儿童习得他们的性别角色。这些角色经过内化，女孩变成“温柔的”女性，而男孩变成相应的“阳刚”男人，为他们在异性恋家庭生活中承担相应角色做好准备。因此，和工厂生产产品的方式差不多，每个稳定的家庭单位生产出适当的个体，他们被训练成对社会有益的人。

核心家庭一度被看作是传统家庭单位。但是，不同家庭类型的存在如今得到承认，包括同性家庭和单亲家庭。

核心权力

对帕森斯来说，这种简洁划分避免了家庭受到理性而又充满竞争的外部世界干扰，当儿童做好准备时，父亲能够提供外部世界和家庭的联结。站在帕森斯主义者的立场，核心家庭可以被看作是文明的关键，对社会的道德健康至关重要。这种对家庭的理解方式一直是社会科学中的主流，直到20世纪七八十年代，女权主义者以及一些人开始质疑它。核心家庭只适合于有特权的、白人中产阶级西方家庭，它忽视了社会中许多其他群体的不同现状。它同时也为性别不平等找到借口并使其得以持续。■

> 家庭的重要性以及其对社会的功能构成了性别角色差异之所以存在的主要原因。
>
> ——塔尔科特·帕森斯

塔尔科特·帕森斯

塔尔科特·帕森斯1920年出生于美国科罗拉多，其家庭属于美国最古老的家族之一。他的父亲是一名自由主义学者和公理会牧师。

帕森斯在安默斯特学院学习哲学和生物学，并取得学士学位，随后他进入英国伦敦经济学院以及德国海德堡大学继续学习。他强烈批评法西斯主义和共产主义，是美国社会的忠实倡导者。他大部分的学术生涯是在哈佛大学度过的，直到1973年退休；之后他继续发展理论和讲学。帕森斯1979年在德国慕尼黑死于中风，当时他正在那里做讲座。

主要作品

1937年 《社会行动的结构》
1951年 《社会系统》
1955年 《家庭、社会化和互动历程》

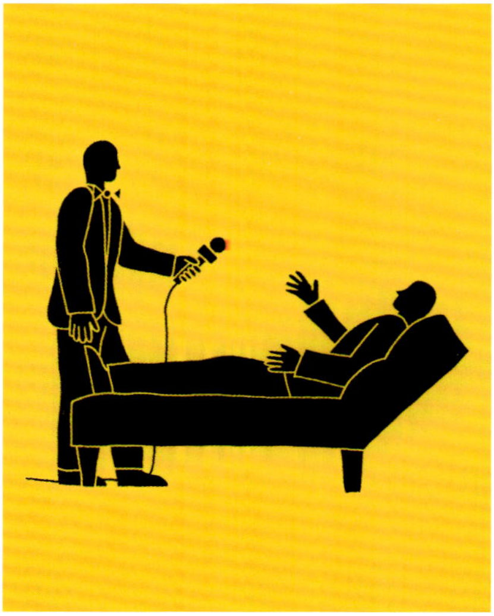

西方人变成了一种忏悔的动物

米歇尔·福柯（1926—1984年）

背景介绍

聚焦

真理意志

主要事件

1782年 瑞士政治哲学家让-雅克·卢梭出版《忏悔录》，成为首批聚焦于世俗生活，而非宗教体验和内在情感的自传作品之一。

1896年 奥地利精神病学家西格蒙德·弗洛伊德引入“精神分析”术语。

1992年 社会学家安东尼·吉登斯在《亲密关系的变革》一书中指出，男性不愿意公开表露情感，在交往关系中依靠女性来完成情感工作。

2003年 弗兰克·富里迪（Frank Furedi）在《治疗文化：不确定年代中的脆弱培育》一书中，提到谈话和揭露的意志所具有的潜在危害。

为什么如今人们更多地谈论性？这是影响巨大的法国哲学家米歇尔·福柯在《性史：第一卷》（1976）中提出的主要问题之一。福柯宣称，忏悔、真理和性之间存在着重要关系。他提出，要理解西方的性，我们必须考虑知识是如何运作的以及特定的知识形式，如性科学（scientia sexualis）和心理学，是如何日益主宰我们思考性别和性向的方式。

这些知识是一种“话语”形

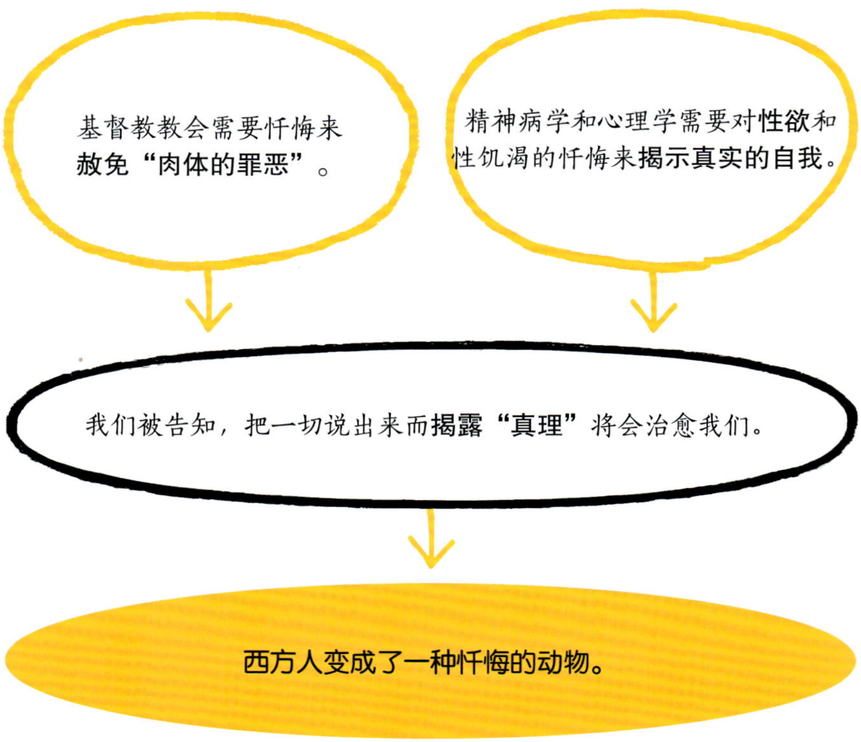

参见：米歇尔·福柯 52～55页，270～277页，诺贝特·埃利亚斯 180～181页，阿利·霍克希尔德 236～243页，卡尔·马克思 254～259页，杰弗瑞·威克斯 324～325页。

在忏悔中，我们赋予"专家"（牧师、治疗师、医生）以权力来判断、惩罚和纠正我们。忏悔者陷入一种羞愧、内疚和进一步忏悔的无限循环中。

式——建构知识世界、创造它们自己"真理"的方式。福柯指出，西方对话语的兴趣开始于四个世纪之前。17世纪基督教教会对于"肉体的罪恶"的强调引致人们对于性向的广泛关注，并带来18世纪"丑闻"书籍的增多——关于不正当性行为的虚幻解释。这一话语在19世纪的性科学达到顶峰，创造了现代性向——从原先的一种行为转变为一种身份认同。

忏悔

随着19世纪末期精神病学和心理学的出现，忏悔的基督教仪式——在牧师面前坦白罪行和告解以重新获得上帝的恩典——以科学的形式重新建构。揭示性习惯和性欲被看作是发掘"真实"自我的方式。

在福柯看来，忏悔已经变成揭示我们社会中的"真理"的最有价值的方式之一。从作为一种仪式，它逐渐传播开来，现在已经成为家庭生活、社会关系、工作、医疗以及治安的一部分。匈牙利社会学家弗兰克·富里迪提出，正如电视真人秀节目以及诸如脸书、推特之类社交媒体平台所展示，忏悔如今主宰私人、社会以及文化生活。

一直以来我们相信，健康的关系需要讲出真理。因此，"专家"（例如治疗师或医生）有责任揭示"真实的"我们。忏悔的妙处在于，它越详细，我们对自我了解得就越多，我们就越有可能获得自由。一个经历精神创伤的人经常被告知，重述这一经历将带来治疗的效果。然而，福柯指出，这种"真理意志"是一种权力策略，它能变成一种监视和规训的形式。他宣称，忏悔没有揭示真理，它生产真理。

福柯的研究对20世纪80年代以来的女权主义和性研究带来了重要影响。他的思想特别影响了英国社会学家杰弗瑞·威克斯，后者借用福柯来揭示立法和法律规训社会中的性别和性向的方式。■

治疗文化

英国肯特大学社会学荣休教授、匈牙利社会学家弗兰克·富里迪指出，在现代社会中，我们沉迷于情感中。曾经被看作是正常的经历和情感，诸如沮丧和无聊，现在则被认为需要治疗和药物干预。

我们不断地接触到运动明星的吸毒成瘾或者社会名流的性生活。为了治愈，这些情感受伤者被鼓励与他人分享他们的痛苦，从而忽视了公与私的界限。公开寻求帮助——例如通过自传——在治疗文化中被看作是一种美德。情感已经被看作是认同的标志性特征，我们被鼓励将它们看作是疾病的预兆。弗兰克·富里迪指出，这种现象一无是处。讽刺的是，这种传说中的"治疗"文化使人们感到更脆弱。

> 一切都必须被告知，性处于被监管，被追查中。
>
> ——米歇尔·福柯

异性恋必须作为一种制度来加以认识和研究

艾德里安娜·里奇（1929—2012年）

背景介绍

聚焦

强迫性异性恋

主要事件

1864年 英国《接触传染病法》惩治患有传染病的妓女。

1979年 美国律师凯瑟琳·麦金农在《职业女性性骚扰》一书中指出，女性在职场中明显处于劣势，被性化是其工作的一部分。

1993年 婚内强奸作为一种罪行最终在美国所有州获得承认。

1996年 在《论异性恋：直话直说》一书中，英国社会学家戴安·理查森推出一系列重要论文，批判异性恋制度。

如果异性恋不是天生的或者唯一“正常”的性向，将会怎样？异性恋往往被看作是社会的“自然”基础，然而艾德里安娜·里奇在她重要的一篇文章“强迫性异性恋与女同性恋的存在”（1980）中挑战了这一思想。里奇受到法国思想家西蒙娜·德·波伏娃影响，后者指出一直以来女性被敦促着接受社会赋予她们的角色，将自身看作是弱者。

里奇指出，异性恋绝非是天生的，而是强加给女性的，必须被看作是一种鼓励错误二元思维的权力体系——异性恋/同性恋，男性/女性——其中，“异性恋”和“男性”拥有高于“同性恋”和“女性”的特权。她指出，强迫性异性恋对我们来说是“脚本”，展示了我们如何定位关系以及“扮演”我们的角色。例如，我们习惯性认为男性在性行为中是主动的，而女性则是被动的，尽管并没有研究能证明这一点。因此，在里奇看来，女性的行为受到更多的限制，被动和依赖男人。有违这些期望的行为被看作是越轨的和危险的。例如，性行为主动的女性被看作是变态的和淫乱的。父权制（主张男性至高无上的权力体系）是里奇用来解释女性长期受压迫的重要概念工具；她提议有必要将男性对女性的控

> **色情作品所传递的最恶劣的信息是女人是男人的天生性猎物，并乐此不疲；性行为和暴力是一致的。**
>
> ——艾德里安娜·里奇

参见：卡尔·马克思 28~31页，朱迪斯·巴特勒 56~61页，R.W.康奈尔 88~89页，贝尔·胡克斯 90~95页，席尔瓦·沃尔比 96~99页，史蒂文·赛德曼 326~331页。

制看作是理解女性从属地位的关键。

意识形态的力量

里奇讨论了强迫性异性恋意识形态"迫使"女性走进男女两性关系的各种不同方式。例如，劳动力市场中男性和女性的不平等地位可能带来女性在经济上依赖男性。女性在公共场所中总是面临男性暴力的风险，因此应该限制她们的活动、寻求男性庇护，这是女性如何被胁迫进异性恋关系中的另一例证。在性方面，女性被鼓励作为牺牲者，而男性则作为"天生的"掠夺者（被诸如陌生人危险之类的观念所强化），因此进入一段异性恋关系能给女性带来一种（虚假的）安全感。

尽管选择推迟婚姻的人在增加，许多年轻女性仍然将其看作是他们生活中正常和不可避免的部分：这一预期是里奇关于强制性异性恋论断的重要方面。同样，意识形态通过电影中的浪漫桥段支持异性恋，如《泰坦尼克》和诸如《灰姑娘》之类的童话故事。

社会中异性恋思想如此盛行，以至于人们都被默认为异性恋，除非他们宣称自己不是。讽刺的是，一旦男同或女同"出柜"的话，与那些不出柜的人相比，他们被看作性欲更强。因此，异性恋就暗含了一种"正常"的状态。

压迫性策略

卡尔·马克思指出，资本主义在一定程度上是通过诸如征服和奴役之类的暴力行为而维持的。里奇指出，异性恋与之具有相似性。在强迫性异性恋中，男性和女性对于异性恋和同性恋的选择并不比工人对于工资的选择具有更多的自由性。

与意识形态的符号性暴力一起，身体暴力经常被用来控制女性的行为。诸如对女性通奸或女同性恋的女性生殖器切除，否定女性性

好莱坞电影《本能》将女同性恋者描绘成杀手，提供了一种意识形态暗示，即女同性恋是危险的和越轨的，而异性恋则是正常的。

里奇指出，那些限制女性活动的服装设计样式是为了限制女性自由，防止她们参与外部的公共生活，以及自立于男性。因此，她指出，女性能够在强迫性异性恋关系中被置于男性控制之下。

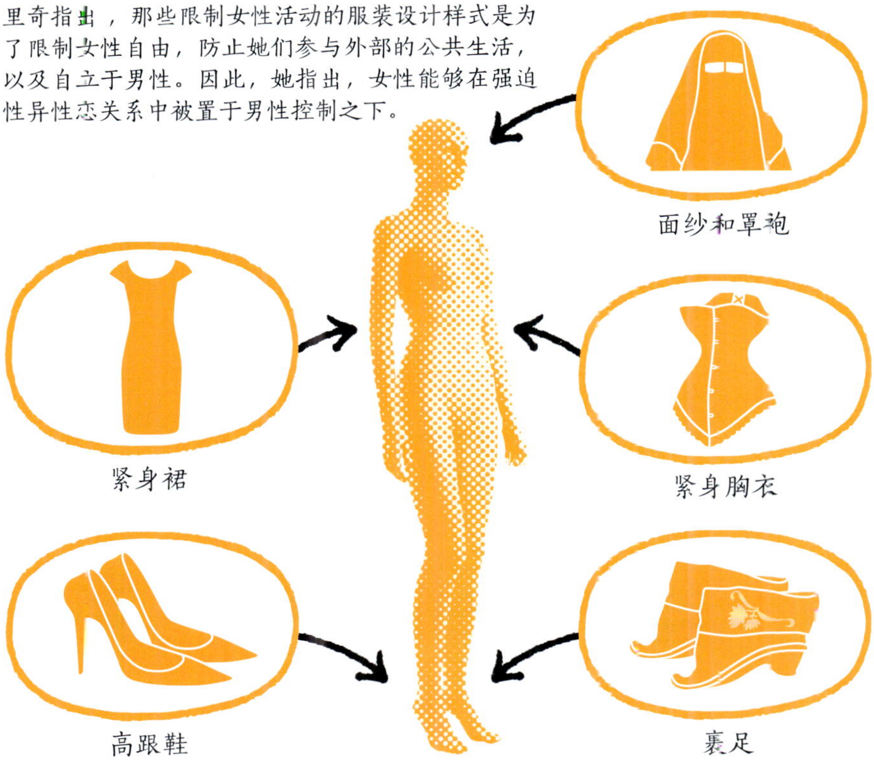

向等。孩子和包办婚姻、将女性描绘成享受性暴力和羞辱的色情形象、儿童性虐待、乱伦——都强调男性对女性的性主宰。强奸是另一种暴力手段；直到20世纪90年代，婚内强奸在许多西方国家才获得认可——反映了一种妇女必须在性上服从于其丈夫的观念。里奇指出，“在男性交易中将女性作为目标”是强迫性异性恋的另一种压迫性策略——例如，在性剥削中贩卖女性或嫖娼以获得性愉悦。

在一些文化中认为，送儿子去学校接受教育更划算，因为儿子将会留在家里，而女儿则会在婚后与丈夫的家庭生活在一起。这意味着，就全球范围来说，只有30%的女孩接受了初等教育。低教育水平不可避免地意味着糟糕的就业前景。

男权得以维持的另一方式是通过限制女性进入俱乐部，或者进入诸如高尔夫之类的休闲活动中，那些都是谈生意的重要场所。

> **“异性恋”已经通过强迫手段被强加、管理、组织、宣传和维持。**
>
> ——艾德里安娜·里奇

通过这些不同的方式，异性恋通过对性别和性向的严格社会建构成为一种制度。一定的社会控制，包括暴力，被用来实施这些性别思想。后果是将女性限制在异性恋内，确保她们在其中处于从属地位。在里奇看来，异性恋的一个直接后果就是压迫女性。抹除和否认历史和文化中的女同性恋是异性恋得以维持的一个方式。里奇认为，社会是由男权定义的，意味着它将男性和他们的需求置于女性需求之上。女性感到有必要在男性面前展露美貌，相对于与女性之间的友谊，更重视男女之间的浪漫关系。里奇呼吁女性尝试重塑女人世界的生活——换句话说，由女性来定义。这并不意味着她呼吁所有女性放弃男性，寻找女性伴侣；相反，她希望所有女性能体验那些只在女同群体中可能的经历——即，去爱其他女性。

女同性恋连续体

里奇挑战了关于女同性恋的偏见——它不是指憎恨男性或与女性上床，而仅仅是指爱上女性的女人。这一思想被称为政治女同性恋：里奇将它看作是对父权制的一种反抗形式，而不单单是一种性向选择。那么，女同性恋可以被置于一个连续体中，即包括那些对女性有性吸引力的人，也包括那些政治上与其他女性相连的异性恋。

艾德里安娜·里奇

艾德里安娜·里奇于1929年出生在美国马里兰州，是一名女权主义者、诗人和散文家。由于父母在宗教和文化方面的差异，她的家庭生活颇为紧张。

尽管里奇后来变成一名女同性恋，但她结过婚，部分地脱离其家庭。在这期间，她在哥伦比亚大学找到一份教职。母亲和妻子的角色阻碍了她的才智潜能，激化了她的政治立场。她致力于反战抗议，同时也积极投身女性主义政治和民权运动。1997年，为抗议美国的社会不平等，她拒绝接受克林顿政府颁发给她的国家艺术勋章。

主要作品

1976年 《生为女人：作为经验和制度的母亲》

1979年 《论谎言、秘密和沉默：散文选集，1966—1978》

1980年 “强迫性异性恋与女同性恋的存在”

女巫总是因她们的“另类”而遭受畏惧和迫害。在15世纪晚期，人们相信女巫们拥有能导致男人阳痿和不育的神力。

这并不意味着不同程度的女同经历，那些“较少”女同性恋倾向的人更容易被社会所接受。相反，里奇建议，社会中总是存在拒绝这种强迫式生活的女性，几百年来她们已经在这个连续体内外存在着——欧洲许多女性，特别是在16、17世纪，生活在父权制外，被当作女巫绞死或烧死，到19世纪晚期的“维冈坑的眉毛小妞”在英国引发的丑闻，一帮矿工女孩坚持在开采煤矿工作中穿着裤子。

里奇的女同性恋连续体思想引发了一系列争论，在某种程度上是因为它被看成是女同的去性别化过程，使女权主义者能够宣称自己是这一连续体的一部分，而不去考虑其自身的性向。英国激进女权主义者希拉·杰弗瑞斯指出，它使得异性恋女性一方面维系着与男性的关系，另一方面感到自身在政治上是合法的。但是，里奇的研究意义不在于批判异性恋女性，它批判的是作为一种制度的异性恋。

里奇的思想也挑战了异性/同性的二元划分，并启发了酷儿理论家们诸如美国学者伊芙·可索夫斯基·赛菊寇(Eve Kosofsky Sedgwick)，她指出性别身份是西方文化的建构。赛菊寇同样反对那种认为，性关系的社会建构仅仅是诸如男同性恋或女同性恋之类的少数群体所存在的问题的假定。

概念的转换

通过提议将异性恋作为制度来检视，里奇1980年的文章中所提出的观点或许为性别研究提供了最重要的概念工具。这是前所未有的，因为正如英国社会学家卡罗尔·斯马特（Carol Smart）所说，异性恋，就如同白人身份一般，不费吹灰之力一直处于优势地位，潜移默化，因为它把自己建构成正常。异性恋女权主义者诸如英国社会学家史蒂菲·杰克森（Stevi Jackson）继续将改变异性恋作为里奇研究的一个直接结果。法国女权主义者莫里克·维蒂格（Monique Wittig）在1992年指出，异性恋是一种政治制度，依赖女性的服从和及对女性的占有。

近期，关于英国社会名流对女孩的性虐待，以及非洲尼日利亚伊斯兰博科圣地组织对200多名女学生的绑架的披露，都是异性恋如何仍然强加于女性和女人之上的典型例子。因此，里奇所提出的论断仍在不断激发着对异性恋作为一种社会和政治结构的重要探索。■

母性的父权制制度，与强奸、卖淫以及奴隶制一样，都不是‘人的境况’。

——艾德里安娜·里奇

西方家庭设置是多元的、流动的和没有定论的

朱迪斯·斯泰西

背景介绍

聚焦

后现代家庭

主要事件

1870年 美国激进女权主义者凯特·米丽特(Kate Millet)指出，核心家庭是女性处于从属地位的场所。

1977年 在《无情的世界里的避风港》一书中，美国社会评论家克里斯多夫·拉斯奇(Christopher Lasch)对于现代世界中传统家庭价值是如何被侵蚀的，给出了一种反女权主义的解释。

1997年 在《女同性恋的生活方式：女性工作与性别政治》一书中，英国学者吉利安·邓恩(Gillian Dunne)争辩道，女同性恋关系比异性恋伴侣更平等。

2001年 在《同性亲密关系：选择家庭和其他生活实验》一书中，杰弗瑞·威克斯等指出，家庭日益变成一种选择。

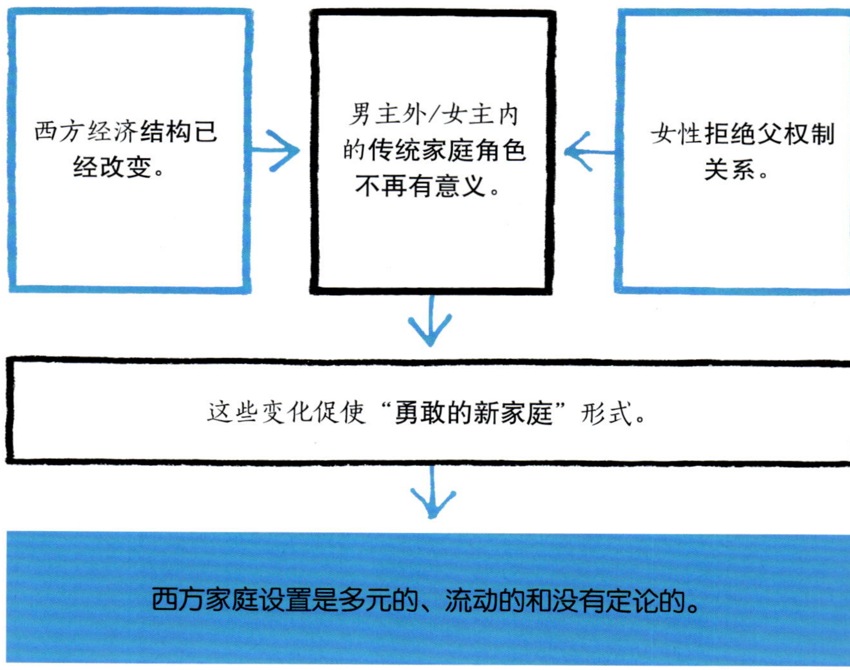

“现代”美国家庭单位，受到诸如塔尔科特·帕森斯之类的称赞，是一种过时的以及具有潜在压迫性的制度。这是美国纽约大学社会和文化研究荣休教授朱迪斯·斯泰西的观点，她的研究主要集中在家庭、酷儿理论、性向和性别。在对加州硅谷家庭的详细研究基础之上，斯泰西提出，随着带来贫困和失业的经济结构变迁，家庭也经历了一场剧烈转变。婚姻被弱化，因为女性拒绝父权制关系。取而代之，存在一种向混合家庭、女同性恋和男同性恋家庭、

参见： 希尔维亚•沃尔比 96～99页，塔尔科特•帕森斯 300～301页，艾德里安娜•里奇 304～309页，乌尔里希•贝克和伊丽莎白•贝克-格恩斯海姆 320～323页，杰弗瑞•威克斯 324～325页。

同居家庭以及单亲家庭转变的趋势——所有这些都是她所称的“后现代”家庭的一部分（尽管许多人争辩道，这些形式一直都存在，而帕森斯的核心家庭只与少数特权中产阶级家庭相关）。为了反映这一新事实，斯泰西坚持认为，职场结构应当男女同酬，并且应当提供普遍的健康和儿童照料。

一种先驱精神？

斯泰西指出，家庭的经济功能已经减弱，从而亲密关系和爱变得更重要。尽管结婚率下降，斯泰西不相信个体不再构建有意义的社会联结，相反，离婚和再婚带来更复杂的纽带。

由于家庭的传统功能以及法定和血缘纽带没有过去那么有价值，家庭成员现在拥有更多的选择，并因此创造了更多试验性亲密关系。她指出，异性恋/同性恋的二元划分正变得起来越不稳定，正逐渐被“酷儿的”家庭关系所取代。这些“勇敢的新家庭”正努力拥抱变迁和多元化，打造更多非传统的和平等的关系。

斯泰西与其他主要思想家一道，诸如杰弗瑞•威克斯和英国社会学家吉利安•邓恩，认为女同性恋和男同性恋家庭站在创造更民主和平等关系的前沿。对她而言，这些关系代表了一种理想的后现代亲属关系，而其中传统角色已经不那么适用。

> **家庭事实上已经死了，如果我们的意思是指现代家庭体系。**
>
> ——朱迪斯•斯泰西

平等的爱？

英国社会学家安东尼•吉登斯同意斯泰西的观点，认为当代家庭形式给亲密关系带来更大的平等，削弱了刻板印象和传统性别角色。相反，英国近期研究表明，在异性恋夫妻中，女性仍然承担了大部分的家务劳动。

一些人对于同性关系究竟在多大程度上能够带来平等提出了质疑。例如，加拿大学者珍妮丝•里斯托克（Janice Ristock）提出了同性夫妻中家庭暴力的普遍存在。社会学家贝克和贝克-格恩斯海姆，则强调去传统化的家庭生活中的各种困难。然而，斯泰西坚信，爱情纽带的社会试验正在继续。■

同性恋父母

斯泰西指出，美国压力团体宣称，因为父亲角色的缺失，这个国家正面临着危机：异性恋男人抛弃怀孕的伴侣或选择根本不生育子女。新技术和避孕药的随手可得已经使得性和生育分离开来。养育子女不再确保父母未来的收益。因此，斯泰西指出，为人父母如今更多的是关于情感而非物质。

然而，越来越多的男同性恋选择成为父母，尽管他们比女同性恋或异性恋夫妻面临更多的挑战，包括获得生殖工具（卵子和子宫）。当异性恋夫妻选择领养，他们通常被给予健康的婴儿。男同性恋则往往被给予年龄稍长的儿童或那些不太健康或在某方面被认为是“困难的”孩子。因此，斯泰西认为，是男同性恋者，给予了某些社会中最需要帮助的儿童一个家。

选择成为父亲的**男同性恋者**挑战了社会中许多关于男子气概、父亲角色以及同性恋滥交等刻板印象。

婚姻契约是一种工作契约

克里斯汀·德尔菲（1941年—）

背景介绍

聚焦

唯物主义女权主义

主要事件

1974年 在《家务社会学》中，英国社会学家安·奥克利将家务置于女权主义审视之下。

1980年 美国作家和女权主义者艾德里安娜·里奇指出，异性恋是一种政治制度，它维持男权并控制女性。

1986年 在英国社会学家希尔维亚·沃尔比看来，家务中的劳动性别分工是维系社会中的父权制的主要结构之一。

1989年 法国唯物主义女权主义者莫里克·维蒂格（Monique Wittig）出版《社会契约论》，指出异性恋契约是一种性和劳动契约。

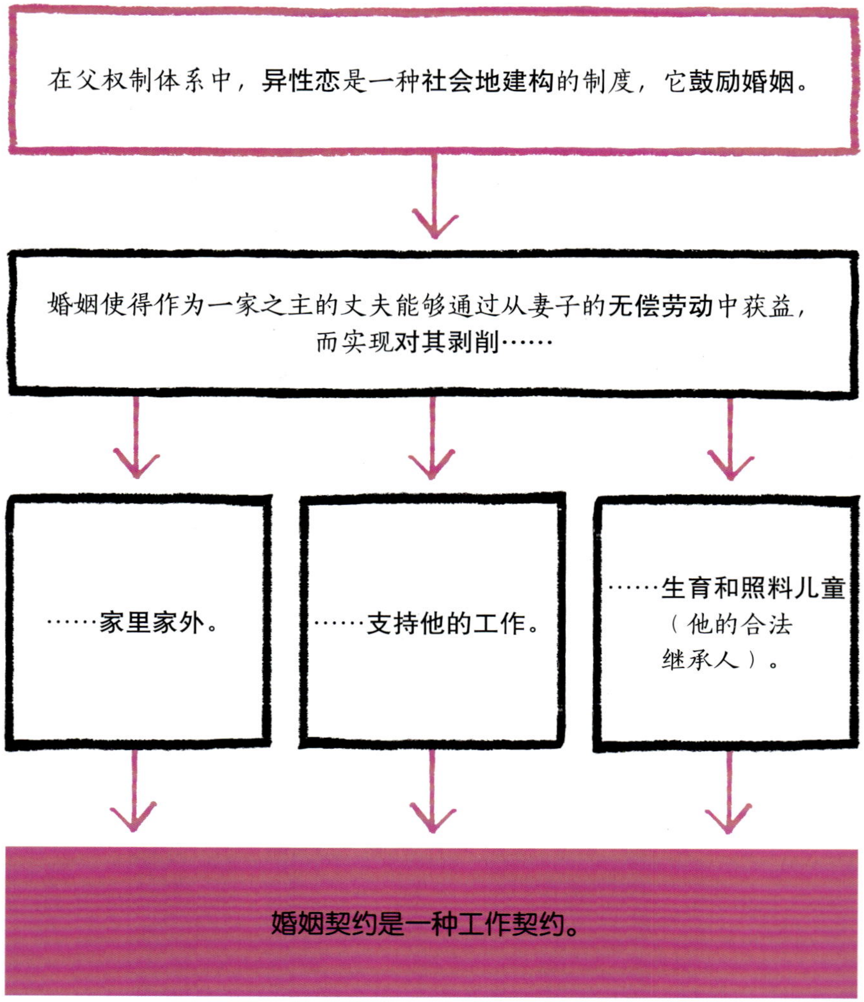

在多数社会中，几百年来，婚姻一直是每个年轻女孩的归属和梦想。无数的文化作品——从童话故事到小说和电影——都强化了这一观点。然而，在20世纪80年代，女权主义者诸如安·奥克利和克里斯汀·德尔菲指出，在现实中，婚姻是一种极其恶劣的制度，它从根本上助长了男性对女性的持续压迫。

克里斯汀·德尔菲是一位马克思主义理论家，她主张探究任何形式的压迫的唯一方法，是通过马克思主义分析，考察各方所获物质利益。但是，马克思是通过阶级结构来考察压迫，而德尔菲则是通过父权制（男人的权力和权威）权力结构来考察女性压迫。她指出，在一个父权制体系内，异性恋（以及所带来的男女夫妻）不是一种个体的性偏好，而是一种社会建构的制度，目的是维护男权统治。她认为，女性被引导进入婚姻和母亲的角色，因此男人可以由此剥削她们的劳动力。

家务生产

德尔菲指出，马克思的概念能够应用在家庭环境中，她将其作为生产的父权制模式的一个场所。在这种工作场所中，男性有系统地利用女性的劳动并从中获益。在这种条件下，女性为一家之主劳作，承

参见：朱迪斯·巴特勒 56～61页，弗里德里希·恩格斯 66～67页，希尔维亚·沃尔比 96～99页，阿利·拉塞尔·霍克希尔德 236～243页，泰瑞·琳·凯拉韦 248～249页，艾德里安娜·里奇 304～309页，安·奥克利 318～319页，史蒂文·赛德曼 326～331页。

电影叙事，诸如《傲慢与偏见》，改编自简·奥斯汀的同名小说，强化了那种认为"每个女人的梦想就是找到一个'黄金'单身汉并嫁给他"的观念。

担可能是无休止的工作。她指出，这一角色没有具体的工作内容，没有协议的工作，也没有劳动时间限制。在任何一种其他工作职位中，这种条件都可能被视为是剥削。已婚妇女即使从事着家庭之外的雇佣劳动，她同样也被期待承担家务和照料儿童的责任。根据德尔菲的观点，如果从唯物主义的角度看待家务情况，很明显已婚妇女是在无偿劳动。

德尔菲指出，对马克思主义者而言，阶级只存在于彼此的相互关系中：没有无产阶级（工人）也就无所谓资产阶级（生产资料的拥有者）。弗里德里希·恩格斯的著作大量涉及阶级社会的发展是如何成为女性压迫的基础的。他指出，随着19世纪私有财产的增加，不平等也相应加剧，因为男人越来越控制生产的公共领域，并因此也变得越来越富有和有权势。此外，男人热衷于确保他们的财富将会被其男性合法继承人所继承，而做到这一点的最有效方式是通过一夫一妻的父权制家庭制度。这样一来，婚姻变成一种财产关系。

无偿的助手

工业革命期间及其以后对劳动力的需求增加。女性被要求生育更多的子女以满足这一需求。但是，女性生育的子女越多，她就被紧密地捆绑在家庭中而无法从事其他工作。德尔菲同时也指出，未婚妇女也变成"妻子"，因为她们的劳动往往被其兄弟、父亲或雇佣者所占有。这一观点在一定程度上是受到英国社会学家珍妮特·芬奇（Janet Finch）的《嫁给工作》一书的影响。这本书记录了老板是如何将女性指派到其男性亲属的工作中，而不付任何报酬。它可能是通过间接帮助来进行：诸如款待（商业伙伴或政治家）；直接参与，诸如充当助手（为店主或学者）；或者提供福利，例如做饭和清扫（为神职人员）。

唯物主义女权主义

德尔菲将资本主义和父权制看作是两个不同的社会体系，都占有劳动力，相互影响、相互形塑。她看待家庭的唯物主义女权主义视角标志着与早期女权主义分析的分道扬镳，后者没有考虑到资本主义的角色。然而，德尔菲指出，妻子对于承担家庭义务的责任已经通过进入婚姻而被制度化，使得婚姻变

德尔菲指出，家庭中的女性剥削，是父权制和资本主义共同作用的结果，两者的目的都是维持男权统治和控制。

*2009–2011*年间，OECD（经济合作与发展组织）国家中的调查显示，家庭中存在着巨大的劳动分工的不平等，女性要远比男性花费更多的时间来照料家庭成员和做家务。

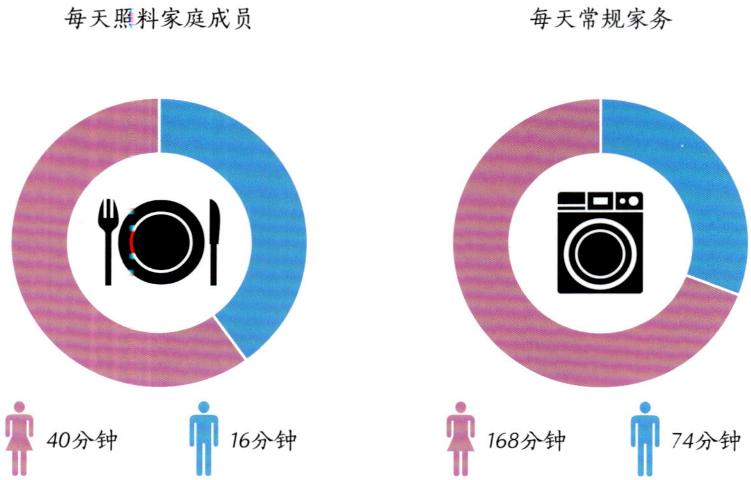

成一种劳动契约。

这一观点存在争议，但是受到来自其他学者，包括英国政治理论家卡罗尔·帕特曼（Carole Pateman）的支持。借鉴英国哲学家约翰·洛克的思想，想象存在一种社会契约，其中个体扮演好公民的角色以换取来自政府的保护，帕特曼由此从一种性契约的角度看待异性恋关系。女性可能被认为通过婚姻以换取男性的保护；而男性拥有支配妻子的劳动和身体的权利（当1988年帕特曼创作其《性契约》一书时，“婚内强奸”在英国还未被定罪）。

德尔菲宣称，这并非如某些女权主义者所指出的，仅仅是关于女性劳动被低估的简单问题。支付女性更高的工资并不能解决问题。这是因为——正如马克思主义的阶级分析所展现的——只有存在被剥削群体时，这一体系才能运作。没有被剥削群体，就没有利益。反过来，一个被剥削群体的创造依赖于存在一个贯穿社会的主流意识形态，不断地以某种方式定位某一人群。在资本主义、父权制社会中，这种意识形态是性别偏见（因为其性别而针对女性的偏见）。

一项对德尔菲理论的批判指出，它们忽视了这样一种事实，即一些女性从婚姻中受益，不论是经济上或性方面。德尔菲并没有否认这一点，然而，她认为，同时存在着一种不平等的交换。妻子们出于自身的需要，可能会享受她们所承担的部分工作，以及她们深爱自己的丈夫，但是这不能掩盖这样一个事实：她们被期望承担大量的无偿劳动。德尔菲提出，已婚夫妻可能会彼此相爱——但是“爱上女人并不能阻止男人剥削他们”。

女人是造就的，而非天生的

德尔菲争辩道，人的性别绝不是不证自明的：例如，男性并不单单是只具有阴茎或胸毛，或者女性就是指拥有生儿育女的功能。社会中强调性别，是因为我们生活在一个基于性别的简单二元划分的世界中——男性优于女性，异性恋优于同性恋。这样一来，性别支配、性别优先、性，以及基于性的人口分类维护着等级结构以及权力结构。

德尔菲认为，使用性来划分人口是被误导的，会带来思考中的严重错误。为什么一个人的性别应该比其他同样具有区分度的生理特征更重要？为什么生物性别会成为将

> **家庭劳动是无偿的这一事实并不是父权制体系中固有的，因为如果这些劳动是在家庭之外完成的，它们就是有偿的。**
>
> ——克里斯汀·德尔菲&戴安娜·伦纳德 英国社会学家（1941–2010）

签署婚姻契约意味着进入一种法定伙伴关系。它在不同国家具有不同意义，但是德尔菲指出，它总是有利于男人。

世界人口划分为两大类的唯一身体特征，并进而承载着明显的“天生”特征和角色？这种将性别看作是一种完全错误分类的思想是德尔菲关于父权制激进评价中的关键概念，因为它低估了将性别用来区分主宰者（经济、社会和性方面）与被主宰者的观念。

在发展其理论的过程中，德尔菲深受法国女权主义者西蒙娜·德·波伏娃作品的影响，后者指出，男性制造了女性“形象”，以支持一种不平等的父权体系。通过挑战“男人”和“女人”的划分，德尔菲的思想可以被看作是酷儿理论的先驱，它质疑现存的关于性别、性向以及性的观点，以及它们在建构认同中的角色。

女权主义和马克思主义

德尔菲的思想一问世就在女权主义中带来轰动。当时女权主义的兴趣在于家庭劳动以及如何理解它，而对于女权主义和马克思主义的关系则存在争议。一些马克思主义女权主义者，诸如英国学者米歇尔·巴雷特（Michele Barrett）和玛丽·麦克因托什（Mary McIntosh），完全反对那种认为男人受益于妻子的劳动并因此直接剥削她们的指控。还有人争辩道，在一个特定社会中，两种剥削模式（父权制和资本主义）的共存是不可能的。

持续的不平等

自20世纪80年代以来，德尔菲和许多其他女权主义者吸收了这些批判，并仔细推敲它们，使得德尔菲的研究在世界范围内对女权主义产生了持久影响。例如，美国哲学家朱迪斯·巴特勒在其研究中广泛使用德尔菲的概念，特别是其对于性别/社会性别区分的质疑。在发展德尔菲的理论中，法国女权主义者莫里克·维蒂格指出，社会中的两性划分是不平等的结果，也不是原因。在《平等的终结》（2014）中，记者和社会运动家比阿特丽斯·坎贝尔（Beatrix Campbell）描绘了女性在亲密关系中的被剥削方式。例如，世界上很少有男性和女性平摊照料子女的工作。在坎贝尔看来，当代全球资本主义的加剧更加深化了男性对女性的统治。

经济剥削之外的客观压迫形式，诸如在某些国家对于堕胎的持续讨论，同样受到德尔菲的启发。如果生育和养育子女被看作是对女人劳动的压榨，德尔菲指出，男人可能会担心女人通过限制生育来逃避这种剥削。因此，在诸如北爱尔兰之类的国家堕胎权利的取消，以及在美国关于堕胎的激烈争论，可以被看作是男性控制女性选择的一种形式，使她们一直处于被剥削阶级以维持资本主义和父权制。■

克里斯汀·德尔菲

克里斯汀·德尔菲1941年出生在法国，并在法国巴黎和美国加州伯克利大学接受教育。受1968年巴黎政治风暴的启发，她成为法国妇女解放运动的一名积极分子。1977年，她和法国哲学家西蒙娜·德·波伏娃共同创立杂志《新女性主义议题》。

德尔菲是Gouines Rouge（女同性恋）的一员，一个通过革命性立场试图改变指代女同性恋的侮辱性词语“dykes”的群体。最近，她投票反对在法国学校中禁止穆斯林女孩戴面纱的法律，称这一举措是一种种族歧视立法。

主要作品

1984年 《家里家外：对女性压迫的唯物主义分析》

1992年 《熟悉的剥削》（与戴安娜·伦纳德合著）

1993年 《性与性别再思考》

家务劳动与自我实现直接对立

安·奥克利（1944年—）

背景介绍

聚焦

作为异化的家务劳动

主要事件

1844年 卡尔·马克思引入工人异化劳动的理论。

1955年 社会学家塔尔科特·帕森斯将家务劳动看作是女性角色中不可或缺的一部分。

1985年 在《当代家务劳动及家务劳动者角色》一书中，英国社会学家玛丽·梅纳德（Mary Maynard）揭示出，职业妇女要远比她们的丈夫承担更多的家务劳动。

1986年 英国社会学家琳达·麦基（Linda McKee）和柯林·贝尔（Colin Bell）宣称，当男人失业的时候，他们更不怎么从事家务劳动：此时他们的男子气概被认为受到了威胁，而妻子们不愿意用要求他们承担更多家庭责任的方式进一步削弱它。

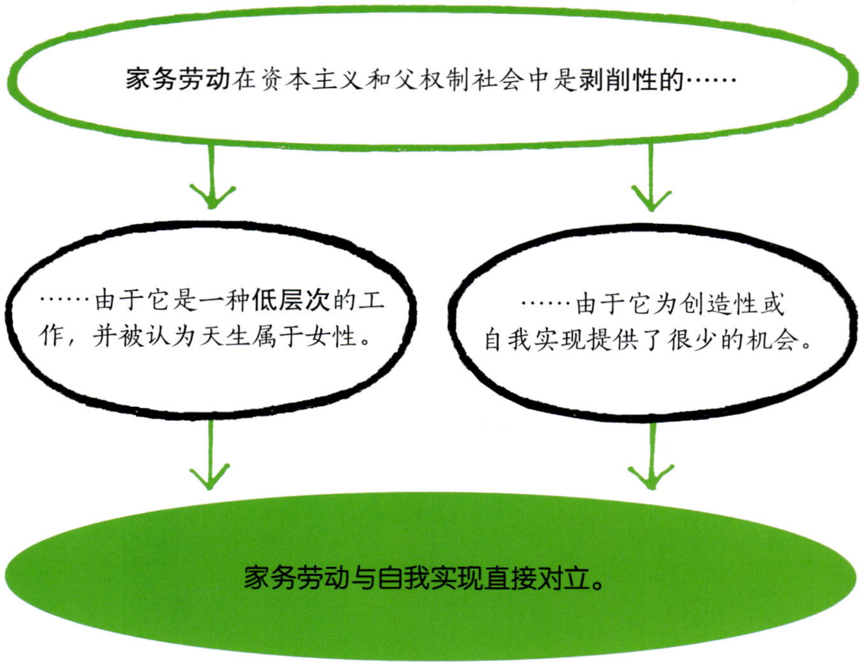

大部分女性工作仍然是发生在家庭中的家务劳动。大约一两代人以前，在1974年，社会学家安·奥克利开始了第一批对于家务劳动的女权主义社会学研究，她访谈了40位年龄在20～30岁之间、至少有一个5岁以下儿童的伦敦家庭主妇。这项先驱性研究采用这些妇女的视角来看待家务劳动。

奥克利指出，家务劳动应该被看作是一个有独立权利的工作，而非作为妻子或母亲的女性角色的自然延伸。在家务劳动并未被承认是“真正的劳动”的那个时代，这是一种充满争议的观点。女性被迫无偿承担家庭责任——一种使得资

参见：希尔维亚•沃尔比 96～99页，哈里•布雷弗曼 226～231页，罗伯特•布劳纳 232～233页，阿利•霍克希尔德 236～243页，塔尔科特•帕森斯 300～301页，克里斯汀•德尔菲 312～317页。

本主义运作和成功的核心的剥削形式：通过满足男性工人的需求，家庭主妇确保男性工人能够满足她们的经济的需求。

女性的角色？

由于她们的生育能力，家庭责任往往被看作是女性的天职；尽管我们还不清楚为什么这种能力就意味着女人在烫平衣服中的褶皱方面能做得更好。而且，可以说，大多数女人都不会要求对这种“免费”的劳动付工资。

卡尔•马克思关于男性工人在雇佣劳动中处于被剥削地位的论断同样也适用于家庭中的女性剥削。在观念上，通过将家务劳动看作是女人的“天职”，并一文不值，以掩盖这一事实。然而，奥克利指出，性别和性别角色应该被看作是文化和历史进程的反映，而不应该局限在生物学中。

异化

马克思宣称，在私有制中，工人经历着异化或者与他们劳动的分离，因为他们并不拥有其劳动成果。类似地，奥克利主张，大多数家庭主妇对自己的命运感到不满，她们感到孤独、单调和无聊，对她们的工作极度不满。她们憎恨与家庭主妇相连的低层次地位。与工厂工人一样，她们发现自己的工作是重复的、碎片化的以及有时限的。

奥克利的研究揭示出，相较于工厂工人，妇女对自己的工作更多地表达出一种异化感。这在某种程度上是因为其作为家庭主妇的社会孤独感——她们中很多人在结婚之前是有工作的，婚后就辞职了。这些妇女，奥克利指出，没有自主性或控制权；家务劳动完全是她们的责任，如果没有做好，可能会招致丈夫的愤怒或孩子生病。

> 女性的家庭生活是一个习得性剥夺和诱发性服从的循环。
>
> ——安•奥克利

站在这一角度上，家务劳动妨碍了女性真正潜力的发挥。奥克利的发现至今仍有意义：其中，英国社会学家卡罗琳•加特莱尔（Caroline Gatrell）的研究表明，40年后，女性仍然承担着大部分的家务劳动，尽管更多地参与有偿工作。■

20世纪50年代以来的家用产品广告将女性刻画成幸福的主妇，对洗涤剂有情感依恋，成为她们生活中的重要部分。

安•奥克利

社会学家、女权主义者安•奥克利1944年出生于英国。她是伦敦大学社会学和社会政策教授。在牛津大学获得学士学位并成为第一批选修社会学的学生之后，她创作了两部小说，但是却没能找到出版社出版。她随后继续攻读博士学位，并在她的第一本学术著作《性别、社会性别与社会》一书中，将“社会性别”概念引入日常使用。1988年，奥克利出版第一本小说《男人的房间》，并于1991年改编成由比尔•奈伊（Bill Nighy）主演的BBC系里剧。奥克利一直致力于女权主义，她的大部分作品围绕性别议题。她同时也对发展环境无害型清洁产品感兴趣。

主要作品

1972年 《性别、社会性别与社会》
1974年 《家务社会学》
1974年 《家庭主妇》

当爱情最终取得胜利时，它不得不面对各种挫折

乌尔里希·贝克（1944—2015年），伊丽莎白·贝克-格恩斯海姆（1946年—）

背景介绍

聚焦

爱情的混乱

主要事件

1992年 安东尼·吉登斯在《亲密关系的变革》一书中，对反身性（自我意识）社会中的平等主义关系持乐观主义观点。

1994年 美国右翼思想家查尔斯·默里（Charles Murray）宣称，必须加强传统家庭观念以阻止社会的解体。

1998年 英国社会学家林恩·贾米森（Lynn Jamieson）指出，"亲密"是用来描述私人关系组织的最有用词语。

1999年 英国学者卡罗尔·斯马特（Carol Smart）和布伦·尼尔（Bren Neale）指出，父母与子女的关系远比脆弱的亲密关系要持久得多。

维持一种愉快而亲密的关系可能是一件困难而又辛苦的事情，但同时也很有诱惑。在《爱情的正常性混乱》（1995）一书中，德国夫妻组合乌尔里希·贝克和伊丽莎白·贝克-格恩斯海姆试图解释这一原因。他们追踪了那种改变我们个人生活行为方式的新社会秩序的发展，指出这一新秩序的一个主要特征是，"爱情、家庭以及个人自由之间的利益冲突"。传统核心家庭"建立在性别基础之上"，它们在面对"解放和平等权问题"时正在不断瓦解。传统社会认同的

参见：乌尔里希·贝克 156～161页，戴维·赫尔德 170～171页，柯林·坎贝尔 234～235页，塔尔科特·帕森斯 300～301页，艾德里安娜·里奇 304～309页，朱迪斯·斯泰西 310～311页。

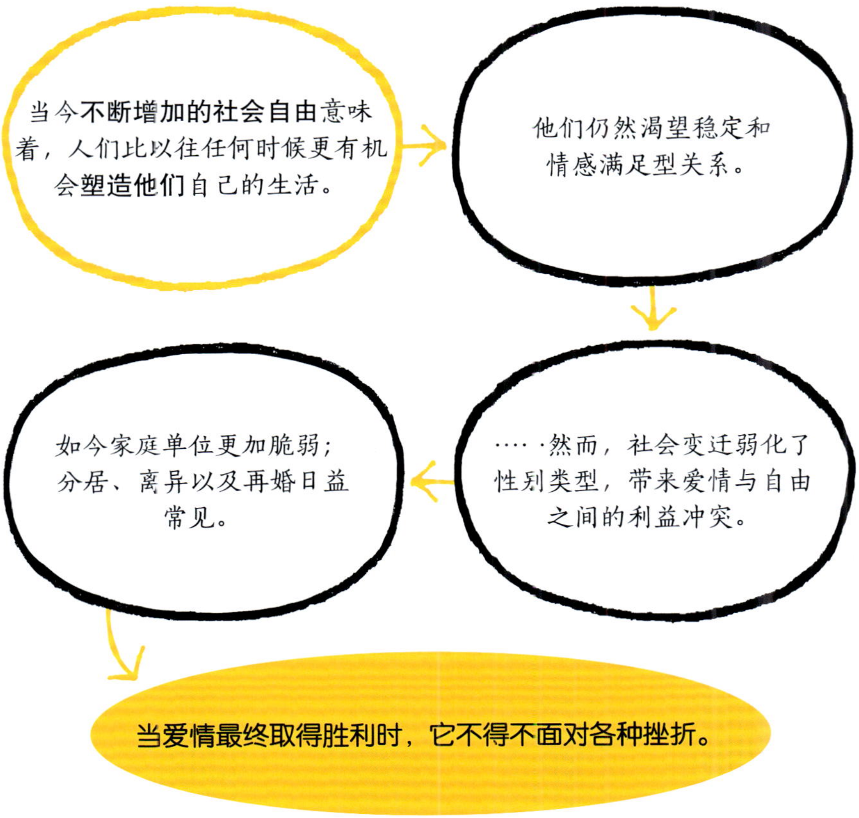

逐渐消失，意味着，男人和女人在性别角色上的对立体现在“私人领域的核心问题上”，其结果是更多的夫妻离异或分居，不同家庭形态正在形成。这些都是“所谓爱情的正常性混乱”的一部分。

个体化的生活

贝克在早期的《风险社会》（1986）中提到，女性在“解放”与传统性别角色的延续之间不断转换，此后，这一对夫妇又认为新的“反身性现代性”时代的到来，带来了新的风险和机遇。全球资本主义的特殊社会和经济条件带来了一种更大的个体认同感；生活更加不可预测，个体故事更多带有一种“DIY”性质。

这对夫妻解释道，“个体化”与19世纪晚期德国《民事诉讼法》中的精神相反，后者确立“婚姻应该是一种独立于夫妻意志之外的道德和法律秩序”。而个体化促进了个人和社会实验的新形式。他们的观点回应了安东尼·吉登斯的观点，后者在《亲密关系的变革》（1992）一书中指出，在当代社会中，我们创造认同而不是继承它。

伊丽莎白·贝克-格恩斯海姆

伊丽莎白·贝克-格恩斯海姆1946年出生于德国弗莱堡，是一名社会学家、哲学家和心理学家。她的部分犹太血统意味着，她的大多数家庭成员在20世纪30年代逃离了纳粹德国，其中一些叔叔们搬到英国伦敦。

她与其丈夫乌尔里希·贝克合作出版了一系列重要作品，同时也广泛涉猎许多议题，从社会变迁到生物技术。最近，她对跨国婚姻、移民以及种族认同产生兴趣。她目前是慕尼黑大学全球研究所的高级研究员。

主要作品

1995年 《爱情的正常性混乱》
2002年 《个体化》（与乌尔里希·贝克合著）
2002年 《再造家庭》

> 人们因爱而结合，也因爱而分道扬镳。
>
> ——乌尔里希·贝克&伊丽莎白·贝克-格恩斯海姆

对爱情和婚姻的向往仍然是现代社会的一个特征，尽管事实上，我们生活的压力意味着婚姻比以往更可能以离婚收场。

他认为，这一变化改变了我们体验家庭和性别的方式。

在吉登斯看来，过去，婚姻是一种经济合作关系而不是爱的结合，期望较低而失望较少。吉登斯认为，既然男人和女人通过日常决策，越来越不由自主地反思性地创造他们的认同，那么他们能够基于一种相互理解来选择伴侣，带来他所描绘的“纯粹关系”——基于自己考量而走进婚姻，也只有当双方都愉悦时才能维系。这种关系，他认为，带来了个体间更大程度的平等，并挑战了传统性别角色。

亲密但是不平等

尽管贝克和贝克-格恩斯海姆同意吉登斯的观点，认为现代世界中男人和女人比以往有更多的机会塑造他们自己的生活，并因此弱化了性别类型，他们对此并非完全乐观。

个体屈从于他们控制能力之外的力量；生活可能是自主的，但是它并不是随心所欲的。这对夫妻指出，女人和男人“不由自主地寻求生活的正确方式”——试图找寻一种能提供一个“富裕而冷漠的社会的避难所”的家庭模式。个体化可能已经将人们从工业社会的性别角色中解放出来，但是，现代生活的实际需求是，他们被迫建立一种适应劳动力市场需求的生活。贝克和贝克-格恩斯海姆说到，家庭模式能够融合“劳动力市场和全职家务劳动，而非两种劳动力市场”，因为他们的内在逻辑是，“双方都将自己放在第一位”。不平等将一直存在，除非男人更多地接受女人进入职场工作，或者男人承担更多的家务劳动。

脆弱但是坚韧

贝克和贝克-格恩斯海姆主张，大多数情况下，亲密关系不可能是平等的；如果追求平等，那么这种关系就必须解除：“爱情变得冷淡”。

男人和女人如今所面临的选择和约束与以前大不相同，这归因于各种关系（家庭、婚姻、母亲、父亲）需求与职场对于流动的、灵活的雇员需求之间的矛盾。这些选择和约束要对家庭的分崩离析负责。贝克和贝克-格恩斯海姆指出，与以前受规范、传统和仪式的塑造相比，当代家庭单位正经历着从“集体需求”（在亲密关系中，纽带和责任将人们联结在一起）到基于选择和个体意愿的“选择性亲密关系”的转变。尽管转变的过程艰难，但浪漫关系的诱惑仍然强烈。正如贝克和贝克-格恩斯海姆所说，在一个不确定的社会中，“除去传统因素及各种可能的风险机会”，爱情“比以往变得更重要，同时也更不可企及”。

人们现在更深地渴望情感满足

> **社会环境创造了个体，对个体而言，爱情成为赋予其生活意义的核心。**
>
> ——乌尔里希·贝克&伊丽莎白·贝克-格恩斯海姆

型关系，这推动了诸如夫妻治疗和自助出版行业的发展。然而，这种联系纽带是脆弱的，一旦不完美，人们倾向于一拍两散。他们指出，即使某人真的陷入爱情中（“爱情最终获得胜利”），往往接下来还有很多挑战——例如吵架、憎恨、离婚。

贝克和贝克-格恩斯海姆指出，增进个人关系与应对快速变迁的经济世界需求之间需要一种精心的平衡，结果是离婚率的增加。然而，人们对于幸福的期望是如此的强烈，因此许多离异者仍会再婚。

子女的重要性

贝克和贝克-格恩斯海姆指出，我们已经不可能再回到从前，况且不管是男人还是女人也都不希望如此，个体化生活的压力意味着它可能带有怀旧色彩，渴望着或许根本不存在的确定性——那种政府常常提倡的“家庭价值”。我们的关系越脆弱，我们就越热切盼望真爱。

这种向往过去的状态在当代社会中是对子女重要性的重视。成人间的爱恋可能是短暂而脆弱的，而对子女的爱则变得更加重要，父母双方都毫无保留地疼爱着他们的子女。

在这一点上，贝克和贝克-格恩斯海姆指出，男人可能挑战了女人在家庭中作为情感管理员的角色。因此，你会发现，越来越多的父亲在离婚后要求子女的监护权，以及各种倡导父亲的平等权利的组织的兴起，诸如“为公平而战的父亲”（Fathers4Justice）。

女权主义学者戴安娜·伦纳德（Diana Leonard）支持这一观点，指出父母用小礼物来“宠溺”其子女，使他们与自己亲近。在这种情况下，与孩子的连接变成一种强烈的自我驱动行为，这是与那种成人关系的混乱完全不同的持久情感体验。

不可避免地，对贝克和贝克-格恩斯海姆的论断也存在着批评。一些理论家，诸如瑞典学者戴安娜·木里纳瑞（Diana Mulinari）和科尔斯汀·桑德尔（Kerstin Sandell），反对那种认为女性应该对离婚率上升负责的观点。然而，《爱情的正常性混乱》转变了对于家庭的学术研究——从作为一种回应社会变迁的制度，到成为变迁的实际推动力。■

> **子女是一种纽带，比社会中的任何其他关系都更深远和持久。**
>
> ——乌尔里希·贝克&伊丽莎白·贝克-格恩斯海姆

西方世界的**结婚率**和**离婚率**在过去50年中经历了显著的改变。结婚率下降，而离婚率上升。尽管这一模式看起来已经稳定化，但家庭如今更加脆弱。

1960: 结婚 离婚

2012: 结婚 离婚

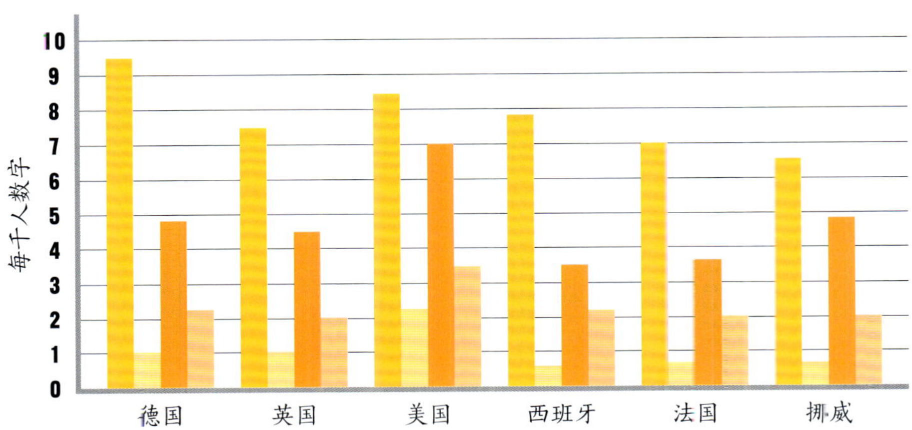

*直到1981年，西班牙才宣布离婚合法。最早的数据始于1990年。

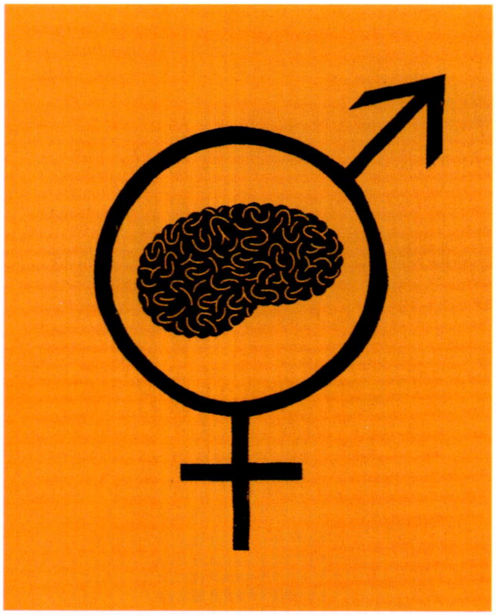

性就像关乎肉体那般关乎信仰与意识形态

杰弗瑞·威克斯（1945年—）

背景介绍

聚焦

性别的社会建构

主要事件

1885年　《刑法修正案》在英国通过，将男性同性恋重新入罪，并加强对卖淫的处罚。

1968年　英国社会学家玛丽·麦克因托什（Mary McIntosh）的一篇“同性恋角色”的小文推广了一种观点：性别是社会性地决定的而非生物性地决定的。

1976年　在《性史：第一卷》中，法国哲学家米歇尔·福柯考察了在性别分类中“专家”的角色。

2002年　同性夫妻在英国有领养的合法权利。

2014年　同性婚姻在英国合法化。

杰弗瑞·威克斯在性问题上或许是最具影响力的英国作家，他在为回答性关系是如何被社会形塑和规训的问题上提供了详细的历史解释。他认为性并非植根于身体中，而是一种由意识形态决定的社会建构。受英国社会学家玛丽·麦克因托什的启发，他指出工业化和城市化巩固了性别划分，增加了男性同性关系的污名。

威克斯考察了维多利亚社会是如何使用心理学和性科学（对性的

性科学创造了“同性恋”和“异性恋”的类型。

婚姻被鼓吹为一个健康而稳定的社会的必需品。

法律通过决定谁能做什么事情来管理性别。

↓

同性恋被建构成异常；异性恋被建构成正常。

↓

性就像关乎肉体那样关乎信仰与意识形态。

参见：希尔维亚·沃尔比 96～99页，玛格丽特·米德 298～299页，米歇尔·福柯 302～303页，艾德里安娜·里奇 304～309页，史蒂文·赛德曼 326～331页。

奥斯卡·王尔德在19世纪末期被审判和指控与其他男人“发生有伤风化的行为”。对于这位爱尔兰作家的审判，推动了将同性恋建构为一个社会问题。

研究，它宣称自己是一门科学，但是通常是由富裕业余者所从事）这类新“科学”来对同性恋者定罪的。

对性关系的分类假设，女性天生性被动，而男性天生性主动，但是没有任何证据证明这种假设。任何与这类“本质主义”观点（性别是生物学的反映）相反的事物往往被看作是变态；因此，新科学坚定地支持着现存的父权制思想。

威克斯发现，越来越多的人认为，婚姻制度是维持一个社会稳定、“健康”发展的必要条件。从而，也存在一种通过引导男人走向婚姻来规训其“天生”的色欲的关注。当婚姻被宣告是社会中的常态和根本时，“同性恋”也被创造出来。那些可能是同性恋的行为曾一度被看作是犯罪，但是在历史上，性科学家第一次界定了一种新的人群：“同性恋者”（随后“同性恋”类型创立）。许多关于性别的研究都受到基督教教会教义的影响。

性作为一种社会控制

男同性恋被看作是一种性变态，并逐渐被看作是一种社会问题，引致更多的法律和社会控制。例如，1885年的《刑法修正案》扩大和重新定义了同性恋行为。它确立了将同性恋建构成变态，以及关于女性气质和男性气质的本质主义思想，支持异性恋是正常的，同时是性行为的唯一合法形式。

威克斯指出，可以将这一关于性的定义同时看作是一种社会建构和一种社会控制形式。法律能够决定谁被允许结婚，收养儿童，在什么年龄可以开始性生活。宗教能够告诉社会，任何不会带来生殖的性都是有罪的。

但是，关于谁应该以及谁不应该有性生活的文化观念可能具有负面影响。例如，在英国，50岁以上人口中与性传播相关的疾病显著增加，因为人们在观念上认为，与其他事物相比，老年人之间的性行为是令人反感的，这导致少有老年人寻求医疗帮助。■

杰弗瑞·威克斯

社会历史学家杰弗瑞·威克斯1945年出生在英国威尔士的朗达镇（Rhondda）。他的研究深受其早期作为一名同性恋权利活跃分子参与“同性恋解放阵线”（GLF）的影响。

威克斯是杂志《同性恋左派》的创始人之一，他的作品持续受到来自女同性恋和男同性恋政治、社会主义及女权主义思想的启发。他在性别和亲密生活领域出版了20多本著作，并发表众多文章。他目前是英国伦敦南岸大学同名的威克斯社会和政策研究中心的研究教授。2012年，为表彰其对社会科学的贡献，他被授予大英帝国勋章（OBE）。

主要作品

1977年 《出柜：从19世纪到现在的英国同性恋政治》

1989年 《性，政治和社会》

2001年 《同性亲密关系：选择家庭和其他生活实验》

“社会过程不仅在范畴类型之中也在个体欲求层次上建构主体性。

——杰弗瑞·威克斯”

酷儿理论质疑认同的基础

史蒂文·赛德曼（1950年—）

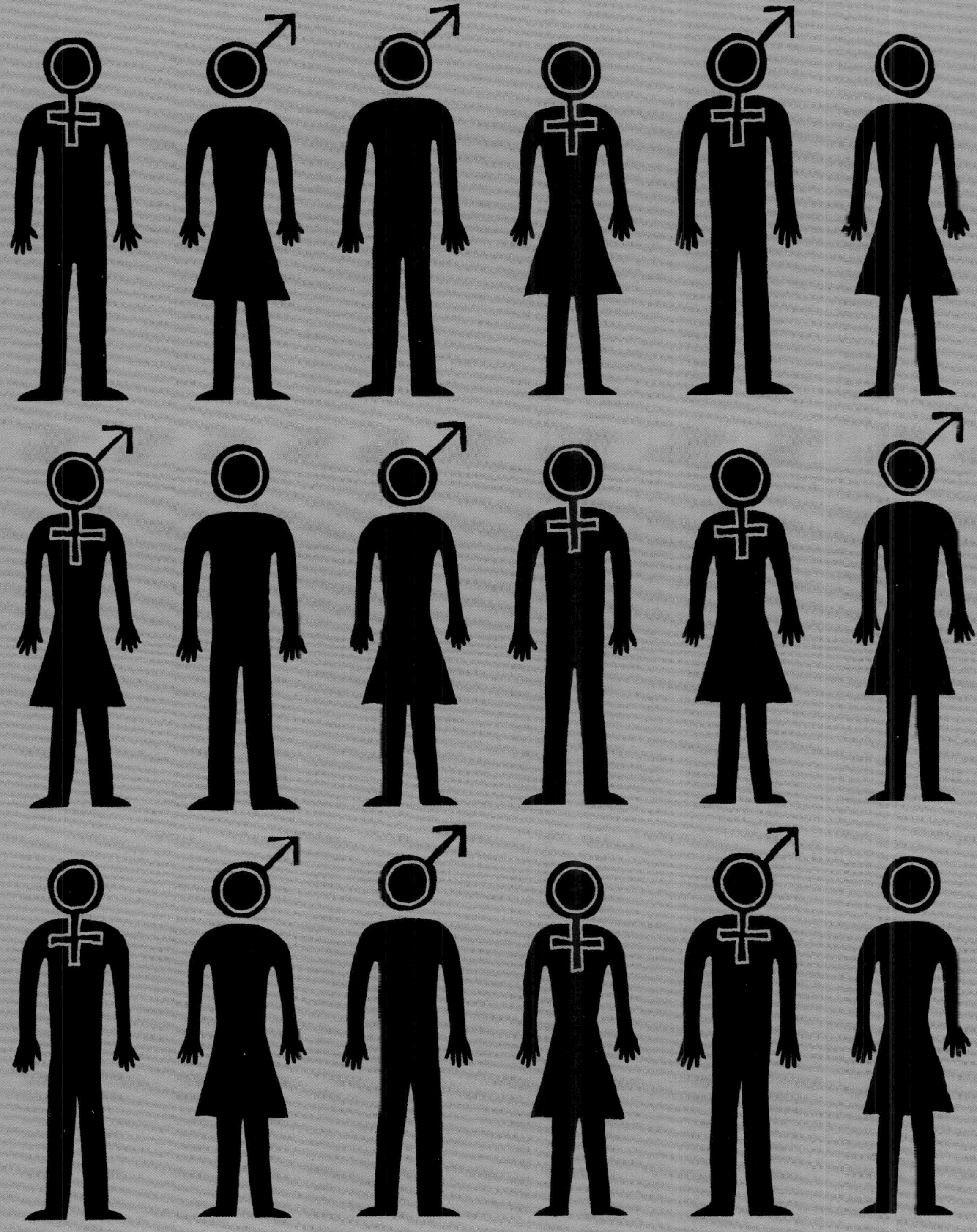

背景介绍

聚焦

酷儿理论

主要事件

1976年 米歇尔·福柯在《性史（第一卷）》中，追述了性的社会建构；他将性身份看作是历史的产物，是由权力所生产的，因此不是基于天生或生物学基础。

1987年 ACT UP（艾滋病解放动力联盟）在纽约成立，作为对艾滋病恐同运动的一个回应。

1990年 在《性别麻烦》一书中，朱迪斯·巴特勒提出，性别是社会建构的，是行动和行为不断地重复的结果。

1998年 美国学者朱迪斯（"杰克"）·哈伯斯塔姆（Judith Halberstam）在《女性阳刚》一书中，考察了男性之外的男子气概。

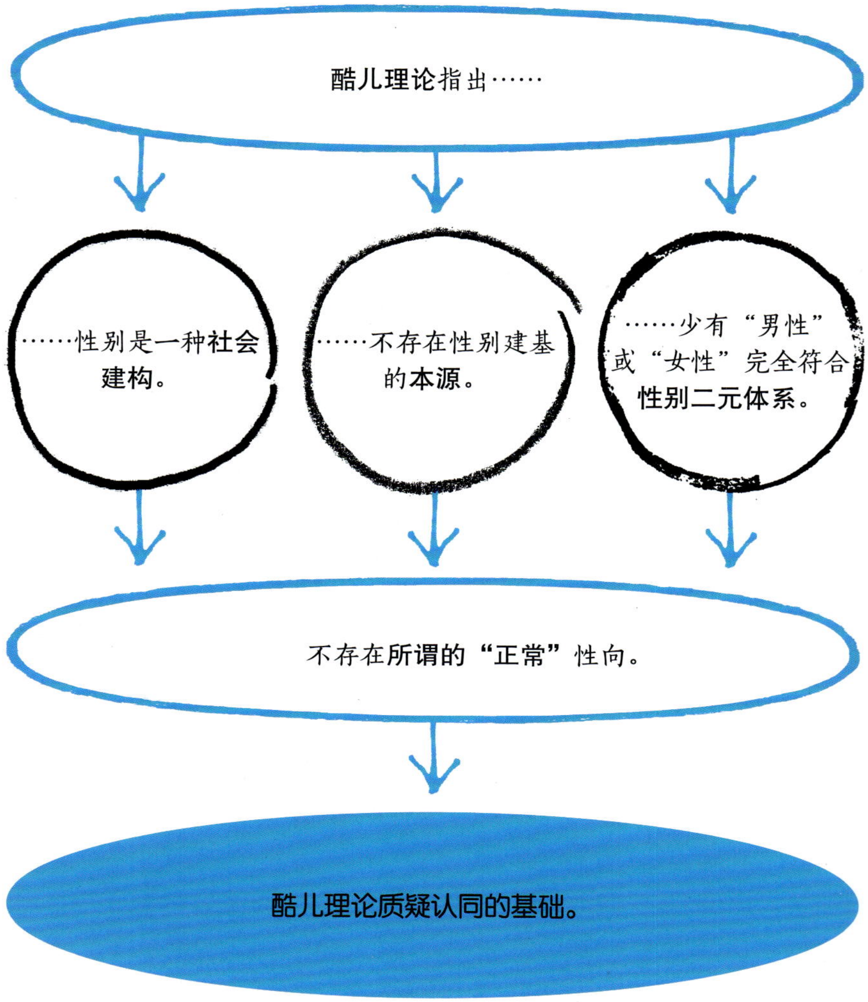

20世纪80年代早期，在公众的眼中，艾滋病危机被错误地等同于一种主要影响男同性恋的传染病。随之而来的健康恐慌和恐同的增长使得女同和男同群体感到被孤立和边缘化。

作为回应，男同和女同政治活跃分子创立了"酷儿"政治和理论，试图除去"酷儿"这一词的贬义方面。作为一个贬义词的反面证实，对一些人来说"酷儿"仍然是一个有争议的概念。从广义上来说，它包括反对异性恋男-女"自然"模式的任何一种类型——不仅仅是男同和女同，还包括变性者、异装癖等，包括那些拒绝"正常"的异性恋。

酷儿理论及其政治路径来自女权主义、女同和男同理论。受米歇尔·福柯和朱迪斯·巴特勒的影响，主要酷儿理论家，诸如伊芙·可索夫斯基·赛菊寇、盖尔·卢宾，以及史蒂文·赛德曼，打破了传统统一的身份——或社会——类型，相信诸如"女性"或"同性恋"种类的内部差异减损了它们的有用性。酷儿理论，与一些女权主义者类似，最初都同样批判女同和男同社区，认为它们是一种同化主义——通过为诸如婚姻权之类的目标而抗争以试图进入主流。

参见：朱迪斯•巴特勒 56～61页，R.W.康奈尔 88～89页，米歇尔•福柯 302～303页，艾德里安娜•里奇 304～309页，克里斯汀•德尔菲 312～317页，杰弗瑞•威克斯 324～325页。

建构的性关系

基于对其他酷儿理论家的解读和批判，史蒂文•赛德曼被认为是酷儿思想史中的一位重要人物。如同福柯和英国社会学家杰弗瑞•威克斯，赛德曼指出，性关系是“被建构的”。工业化和城市化，通过创造职场的公共男性世界和家庭的私人女性世界，将社会空间性别化，也在我们如何理解男性气质和女性气质以及性向管理方面带来显著变化。许多我们现在认为是正常（“异性恋主流价值观”意味着异性恋注定是正常的性取向）的性别和性关系内容都是在这一时期确立的，例如女性被赋予照料和养育，男性被看作性活跃，以及同性恋被看作是性变态。

赛德曼指出，一直到20世纪后期为止，性向研究等同于一部同性恋历史。对19世纪的科学，以及性学和弗洛伊德心理学来说，异性恋是正常的，毋庸置疑的。事实上，历史上的这一时期为许多当今社会仍然存在的不平等奠定了基础，诸如男性和女性之间的分工。

在印度，最高法院于2014年支持印度阉人“海吉拉斯”的权利，肯定他们对其性别的自我认同，因此在法律上创造了第三中性别身份。

质疑认同

由于酷儿理论家诸如赛德曼将认同看作是社会建构，它被认为是不稳定的和缺少连贯性；甚至是诸如生物性的性别这种看似稳定的对象也受到质疑。很少有个体完全适合于“男人”或“女人”的划分——当测试染色体、荷尔蒙、基因或者解剖，大部分人将落在一个连续体上的某处。一些男性可能看起来非常具有男子气概，但是却具有高度的“女性”荷尔蒙，或小阴茎，而一些女性可能会看起来非常高或毛发旺盛，这是我们认为都是男性气概的表现。

当新生儿性别不清时，外科手术往往进行干预，切除男孩的小阴茎，宣告这是个女孩：一个矛盾的选择，一方面是本质主义者，假设“真”汉子的一个特征是拥有巨大的生殖器，而另一方面是社会建构主义者，指出身份认同实际上是社会条件的产物。通过质疑单一认同的思想，诸如直男，反对诸如男人/女人的二元划分，赛德曼从根本上批判认同理论和政治。

女权主义和女同男同运动作为一种认同政治形式来挑战了父权制和异性恋主流价值观社会。然而，

> **让我们以差异的名义向中心、所有的中心以及所有的权威宣战。**
>
> ——斯蒂文•赛德曼

批评家指出，这些运动迅速被白人中产阶级（就女同男同政治来说，是男性）所掌握。同时，这些群体也采用本质主义者的路径来看待认同，意味着他们认为认同植根于生物学，因此是天生的或正常的。正如巴特勒指出，在这种情况下，被边缘化的认同本身，通过生产不变的意义，成为重申二元划分体系的共谋。萨义德指出，酷儿理论对传统的男同女同政治提出了必要挑战，因为这些性别认同生产了他们试图挑战的权力过程。

挑战规范

在颇具影响力的《正常的麻烦：性别，政治以及酷儿生活的伦理》（1999）一书中，迈克尔•沃纳（Michael Warner）指出，“酷儿”概念不仅仅是抵制正常，还挑战所谓的正常行为。由于“酷儿”是关于态度而非认同，任何挑战常态或社会期望的人都可以是

“酷儿”——例如，决定不生育的夫妻。在《区分麻烦：酷儿社会理论和性政治》（1997）中，赛德曼承认酷儿理论对现代政治和文化的重要贡献，探究了那些为差别政治而斗争的人们可能会碰到的困难。社会思想家如何将差别概念化，诸如性别或种族，而不掉入将其简化为从属地位的陷阱？

他的实用主义回答是主张其所谓的“关于差异的较少压迫性观点”——一种社会后现代主义，其中“酷儿”是一个动词，描述行动，而不再是一个名词。他的目的是通过承认差异和采用“积极的差异政治”而非一种“狭隘的认同政治”，例如“差异和民主可能共存”，以挑战现存规范。赛德曼坚持认为，正如其他社会思想家一样，酷儿理论家们必须考虑社会理论的其他形式，并继续批判主要社会制度，考察人们是如何生活的。

对于“酷儿”概念及其理论路径存在着诸多批评。尽管它反对认同的概念，它已经变成一种统称，尤其泛指男同性恋、女同性恋、双性恋以及跨性别人群。事实上，“酷儿”可以被看作是一个新瓶装旧酒的概念。它被用来囊括了许多不同种类的人群，也被指责忽视了关键的差异和不平等。

酷儿从定义上是指与正常、合法以及主流相异的所有一切。

——大卫·霍尔柏林
美国学者（1952–）

一个有瑕疵的路径？

酷儿理论家诸如美国人大卫·霍尔柏林（David Halperin）将“酷儿”理解为一种立场，任何因为其性取向而感到自己被孤立的人都可以借用，因此，澳大利亚学者伊丽莎白·格罗兹（Elizabeth Grosz）警告说它可能会被用来论证那些存在伦理争议的实践，诸如“性虐者、恋童癖……皮条客”。

酷儿理论被指责专注于性向而忽视了其他类型：沃纳指出色情作品是“酷儿”，因为——作为随心所欲的性想象展现的结果——它是“正常”的反面，但是，他忽视了在诸多色情作品中对待女人的方式依赖于对“正常”男性气质的使用。在《酷儿种族》中，南非学者伊恩·巴纳德（Ian Barnard）指出，酷儿理论创造了一种洗白了的西方版“酷儿”，它忽视了种族。

那些宣称性向的自我认同的群体近年来挑战着那种将男女异性恋看作是正常性取向的假设。下面的符号只是现在被用来向主流宣示存在着不同性别认同的诸多符号中的一部分。

自我认同符号

符号	取向	灵感
⚢	女女夫妻	一对维纳斯的镜子式的天文学和炼金术标志，通常被用来代表女性性别。
⚣	男男夫妻	一对战神的矛与盾的天文学和炼金术标志，通常被用来代表男性性别。
○	双性人或无性别的人	维纳斯和战神标志中的圆圈部分，没有定义性别的元素。
⚥	变性人	男性和女性性别标志的结合。
☽☾	双性人	双月标志在北欧国家被广泛采用，而不是“重复”某些国家中使用的纳粹时代的粉色三角。

英国历史学家杰弗瑞·威克斯谴责它忽视了物质约束，例如缺钱，这意味着并不是所有的人都能做到越界。那么，也可以说酷儿理论已经变成为白人中产阶级男同性恋服务。

酷儿理论也宣称是第一个挑战性/性别区分的社会理论。但是正如英国社会学家戴安·理查森指出，这一说法夸张了：激进女性主义者诸如《主要敌人》（1970）的作者克里斯汀·德尔菲早在20世纪70年代就开始了这项任务。

尽管存在着这些批评，酷儿理论影响了一系列学术领域，特别是在对男子气概的研究中。例如，美国学者朱迪斯·哈伯斯塔姆（Judith Halberstam）的研究借用了“酷儿”的概念，指出如果要理解男性气概，那么考察诸如女性男子气概之类的边缘或从属形式也很重要。赛德曼指出，酷儿理论范式也在被广泛应用在小说和电影中。他争辩道，当代文学批评的目标是解构大多数文学作品中的二元对立——“酷儿”使这一点成为可能。

“酷儿”解读如今被用在许多电影中。在《异形：浴火重生》中，艾伦·蕾普利——一半地球人，一半外星人——与一个女机器人之间有一种微妙的肉欲联系。

对于那些性向被边缘化以及表现形式有限的人来说，对叙事进行再诠释的“酷儿”式解读打开了作者或制片人原来可能未有预见到的可能性——例如，柯南·道尔的小说《夏洛克·福尔摩斯》可能暗示了福尔摩斯和华生之间的浪漫友谊；莎士比亚戏剧中的男女变装也能够用“酷儿”来解释；电影《异形》系列开启了一个“掠夺性女性”的转折。“酷儿”也充斥在电视节目中，例如美国真人秀系列《粉雄救兵》。■

美国变装国王默里·希尔（Murray Hill）（如图）被哈伯斯塔姆描述为“改造男性气质，展示出其戏剧性”。

女性男子气概

朱迪斯（“杰克”）·哈伯斯塔姆指出，男子气概同样存在于非男人中，并质疑人们对于“女汉子”以及假小子的诬蔑。女性特征并不必然带来女子气质；男性特征也不总是产生男子气概。

这一思想从根本上挑战了性别/性的区分，其中社会建构的性别（男子气概）被看作是生物上的性别（男性）的自然表达。从事“酷儿”研究的哈伯斯塔姆指出，存在一种将所有性别-“古怪”女性纳入女同性恋的大旗下；但是诸如“女同性恋”或“男同性恋”之类的词并不足以解释一切非传统异性恋的爱欲活动。女性化的男性成为一种性别而非一种模仿。

“变装国王”（女扮男装）凸显了男性男子气概并非建立在真我的本质上，而是通过日常行为的重复而生产出来的。

DIRECTORY

人名录

人名录

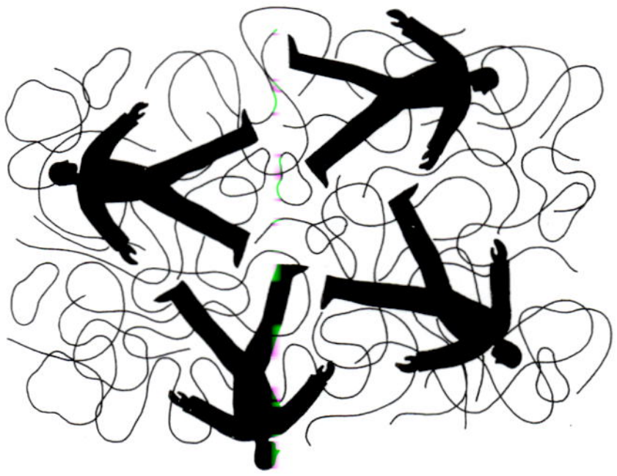

尽管直到相对近期社会学才被看作是一门社会科学，它追根溯源可以回溯到古代哲学家，诸如柏拉图，尤其是他对“理想”社会的思考。它的主题长期以来一直让统治者感兴趣，后者从理解人们形成较大群体（社会）的方式，以及他们如何散布信息、文化价值、财富和权力中获益良多。社会改革者意识到，这些理论可以被用来改造世界，随着社会学成为一门“科学”，他们的声音变得更加振聋发聩。这一领域中的领袖已经涵盖在本书的主体部分；这一部分则纳入其他一些思想家，他们同样对这一学科以及理解我们的社会生活做出了重要贡献。

赫伯特·斯宾塞
1820–1903年

英国社会学家、哲学家赫伯特·斯宾塞是最早期的进化论理论家之一。他创造了“适者生存”一说，并指出社会和人的身体一样，遵循着同样的进化规律：它们自然地发生改变，从简单阶段进化到较高的复杂形式，只有更强的社会能够生存和成长。这一观点被称作“社会达尔文主义”。

参见：哈里特·马蒂诺 26～27页，卡尔·马克思 28～31页。

查尔斯·霍顿·库利
1864–1929年

查尔斯·霍顿·库利出生于美国密歇根，创立了“镜中我”理论，认为我们的自我意识主要来自对别人是如何看待我们的感知，因此依靠社会互动。这一概念形成了“社会化”的社会学理论基础。

参见：G.H.米德 176～177页，尔文·戈夫曼 190～195页。

罗伯特·帕克
1864–1944年

罗伯特·帕克是美国社会学家，以研究集体行动、种族关系和“人类生态学”（认为人类的功能和动植物类似）而广为人知。他对城市社会学的研究——将城市看作是一个“研究试验场”——开创了后来著名的社会学芝加哥学派。

参见：乔治·齐美尔 104～105页，G.H.米德 176～177页。

齐格弗里德·克拉考尔
1889–1966年

齐格弗里德·克拉考尔出生于德国法兰克福，以其关于现代文化的理论以及技术威胁并取代记忆的思想而广为人知。卡拉考尔和瓦尔特·本雅明和恩斯特·布洛赫一道，作为《法兰克福报》的电影和文学编辑，从广告到电影，开始分析社会的文化产品。1933年，他从纳粹威胁中逃亡，辗转巴黎再到美国，卡拉考尔主要影响了西奥多·W.阿多诺。

参见：瓦尔特·本雅明 334页，西奥多·W.阿多诺 335页。

瓦尔特·本雅明
1892–1940年

瓦尔特·本雅明出生于柏林，是一位著名的文化理论家。1919年，他从瑞士伯尔尼大学获得文学博士学位。之后回到德国，在1933年逃离纳粹。流亡期间，他在法兰克福社会研究所发表艺术和文化论文。1939年他被关押在法国的一个集中营，释放后试图经比利牛斯山脉逃亡西班牙。被拒入境后，他选择了自杀。

参见：尤尔根·哈贝马斯 286～287页，齐格弗里德·克拉考尔 334页。

卡尔·曼海姆
1893—1947年

卡尔·曼海姆是知识社会学的创立人之一，强调考察"认识"世界的过程。他指出，我们透过我们的文化和意识来"看待"这个世界，并受到我们社会地位的影响；"真理"是相对的，依赖于主观建构。曼海姆在德国柏林师从乔治·齐美尔。1933年，他加入伦敦经济学院。

参见：卡尔·马克思 28～31页，马克斯·韦伯 38～45页，乔治·齐美尔 104～105页，诺贝特·埃利亚斯 180～181页。

芭芭拉·亚当·伍顿
1897—1988年

社会学家芭芭拉·亚当·伍顿以《犯罪与刑法》（1963）一书而著名，颠覆了关于"犯罪型人格"的一般观点。1919年，她在英国剑桥大学学习经济学，并于1920年攻读硕士学位，但在当时，女性并未被正式接纳为学生，因此她没有被授予学位。她随后在伦敦和贝德福德的大学教授社会学。

参见：希尔维亚·沃尔比 96～99页，安·奥克利 318～319页。

阿尔弗雷德·舒茨
1899—1959年

阿尔弗雷德·舒茨在奥地利维也纳大学获得法学博士学位，对马克斯·韦伯和哲学家埃德蒙德·胡塞尔的作品产生兴趣。1938年，他搬到巴黎，随后又来到纽约。沿着胡塞尔的现象学路径，及其对个体主观意识是如何感知世界的分析，舒茨奠定了现象社会学新领域的基础，聚焦于社会现实的本质。

参见：马克斯·韦伯 38～45页，彼得·伯格 336页。

赫伯特·布鲁默
1900—1987年

赫伯特·布鲁默在美国芝加哥大学社会学系获得博士学位，并在那里执教27年。1952年，他担任美国加州大学伯克利分校社会学系主任。在其著名的《符号互动论》（1969）一书中，他指出，个体和集体行动反映了人们赋予事物的意义，这些意义产生于人类群体生活情境内部。

参见：G.H.米德 176～177页，霍华德·贝克尔 280～285页，查尔斯·库利 334页。

西奥多·W.阿多诺
1903—1969年

西奥多·W.阿多诺是新马克思主义"批判理论"的支持者。出生在德国法兰克福，他师从齐格弗里德·克拉考尔，并于1924年在法兰克福大学获得哲学博士学位。1931年，他和马克斯·霍克海默共同创立了社会研究所（也被称为法兰克福学派），随着纳粹的崛起，他搬到英国，而研究所也搬往海外。他在美国重新回归研究所，并助其成为反对美国资本主义"虚假"繁荣的主要声音。1949年，研究所和阿多诺回到德国（西德）。阿多诺在瑞士度过余生。

参见：赫伯特·马尔库塞 182～187页，尤尔根·哈贝马斯 286～287页，齐格弗里德·克拉考尔 334页。

安塞尔姆·斯特劳斯
1916—1996年

美国社会学家安塞尔姆·L.斯特劳斯和巴尼·格拉斯共同提出了一种定性研究的创新性方法，即"扎根理论"，试图从研究中建构一种理论，而非通过研究去证明某种理论。斯特劳斯在芝加哥大学师从赫伯特·布鲁默，随后和阿尔弗雷德·林德史密斯合著《社会心理学》（1949）。他是"第二芝加哥学派"中的一员，其中还有霍华德·贝克尔和欧文·戈夫曼。

参见：尔文·戈夫曼 264～269页，霍华德·贝克尔 280～285页，赫伯特·布鲁默 335页。

路易·阿尔都塞
1918—1990年

法国马克思主义哲学家路易·阿尔都塞是20世纪60年代结构主义运动的主要人物，主张通过符号研究来分析社会（符号语言学）。他对马克思的重新解读指出了特定意识形态之下并使之得以维持的"意识形态国家机器"的角色。他出生于阿尔及利亚，于1930年搬到法国。二战期间，他大部分时间是在德国战俘集中营中度过的，并患上了伴随其后半生的心理疾病。1945年，他在著名的巴黎高等师范学院开始研究哲学。住院治疗期间坚持写作散文和书籍，并获得极大的赞誉。1980年，他杀害了自己的妻子，最后死于精神病医院，终年72岁。

参见：卡尔·马克思 28～31页，安东尼奥·葛兰西 178～179页。

帕博罗·冈萨雷斯·卡萨诺瓦
1922年–

帕博罗·冈萨雷斯·卡萨诺瓦是墨西哥历史学家和社会学家，他于1965年发表了一篇耳目一新的“内部殖民主义和民族发展”文章。“包含于一个民族”中的民族的观点最早由W.E.B.杜波伊斯于20世纪30年代提出，而卡萨诺瓦则揭示了实践中这一思想的结构基础。他对于墨西哥政治和社会结构的深层分析为发展中国家带来启发。2003年，联合国教科文组织（UNESCO）表彰他的研究，并授予他著名的荷塞·马蒂国际奖章。

参见： E.B.杜波伊斯 68～73页，戴维·麦克隆 163页。

多萝茜·E.史密斯
1926年–

多萝茜·E.史密斯来自英国约克郡。她提出一种“女性社会学”，采用现象学的视角，使用生活中主观的日常经历，而非那些来自男性主宰的理论知识。史密斯在伦敦经济学院学习社会学，并于1955年就读于美国加州大学伯克利分校。随后，她来到英属哥伦比亚大学教授第一批女性研究课程。

参见：卡尔·马克思 28～31页，阿尔弗雷德·舒茨 335页。

罗伯特·内利·贝拉
1927–2013年

美国社会学家罗伯特·内利·贝拉是20世纪具有争议的著名宗教社会学家。“美国公民宗教”一文考察了宗教符号主义的政治运用，并为他首次带来赞誉。贝拉出生于美国俄克拉荷马州，毕业于哈佛大学社会人类学系，并在塔尔科特·帕森斯的指导下获得博士学位。在加拿大蒙特利尔麦吉尔大学学习两年的伊斯兰研究之后，他回到哈佛执教。1967年，成为加州大学伯克利分校的社会学教授。

参见：布莱恩·威尔逊 278～279页，尤尔根·哈贝马斯 286～287页，塔尔科特·帕森斯 300～301页。

戴维·洛克伍德
1929–2014年

英国社会学家戴维·洛克伍德是社会分层理论中具有影响力的人物。10岁时经历了父亲的去世，母亲经济拮据，这迫使他早早地离开学校开始工作。在武装部队服役期间，他偶然接触到马克思主义，并继续在伦敦经济学院学习社会学。洛克伍德曾执教于剑桥大学和埃塞克斯大学。1998年，他因其对社会学的贡献，获得大英帝国司令勋章（CBE）。

参见：卡尔·马克思 28～31页，埃米尔·迪尔凯姆 34～37页。

彼得·伯格
1929年–

彼得·路德维希·伯格出生于奥地利，在其与托马斯·卢克曼合著的《现实的社会建构》（1966）一书中，其最著名的论断是，“现实”是通过一种社会共识而建构的。17岁时，伯格移居到美国，并从纽约社会研究新学院获得硕士和博士学位。他成为波士顿大学社会学和神学教授，并于1985年担任波士顿经济文化研究所主任，考察经济发展与社会文化变迁的关系。

参见：卡尔·马克思 28～31页，卡尔·曼海姆 335页，阿尔弗雷德·舒茨 335页。

费尔南多·恩里克·卡多佐
1931年–

1986年，费尔南多·恩里克·卡多佐成为巴西圣保罗议员，并于1995和1998年当选为巴西总统。他宣称要给巴西带来经济稳定和社会改革。卡多佐在圣保罗大学学习社会学，并于1958年成为那里的一名教授。他的左翼思想使他在群众中拥有广泛的基础，但是它们反对军人政权，这使他于1964年被迫流亡海外。在重返巴西之前，他一直在拉丁美洲、欧洲以及美国的大学执教。

参见：卡尔·马克思 28～31页，伊曼纽尔·沃勒斯坦 144～145页。

克里斯托弗·拉什
1932–1994年

美国政治理论家和历史学家克里斯托弗·拉什是一对左翼知识分子夫妇的独子。1954年他毕业于哈佛大学，并在哥伦比亚大学获得历史学硕士。在英国休假期间，他写作了《美国新激进主义》（1965）一书。它将知识分子描述成放纵的奋斗者，一面宣称要提供指引，但是另一面真正的兴趣却在于地位和权力。反传统者试图打破共识思考，其工作包括对于民主公民权、精英群体、消费主义、大众文化、美国制度以及那种认为西方社会带来某种“进步”的观点的强烈批评。

参见：卡尔·马克思 28～31页，尤尔根·哈贝马斯 286～287页，西奥多·W·阿多诺 335页。

约翰·戈德索普
1935年–

约翰·戈德索普出生于英国约克郡，就读于伦敦经济学院。作为一名社会流动和阶级分层的专家，他提出了“戈德索普量表”，一种如今在欧洲、大洋洲和北美洲使用的七层结构。他是“文化资本”、“惯习”概念的批评者，特别是皮埃尔·布迪厄提出的概念。1969—2002年间，他任职于牛津大学，并曾是美国康奈尔大学访问教授。

参见：马克斯·韦伯 38～45页，皮埃尔·布迪厄 76～79页。

迈克尔·罗伊
1938年–

法裔巴西社会学家和教授迈克尔·罗伊成长于巴西圣保罗一个奥地利移民家庭。他以发展乔治·卢卡奇的“浪漫主义的反资本主义”思想而著称，试图通过一种对前工业历史和思考方式的回归来打破资本主义，而非通过社会主义。罗伊阅读马克思主义思想家罗莎·卢森堡著作，并在圣保罗大学师从费尔南多·卡多佐和安东尼奥·坎迪多学习社会学。他从法国索邦大学获得博士学位，主攻马克思主义理论。

参见：卡尔·马克思 28～31页，皮埃尔·布迪厄 76～79页，瓦尔特·本雅明 334页。

乔恩·埃尔斯特
1940年–

挪威社会学家乔恩·埃尔斯特聚焦于理性选择理论——认为人们做出选择是基于对事实的理性思考（尽管他后期的研究揭露了他对于理性能力的失望）。埃尔斯特的思想对于政府、经济学家、社会学家以及心理学家都有影响。他曾执教于英国、美国和法国。1995年，他成为美国哥伦比亚大学首位社会科学罗伯特·K.默顿教授。

参见：卡尔·马克思 28～31页，马克斯·韦伯 38～45页，塔尔科特·帕森斯 300～301页。

朱莉娅·克里斯蒂娃
1941年–

朱莉娅·克里斯蒂娃出生于保加利亚。她关于语言学、符号学、心理分析学以及女性主义的著作广受赞誉。在索菲亚的大学毕业之后，她获得奖学金留学巴黎。她成为与圣日耳曼（巴黎“左岸”）相关的左翼思想家群体中的一员，而她对于语言和语言学的研究则深受其同龄人诸如米歇尔·福柯和罗兰·巴特著作的影响。她成为一名心理分析学家，并逐渐对语言和身体之间的关系性质产生兴趣。

参见：米歇尔·福柯 52～55页，302～303页，伊丽莎白·格罗兹 339页。

南希·乔多罗
1944年–

南希·乔多罗出生于美国纽约，是一位杰出的女性主义理论家。她在马萨诸塞州的拉德克利夫学院学习人类学，随后在旧金山接受心理分析学家训练。1975年，她从波士顿布兰迪斯大学获得博士学位。采用交叉学科视角，她提出一种女性主义的心理分析理论，开创了女性主义心理学领域。她执教于加州大学伯克利分校。

参见：哈里特·马蒂诺 26～27页，朱迪斯·巴特勒 56～61页，埃里希·弗罗姆 188页。

唐娜·哈拉维
1944年–

“技术科学”专家唐娜·哈拉维来自美国科罗拉多，在巴黎学习进化哲学和神学，最后回到美国，学习动物学、哲学和文学三学位课程。她在耶鲁的动物学博士学位考察了实验过程中隐喻的使用——她将生物看作是政治、宗教和文化的一部分。作为加州大学圣克鲁兹分校意识史系的荣休教授，哈拉维是人与技术亲密关系领域的重要权威。她在“赛博格宣言”一文中指出，人类已经是半人、半机器的，这种混合使得女性在“赛博格女性主义”时代能够重构崭新的自我。

参见：卡尔·马克思 28～31页，米歇尔·福柯 52～55页，302～303页，布鲁诺·拉图 338页。

舒拉米斯·费尔斯通
1945–2012年

革命女性主义者舒拉米斯·费尔斯通出生于加拿大渥太华。她在美国圣路易斯的华盛顿大学学习艺术，接着去到芝加哥艺术学院，在那里，她成为芝加哥妇女解放联盟中的一员，这是美国首个类似群体。在其颇具影响力的著作《性的辩证法：女权革命实例》（1970）中，费尔斯通指出，女性是一个受压迫的阶级，性别不平等最终受生物学所控制。作为对马克思的回应，她感到，对女性来说答案是要掌握人类繁殖的工具（通过新的避孕方式而成为可能）。她随后只出版了一本书，但是她对于女性主义的影响一直都在。

参见：哈里特·马蒂诺 26～27页，卡尔·马克思 28～31页。

沃尔登·贝罗
1945年–

沃尔登·贝罗出生于菲律宾马尼拉，20世纪70年代在费迪南德·马科斯颁布戒严法之后，他成为一名政治活动家。贝罗的官方职位包括菲律宾、美国以及加拿大大学的社会学教授；绿色和平南亚董事会主席，以及菲律宾众议院议员。贝罗是全球化的杰出批评家。

参见：罗伯特·N.贝拉 336页，迈克尔·罗伊 337页。

布莱恩·S.特纳
1945年–

出生于英国伯明翰，布莱恩·S.特纳是一位宗教社会学的世界权威。他的第一部著作《韦伯和伊斯兰教》（1974）非常经典。1998年，他成为剑桥大学社会学教授，并一度在澳大利亚、荷兰和美国担任教授职位。他的兴趣包括全球化和宗教、宗教权威和电子信息、宗教消费主义和青年文化，以及人权和宗教。在《身体与社会》（1984；2008）一书中，他指出，身体与阶级之类的抽象概念不同，应该成为社会学分析的焦点。

参见：爱德华·萨义德80～81页，马克斯·韦伯 220～223页。

布鲁诺·拉图
1947年–

布鲁诺·拉图出生在法国勃艮第，先后接受哲学和人类学训练。20世纪80年代，与米歇尔·卡龙和约翰·劳一道，他创立了“行动者网络理论”（ANT）——认为知识不是依赖于等待被发掘的“真理”，而是通过分析行动者与网络之间的互动而获得的。其中，参与创造意义的“行动者”既是客观的又是符号化的。拉图是巴黎政治学院的教授。

参见：哈罗德·加芬克尔 50～51页，米歇尔·福柯 302～303页，唐娜·哈拉维 338页。

西达·斯考切波
1947年–

美国社会学家、政治理论家西达·斯考切波是哈佛大学管理与社会学系维克托·S.托马斯教授。她的研究集中在美国社会政策、健康改革以及美国民主的公民参与。她的职业生涯开始于其对于法国、俄国和中国革命的研究；20世纪70年代，她成为国家自主性理论的主要倡导者。她的主要贡献在于创造了一种新的范式：制度（包括国家）被看作是政治生活的结构性因素、体现着意识形态，因此，适用于因果分析。她1992年的著作《保卫士兵与母亲：美国社会政策的政治起源》为她带来了五项大奖。

参见：马克斯·韦伯 38～45页，戴维·麦克隆 163页，阿尔君·阿帕杜莱 166～169页。

安吉拉·麦克罗比
1951年–

文化理论家安吉拉·麦克罗比是英国伦敦金史密斯学院的教授。她宣称尽管在"性别平等已经实现"这一点上存在共识，但20世纪90年代仍然存在一种对女性主义的集体抵制。在其2009年的著作《女性主义的后果》中，她采用乌尔里希·贝克和安东尼·吉登斯的研究指出，"女性个体化"是一种后女性主义的伪装，它加强了男性霸权。

参见：安东尼·吉登斯 148～149页，斯图尔特·霍尔 200～201页，贝弗利·斯凯格斯 339页。

伊丽莎白·格罗兹
1952年–

伊丽莎白·格罗兹是文化和女性主义理论家，出生在澳大利亚悉尼，在那里她学习哲学。受后结构主义思想家诸如法国哲学家雅克·德里达的影响，她的研究聚焦于性别研究（特别是性的差异、女性性向以及女性主义视角下的时间本质）。她是美国北卡罗来纳州达勒姆市的杜克大学的女性研究教授。她最有名的著作是《破灭》（2011），其中，她概括了一种后现代达尔文主义的女性主义理论。

参见：米歇尔·福柯 52～55页，302～303页，朱莉娅·克里斯蒂娃 337页。

塔里克·莫多德
1952年–

塔里克·莫多德出生在巴基斯坦的卡拉奇，但成长于英国。先后就读于杜伦大学和斯望西大学，1997年，他创立英国布里斯托大学种族和公民权研究中心，并担任主任。同时，作为该大学社会学、政治学以及公共政策教授，他是种族主义、多元文化主义以及世俗主义领域的专家。他指出，当代穆斯林自信是受到认同政治而非神学需要的鼓舞。莫多德是国际杂志《种族关系》的创始人兼编辑之一。

参见：斯图尔特·霍尔 200～201页，布莱恩·特纳 338页。

哈特穆特·罗萨
1965年–

德国社会学家哈特穆特·罗萨以其"社会加速"理论而广为人知，这同时也是其2013年著作的名字。这一理论指出，社会不仅是以三种方式在加速（技术革新、社会变迁以及生活步伐），有些领域也在减速，其中大型人口群体可能会衰落。他同时也指出，世界正处于一个"狂热的停滞"点上，没有什么能保持原状，同时也没有什么真正发生了改变。罗萨是德国耶拿大学一般社会学和理论社会学教授。

参见：卡尔·马克思 28～31页，马克斯·韦伯 38～45页，尤尔根·哈贝马斯 286～287页。

汤姆·莎士比亚
1966年–

汤姆·莎士比亚就读于剑桥大学，随后在位于瑞士日内瓦的世界卫生组织（WHO）工作了五年。作为一名有残疾的医学社会学家，他是差异社会学中的重要声音。他的研究兴趣在于遗传学的伦理方面以及残障研究，特别是在性别政治和人权领域。如今，作为英国东英吉利亚大学医学社会学的讲师，他宣称，人们"因社会以及他们的身体而成为残疾"。

参见：G.H.米德 176～177页，尔文·戈夫曼 190～195页，霍华德·S 贝克尔 280～285页。

贝弗利·斯凯格斯

贝弗利·斯凯格斯在约克大学和基尔大学学习社会学，后来成为兰卡斯特大学女性研究的主任（与西莉亚·卢瑞一道）。在《阶级和性别的形成》（1997）一书中，她指出，阶级应该是性别、认同以及权力理论的显著特点。斯凯格斯是伦敦金史密斯学院的社会学教授。

参见：卡尔·马克思 28～31页，皮埃尔·布迪厄 76～79页，安·奥克利 318～319页。

术语表

能动性 在社会学中，自主决定或自由意志。

异化 卡尔·马克思认为，由于缺乏权力、控制、实现以及满足，工人往往觉得疏离于他们自己或社会。马克思将这一点归咎于资本主义社会中生产资料的私人占有。战后，各种思想家，包括罗伯特·布劳纳，进一步发展了这一概念。

失范 由迅速社会变迁带来的一种迷茫或“无序”状态。当控制日常行为的社会规范和价值突然发生变化，人们容易感到迷失方向和漫无目的，直到一种新的社会秩序重建。参见越轨。

资产阶级 在马克思主义者看来（参见马克思主义），是指拥有工业生产资料的社会阶级。

科层制 马克斯·韦伯将其定义为以具有细致分工和分层、与规则相联系的官僚等级体系为特征的组织体系。

资本 使用经济资产（诸如机器）或经济资产的价值（现金）来创收。是除土地、劳动力以及企业之外的又一经济活动的关键要素。

资本主义 一种基于财产和生产资料的私人占有的经济体系，企业出售商品以盈利，工人出卖劳动力以换取工资。

资本家 在工业社会中占有生产资料的社会阶级。

芝加哥学派 不能混同于提倡自由市场经济的思想流派，这一社会学学派发展于20世纪二三十年代。尽管它的兴趣不拘一格，它通常被看作是城市社会学的起源。

社会冲突 由相互竞争的社会-经济利益所带来的不同社会阶级之间的紧张。

殖民主义 一个国家控制另外一个国家，实现经济剥削。这一术语通常指欧洲列强对世界其他地区的征服、占领和剥削。

共产主义 一种基于财产和生产资料的集体所有制的经济体系。

社会建构 社会中创造出来的一种概念或观念。

消费主义 一种高级资本主义社会形态，由购买和出售各种商品和服务而定义的时代。这一术语还用来指个体通过商品来建构自我认同。

炫耀性消费 由托斯丹·凡勃伦提出，描绘了富裕的有闲阶级中的成员使用奢侈品来显示他们的身份。参见物质文明。

文化 任何社会中构成生活方式的语言、习俗、知识、信仰、价值和规范的结合。同样也用来指艺术（诸如音乐、戏剧、文学等）。

行为不良 青年人犯的小罪行；这一术语同样可以指代那些被社会规范所“不接受”的行为。

决定论 相信一个人的行为是由某种外部力量形式决定的（诸如上帝、遗传或者环境），因此真正的自由选择是不可能的。参见经济决定论。

越轨 就一个特定社会或社会群体的规范而言，某种行为或人被认为“打破规则”。

话语 从一般意义上，指语言或文字交流；在社会学中，是指看待生活的一种视角框架或思想体系，支配着其被讨论的方式。话语传达事件的意义，并依不同的时代、地理区域以及群体内部而不同。

家务劳动 在家庭中的无偿劳动，诸如烹饪、清洁、儿童照料以及照顾病人和老人。

经济决定论 一种历史唯物主义观点，认为经济力量决定社会现状以及人类社会的演进。

精英 一小部分人，占据了大量的社会财富和权力。

情感劳动 由阿利·霍克希尔德提出，有偿劳动要求被雇佣者展现出某种情感，以达到某一预期的回应。

经验证据 能够通过感官观察到、并以某种方式测量的证据。

启蒙运动 17、18世纪欧洲的一场文化和思想运动，融合神学、理性思想和自然，形成一种赞赏逻辑及理性而非情感和直觉的世界观。

本质主义 相信事物或人拥有天生的特征、属性或者“本质”以定义他们是谁或是什么。这一思想进而认为，特定的人口类型拥有本质特征。

种族 一个社会群体共有的文化（诸如语言或宗教信仰），给予其成员一种共同认同，并与其他群体区分开来。

人种志 对于人种和文化的研究。

人种学 不同人种和文化之间差异的比较研究。

女性主义 一种倡导性别间的社会、政治和经济平等的社会运动。女性主义通常被认为有若干“波”或若干时代，其议题设置各不相同。

封建主义 历史上一种主要的社会体系，武士贵族向其君主提供军事服务，以换取封地；他们统治这些封地，占有奴隶或农民提供的劳动力和产品，作为交换，为他们提供保护。

法兰克福学派 一个跨学科的社会理论学派，由社会研究所演化而来，隶属于法兰克福大学。这一学派在20世纪促进了新马克思主义思想的发展。

功能主义 在社会学中，认为社会就如同一个生物有机体，不同部分具有各自不同的功能。社会中的各个部分相互依赖，共同促进整体运作和稳定。

性别 男性和女性之间的差异是社会地建构的，而非生物性的。

性别认同 在性别角色和生物性别方面，个体和他人如何看待自己的方式。

性别角色 男性和女性的被预期的社会行为。

缙绅化 一个破败城市社区的转变，地价和租金明显上升，富裕人口不断涌入。

全球化 随着媒体、文化、消费品以及经济利益的全球扩展，世界各地的联系和彼此依赖不断加强。

全球本土化 通过与本土社区和个体的联系对全球形式的改进——从流行时尚到音乐类型。

惯习 基于托马斯·阿奎那的观点，我们每个人都自认为自己属于某一类人，皮埃尔·布迪厄的概念指涉一系列习得的性情、同一社会阶层的人共享文化价值。

霸权男性气质 某一社会中的理想男子气概。在西方国家中，这与异性恋、“坚韧”，财富以及女性的从属地位联系在一起。这一思想强调男性气质是一种后天的认同。

霸权 居统治地位和主导性的权力以及在这个过程中社会群体的形成。安东尼奥·葛兰西认为，霸权就是统治社会阶级维持其统治地位的方式。

异性恋 对不同性别的人的吸引。

同性恋 对同一性别的人的吸引。

超现实 正如鲍德里亚所指出，图形和符号所指代的并非是一个单独的“现实”，而是一种仿真的现实，然而后者看起来似乎比任何物质世界中的存在都更加真实。

医源性疾病 由医疗体系带来的威胁，比起治愈的人，它可能伤害更多。

认同 个体如何看待和定义他们自己，以及其他人如何定义他们。

意识形态 一种思想框架，为某一社会群体提供观念和信仰。

工业革命 起源于18世纪英国的一个发展阶段，机械化的新形式使得经济从农业经济转向城市工业化经济。

诠释 考察社会的一种主观方式，与客观、科学的实证主义范式相反。

左翼 在政治系谱中，支持改革或社会主义思想的人。

边缘化 一个人或一群人被排斥在主流或统治群体之外的过程，进而导致权力、地位和影响力的丧失。

马克思主义 由卡尔·马克思和弗里德里希·恩格斯提出的关于社会的理论，宣称历史是由不同时代组成的，社会阶级——生产资料的所有者和被剥削的工人大众之间的冲突带来社会变迁。

大众文化 面向一般公众出售的娱乐产品（书籍、电视节目等等）。

物质文明 物质的历史和哲学；人和物之间的关系。

生产资料 生产社会商品所需要的主要资源（诸如土地、工厂、原材料和机器）。

生产方式 马克思主义的一个概念，指生产商品和服务的社会组织方式；它包括生产资料以及劳动力之间的关系。

现代性 自17世纪以来的社会状况，特别是由工业革命和城市化带来的社会变迁。

民族 一个由文化、历史或语言连接起来的人类共同体，往往基于某一特定地理位置之上。

民族主义 与一个国家相关的认同感，产生于对一种共同意识和文化的忠诚。

新自由主义 根植于对自由市场和有限政府的信仰的政治和经济哲学，认为个体行动能比国家行为带来更好的解决问题的方案。

新部落主义 在迅速变迁的世界中，短暂的、多变的以及流动的群体找寻他们生活的意义。

规范 在一个特定社会或情境中，定义个体的预期行为（“正常”）的社会规则。

核心家庭 父母和子女组成的两代家庭——社会化的主要原动力。

他者 由西蒙娜·德·波伏娃所提出的概念，用来解释一个群体（在她的举例中，是指男性）如何将自己看作是规范，用自己的标准和特征来判断群体之外的任何人（女性），而不是独立看待那个群体，认可它的实际特征。

父权制 一种社会分层体系，男性主宰、剥削和压迫女性。

实证主义 由奥古斯特·孔德最早提出，在社会学中，它指有可能以一种可测量的、可检验的以及科学的方法观察社会生活，建立关于社会的知识。这一信念带来“实证主义”观点，即科学能够建设一个更好的世界。

后现代主义 否认事物存在一个绝对的“真理”，相反，认为我们可以根据看待不同“真理”的不同视角去解构任何一个文本、个体或社会。从本质上说，后现代理论拒绝被定义，也很难进行定义。

贫困 西博姆·朗特里将贫困定义为一种收入不足以维持生命的必需品的状态，这是一种贫困的生存线。绝对贫困指的是一种基于提供维持生活必需品（诸如食品、住房、燃料和衣服）的生活水平。在当今富裕国家，贫困通常是根据当时普遍认可的生活标准而测定，即相对贫困。如今，贫困的一些定义还考察了诸如技能或健康之类的因素，及其可能带来的社会排斥。

无产阶级 在马克思主义理论中（参见马克思主义），出卖劳动力以换取工资的社会阶级。

酷儿理论 一种挑战性别二元划分的文化理论，相反，它提出性别受时间和空间影响，是文化建构的结果。

种族主义 指在所谓生物学差异的基础上，特别是基于肤色而针对人的歧视；事实上，科学证明，这种生物差异并不存在。

右翼 在政治系谱中，处于保守派，支持传统社会设置和价值的人。

角色 社会中对个体的行为模式的期待。参见性别角色。

世俗化 宗教及其制度丧失社会意义的过程。

自我疏离 自我异化感，来自对自己的否定，或者感到自己的劳动属于他人或其他组织。

性别主义 因为某人的男性或女性性别，而产生的偏见、歧视或刻板印象。

性取向 对某一特殊生物性别的个体吸引。

拟像 在现实中没有原型，但是似乎反映物质世界的图像。

社会阶级 社会系统中的一种身份等级，反映权力、财富、教育和声望。尽管不同社会中阶级不同，西方模式大体可以分为三种群体。上层阶级是一个小社会群体，占据最高的地位，拥有大量的社会财富。中产阶级指受过良好教育、从事非体力劳动、办公室工作。工人阶级指那些从事体力劳动的人，例如工厂或农业劳动。

社会流动 人口或人群的移动，诸如家庭，从一个社会阶级到另一个阶级。

社会网络 具有相似兴趣的个体、家庭和群体的连接。

社会结构 形成社会框架的社会制度和关系。

社会主义 一种政治信念，致力于建立社会和经济平等。社会主义者指出，如果经济处于大多数人的控制之下，将会带来一个更平等的社会结构。

国家 有组织的权威体系，拥有对某一领土的合法控制，以及对于领土之上暴力使用的垄断。

地位 在社会其他成员眼中，一个人所拥有的声望或重要性。

刻板印象 关于人或社会群体的众所周知但是过于简单的印象。

污名 一种耻辱标记或不良特征，物理性的或社会性的，使得个体难以被社会所完全接受。社会中个体的边缘化，因为他们的某种污名化身份，在某种意义上使他们丧失尊严，激起他人的负面反应。

结构主义 认为我们必须通过考察其结构中的要素或关系模式，来理解事物——诸如文本、人类思维或社会。

亚文化 主流社会中的独特而又独立的部分，因为其成员一方面可能认同社会中绝大部分的价值、信仰和习俗，另一方面也有自己与众不同之处。

符号互动主义 认为个体是一个在社会互动中产生的实体的理论。

城市化 人们从农村地区涌入城镇和大城市生活的过程，以及随之而来的社会变迁。世界越来越城市化。

价值 关于事物、过程或行为的价值的思想和信念。一个人的价值决定其行为方式；一个社会的价值决定什么是重要的或不重要的，以及什么是可以接受的或不能接受的。

索引

Main page references are in **bold**.

A

B

C

F

G

H

I

JKL

M

N

OPQ

R

S

T

UV

W

YZ

致谢

Dorling Kindersley would like to thank John McKenzie for his contribution to chapter 3, Christopher Westhorp for proofreading the book, and Margaret McKormack for providing the index.

PICTURE CREDITS

The publisher would like to thank the following for their kind permission to reproduce their photographs:

(Key: a-above; b-below; c-centre; l-left; r-right; t-top)

20 Corbis: Frans Lemmens (br). **23 Getty Images:** Apic/Contributor (tr). **25 Corbis:** Leemage (br). **27 Corbis:** Bettmann (tr). Francis G. Mayer (bl). **30 Corbis:** (bl). **31 Corbis:** Michael Nicholson (tr). **33 Alamy Images:** Mary Evans Picture Library (bl). **35 Corbis:** Bettmann (tr). **41 Corbis:** Bettmann (br). **42 Dreamstime.com:** Delstudio (bl). **44 Corbis:** Bettmann (bl). **45 Corbis:** George Steinmetz (tr). **Alamy Images:** Everett Collection Historical (bl). **48 Getty Images:** The Washington Post/Contributor (tr). **49 Corbis:** Bettmann (tc). **51 Corbis:** Dave & Les Jacobs/Blend Images (br). **53 Corbis:** Bettmann (tr). **55 Getty Images:** Otto Stadler (tr). **59 Alamy Images:** epa european pressphoto agency b.v. (tr). **Corbis:** Andrew Holbrooke (bl). **61 Alamy Images:** Pictorial Press Ltd (tr). **67 Corbis:** Hulton-Deutsch Collection (cr). Michael Nicholson (bl). **72 Corbis:** (tr). **73 Corbis:** Bettmann (bl). **74 Getty Images:** Design Pics/John Short (bc). **77 Corbis:** Karen Kasmauski (br). **78 Getty Images:** Les and Dave Jacobs (tl). **79 Getty Images:** Ulf Andersen/Contributor (tr). **81 Getty Images:** Ionas Kaltenbach (tr). **Corbis:** Bettmann (bl). **83 Alamy Images:** Image Source (tl). **85 Alamy Images:** Archive Pics (br). **87 Corbis:** Colin McPherson (tr). **Getty Images:** Alfred Eisenstaedt/Contributor (bc). **89 Corbis:** Jen Rosenstein (bl). **93 Getty Images:** Spencer Grant/Contributor (tl). **94 Corbis:** Christie's Images (tl). **95 Getty Images:** The Washington Post/Contributor (bl). **97 Alamy Images:** Pictorial Press Ltd (br). **99 Getty Images:** Nikki Bidgood (tl). **105 Alamy Images:** INTERFOTO (bl). **107 Dreamstime.com:** Özgür Güvenç (tl). **109 Alamy Images:** Chris Brown (tr). **Topfoto:** The Granger Collection (bl). **111 Corbis:** Amy Scaife/Demotix (tr). **114 Alamy Images:** Agencja Fotograficzna Caro (bl). **115 Corbis:** Fine Art Photographic Library (br). **116 Alamy Images:** Stuart Black (b). **117 Corbis:** Colleen Cahill/Design Pics (br). **118 Alamy Images:** dpa picture alliance archive (tl). **119 Corbis:** KidStock/Blend Images (bl). **121 George Ritzer:** (tr). **122 Corbis:** Danny Lehman (tl). **123 Alamy Images:** Maurice Crooks (br). **125 Corbis:** David Muench (tl). **127 Alamy Images:** imageBROKER (tr). **129 Corbis:** Peter Cook/VIEW (br). **130 Chris Yuill:** (tl). **139 Getty Images:** isifa/Contributor (tr). Scott Barbour/Staff (bl). **140 Corbis:** Bettmann (bl). **141 Dreamstime.com:** Photka (tc). Damiano Poli (tr). Ekays (tr). Flynt (br). **142 Corbis:** Juice Images (tl). **143 Getty Images:** Brand New Images (br). **147 Corbis:** Steven Limentani/ISI (tl). **151 Getty Images:** Scott Wallace/Contributor (bl). **153 Alamy Images:** paulo fridman (br). **155 Alamy Images:** epa european pressphoto agency b.v. (tr). **159 Dreamstime.com:** Markwaters (bl). **161 Corbis:** Jon Feingersh/Blend Images (tl). Rainer Hackenberg (br). **163 Corbis:** HO/Reuters (br). **164 Dreamstime.com:** Viewapart (bc). **167 Alamy Images:** Alexander Pylyshyn (tr). **168 The Kobal Collection** UGC / STUDIO CANAL+ (br). **171 Getty Images:** DreamPictures (tl). **177 Corbis:** 237/Paul Bradbury/OJO Images RF/Ocean (tr). **179 Getty Images:** DEA PICTURE LIBRARY/Contributor (bl). **181 Bridgeman Art Library:** Bourne Gallery, Reigate, Surrey, UK (tr). **184 Dreamstime.com:** Stephen Troell (tr). **185 Dreamstime.com:** Georgerudy (br). **186 Bridgeman Art Library:** Private Collection (tr). **Corbis:** Bettmann (bl). **193 Getty Images:** Digital Vision (tl). **194 Dreamstime.com:** Erikthered (bl). **197 Corbis:** Sergio Gaudenti/Kipa (tr). **198 Alamy Images:** Friedrich Stark (tl). **199 Alamy Images:** Andre Jenny (br). **201 Alamy Images:** blickwinkel (tl). **203 Getty Images:** Mail Today/Contributor (tr). **209 Corbis:** Elio Ciol (tr). Bettmann (bl). **217 akg-images:** (br). **218 Dreamstime.com:** Americanspirit (t). **221 Alamy Images:** Kathy deWitt (br). **222 Dreamstime.com:** Llareggub (tr). **225 akg-images:** Armin Pongs (tr). **Dreamstime.com:** Lyinker (bl). **229 Alamy Images:** INTERFOTO (br). **231 Corbis:** Bettmann (tl). **233 Corbis:** George Steinmetz (tc). **235 Alamy Images:** M.Flynn (tl). **239 Corbis:** Barry Austin/Moodboard (tr). **240 Getty Images:** Flying Colours Ltd (tr). **241 Dreamstime.com:** Robseguin (bl). Robseguin (bc) **242 Dreamstime.com:** Monkey Business Images (bl). **243 Corbis:** Sven Hagolani (tc)

247 Corbis: ZenShui (bl). **249 Getty Images:** Bloomberg/Contributor (bl). **257 Corbis:** Godong/Robert Harding World Imagery (br). **259 Getty Images:** Egbert van Heemskerk the Elder (br). **261 Corbis:** Ariel Skelley/ Blend Images (cr). **263 Bridgeman Art Library:** Peter Newark American Pictures (tl). **267 Corbis:** Cameron Davidson (tr). **Getty Images:** Stock Montage/Contributor (bl). **269 Alamy Images:** Moviestore collection Ltd (tr). **Dreamstime.com:** Photographerlondon (bl). **273 akg-images:** British Library (tr). **274 Corbis:** Fine Art Photographic Library (tr). **275 Corbis:** 68/Ocean (bl). **277 Dreamstime.com:** Walter Arce (tr). **279 Getty Images:** Chung Sung-Jun/ Staff (tr). **283 Dreamstime.com:** Ayse Ezgi Icmeli (bc). Ayse Ezgi Icmeli (br). **284 The Kobal Collection:** G&H PRODUCTIONS (tl). **285 Corbis:** Sophie Bassouls/Sygma (tr). 13/Nick White/Ocean (bl). **287 Dreamstime.com:** Markwaters (tr). **Getty Images:** Milos Bicanski/Stringer (bl). **290 Corbis:** Neville Elder (br). **293 Getty Images:** Evening Standard/Stringer (tr). **299 Corbis:** Mika (tr). Bettmann (bl). **301 Alamy Images:** ClassicStock (tr). **303 Corbis:** Leemage (tl). **307 Alamy Images:** Carolco Pictures (tr). **Dreamstime.com:** Zakaz (br). **308 Corbis:** Christopher Felver (bl). **309 Alamy Images:** SuperStock (tl). **311 Corbis:** Nick Cardillicchio (br). **315 The Kobal Collection:** WORKING TITLE (tl). **Getty Images:** Mel Yates (br). **317 Alamy Images:** Wavebreak Media ltd (tl). **319 Getty Images:** Heritage Images/Contributor (bl). **322 Dreamstime.com:** Rolfgeorg Brenner (tr). **325 Corbis:** Bettmann (tl). **329 Alamy Images:** epa european pressphoto agency b.v. (bl). **331 Alamy Images:** Photos 12 (tr). WENN Ltd (bl).

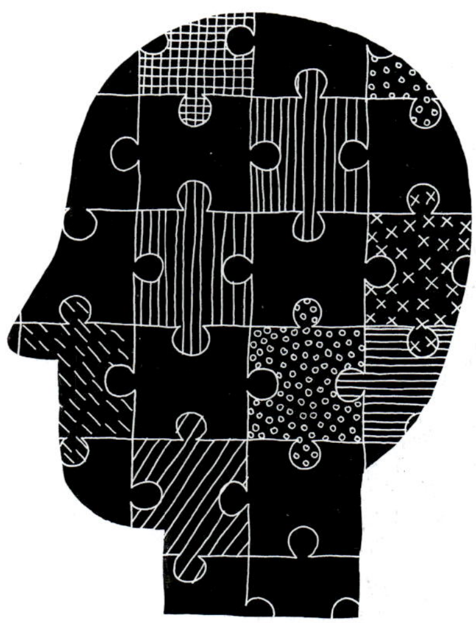